高等学校教材

Xiandai Wuliu Guanli

现代物流管理

（第二版）

孟祥茹　编著

人民交通出版社

内 容 提 要

本书全面、系统地阐述了现代物流管理的基本理论知识，共分十章：现代物流管理概述、采购管理、运输管理、仓储管理、配送管理、物流包装管理、流通加工管理、物流设施与设备管理、物流信息管理、供应链管理。

本书可作为高等院校物流管理和物流工程专业的教材和普及物流知识的培训教材，也可作为大中专院校有关专业的参考教材，或者供从事物流工程和物流管理工作的技术人员和管理人员自学参考。

图书在版编目（CIP）数据

现代物流管理／孟祥茹编著．—2版．—北京：人民交通出版社，2010.7

ISBN 978-7-114-08543-7

Ⅰ．①现…　Ⅱ．①孟…　Ⅲ．①物流-物资管理　Ⅳ．①F252

中国版本图书馆CIP数据核字（2010）第131922号

书　　名：现代物流管理（第二版）

著 作 者：孟祥茹

责任编辑：林宇峰

出版发行：人民交通出版社

地　　址：（100011）北京市朝阳区安定门外外馆斜街3号

网　　址：http：//www.ccpress.com.cn

销售电话：（010）59757969、59757973

总 经 销：人民交通出版社发行部

经　　销：各地新华书店

印　　刷：北京市密东印刷有限公司

开　　本：787×1092 1/16

印　　张：21.5

字　　数：511千

版　　次：2002年4月第1版　2010年7月第2版

印　　次：2010年7月第2版　第1次印刷　总第12次印刷

书　　号：ISBN 978-7-114-08543-7

印　　数：0001－5000册

定　　价：40.00元

再版前言

自2002年1月以来，首版《现代物流管理》已在多所大学物流专业教学中使用。在使用过程中，老师和学生提出了不少意见和建议，我接受了这些意见，为此对《现代物流管理》进行了重新修订再版。

现代物流管理并不仅仅是将物品的采购、包装、运输、仓储、装卸搬运、配送、流通加工、信息处理等环节简单的集成，而是运用系统的观点，构建从消费源到生产源对原材料、中间产品、终极产品以及相关信息的流动和存储的增值过程进行规划、实施和控制，创建供应链。从对物的处理提升到对物的增值方案的处理，物流管理深入进了现代产品，是其重要的组成部分。良好的物流管理能为用户提供期望外的价值、提升产品的竞争力。

物流科学是当代最有影响力的新学科之一。它以物的动态流转过程为主要研究对象，揭示了物流各环节的内在联系。物流科学是管理工程与技术工程相结合的综合学科，应用系统工程的科学成果，提高物流系统的效率，从而更好地实现物流的时间效益和空间效益。

本书可作为大学物流管理和物流工程专业的教材，也可作为其他有关专业开设物流管理课程的教材，还可作为工程技术人员和管理人员培训用的参考书。

本书共分十章，具体内容有：现代物流管理概述、采购管理、运输管理、仓储管理、配送管理、物流包装管理、流通加工管理、物流设施与设备管理、物流信息管理、供应链管理。在本书编著过程中，笔者参考了不少资料，已尽可能详细地在参考文献中列出，并在此对这些专家学者表示深深的谢意。也有可能有些资料引用了而由于疏忽没有指明出处，若有这种情况发生，在此表示万分歉意。

由于作者水平有限、资料掌握不全，本书缺点和错误在所难免，敬请专家、同行和广大读者批评指正。

编著者　孟祥茹

2010年4月于济南

目　录

第一章　现代物流管理概述

第一节　现代物流的演进

一、物流的历史发展

物流最原始、最根本的含义是物的实体运动。从这一方面来讲，物流存在的历史和人类历史一样久远。在古代发展最好的一种物流活动，就是仓储活动。另外，运输活动也发展较好。而现在，对物流考察的重点已从实体运动本身转向了在此基础上建立的物流科学、物流技术、物流系统、物流管理等诸多内容。

物流是随流通的发展而发展的。人类社会中出现商品生产之后，生产和消费便逐渐分离，诞生了连接生产和消费的中间环节——流通。随着工业文明的崛起，社会生产和消费规模越来越大，流通对生产的反作用就越来越突出。产需分离越来越大，分工越来越彻底，必须依靠流通来弥合越来越大的分工和分离。这就促使了流通的迅速发展，物流在这一发展过程中得到应用。

二、物流在近代的发展

“物的流通”（PD：Physical Distribution）是商品流通的一个侧面，与其相对应的概念是商流，二者共同构成商品的流通活动。商流的任务是完成商品所有权从卖方到买方的转移，而物流的目的是完成商品实体从卖方到买方的转移，克服商品生产和消费之间存在的空间和时间距离，创造空间效用和时间效用。在日本，物流最初是指销售物流，即站在个别企业的角度看，限制在销售领域的范畴。以后扩展到采购供应和生产领域。

20 世纪 50 年代末，PD 概念被介绍到日本，目前使用的“物流”一词，是日语“物の流通”的简称。当时，日本正处于经济的高速成长期，生产规模的迅速扩大导致流通基础设施严重不足。于是，加强道路、港口和铁路等流通基础设施建设，实现运输手段的大型化、专用化和高速化，提高货物的处理能力以及商品供应效率就成为当时的迫切任务。因此，流通技术便成为人们关心的重点。20 世纪 60 年代初，以日本效率协会为主的一些专家对将 PD 作为“流通技术”的理解提出了不同意见，认为其偏离了 PD 的原意。到 20 世纪 60 年代中期正式翻译成“物的流通”，20 世纪 70 年代初又简称为“物流”。

对于企业而言，物流的起因，是由于存在着过剩物流成本，通过物流活动的效率化可以降低物流成本，从而为企业的利润增长作出贡献。在经历了降低成本阶段后，开始进入促进企业收益增长的阶段，即通过向顾客提供满意的物流服务带动销售收入增长的阶段。到了这个阶段，物流系统的目的不只是局限在物流费用的最小化上，而是通过提供最为适宜的物流服务，实现收益的最大化。第三个阶段则是从长远的和战略的观点去思考物流在企业经营中的定位，将物流从日常事务的管理系统水准升华到经营结构的水准，建立起战略物流的新理念，将物流作为提高企业竞争能力的战略资源。

三、我国物流概念的引入

物流概念从国外传入我国主要通过两条途径，一条途径是在20世纪80年代初随市场营销理论的引入而从欧美传入，因为在欧美的所有市场营销教科书中，都毫无例外地要介绍“Physical Distribution”，这两个单词直译为中文即为“实物分销”或“物の流通”，我们普遍接受“实物分销”的译法。所谓“实物分销”指的就是商品实体从供给者向需求者进行的物理性移动。另一条途径是“Physical Distribution”从欧美传入日本，日本人译为“物流”，20世纪80年代初，我国从日本直接引入“物流”这一概念并沿用至今。

在物流概念传入我国之前，我国实际上一直存在着物流活动，即运输、保管、包装、装卸、流通加工等物流活动，其中主要是存储运输即储运活动。国外的物流业基本上就是我国的储运业，但两者并不完全相同，主要差别在于：①物流比储运所包含的内容更广泛，一般认为物流包括运输、保管、配送、包装、装卸、流通加工及相关信息活动，而储运仅指储存和运输两个环节，虽然其中也涉及包装、装卸、流通加工及信息活动，但这些活动并不包含在储运概念之中；②物流强调诸活动的系统化，从而达到整个物流活动的整体最优化，储运概念则不涉及存储与运输及其他活动整体的系统化和最优化问题；③物流是一个现代的概念，在第二次世界大战后才在各国兴起，而在我国储运是一个十分古老、传统的概念。

我国物流术语标准（GB/T 18354—2006）中对“物流”这一概念正式下了定义：“为物品及其信息流动提供相关服务的过程”，英文为“Logistics”。

物流比我国传统储运业包含的内容更广泛，从定义便可以看出物流包含一系列的活动，而储运仅指储存和运输两个环节，虽然其中也涉及包装、装卸、流通加工及信息活动，但这些活动并不完全包含在储运概念中，而且物流强调诸活动的系统化，从而达到整个物流活动的整体最优化。储运概念则没有完全涉及存储与运输及其他物流活动的系统化和最优化问题。

四、日本的物流发展阶段

日本物流业的经历大致分为4个阶段。①1953～1963年，初始阶段；②1963～1973年，流通为主的阶段；③1973～1983年，消费为主的发展时期；④1983年至现在，物流现代化、国际化阶段。在不断降低成本的过程中，日本积累了一套行之有效的成本物流管理经验，即通过成本管理物流，提高物流效益。成本核算涉及各个领域：供应物流、生产物流、销售物流、退货物流、废弃物物流。具体到每一个项目，日本物流界也有严格的考核办法，从细微处着手，从精细中见功夫，使日本的物流管理卓有成效，并在世界物流理论界独树一帜。

五、美国的物流发展情况

美国的物流产业规模非常大，生产总值几乎为高技术产业的2倍，占美国国内生产总值

的10%以上。美国公司库存成本巨大，每年支出的库存利息、税金、折旧费、贬值损失及保险费用、仓库费用等，整个物流活动占制成品成本的15%～20%；将近75%的美国制造商和供应商使用或正在考虑使用合同物流服务，这一数字还将继续上升。

“工欲善其事，必先利其器”，对于美国物流业，其器便是物流机械。早在第二次世界大战期间，美国军队为了卓有成效地调运军用物资，运用运筹学的理论，统筹安排人力运力，解决了一系列物流供应中出现的问题，圆满完成了物资的调运和支援任务，被概括为“后勤供应”。战后，这种组织管理手段被应用于企业的生产管理，开拓了企业生产的崭新局面，取得了很好的经济效益。这实际上是美国物流业的初创阶段，也是世界范围内最初萌生的“物流”现象。现在，美国的物流已很广泛，涉及对需求的预测、存货控制、物料搬运、订货处理以及厂址、仓库地点的选择、物资的采购、包装、退货处理和储存运输等。

撬动美国物流的杠杆之一是物流机械。为提高运输效率，降低运输成本，美国不断加大车辆载质量。在液罐车上更是推陈出新。有可运送温度低达－185～－235℃压缩气体的保温液罐车，运送温度高达205℃沥青的液罐车及运送熔融合金的带熔液罐车。现在美国在物流管理领域，已实现了高度的机械化、自动化和计算机化。美国虽然十分重视发展机械化和自动化，但并非盲目追求全自动化，而是根据任务大小及其他制约条件，全面论证后再确定自动化项目的建设。美国的物流包装，也十分强调适用性，尤其对作战物资的包装，着重从强化包装质量人手，改进包装方法，方便物资的储存与运输。

六、英国的物流发展情况

20世纪60年代末期，英国组建了物流管理中心，协助企业制订物流人才的培训计划，组织各类物流专业性的会议，到了70年代，正式组建了全英国物流管理协会。该协会会员多半是从事出口业务、物资流通、运输的管理人员。协会以提高物流管理的专业化程度，并为运输、装卸等部门管理者和其他对物流有兴趣的人员提供一个相互交流的中心场所。灌输综合性的物流理念，并致力于发展综合物流体制，以全面规划物资的流通业务。这一模式强调为用户提供综合性的服务。物流企业不仅向用户提供和联系铁路、公路、水路、航空等交通运输工具，而且向用户出租仓库并提供其他的配套服务。在这一思想下建立的综合物流中心向社会提供有以下几类业务：建立送物中心；办理海关手续；提供保税和非保税仓库；货物担保；医疗服务；消防设备；道路和建筑物的维护；铁路专用线；邮政电传系统；代办税收；就业登记以及具有住、购物等多种功能的服务中心等。

英国多功能综合物流中心的建立，对整个欧洲影响很大，也形成了英国综合性的物流体制。计算机技术在英国的物流体系中也起到了举足轻重的作用。计算机辅助仓库设计、仓库业务的计算机处理，为英国现代物流揭开了新的一页。

在世界物流体系中，东欧物流亦是重要分支。由分散到集合，由统一到放权，东欧物流可谓异彩纷呈。比如南斯拉夫：从20世纪50年代开始，该国对物流体制便着手进行了改革。其基本特点是：在现行国家物资管理体制中废除国家对物流领域的行政干预，放弃由国家集中计划、统一调配物资的管理模式，取消国家物资管理计划，劳动组织所需物资主要由市场解决。国家仅对物资供应实行宏观协调，主要靠以自治协议和社会契约为基础的社会计划来进行管理。运转较为灵活，微观效果较好。

此外，波兰、捷克、保加利亚、罗马尼亚和德国等由国家集中统配物资的管理体制虽然并未发生根本性的变化，但在扩大企业权限等方面也做了局部调整，取得了一定成效。

第二节　现代物流的功能和分类

一、物流的基本功能

物流活动或者说物流的功能，一般认为有采购、运输、仓储、装卸搬运、包装、配送、流通加工以及与上述功能相关的情报信息等内容。

1. 采购功能

从环境获取所需的有形或无形物质，这种行为称之为采购。采购就是将资源从资源市场的供应者手中转移到用户手中的过程。在这个过程中，一是要实现将资源的所有权从供应者手中转移到用户手中，二是要实现将资源的物质实体从供应商手中转移到用户手中。因此，采购过程实际上是商流过程与物流过程的统一。

2. 运输功能

运输是对物资进行较长距离的空间移动。物流部门通过运输解决物资在生产地点和需要地点之间的空间距离问题，从而创造商品的空间效益，实现其使用价值，以满足社会需要。运输是物流的中心环节之一，可以说是物流最重要的一个功能。运输在经济上的作用是扩大了经济作用范围和在一定的经济范围内促进物价的平均化。现代化大生产的发展，社会分工越来越细，产品种类越来越多，无论是原材料的需求，还是产品的输出量，都大幅度上升，区域之间的物资交换更加频繁，这就促进了运输业的发展和运输能力的提高，所以产业的发展促进了运输技术的革新和运输水平的提高。反之，运输手段的发达也是产业发展的重要支柱。

3. 仓储功能

仓储在物流系统中起着缓冲、调节和平衡的作用，是物流的另一个中心环节。仓储的目的是克服产品生产与消费在时间上的差异，使物资产生时间上的效果。它的内容包括储存、管理、维护等活动。如大米一年收获 1 ~ 2 次，必须用仓库进行储存以保证平时的需要，又如水果及鲜活货物等水产品在丰收时需要在冷库中进行保管，以保证市场的正常需要并防止价格大幅度起落。所以产品从生产领域进入消费领域之前，往往要在流通领域停留一定时间，这就形成了商品储存。在生产过程中原材料、燃料、备品备件和半成品也需要在相应的生产环节之间有一定的储备，作为生产环节之间的缓冲，以保证生产的连续进行。

4. 装卸搬运功能

装卸搬运是指在同一地域范围内进行的、以改变物的存放状态和空间位置为主要内容和目的的活动，具体说，包括装上、卸下、移送、拣选、分类、堆垛、入库、出库等活动。装卸搬运是伴随输送和保管而产生的必要的物流活动，但是和运输产生空间效用和保管产生时间效用不同，它本身不产生任何价值。但这并不说明装卸搬运在物流过程中不占有重要地位，物流的主要环节，如运输和存储等是靠装卸、搬运活动联结起来的，物流活动其他各个阶段的转换也要通过装卸搬运联结起来，由此可见在物流系统的合理化中，装卸和搬运环节

占有重要地位。装卸、搬运不仅发生次数频繁，而且其作业内容复杂，又是劳动密集型、耗费人力的作业，它所消耗的费用在物流费用中也占有相当大的比重。装卸搬运活动频繁发生，作业繁多，这也是产品损坏的重要原因之一。

5. 包装功能

包装功能是为了维持产品状态、方便储运、促进销售，采用适当的材料、容器等，使用一定的技术方法，对物品包封并予以适当的装潢和标志的操作活动。包装层次包括个装、内装和外装三种状态。个装是到达作用者手中的最小单位包装，是对产品的直接保护状态；内装是把一个或数个个装集中于一个中间容器的保护状态；外装是为了方便储运，采取必要的缓冲、固定、防潮、防水等措施，对产品的保护状态。

包装在物流系统中具有十分重要的作用。包装是生产的终点，同时又是物流的起点，它在很大程度上制约着物流系统的运行状况。对产品按一定数量、形状、质量、尺寸大小配套进行包装。并且按产品的性质采用适当的材料和容器，不仅制约着装卸搬运、堆码存放、计量清点是否方便高效，而且关系着运动工具和仓库的利用效率。

6. 配送功能

配送是按客户的要求，进行货物配备送交客户的活动。配送是一种直接面向客户的终端运输，客户的要求是配送活动的出发点。配送的实质是送货，但它以分拣、配货等理货活动为基础，是配货和送货的有机结合形式。

配送是面向城区、区域内、短距离、多频率的商品送达服务。其本质也是物品的位移，但与运输功能相比，又具有自身的基本特点，如配送中心到连锁店、用户等的物品搭配及空间位移均可称为配送。

7. 流通加工功能

在流通过程中辅助性的加工活动称为流通加工。流通与加工的概念本属于不同范畴。加工是改变物质的形状和性质、形成一定产品的活动；而流通则是改变物质的空间状态与时间状态。流通加工则是为了弥补生产过程加工不足，更有效地满足用户或本企业的需要，使产需双方更好的衔接，将这些加工活动放在物流过程中完成，而成为物流的一个组成部分，流通加工是生产加工在流通领域中的延伸。

8. 物流信息功能

物流活动进行中必要的信息为物流信息。所谓信息是指能够反映事物内涵的知识、资料、信息、情报、图像、数据、文件、语言、声音等。信息是事物的内容、形式及其发展变化的反映。因此，物流信息和运输、仓储等各个环节都有密切关系，在物流活动中起着神经系统的作用。加强物流信息的研究才能使物流成为一个有机系统，而不是各个孤立的活动。在一些物流技术发达的国家都把物流信息工作作为改善物流状况的关键而给予充分的注意。

在物流中对各项活动进行计划预测、动态分析时，还要及时提供物流费用、生产情况、市场动态等有关信息。只有及时收集和传输有关信息，才能使物流通畅化、定量化。

上述物流的基本功能的详细内容，在以后的有关章节进一步深入讨论。

二、现代物流的特点

1. 电子商务与现代物流的紧密结合

随着互联网的日益普及，电子商务的应用呈现迅猛增长之势。电子商务的推广，加快了世界经济的一体化，使国际物流在整个商务活动中占有举足轻重的地位。电子商务带来对物流的巨大需求，推动了物流的进一步发展，而物流也在促进电子商务的发展，因此可以说二者互相依存，共同发展。实践表明，凡是电子商务业务蓬勃发展的企业，必是物流技术发达、物流服务比较到位的企业。相反，由于缺乏及时配送等物流服务，导致不少电子商务企业处境艰难甚至倒闭破产。

2. 现代物流是物流、信息流、资金流和人才流的统一

现代物流条件下，商品运输由单一的传统运输方式变成多种运输方式的最佳组合，提高了运输效率，缩短了中间储存的中转时间，加速了商品流动，大大降低了运输成本，加快了商品使用价值的实现。以现代电子网络为平台的信息流，极大地加快了物流信息的传递速度，为客户赢得最宝贵的时间，使货物运输环节、方式科学化和最佳化。以快节奏的商流和先进的信息为基础的现代物流，能够有效地减少流动资金的占压，加速资金周转，充分发挥资本的增值作用。

物流、信息流和资金流的统一，离不开高素质物流人才的筹划与实施。吴邦国曾指出："现代物流是一项跨行业、跨部门、跨地区甚至跨越国界的系统工程。"因此，现代物流需要掌握现代知识的复合型人才。我们在引进物流人才、大力培训物流人才的同时，更应注重在实践中培养、锻炼人才，以便形成一支适应现代物流产业的企业家队伍和物流经营骨干队伍。

三、物流的分类

对于各个领域的物流，虽然其基本要素都存在且相同，但由于物流对象不同，物流目的不同，物流范围、范畴不同，形成了不同的物流类型。在对物流的分类标准方面目前还没有统一的看法，主要的分类方法有以下几种：宏观物流和微观物流；社会物流和企业物流；国际物流和区域物流。

（一）宏观物流和微观物流

1. 宏观物流

宏观物流是指社会再生产总体的物流活动，从社会再生产总体角度认识和研究的物流活动。这种物流活动的参与者是构成社会总体的大产业、大集团，宏观物流也就是研究社会再生产总体物流，研究产业或集团的物流活动和物流行为。宏观物流还可以从空间范畴来理解，在很大空间范畴的物流活动，往往带有宏观性，在很小空间范畴的物流活动则往往带有微观性。宏观物流也指物流全体，从总体看物流而不是从物流的某一构成环节来看物流。因此，在物流活动中，物流应属于宏观物流，即社会物流、国民经济物流、国际物流。宏观物流研究的主要特点是综观性和全局性。宏观物流主要研究内容是物流总体构成，物流与社会的关系，在社会中的地位，物流与经济发展的关系，社会物流系统和国际物流系统的建立和运作等。

2. 微观物流

消费者、生产者企业所从事的实际的、具体的物流活动属于微观物流。在整个物流活动中的一个局部、一个环节的具体物流活动也属于微观物流。在一个小地域空间发生的具体的物流活动也属于微观物流。针对某一种具体产品所进行的物流活动也是微观物流。我们经常

涉及的物流活动皆属于微观物流，即企业物流、生产物流、供应物流、销售物流、回收物流、废弃物物流、生活物流等，微观物流研究的特点是具体性和局部性。由此可见，微观物流是更贴近具体企业的物流，其研究领域十分广阔。

（二）社会物流和企业物流

1. 社会物流

社会物流是指超越一家一户的、以一个社会为范畴面向社会为目的的物流。这种社会性很强的物流，往往是由专门的物流承担人承担，其范畴是社会经济大领域。社会物流研究再生产过程中随之发生的物流活动，研究国民经济活动中的物流活动，研究社会中物流体系结构和运行，因此带有宏观和广泛性。

2. 企业物流

从企业角度上研究与之有关的物流活动，是具体的、微观的物流活动的典型领域。企业物流又可以区分为以下具体的物流活动：

（1）企业生产物流

企业生产物流是指企业在生产工艺中的物流活动。这种物流活动是与整个生产工艺过程伴生的，实际已构成了生产工艺过程的一部分。企业生产过程的物流大体为：原料、零部件、燃料等辅助材料从企业仓库或企业的“门口”开始，进入到生产线的开始端，再进一步随生产加工过程一个一个环节地流，在流的过程中，本身被加工，同时产生一些废料、余料，直到生产加工终结，再流至产成品仓库，便终结了企业生产物流过程。过去，人们在研究生产活动时，主要注重生产加工的每一个过程，而忽视将生产加工过程串在一起，使得一个生产周期内物流活动所用的时间远多于实际加工的时间。所以企业生产物流的研究可以大大缩减生产周期，节约劳动力。

（2）企业供应物流

企业为保证本身生产的节奏，不断组织原材料、零部件、燃料、辅助材料供应的物流活动。这种物流活动对企业生产的正常、高效进行起着重大的作用。企业供应物流不仅是为了保证供应，而且还要以最低成本、最少消耗、最大的保证来组织供应物流活动，因而它有很大的难度。而企业竞争的关键之一就在于如何降低这一物流过程的成本。为此，企业供应物流就必须解决有效的供应网络、供应方式和零库存问题等。

（3）企业销售物流

它是指企业为保证本身的经营效益，伴随销售活动，不断将产品所有权转给用户的物流活动。在现代社会中，市场是一个完全的买方市场，因此销售物流活动便带有极强的服务性，以满足买方的需求最终实现销售。在这一市场前提下，销售往往以送达用户并经过售后服务才算终止，因此销售物流的空间范围很大，这也是销售物流的难点所在。企业销售物流的特点是通过包装、送货、配送等一系列物流实现销售，这就需要研究送货方式、包装水平、运输路线等模式，并采取少批量、多批次、定时、定量配送等特殊的物流方式达到目的。

（4）企业回收物流

企业在生产、供应、销售的活动中总会产生各种边角余料和废料，这些东西回收是伴随物流活动的。在一个企业中，回收物品处理不当往往会影响整个生产环境，甚至影响产品质量，也会占用很大资金并造成空间浪费。

（5）企业废弃物物流

企业废弃物物流是指对企业排放的无用物进行运输、装卸、处理等物流活动。将经济活动中失去原有使用价值的物品，根据实际需要进行收集、分类、加工、包装、搬运、储存等，并分送到专门处理场所时所形成的物品实体流动。废弃物物流的作用是无视对象物的价值或对象物没有再利用价值，仅从环境保护出发，将其焚化、化学处理或运到特定地点堆放、掩埋。降低废弃物物流，需要实现资源的再使用（回收处理后再使用）、再利用（处理后转化为新的原材料使用），为此应建立一个包括生产、流通、消费的废弃物回收利用系统。要达到上述目标，企业就不能只考虑自身的物流效率化，而是需要从整个产供销供应链的视野来组织物流活动。

（三）国际物流和区域物流

1. 国际物流

国际物流是不同国家之间的物流活动，国际物流活动随着国际贸易和跨国经营的发展而发展，这种物流是国际间贸易的一个必然组成部分，各国相互贸易最终通过国际物流来实现。国际物流是现代物流系统中重要的物流领域，也是一种新的物流形态。

国际物流一个非常重要的特点是各国物流环境的差异，尤其是物流软环境的差异。不同国家的不同物流适用法律，使国际物流的复杂性远高于一国的国内物流，甚至会阻断国际物流；不同国家不同经济和科技发展水平，会造成国际物流处于不同科技条件的支撑下，甚至有些地区根本无法应用某些技术而迫使国际物流全系统水平的下降；不同国家的不同标准，也造成国际间接轨的困难，因而使国际物流系统难以建立；不同国家的风俗人文也使国际物流受到很大局限。

国际物流的标准化要求较高。要使国际间的物流畅通，统一标准是非常重要的，没有统一的标准，国际物流水平不能提高。美国、欧洲基本实现了物流工具、设施的统一标准，如托盘采用1000mm×1200mm，集装箱的几种统一规格及条码技术等，大大降低了物流费用，降低了转运的难度。而不向这一标准靠拢的国家，在许多方面要多耗费时间和费用，从而降低其国际竞争力。

在物流信息传递技术方面，欧洲各国不仅实现企业内部的标准化，而且实现了企业之间及欧洲统一市场的标准化，这就使欧洲各国之间交流比其与亚、非洲等国家交流更简单、更有效。

2. 区域物流

区域物流是相对于国际物流而言的，是指一个国家范围内的物流，或一个经济区域的物流，或一个城市的物流、地区的物流，它们都处于同一法律、规章、制度之下，都受相同文化及社会因素影响，都处于基本相同的科技水平和装备水平之中，因而，都有其区域的特点。

区域物流的基本特征：

1）空间资源分布的差异性。空间资源分布的差异性是形成区域物流的经济基础，每个不同的区域都存在由特定的自然资源和社会资源所构成的空间资源。任何一个国家或地区的空间资源分布都不可能完全等量、均质，因而在现实生活中，区域物流就表现出了巨大的差

异性和多样性。当然，在一个物流区域内部，空间资源分布也是有差异的，但大体相同，否则就不会成为同一个物流区域了。

2）物流发展程度的差异性。物流发展程度的差异性是划分物流区域的重要标准，在一个物流区域内部，物流在不同地方的发展程度是相近的，而不同的物流区域其物流发展程度往往差距很大。物流发展程度与空间资源分布状况联系紧密，丰富的自然资源是物流得以发展的必要条件，而充足的社会资源则是提高物流发展程度的经济基础。

3）物流利益的相对独立性。区域物流的形成与物流水平的提高是区域或地区经济利益的反映，因而，区域或地区之间的物流竞争是合理的，符合市场经济发展要求，有利于提高整个国民经济发展水平，应当受到鼓励、保护和正确引导。但在一国之内，区域物流应当接受国家宏观调控，相互之间的支持，帮助也是必要的。

4）物流系统的完整性。区域物流内部由于自然资源基础和社会资源现实的不同，都形成了自身的物流系统，而且具有一定的完整性。每一个区域物流都追求区域内各种物流活动结构上的合理组合与功能上的互补配套，对区域内外资源进行调剂余缺、优化配置，从而推动区域整体物流的增长与发展，产生任何单一经济组织都无法取得的物流效果。

第三节　物 流 管 理

一、物流管理的概念

1. 物流管理的定义

在国家标准（GB/T 18354—2006）《物流术语》的定义中，物流管理（Logistics Management）是指为以合适的物流成本达到用户满意的服务水平，对正向及反向的物流过程及相关信息进行的计划、组织、协调与控制。物流管理是指在社会在生产过程中，根据物质资料实体流动的规律，应用管理的基本原理和科学方法，对物流活动进行计划、组织、指挥、协调、控制和监督，使各项物流活动实现最佳的协调与配合，以降低物流成本，提高物流效率和经济效益。现代物流管理是建立在系统论、信息论和控制论的基础上的。

2. 物流管理的目的

实施物流管理的目的就是要在尽可能最低的总成本条件下实现既定的客户服务水平，即寻求服务优势和成本优势的一种动态平衡，并由此创造企业在竞争中的战略优势。根据这个目标，物流管理要解决的基本问题，简单地说，就是把合适的产品以合适的数量和合适的价格在合适的时间和合适的地点提供给客户。物流管理以实现客户满意为第一目标；以企业整体最优为目的；以信息为中心；重效率更重效果。

物流管理强调运用系统方法解决问题。现代物流通常被认为是由采购、运输、存储、包装、装卸、流通加工、配送和信息诸环节构成。各环节原本都有各自的功能、利益和观念。系统方法就是利用现代管理方法和现代技术，使各个环节共享总体信息，把所有环节作为一个一体化的系统来进行组织和管理，以使系统能够在尽可能低的总成本条件下，提供有竞争优势的客户服务。系统方法认为，系统的效益并不是它们各个局部环节效益的简单相加。系统方法意味着，对于出现的某一个方面的问题，要对全部的影响因素进行分析和评价。从这一思想出发，物流系统并不简单地追求在各个环节上各自的最低成本，因为物流各环节的效益之间存在相互影响、相互制约的倾向，存在着交替易损的关系。比如过分强调包装材料的节约，就可能因其易于破损造成运输和装卸费用的上升。因此，系统方法强调要进行总成本分析，以达到总成本最低，同时满足既定的客户服务水平的目的。

3. 物流管理的内容

物流管理包括三个方面的内容：即对物流活动诸要素的管理，包括采购、运输、配送、储存等环节的管理；对物流系统诸要素的管理，即对其中人、财、物、设备、方法和信息等六大要素的管理；对物流活动中具体职能的管理，主要包括物流计划、质量、技术、经济等职能的管理等。

物流管理科学是近20年以来在国外兴起的一门新学科，它是管理科学的新的重要分支。随着生产技术和管理技术的提高，企业之间的竞争日趋激烈，人们逐渐发现，企业在降低生产成本方面的竞争似乎已经走到了尽头，产品质量的好坏也仅仅是一个企业能否进入市场参加竞争的敲门砖。这时，竞争的焦点开始从生产领域转向非生产领域，转向过去那些分散、孤立的，被视为辅助环节而不被重视的，诸如运输、存储、包装、装卸、流通加工等物流活动领域。人们开始研究如何在这些领域里降低物流成本，提高服务质量，创造“第三个利润源泉”。物流管理从此从企业传统的生产和销售活动中分离出来，成为独立的研究领域和学科范围。物流管理科学的诞生使得原来在经济活动中处于潜隐状态的物流系统显现出来，它揭示了物流活动的各个环节的内在联系，它的发展和日臻完善，是现代企业在市场竞争中制胜的法宝。

二、物流管理的发展

1. 物流管理的发展经历

物流管理的发展经历了配送管理、物流管理和供应链管理三个阶段。物流管理起源于第二次世界大战中军队输送物资装备所发展出来的储运模式和技术。在战后这些技术被广泛应用于工业界，并极大地提高了企业的运作效率，为企业赢得更多客户。当时的物流管理主要针对企业的配送部分，即在成品生产出来后，如何快速而高效地经过配送中心把产品送达客户，并尽可能维持最低的库存量。美国物流管理协会那时叫做实物配送管理协会，而加拿大供应链与物流管理协会则叫做加拿大实物配送管理协会。在这个初级阶段，物流管理只是在既定数量的成品生产出来后，被动地去迎合客户需求，将产品运到客户指定的地点，并在运输的领域内去实现资源最优化使用，合理设置各配送中心的库存量。准确地说，这个阶段物流管理并未真正出现，有的只是运输管理、仓储管理和库存管理。物流经理的职位当时也不存在，有的只是运输经理或仓库经理。

现代意义上的物流管理出现在20世纪80年代。人们发现利用跨职能的流程管理方式去观察、分析和解决企业经营中的问题非常有效。通过分析物料从原材料运到工厂，流经生产线上每个工作站，产出成品，再运送到配送中心，最后交付给客户的整个流通过程，企业可以消除很多看似高效率却实际上降低了整体效率的局部优化行为。因每个职能部门都想尽可能地利用其产能，没有留下任何富余，一旦需求增加，则处处成为瓶颈，导致整个流程的中断。又比如运输部作为一个独立的职能部门，总是想方设法降低其运输成本，但若其因此而将一笔必须加快的订单交付海运而不是空运，这虽然省下了运费，却失去了客户，导致整体

的失利。所以传统的垂直职能管理已不适应现代大规模工业化生产，而横向的物流管理却可以综合管理每一个流程上的不同职能，以取得整体最优化的协同作用。

在这个阶段，物流管理的范围扩展到除运输外的需求预测、采购、生产计划、存货管理、配送与客户服务等，以系统化管理企业的运作，达到整体效益的最大化。高德拉特所著的《目标》一书风靡全球制造业界，其精髓就是从生产流程的角度来管理生产。相应地，美国实物配送管理协会在20世纪80年代中期改名为美国物流管理协会，而加拿大实物配送管理协会则在1992年改名为加拿大物流管理协会。

现代物流不仅单纯地考虑从生产者到消费者的货物配送问题，而且还考虑从供应商到生产者对原材料的采购，以及生产者本身在产品制造过程中的运输、保管和信息等各个方面，全面地、综合性地提高经济效益和效率的问题。因此，现代物流是以满足消费者的需求为目标，把制造、运输、销售等市场情况统一起来考虑的一种战略措施。这与传统物流把它仅看做是“后勤保障系统”和“销售活动中起桥梁作用”的概念相比，在深度和广度上又有了进一步的含义。

一个典型的制造企业，其需求预测、原材料采购和运输环节通常叫做进向物流，原材料在工厂内部工序间的流通环节叫做生产物流，而配送与客户服务环节叫做出向物流。物流管理的关键则是系统管理从原材料、在制品到成品的整个流程，以保证在最低的存货条件下，物料畅通的买进、运入、加工、运出并交付到客户手中。对于有着高效物流管理的企业的股东而言，这意味着以最少的资本做出最大的生意，产生最大的投资回报。

2. 物流管理的发展阶段

物流管理按管理进行的顺序可以划分为三个阶段，即计划阶段、实施阶段和评价阶段。

1）物流的计划阶段管理

计划是作为行动基础的某些事先的考虑。物流计划是为了实现物流预想达到的目标所做的准备性工作。物流计划首先要确定物流所要达到的目标，以及为实现这个目标所进行的各项工作的先后次序。其次，要分析研究在物流目标实现的过程中可能发生的任何外界影响，尤其是不利因素，并确定对这些不利因素的对策。再次，做出贯彻和指导实现物流目标的人力、物力、财力的具体措施。

2）物流的实施阶段管理

物流的实施阶段管理就是对正在进行的各项物流活动进行管理。它在物流各阶段的管理中具有最突出的地位。这是因为在这个阶段中各项计划将通过具体的执行而受到检验。同时，它也把物流管理与物流各项具体活动进行紧密的结合。

（1）对物流活动的组织和指挥。

物流的组织是指在物流活动中把各个相互关联的环节合理地结合起来，而形成一个有机的整体，以便充分发挥物流中的每个部门、每个物流工作者的作用。物流的指挥是指在物流过程中对各个物流环节、部门、机构进行的统一调度。

（2）对物流活动的监督和检查。

通过监督和检查可以了解物流的实施情况，揭露物流活动中的矛盾，找出存在的问题，分析问题发生的原因，提出克服的方法。

（3）对物流活动的调节。

在执行物流计划的过程中，物流的各部门、各环节总会出现不平衡的情况。遇到上述问题，就需要根据物流的影响因素，对物流各部门、各个环节的能力做出新的综合平衡，重新布置实现物流目标的力量。这就是对物流活动的调节。

3）物流的评价阶段管理

在一定时期内，人们对物流实施后的结果与原计划的物流目标进行对照、分析，这便是物流的评价。通过对物流活动的全面剖析，人们可以确定物流计划的科学性、合理性如何，确认物流实施阶段的成果与不足，从而为今后制定新的计划、组织新的物流提供宝贵的经验和资料。按照对物流评价的范围不同，物流评价可分为专门性评价和综合性评价。按照物流各部门之间的关系，物流评价又可分为物流纵向评价和横向评价。应当指出，无论采取什么样的评价方法，其评价手段都要借助于具体的评价指标。这种指标通常表示为实物指标和综合指标。

三、物流管理系统化

系统化是现代物流管理的重要模式。对企业来说，如何建立所希望的物流系统是非常重要的问题，用系统观点来研究物流活动则提供了一个有效的方法。

1. 物流系统的构成

物流系统就是指在企业活动中的各种物流功能随着采购、生产、销售活动而发生，并使流通效率提高的系统。这种系统大致由作业系统和信息系统组成。

2. 物流系统化原则

物流是指从生产供应到消费资料废弃的一个范围很广的系统。这里主要就其中从生产到消费的范畴来研究所谓物流系统化问题，即把物流的各个环节联系起来看成一个物流大系统进行整体设计和管理，以最佳的结构、最好的配合，充分发挥其系统功能、效率，实现整体物流合理化。在设计和管理物流大系统时，应从以下几个方面进行考虑：

(1) 服务性，在为用户服务方面要求做到无缺货、无货物损伤和丢失等现象，且费用便宜；

(2) 快捷性，要求把货物按照用户指定的地点和时间迅速送到；

(3) 有效地利用面积和空间，虽然我国土地费用比较低，但也在不断上涨，特别是对城市市区面积的有效利用必须加以充分考虑，应逐步发展立体设施和有关物流机械，求得空间的有效利用；

(4) 规模适当化，应该考虑物流设施集中与分散的问题是否适当，机械化与自动化程度如何合理利用，情报系统的集中化所要求的计算机等设备的利用等；

(5) 库存控制，库存过多则需要更多的保管场所，而且会产生库存资金积压，造成浪费。因此，必须按照生产与流通的需求变化对库存进行控制。

第四节　物流系统的控制技术

一、供给拉动技术

供给拉动技术是受及时制（JIT）和物料需求计划（MRP）所驱动的。

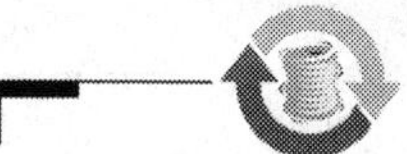

1. 及时制

及时制（Just In Time）是由日本丰田汽车公司在20世纪60年代实行的一种生产方式，1973年以后，这种方式对丰田公司度过第一次能源危机起到了突出的作用，之后，引起其他国家生产企业的重视，并逐渐在欧洲和美国的日资企业及当地企业中推行开来，现在这一方式与源自日本的其他生产、流通方式一起被西方企业称为"日本化模式"，其中，日本生产、流通企业的物流模式对欧美的物流产生了重要影响。近年来，JIT不仅作为一种生产方式，也作为一种物流模式在欧美物流界得到推行。

（1）JIT定义

将必要的零件以必要的数量在必要的时间送到生产线，并且只将所需要的零件、只以所需要的数量、只在正好需要的时间送到生产线。这是为适应20世纪60年代消费需要多样化、个性化而建立的生产体系及为此生产体系服务的物流体系。

（2）JIT生产方式的目的

生产过程中物品（零部件、半成品及制成品）有秩序地流动并且不产生物品库存积压、短缺和浪费，在精确的时间内将原材料和部件运到被要求的地点。它是通过"看板"的卡片来实现的。

（3）JIT的原理

在生产系统中，任何两个相邻工序之间都是供需关系，按照传统的生产计划组织生产，物料根据预定的计划时间由需求方逐个工序流动，需求方根据上一工序送来的物料数量和到达时间进一步加工。需求方接受物料完全是被动的。如果出现了不可预料的因素，物料可能提前或延迟到达。延迟到达将使生产中断，必须在生产计划中留有余地，以避免这种现象的发生。这样一来，必然存在或多或少提前到达的现象，从而导致库存量的上升，占用过多的流动资金。

2. 物料需求计划

物料需求计划（Material Requirement Planning）是讨论库存资源的管理，做到在需用的时候所有物料都能配套备齐，而在不到需用的时刻，又不过早地积压，从而达到"既要降低库存，又要不出现物料短缺的目的"。MRPⅡ称为制造资源计划（Manufacturing Resource Planning），是一种将库存管理和生产进度计划结合为一体的计算机辅助生产计划管理系统。

1）概念

企业根据市场需求制定了营销计划后，生产系统必须按期交付出产成品，由此倒推产生了主生产进度计划，再根据产品的数量与产品的层次结构逐层逐次求出各零部件的需求时间，这就称为MRP。

2）MRP原理

MRP的逻辑原理，如图1-1所示。

主产品结构文件反映产品的层次结构，即所有物料的结构关系和数量的组成；主生产进度计划由零部件的需求时间和相互关系确定；营销计划、主产品结构和工艺规程决定成品出厂时间和各种零部件的制造进度，决定了产成品与零部件在各个时间段内生产量等。

产品库存文件包含原材料、零部件和产成品的库存量，已订未到量和已分配但还没有提取的数量。根据物料需求计划计算所需物料量，首先应考虑库存量，不足部分再进行采购。

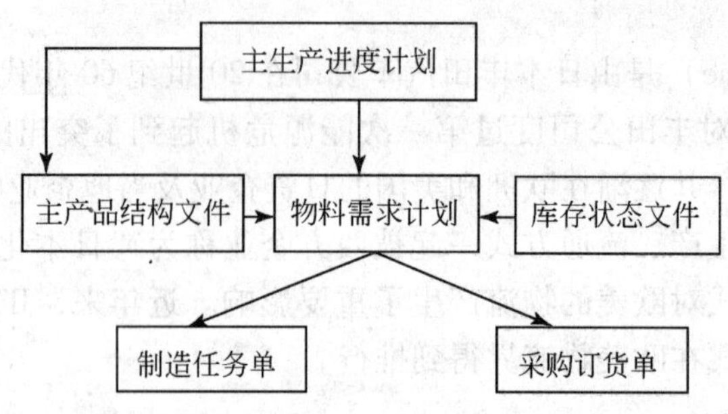

图 1-1　MRP 的逻辑原理图

3）MRP 的特点

（1）需求的相关性。如根据订单确定了所需产品的数量之后，由产品结构文件即可推算出各种零部件和原材料的数量。

（2）需求的确定性。MRP 计划都是根据主生产进度计划、产品结构文件和库存文件精确计算出来的，品种、数量和需求时间都有严格的要求，不可改变，即刚性需求。

（3）计划的复杂性。由于产品的所有零部件需要的数量、时间、先后关系等需要准确地计算出来，当产品的结构复杂，零部件数量特别多时，必须依靠电子计算机来计算。

4）实施 MRP 的优越性

（1）由于各个工序对所需要的物资都按精密的计划适时适量地供应，一般不会产生超量库存，对于在制品还可以实现零库存，从而节约库存费用。

（2）有利于提高企业管理素质。企业加强物流的信息化、系统化和规范化管理，才能协调好供应、生产和销售以及售后服务工作。

5）MRP 的应用分析

例 1-1　假设在第 8 周生产 100 件 A 产品，A 产品的结构，如图 1-2 所示。假如没有现存的或已订未到的存货，确定发出每一零件订单的时间和每项订货的数量。A 产品由零件 B 和 C 组成，C 由零件 D 和 E 组成。通过简单地计算，我们可以求出需要的数量：

零件 B：（1）（A 的数量）＝1（100）＝100

零件 C：（2）（A 的数量）＝2（100）＝200

零件 D：（1）（C 的数量）＝1（100）＝200

零件 E：（2）（C 的数量）＝2（200）＝400

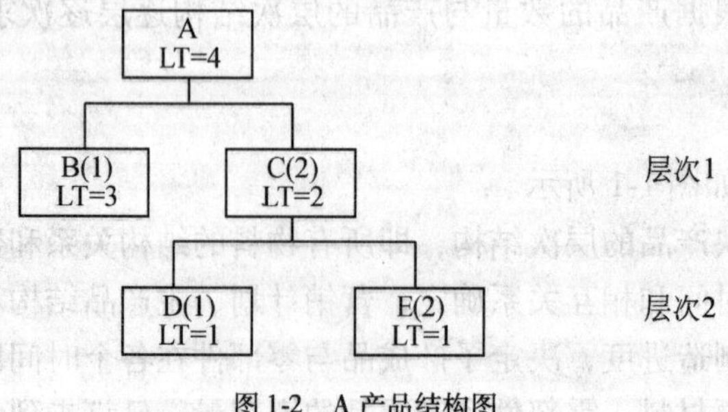

图 1-2　A 产品结构图

现在我们必须考虑所有物品的供应时间（图 1-2 中 LT = 4 表示订货提前期为 4 周）。根据 A 的产品结构和获得每件零件所需的订货提前期，可编制出 A 产品的 MRP。表 1-1 清楚地表明了需要哪些物品，需要多少和什么时间需要。

在第 8 周生产 100 件 A 产品的 MRP　　表 1-1

订货提前期			1	2	3	4	5	6	7	8
4	A	总需求量								100
		计划订货发出量				100				

1 ×　×2

3	B	总需求量				100				
		计划订货发出量	100							

2	C	总需求量				200				
		计划订货发出量		200						

1 ×　×2

1	D	总需求量		200						
		计划订货发出量	200							

1	E	总需求量		400						
		计划订货发出量	400							

为了在第 8 周完成 100 件 A 产品，需要在第 1 周发出 100 件 B、200 件 D 和 400 件 E 的订单，第 2 周发出 200 件 C 的订单。

二、需求拉动技术（DRP）

DRP（Distribution Requirement Planning）的概念是 MRP 在流通领域的直接结果，它主要解决分销物资的供应计划和调度问题，达到保证有效地满足市场需要又使得配置费用最省的目的。

1. DRP 的原理

DRP 的原理如图 1-3 所示。

DRP 的原理图输入文件是：

（1）社会需求文件。社会需求文件包括所有用户的订货，提货和供货合同，以及下属子公司，企业的订货，此处还要进行市场预测，确定一部分需求量。所有要求按品种和需求时间进行统计、整理或社会需求文件。

（2）库存文件。对自有库存物资进行统计列表，以便对社会需求量确定必要的进货量。

（3）生产资源文件。生产资源文件包括可供应链的物资品种和生产厂的地理位置等，

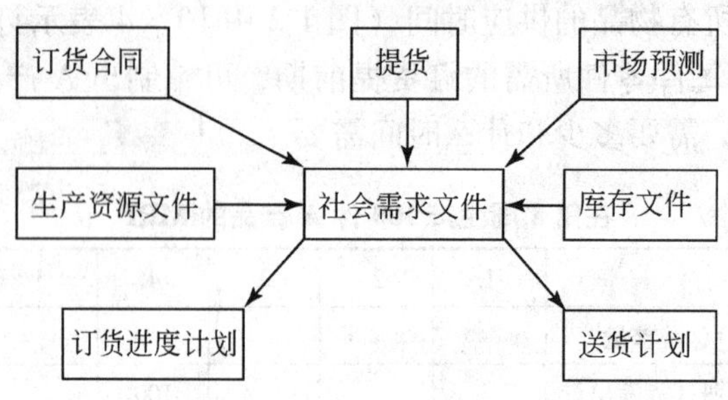

图 1-3　DRP 的原理图

它与地理位置和订货提前期有关。

DRP 的原理图中，输出的两个文件是：

（1）送货计划。对用户有送货计划，为了保证按时送达，要考虑作业时间和路程，提前一定时间开始作业。对于大批需求可实行直送，对于数量少的可实行配送。

（2）订货进度计划。订货进度计划是指从生产厂订货、进货的计划，对于需求物资，如果库内无货或者库存不足，则需要向生产厂订货，当然也要考虑一定的订货提前期。

2. DRP 的目标和适用企业

DRP 是解决分销商品的供应计划和调度问题，合理进行分销商品资源配置，既保证有效地满足市场需求，又使得配置费用最省。适用 DRP 的企业类型有流通企业和具有自己的销售网络和储运设施的生产企业。

3. DRP 的运行步骤

（1）运行前的编码与信息整理工作

编码工作包括商品编码、供货商编码、物流中心组织系统的编码、用户编码；运输信息整理包括运输车辆、运输地理数据、送货提前期、进货提前期等信息。

（2）建立用户需求文件

通过整理订货单、订货合同、订货记录、提货单等确定用户在未来一个计划期内每天的需求情况，按品种、时间顺序整理并统计，形成用户需求文件。

（3）建立库存文件

查询所有经营商品计划期内的库存量（包括在途库存量），形成库存文件。

（4）建立供货单位文件

查询所有品种的供货单位、订货进货提前期等，形成一个文件，即供货单位文件。

（5）DRP 系统运行

进行计算机 DRP 系统运行，得出各个品种的送货计划和订货进货计划，以及本物流中心的总送货计划和总订货进货计划。

（6）DRP 计划的执行

根据送货计划、订货进货计划以及运输车辆、运输地理情况，统一组织运输，保证每天送货计划和订货进货计划的完成。

4. DRP 的应用分析

如 M 公司有 3 个分销中心，分布在上海、深圳和香港，还有一个中央供应站，位于惠

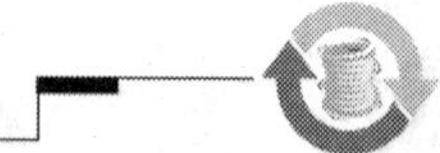

州的生产工厂向3个分销中心供货，如图1-4所示。

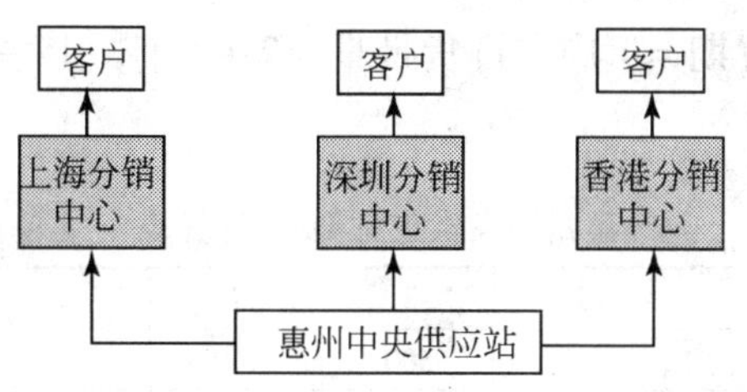

图1-4　M公司分销中心示意图

1）上海配送中心DRP计算表

上海配送中心：前置期＝2周，订货批量＝500个，上一期库存＝350个，库存控制点＝55个，计算见表1-2。

上海配送中心DRP计算表　（单位：个）　表1-2

时间	上一期库存	1	2	3	4	5	6	7	8
预测需求		50	50	60	70	80	70	60	50
计划到货						500			
现有库存	350	300	250	190	120	540	470	410	360
计划订货				500					

2）深圳配送中心DRP计算表

深圳配送中心：前置期＝2周，订货批量＝800个，上一期库存＝220个，库存控制点＝110个，计算见表1-3。

深圳配送中心DRP计算表　（单位：个）　表1-3

时间	上一期库存	1	2	3	4	5	6	7	8
预测需求		115	115	120	120	125	125	125	120
计划到货		800							800
现有库存	220	905	790	670	550	425	300	175	855
计划订货							800		

3）香港配送中心DRP计算表

香港配送中心：前置期＝2周，订货批量＝150个，上期库存＝140个，库存控制点＝15个，计算见表1-4。

香港配送中心DRP计算表　（单位：个）　表1-4

时间	上一期库存	1	2	3	4	5	6	7	8
预测需求		20	25	15	20	30	25	15	30
计划到货							150		
现有库存	140	120	95	80	60	30	155	140	110
计划订货					150				

4）惠州中央供应站 DRP 计算表

惠州中央供应站：前置期 = 3 周，订货批量 = 2200 个，上一期库存 = 1250 个，安全库存 = 280 个，计算见表 1-5。

惠州中央供应站 DRP 计算表　（单位：个）　表 1-5

时间	上一期库存	1	2	3	4	5	6	7	8
预测需求				500	150		800		
计划到货							2200		
现有库存	1250	1250	1250	750	600	600	2000	2000	2000
计划订货				2200					

第五节　物流标准化

每年我国在物流过程中产生的损耗大约是 3000 亿元人民币，这就是物流企业缺乏标准化运作的弊端。从公路运输到铁路运输的转换，从铁路运输到航空运输的转换，从航空运输到海洋运输的转换，致使它们的标准也要转换。联合国发布的最新调查显示：我国的物流过程所占的时间差不多，是物流和生产全过程的 90% 左右。

一、物流标准化的涵义

1. 标准和标准化

根据国际标准化组织（ISO）与国际电工委员会（IEC）于 1991 年联合发布的文件中的表述，标准是指在一定范围内以获得最佳秩序为目的，对活动或其结果规定共同的和重复使用、经协商一致制定并经公认机构批准的规则或特性的文件。标准是以科学、技术和经验的综合成果为基础，以促进最佳社会效益为目的的。而标准化则指的是为在一定的范围内获得最佳秩序，对实际的或潜在的问题制定共同的和重复使用的规则的活动。这种活动主要包括制定、发布及实施标准的过程；其重要意义在于改进产品、过程和服务，防止贸易壁垒，促进技术合作。标准化的范围和对象是在经济、技术、科学及管理等社会实践中的重复性事务和概念。物流经营组织需要用户反复购买物流服务，需要与各类用户保持合作关系，因而需要由严格的系列标准规范服务和过程。

2. 物流标准化

物流标准化是按物流合理化的目的和要求，制定各类技术标准、工作标准，并形成全国乃至国际物流系统标准化体系的活动过程。其主要内容包括：物流系统的各类固定设施、移动设备、专用工具的技术标准；物流过程各个环节内部及之间的工作标准；物流系统各类技术标准之间、技术标准与工作标准之间的配合要求，以及物流系统与其他相关系统的配合要求。设计与构筑物流系统、从事物流经营活动是涉及庞杂内容的技术性、经济性、管理性的标准化对象。作为标准最本质的就是进行统一，没有统一就没有标准，标准不同企业间的物流业务合作就无法实现。

物流概念及物流系统化的实践，在中国经历的时间较短，而涉及的领域却很多，在物流

系统化充分实践之前，构成物流系统的各子系统，基本上已分别制定了相应的技术标准与工作标准。因而，物流标准化属于后标准化范畴，进行物流标准化工作一般有较大的难度。但在现代市场条件下，标准化是竞争制胜的新要素，加强物流标准化工作十分重要。

3. 标准的划分

根据标准的不同属性和使用目的，标准可以有不同的划分。

（1）按照标准的法律属性，国家标准和行业标准可以分为强制性标准和推荐性标准。

（2）按照使用功能划分，标准可以划分为：基础标准、产品标准、检验方法标准，包装、存储运输标准等。

（3）按照标准化对象特征不同，分为技术标准、管理标准和服务标准。这种分类在物流系统经常使用。

①技术标准。技术标准是指对标准化领域中需要协调统一的技术事项所制定的标准。技术标准是标准体系中的主体。按其特征不同，还可进一步划分为基础标准、产品标准、方法标准和保护标准。

②管理标准。管理标准是对标准化领域中需要协调统一的管理事项所制定的标准。例如，ISO 9000 系列《质量管理与质量保证体系系列标准》、ISO 14000 系列《环境管理系列标准》等。

③服务标准。服务标准是对某项（类）服务的要求所制定的标准。服务标准主要规定服务技术和服务业务的要求、程序、语言、行为、组织处理等内容。

（4）按照标准的级别，分为国际标准、国家标准、部门或行业标准、企业标准。

①国际标准：国际标准化组织所制定、批准的各类有关标准，例如，ISO 9000 系列标准。

②国家标准：国家组织制定并批准颁布实施的各类标准。例如，由中国物品编码中心负责起草了多项条码技术标准，自 1991 年起陆续由国家质量监督检验检疫总局发布为国家标准。其中包括 GB 12904—1991《通用商品条码》、GB 12905—1991《条码系统通用术语——条码术语》、GB 12906—1991《中国标准书号（ISBN 部分）》等强制性国家标准和 GB/T 12907—1991《库巴德条码》、GB/T12908—1991《三九条码》等推荐性国家标准。

③部门或行业标准：在某一部门或行业制定，并批准发布实施的各类标准。

④企业标准：由企业自己制定并组织实施的各类标准。

4. 物流标准化的作用

物流标准化具有非常强的国际性，几乎所有的国际贸易最终都要靠国际物流来完成，因而本国的物流标准要与国际物流标准寻求一致。否则会加大国际物流过程中的技术难度，增加外贸成本。但是，物流标准化过程既要讲科学，又要使各有关方面接受，使物流标准化工作较好地体现科学性、民主性和经济性，充分发挥物流标准化内在潜力。物流标准化的基本作用体现在以下几方面：

1）可以统一国内物流概念

我国的物流发展借鉴了很多国外的经验，但是由于各国在物流的认识上有着众多的学派，就造成了国内人士对物流的理解存在偏差。物流的发展不单单是学术问题，更重要的是要为国民经济服务、创造更多的实际价值。所以，我们要弄清物流的概念问题，并对物流涉

及的相关内容达成统一的认识，为加快我国物流的发展扫清理论上的障碍。

2）可以规范物流企业

目前我国市场上出现了越来越多的物流企业，其中不乏新生企业和从相关行业转行的企业，层出不穷的物流企业也使物流队伍良莠不齐。物流企业整体水平不高，不同程度地存在着市场定位不准确、服务产品不合格、内部结构不合理、运作经营不规范等问题，影响了物流企业的健康发展。建立与物流企业相关的国家标准，对已进入物流市场和即将进入物流市场的企业进行规范化、标准化管理，是确保物流企业稳步发展的需要。

3）可以提高物流效率

物流企业是一个综合性的行业，它涉及运输、包装、仓储、装卸搬运、流通加工、配送和信息等各个方面。我国的现代物流业是在传统行业的基础上发展起来的。由于传统的物流被人为地割裂为很多阶段，而各个阶段不能很好地衔接和协调，加上信息不能共享，造成物流的效率不高，这在很多小的医药物流企业表现得尤为明显。物流标准化是以物流作为一个大系统，制定系统内部设施、机械设备，专用工具等各个分系统的技术标准：制定系统内各个分领域如包装、装卸、运输等方面的工作标准，以系统为出发点，研究各分系统与分领域中技术标准与工作标准的配合性，统一整个物流系统的标准；研究物流系统与相关其他系统的配合性，进一步谋求物流大系统的标准统一。

4）可以使国内物流与国际接轨

全球经济一体化的浪潮，使世界各国的跨国公司开始把发展目光集中到我国。特别是我国加入 WTO 后，物流业将受到来自国外物流公司的冲击。所以，我国的物流业必须全面与国际接轨，接纳最先进的思想，运用最科学的运作和管理方法，改造和武装我们的物流企业，以提高竞争力。从我国目前的情况看，物流的标准化建设是引导我国物流企业与国际物流接轨的最佳途径。

国际标准化组织和一些欧美国家为了促进国际物流的发展，制定和实施了一系列国际上公认和通用的物流标准。我国在促进和推动物流标准化体系建设过程中，应尽可能采用国际标准，这既能加快我国物流标准化的建设步伐，也不失为与国际物流标准保持协调一致的有效手段。

二、中国物流标准化存在的问题

虽然我国的标准化工作取得了一定的进展，但由于诸多原因，目前我国的标准化状况仍存在着诸多问题。

1. 条块分割、部门分割、地区分割

由于物流及其物流管理思想在我国诞生较晚，组成物流大系统的各个分系统在没有归入物流系统之前，早已分别实现了本系统的标准化。这就必然导致了在标准制定内容上的条块分割、部门分割。同时由于在长期计划经济体制的影响下，各地区各行业各自为政，物流标准不一致，跨区域性、多式联运物流效率下降。

2. 在货物的仓储、装卸和运输等过程中缺乏基本设备的统一规范

仓储、装卸和运输是物流系统中极其重要的组成部分，其效率的高低直接影响物流速度和效率。目前，我国物流系统货物的仓储、装卸和运输等各环节因缺乏统一的规范而难以实

现有效的衔接。如托盘的尺寸、卡车的大小、仓库货架的尺寸等无法配套使用。其中托盘标准存在的问题较为典型，我国的物流企业有的采用欧美标准，有的采用日韩标准，还有的干脆自己定义，由于与产品包装箱尺寸不匹配，严重影响了物流系统的运作效率。

3. 信息标准化落后

目前，我国许多部门和单位都在建自己的商品信息数据库，但数据库的字段、类型和长度都不一致，形成一个个信息孤岛，严重影响了作为物流管理基础的信息交换和电子商务的运作。

4. 采用国际标准的比例低

在长期计划经济的影响下，我国的标准（包括物流相关标准）在制定过程中较少考虑与国际标准的一致性。因此，目前能与国际标准接轨的物流标准所占比例很低，这必将为我国的国际贸易产生障碍。

5. 物流标准的推广、执行上存在问题

尽管我国建立了物流标准体系，并制定了一些重要的国家标准，但这些标准的推广应用存在着严重问题。例如，《储运单元条码》的应用正确率不足15%。这种现象的广泛存在，深刻揭示了我国物流标准化管理工作落后的现状。制约物流标准化的推广、执行的因素有很多，主要包括以下几个方面。

1）体制性障碍

如前所述，在长期计划经济体制的影响下，物流管理形成了一种条块分割、部门分割、地区分割的状态。物流系统各分系统的标准往往由不同的政府部门分别管理，且执行的是本行业内的标准，这对于整个物流系统各环节的配合和衔接十分不利。

2）物流标准化意识淡薄

一些国有企业和相关部门还没有意识到物流这个“第三利润源”的作用，企业的“大而全”、“小而全”的经营状况十分严重，市场经济要求社会化的专业细分，但现在分离进程非常缓慢，很多企业的物流都依赖自己的仓库和车队，标准化程度极低且破损率极高，大大降低了物流速度，提高了物流成本。

3）物流市场发育不足

物流市场发育不足也是既有标准得不到推广的一个重要原因。在市场经济中，技术标准通常是从行业自发需求中产生的。在我国，市场需求还没有形成足够的规模，国内除了宝钢、海尔等几家大企业之外，很多物流企业都是从传统行业转型过来的中小企业，尽管更换了公司名称，但操作理念和规范还比较陈旧。由于标准化的普及有赖于产业自身的发育程度，在这些企业中推行物流标准化显然具有很大难度。

6. 物流标准化人才极其匮乏

由于中国的物流及物流管理的思想诞生较晚，历年来在计划经济体制的影响下，对物流重视的程度不够，导致物流人才极其缺乏。物流行业的从业人员，绝大部分是从相关行业转过来的，真正具有扎实的现代物流理论基础与实践经验的人少之又少。特别是对于物流标准化而言，人才匮乏现象更为严重。

三、中国的物流标准化工作

近些年，中国国民经济与对外贸易的发展为中国物流标准化的发展提供了良好的机遇，尤其是近几年来，国内的专业化物流公司和商业企业配送中心渐成气候，一些大型制造企业也在物流配送方面有所动作。随着物流产业基础市场的发育，我国的物流标准化工作开始启动，并取得了一系列成绩。具体表现在以下几个方面：

1. 制定了一系列物流或与物流有关的标准

据统计，在我国现已制定颁布的物流或与物流有关的标准已有近千个。在包装标准方面，我国已全面制定了包装术语、包装尺寸、包装标志、运输包装件基本试验、包装技术、包装材料、包装材料试验方法、包装容器、包装容器试验方法、产品包装、运输、储存与标志等方面的标准；在物流机械与设施方面，我国制定了起重机械、输送机械、仓储设备、装卸机械、自动化物流装置以及托盘、集装箱等方面的标准。

从系统性的角度看，已不仅仅是单纯制定技术标准，有关物流行业的通用标准、工作标准和管理标准也已开始制定。从标准层次性的角度来看，制定的与物流有关的标准不只有企业标准和地方、行业标准，也有不少国家标准，有一部分标准还采用了国际标准或国外先进标准。

从部门的角度看，中国与物流关系比较密切的一些部门均制定了一系列与物流有关的行业标准，特别是制定了许多作为国家标准系列中比较欠缺的作业标准和管理标准。

2. 建立了与物流有关的标准化组织、机构

中国已经建立了一套以国家质量监督检验检疫总局为首的全国性的标准化研究管理机构体系，这些机构和组织从事着与物流有关的标准化工作。

3. 积极参与国际物流标准化活动

中国参加了国际标准化组织 ISO、国际电工委员会 IEC 与物流有关的各技术委员会和技术处，并明确了各自的技术归口单位。此外，还参加了国际铁路联盟 UIS 和社会主义国家铁路合作组织 OSJD 等两大国际铁路的权威机构。

4. 积极采用国际物流标准

在包装、标志、运输、储存方面的近百个国家标准中，已采用国际标准的约占 30%；公路水路运输方面的国标中，已采用国际标准的约占 5%；在铁路方面的国标中，已采用国际标准的约占 20%；在车辆方面，已采用国际标准的约占 30%。此外，在商品条形码、企事业单位和社团代码、物流作业标志等方面也相应采用了一些国际标准。

5. 积极开展物流标准化的研究工作

在加入 WTO 的今天，中国物流国际化是必然的趋势，如何实现我国物流系统与国际物流大系统顺利接轨，关键在于物流标准化。至此，物流标准化工作被提到了前所未有的高度，全国不少相关科研院所、高等院校的科研机构，都投入到了这项研究工作当中。

四、中国物流标准化发展

1. 理顺和协调物流系统内各分系统管理部门之间的关系

从对中国物流标准化的现状分析当中我们可以看出，体制障碍是制约我国物流标准化进程最大的绊脚石，部门分割是目前亟待解决的问题。由于资源管理的体制性障碍直接造成了物流标准化管理工作的落后。尽管国家标准的行政主管部门是国家质检总局，但由于物流产业跨越了行业，标准的归口管理大多数设在各个管理部门的标准化技术委员会。而这些标准

要达成统一，需要进行很多协调工作，衔接难度非常大。我国的供应链过程管理与控制标准化技术委员会正在紧张筹备之中，秘书处设在中国物流编码中心，主要职能之一就是开展物流标准化管理的协调工作，最大限度的实现技术标准的统一。

2. 进一步完善我国物流标准的制定工作

除了不同行业间标准化部门的统一协调之外，在标准规范的制定工作上也应有所改善。主要从以下几个方面着手。

1）制定物流系统标准化总体规范

我国缺乏对物流标准化进行系统研究，各级政府往往集中精力和资金发展园区，而在技术支撑方面投入不够。因此，当务之急是对我国的物流标准化进行系统的研究，并在此基础上，制定出物流系统标准化的总体规范。

2）制定物流基础设施设备标准规范

由于集装形式是未来主导形式，因此要在包装、运输、装卸搬运、储存等环节中，以集装系统为基点建立标准。按照600mm×400mm 的基础模数尺寸，建立包括物流基础模数尺寸在内的各包装单元的尺寸标准、运输工具的尺寸标准、仓储设施的尺寸标准等。

3）制定物流标识系统标准规范

制定物流标识系统标准规范，实现物流过程的实体与信息的协调统一。

4）建立物流信息服务系统

"中国电子口岸"、港航 EDI 等网络信息技术的投入应用，为物流信息标准化建设提供了一定的基础平台，应完善这个平台，并以此为基础，加紧扩大标准化数据在企业间信息交换中的应用。

5）尽可能地以国际标准为基本参照系

在全球经济一体化和加入 WTO 的今天，我国的国际贸易必将日渐频繁。中国物流融入国际物流大系统是大势所趋，物流标准与国际标准接轨，才能扫清我国国际贸易上的一些技术上的障碍。

3. 加强物流市场的培育

标准化的普及有赖于产业自身的发育程度，没有市场基础的标准只能是空中楼阁，真正的动力必须来自市场本身。从这个意义上讲，建设物流企业和建设物流标准具有共同的目标。

4. 加强监督和政策支持

对一些由传统企业转型过来的企业以及准备进入物流行业的其他企业，政府可以在推广标准化方面予以政策支持和制约。例如，采取物流企业市场准入条件来制约物流企业必须贯彻物流标准化。贯彻物流标准化的企业，政府则给予政策上的扶持等。

5. 加大宣传和人才的培养力度

虽然我国已经加入了 WTO，国际交流、国际贸易日益频繁，国际竞争日益激烈，但仍有一些传统企业，对物流及物流管理理念意识淡薄。因此，有关部门应担当物流理念宣传和推广的号手，让那些漠视物流和物流管理的企业尽快转变观念，这样才能为物流标准化工作扫清思想上的障碍。加强《通用商品条码》（GB/T 12904—1998）、《储运单元条码》（GB/T 16830—1997）、《物流单元条码》（GB/T 18127—2009）等物流标准的宣传贯彻工作，增强企业执行、贯彻物流标准的自觉性。

目前，我国的物流标准化人才奇缺，相关部门、科研院所和高等学校应大力加强物流标准化人才的培养和培训工作。

6. 重视物流标准化研究、制定和推广工作

世界各国物流标准化步伐不一或者物流标准不统一，都将严重影响全球物流业的发展。尤其是在经济全球化的今天，全球生产、全球采购、全球营销等都成为企业战略发展的必要目标，为了建立高效率的物流体系，实现各国物流与国际物流的顺利接轨，增强本国物流业的国际竞争力，必须把物流标准化工作提到前所未有的高度，从战略的高度看待国际物流标准化工作，从根本上在国际范围内解决物流标准化的问题，推动世界物流业快速、健康的发展。一方面，要在物流基础设施、物流技术、企业信息化水平等方面做好基础工作；另一方面，要加强对标准化工作的协调和组织，及时研究和制定物流相关标准，尽快形成一套能够引导和规范国内物流发展并与国际接轨的物流标准化体系，积极推广与应用国家颁布的各种与物流活动相关的标准。

7. 建立完善的物流信息服务系统

物流标准化的核心任务是为不同企业信息系统建立统一的信息平台，也就是借助计算机网络和通信等先进技术，将原本分离的采购、运输、仓储、代理、配送等物流环节，以及资金流、信息流、实物流等进行统一的协调控制，实现完整的供应链管理，将原属于不同行业部门、不同产业领域的，运作体系相对独立的节点物流信息系统进行有效的整合，提高整个物流供应链的运作效率。要加强国际互联网的有效利用，加快信息基础设施建设，推进信息采集技术、信息传输技术及管理软件在物流领域的广泛应用，实现包括商品信息在内的物流信息交换协议标准化、条码化和信息采集自动化。引导企业利用先进的信息技术和物流技术，全面提高企业的信息管理水平，减少资源浪费，提高物流速度。

复习思考题

1-1 什么是物流、物流管理？

1-2 阐述物流的基本功能。

1-3 物流管理概念的发展可以分为哪几个阶段？

1-4 物流管理的范围有哪些？

1-5 分析说明我国物流标准化存在的问题及解决问题应采取的措施。

第二章　采购管理

第一节　采购概述

一、采购的含义

1. 采购

据美国全国采购管理协会称，一个企业的采购成本达到最低限度，比单纯增加销售收入额度的2~3倍还有价值。如果企业的采购成本能够减少10%，可导致边际利润上升50%。鉴于此，采购已成为企业可持续发展战略中不可或缺的重要因素。

采购（Procurement），在社会分工高速发展的现代社会中是一个普遍而又重要的概念。采购是人们生活中最常见的一种活动，采购行为的出现是由需求引起的，没有了需求也就没有了采购。无论家庭或个人的日常生活和企业的生产运作，无论集体或政府，都离不开采购。为了加强企业的采购管理，首先要了解采购的概念及其特点。

“采”有选择，从许多对象中选择若干之意；“购”是指取得或购买，是通过商品交易的手段把所选对象从对方手上转到自己手中的一种活动。因此，所谓采购是指在一定的时间、地点条件下通过交易手段，实现从多个备选对象中选择取得能满足自身需求的物品的活动过程。根据人们取得商品的方式不同，采购可以从狭义和广义两方面来理解。

狭义的采购就是指买东西，也就是企业根据需求提出采购计划，审核采购计划，选择供应商，经过商务谈判确定价格、交货的相关条件，最终签订合同并按要求收货付款的过程。这种以货币换取物品的方式，可以说是最普通的采购途径。无论个人和企业，为了满足消费或者生产的需求，大部分都是以购买的方式来进行。显然，狭义的采购，买方必须具备货币支付能力，才能换取他人的物品来满足自己的需求。

广义的采购是指除了以购买的方式占有物品之外，还可以通过租赁、借贷、交换等各种途径取得物品的使用权，来达到满足需求的目的。现代意义的采购大多和供应商联系在一起，并随着企业和整个经济的发展而不断赋予其新的内涵。

（1）租赁

租赁，即一方以支付租金的方式获取他人物品使用权的行为。

（2）借贷

借贷，即一方无须以任何代价的方式获取他人的物品的使用权的行为，使用完毕，仅返还原物品。这种无偿借用他人物品的方式，通常是基于借贷双方的友情或出于某种合作需要，主要是基于借方的信用。

（3）交换

交换，就是以以物易物的方式获取对方物品的所有权或使用权的行为。交换过程不需支付物品的全部价款，也不一定是完全等价的。换言之，当双方交换物品价值相等而对对方物品又有所需求时，不需要以货币补偿对方；当双方交换物品价值不等时，仅由一方补贴差价给对方。

2. 采购的基本特征

（1）采购是从资源市场获取资源的过程。资源市场是指经过买家认可的、信得过的采购资源，由一些供应商组成。采购对于生产或生活的意义在于能提供生产或生活需求而自己缺乏的资源。资源可能是一个有形的物品，或者是参与一个系统运行的组成部分，如一颗螺钉，一块集成电路，一个打火机，我们把此类采购也称之为"有形采购"；资源也可能是无形的，如一个软件，一个方法，一项服务，一个保险，我们把此类采购也称之为"无形采购"。在有形采购中，仅用于生产目的的采购，称为物料采购，如电脑生产采购电阻、电容等原料。在无形采购中，仅用于服务、维修、保养等内容的采购，称为服务采购，如买断两年的电梯设备保养服务等。

（2）采购是信息流、商流和物流相结合的过程。采购的基本作用，就是将资源从资源市场的供应商转移到用户的过程。在这个过程中，一是要实现对资源市场所需资源信息进行收集、传递和加工处理，这个过程就是信息流过程，主要是获得有用的资源信息；二是要实现将资源的所有权或使用权从供应商转移到用户，这个过程是一个商流过程，主要通过商品交易、等价交换和租赁或借贷等方式来实现商品所有权或使用权的转移；三是要实现将资源的物质实体从供应商转移到用户，这个过程是一个物流过程，主要是通过运输、储存、包装、装卸、流通等手段来实现商品空间位置的转移，使商品实实在在地到达用户手中。可以明确，采购过程必须将信息流、商流和物流结合起来才能完成。因此，采购过程实际上是信息流、商流和物流相结合的过程。

（3）采购是一种经济活动。采购是企业经济活动的主要组成部分。所谓经济活动，就是按照一定的经济规律追求经济效益的活动。在整个采购活动中，一方面，通过采购获取了资源，保证了企业正常生产的顺利进行，这是采购的效益；另一方面，在采购过程中也会发生各种费用，这就是采购成本。要追求采购经济效益的最大化，就要不断降低采购成本，以最少的成本去获取最大的效益。而要做到这一点，科学采购是个必备因素。科学采购是实现企业经济利益最大化的基本利润源泉。

二、采购分类

1. 按照价格分类

采购（按价格）
- 招标采购
- 询价现购
- 比价采购
- 议价采购
- 定价收购
- 公开市场采购

（1）招标采购。货物采购的所有条件详细列明，刊登公告。投标厂商按公告的条件，在规定的时间内，交纳投标押金，参加投标。

（2）询价现购。采购人员选取信用可靠的厂商将采购条件讲明，并询问价格或寄发询价单并促请对方报价，比较后现价采购。

（3）比价采购。采购人员请数家厂商提供价格后，从中加以比价后，决定厂商进行采购。

（4）议价采购。采购人员与厂商经讨价还价后，议定价格进行采购，一般来说，询价、比价和议价是结合使用的，很少单独进行。

（5）定价收购。购买物资数量巨大，非几家厂商所能全部提供的，如纺织厂订购棉花、糖厂订购甘蔗等，或当市场上该物资匮乏时，则定价现款收购。

（6）公开市场采购。采购人员在公开交易或拍卖时随机机动地采购，因此大宗采购物资时，价格变动频繁。

2. 按采购主体分类

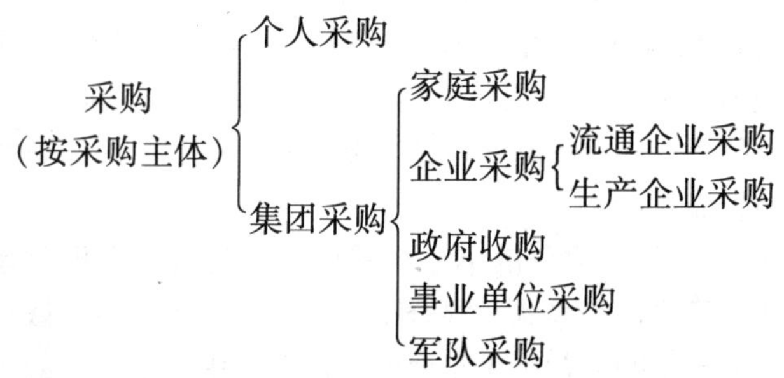

（1）个人采购。个人采购几乎是每个人都经常进行的活动，它是指消费者为满足自身需要而发生的购买消费品的行为。购买对象主要为生活资料和生活必需品等。购买过程相对比较简单。

（2）集团采购。这种采购方式的采购价格和产品、服务的质量都相对有优势，因为集团采购形成了一定的规模，采购量大，供货商愿意进行长期的合作，自然会为集团提供高品质和价格优惠的产品，并且能提供更好的服务，建立长期互惠互利的合作关系。

3. 按照采购方法分类

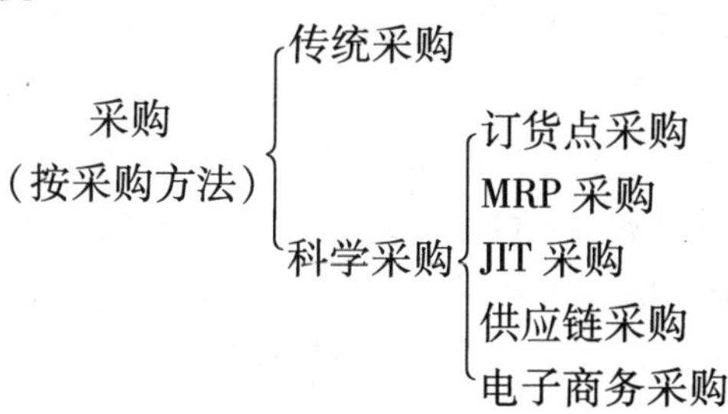

（1）传统采购。我国传统的采购方式是典型的非信息对称博弈过程；传统采购方式无法对供应商产品质量进行事前控制；供需关系是临时或短期的合作关系，而且竞争多于合作；响应用户需求能力迟钝。因此传统的询价、谈判、比较方式引起了采购费用的上升，询价的不充分性导致付出较高的采购成本。

（2）科学采购。供应链环境下，企业间由单一的竞争关系转变为共同利益下的协同合作关系。这也意味着企业的采购也必须从供应链整体利益的角度对传统的单一竞争模式进行优化，采取科学的采购方法，才能降低企业采购成本、降低库存，从而协调整个供应链的流程运作，取得供应链整体效益的最大化。

4. 按照采购制度分类

采购（按采购制度）{集中采购；分散采购；混合采购}

（1）集中采购。集中采购是指将公司所有的采购活动集中在某一处集中处理。集中化采购有许多分散采购无法比拟的优点。因此，除了一些很小的企业外，几乎所有的企业都采用集中采购模式。集中采购模式使物料采购容易达到标准化；减少了管理上的重复设置；集中了采购订单，使公司便于与供应商谈判；在物料紧缺时，可以避免企业内不同的部门之间为采购物资而相互竞争，有效地节约了社会成本，也有利于公司对采购活动进行有效地控制；有利于采购决策中专业化分工和专业技能的发展。

（2）分散采购。分散采购模式是将采购工作分散在各货品需用部门分别办理。这一模式通常适用于企业规模较大、工厂分散于较广区域的企业。这类企业，若采用集中采购模式，则容易产生采购上的延迟，且不易应付紧急需要；与采购部门的联系也相当困难，采购作业与单据流程显得漫长而复杂。

（3）混合采购。混合采购又称分散集中化采购，是指有些采购活动在企业总部进行，同时主要的运作部门或工厂也进行采购。混合采购综合采用集中与分散化采购，以发挥它们的优点，避免其缺点。混合采购通常被用于大的跨国公司中。如瑞典的伊莱克斯公司，美国的通用电气公司，过去他们采用的是集中采购模式，但几年前它们改变了自己的采购模式。

5. 按照采购实践分类

采购（按采购实践）{战略采购；日常采购}

（1）战略采购。战略采购是采购人员根据企业的经营战略需求，制定和执行采购企业的物料获得规划，通过内部客户需求分析，外部供应市场、竞争对手、供应基础等分析，在标杆比较的基础上设定物料的长短期的采购目标、达到目标所需的采购策略及行动计划，并通过行动的实施寻找到合适的供应资源，满足企业在成本、质量、时间、技术等方面的综合指标。战略采购计划内容包含采用何种采购技术、与什么样的供应商打交道，建立何种关系，如何培养与建立对企业竞争优势具有贡献的供应商群体，日常采购执行与合同如何订立等。

（2）日常采购。日常采购是采购人员（buyer）根据确定的供应协议和条款，以及企业的物料需求时间计划，以采购订单的形式向供应方发出需求信息，并安排和跟踪整个物流过程，确保物料按时到达企业，以支持企业的正常运营的过程。

6. 按照采购范围分类

采购（按采购范围）{国内采购；国外采购}

（1）国内采购。国内采购（简称内购）。所谓内购系指向国内厂商进行采购的行为。一般来说内购是物料采购类型中较为方便与经济。

（2）国外采购。国外采购（简称外购），又称国际采购或全球采购。所谓外购系指向国外之供货商或外国供货商在本国境内之代理商进行采购的行为。

7. 按照采购订约方式分类

采购（按订约方式）
- 订约采购
- 口头或电话采购
- 书信或电报采购
- 试探性订单采购

（1）订约采购。订约采购（Contract Purchasing）系买卖双方根据订约之方式而进行采购之行为。

（2）口头或电话采购。口头或电话采购（Oral or Telephone Purchasing）系指买卖双方不经过订约之方式而是以口头或电话之洽谈方式而进行采购之行为。

（3）书信或电报采购。书信或电报采购（Letter or Telegraph Purchasing）系指买卖双方藉自书信或电报之往还而进行采购之行为。

（4）试探性订单采购。试探性订单采购（Trial Order Purchasing）系指买卖双方在进行采购事项时因某种缘故不敢大量下订单，先以试探方式下少量订单，此试探性订单采购，俟试探性订单采购进行顺利时，而后才下大量订单。

三、采购的原则

1. 适价（Right Price）

适价原则即是从品质的角度保证同等品质情况下，不高于同类物资的价格。准确把握市场价格，尽力避免购入成本太高或太低。若采购价格太高，将是企业承担额外的成本，丧失产品竞争力；若企业采购价格太低，则逼迫供应商偷工减料，企业无法投入使用。

2. 适质（Right Quality）

适当的质量。以满足企业生产的需要为准则。质量太好，不仅购入成本偏高，而且容易造成适用上的浪费。质量太差将无法达到适用的目的，并增加适用上的困难，造成损失。

3. 适时（Right Time）

适当的时间。采购时间应当科学，不应太早或太晚。太早容易造成存货和不必要的存货费用；太晚容易导致缺乏原料而造成生产停顿。在“零库存”的观念下，更应重视适时采购、及时交货的管理原则。

4. 适量（Right Quantity）

适当的数量。以需求量为指导，避免“过与不及”。数量太多容易造成呆料、废料或库存；数量太少则享受不到批量采购带来的优惠，导致成本的增加。

5. 适地（Right Place）

适当的供应商。对于采购方来讲，选择的供应商是否合适，会直接影响采购方的利益。供应商的选择，主要考察供应商的整体实力、生产供应能力、信誉等，以便建立双方相互信任长期合作关系，实现采购与供应的双赢战略。

采购的“适当”原则意味着采购时必须综合平衡，考虑自身利益的同时必须兼顾供方利益，否则很难达成一致，尽可能地争取相对最优，绝对的最优在现实中属于一种理想状态。

四、企业采购与消费市场采购

消费品采购与企业采购的区别，见表2-1。

消费品采购与企业采购的区别　　表2-1

企业采购		消费品采购
采购目的	保证生产	满足个人需求
采购动机	主要出于理性考虑	还带有个人喜好或冲动
采购功能	专业职能、企业行为	消费者个人行为
采购决策	多人参与、程序化过程	个人决定
产品与市场知识	系统、宽广	零散、有限
采购量	大	小
采购需求	由生产及发展驱动、波动性强	由生活所需导向、通常较稳定
采购市场价格	弹性有限	弹性相对较大
顾客	数量有限、往往地域性集中	数量很多、地域上分散

五、工业、制造企业采购特点

通常情况下，工业企业或制造业依据其生产环境或制造环境可分为按库存生产、按订单生产以及按订单设计生产三类。对于不同的生产环境，企业所采取的生产组织方式不同，相应的运作管理也不同。

表2-2概括了不同生产环境对应的生产及采购特点。

不同生产环境对应的生产及采购特点　　表2-2

生产环境	按库存生产	按订单生产	按订单设计生产
作业方式	流水线	机群式或按工艺特点	现场作业
生产特点	产品导向	工艺导向	项目或设计导向
产品特点	数量大、标准化程度高	品种多、质量要求高	单件小批量、设计要求
竞争优势	低成本、及时交货	高质量、按时交货	专有技术及制造安装
采购特点	成批、标准化采购	分类采购与管理	技术性采购

第二节　采购管理组织

一、采购管理的基本原理

1. 采购管理与采购的区别

所谓采购管理，就是指为保障企业物资供应而对企业采购进货活动进行的管理活动。

采购管理是对整个企业采购活动的计划、组织、指挥、协调和控制活动，是一种管理活动，不但面向企业全体采购员，而且也面向企业组织其他人员（进行有关采购的协调配合工作），一般由企业的采购部门来负责完成。采购管理的使命，就是要保证整个企业的物资

供应，其权利，是可以调动整个企业的资源。

而相对来说，采购只是指具体的采购业务活动，是作业活动，一般是由采购人员承担的工作，只涉及采购人员个人，其使命，就是完成采购主管布置的具体采购任务，其权利，只能调动采购主管分配的有限资源。可见，采购管理与采购是有区别的。

2. 采购管理的作用

（1）对制定最优的采购策略本身提供支持。

（2）资源市场中资源的发展变化动态，技术动态信息等，对企业随时制定和调整产品策略、对企业生产决策提供有力的支持。

（3）有利于与供应商建立起一种比较友好的关系，为企业的货物采购和企业生产提供一种比较宽松的、高效率的外部环境条件。

3. 采购管理的目标

1）总目标

以最低的总成本为企业提供满足其需要的货物和服务。

2）子目标

（1）为企业提供所需的物料和服务。

（2）力争最低的成本。

（3）使存货和损失降到最低限度。

（4）保持并提高自己的产品或服务。

4. 采购管理的内容

采购管理的基本内容，如图 2-1 所示。

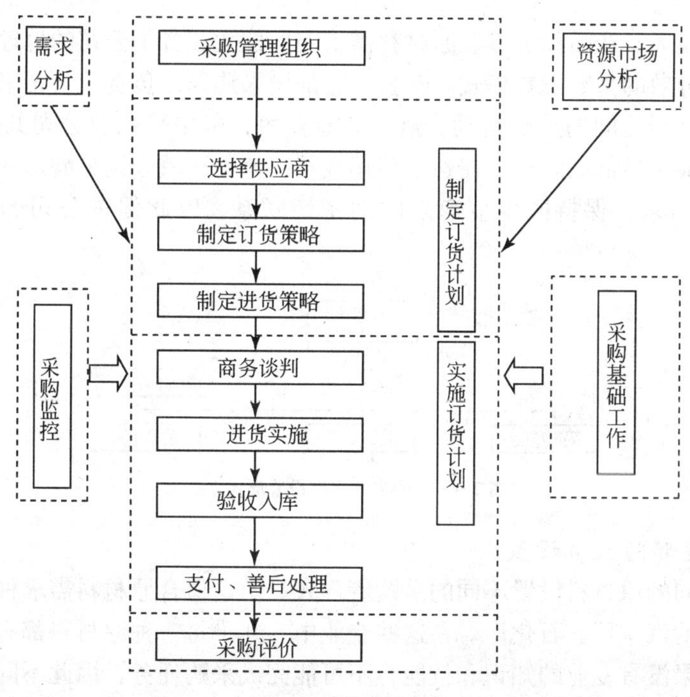

图 2-1 采购管理内容

二、采购管理部门设置

1. 企业采购部门设置形式

如果企业规模较小，产品结构较单一（典型的例子就是单一的工厂或企业，分公司距离较近的大公司也可适用），设置单一的采购部门并直接向总经理汇报工作会取得较好效果，如图 2-2 所示。

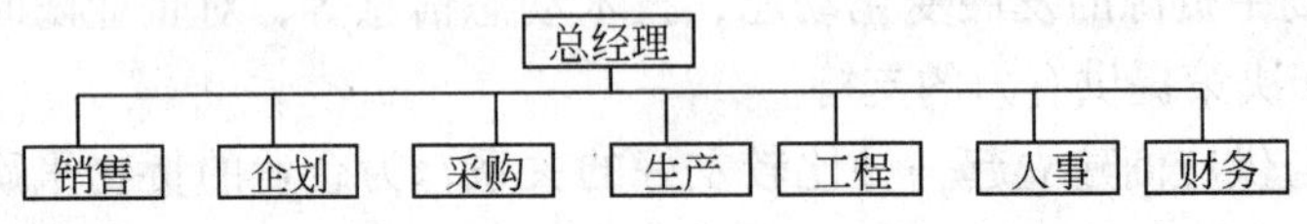

图 2-2　企业采购部门设置形式之一

规模较大的企业，如大型的跨国公司或国内的大型国有企业，业务较多、管理繁杂的企业，可以设置独立的采购部门体系，并向分管采购的副总经理汇报工作。这样不仅满足了采购集中化的要求，也方便了公司的管理，如图 2-3 所示。

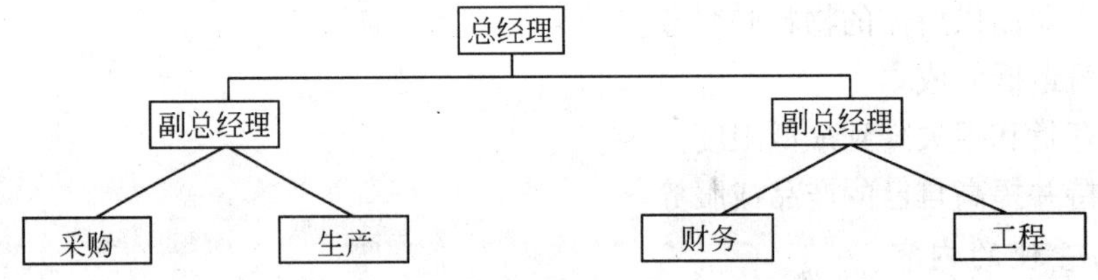

图 2-3　企业采购部门设置形式之二

对于一些规模大、产品种类多、原材料需求差异性大、各子公司的地理位置距离远的企业，可采用集中分散的采购设置模式。在公司总部设采购部，负责总公司采购战略和计划的制订，协调各子公司之间的采购行动，避免恶意竞争，集中采购总公司共性化的产品和服务，实现采购总成本最低。同时，在各子公司或某一地理区域分设采购部，这样便于各子公司满足个性化的需求，保持同供应商之间的密切联系，以此促进公司的发展，如图 2-4 所示。

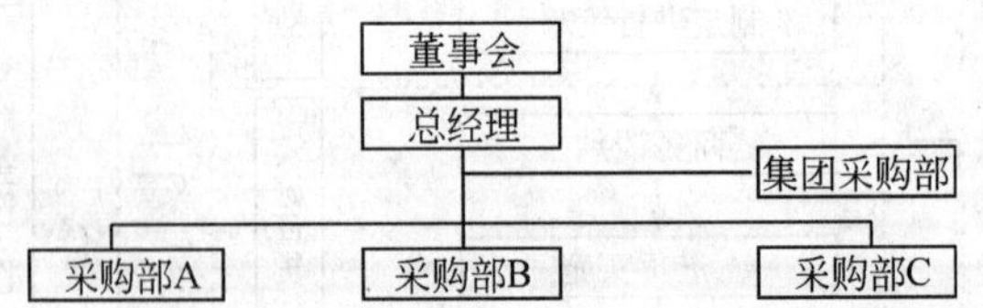

图 2-4　企业采购部门设置形式之三

2. 采购管理部门人员设置

根据采购不同的原材料设置不同的采购管理人员。这适合原材料需求种类多、专业性强的企业，如大型的汽车厂、石化厂。在这些企业中，几乎每一种原材料都有自己物理或化学方面的要求，如果没有专业的知识和技能，不可能完成采购任务，因此不同的原材料采购需要配备不同的采购人员，如图 2-5 所示。

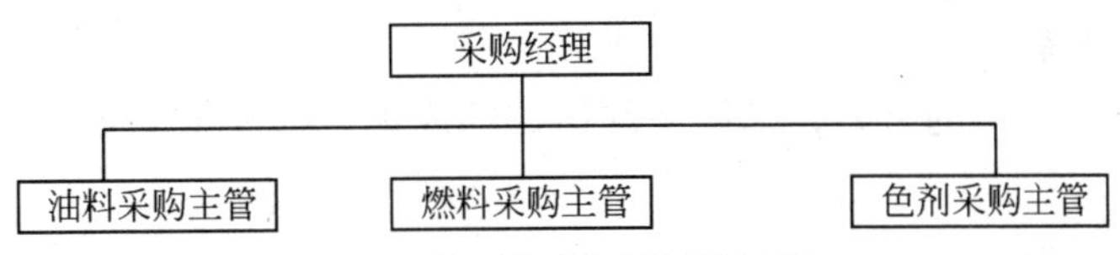

图 2-5 某石化厂的采购部门设置

根据采购流程设置，采购的不同环节设置不同的采购人员。这样便于采购人员更好地熟悉业务，精通例如招标、谈判等技能，同时，有利于各个环节之间相互监督，避免浪费和腐败现象，减少内部审计成本，还有利于培养大家的团队合作精神。但这要求内部更好地协调和合作，否则会造成采购效率低下，管理混乱，如图 2-6 所示。

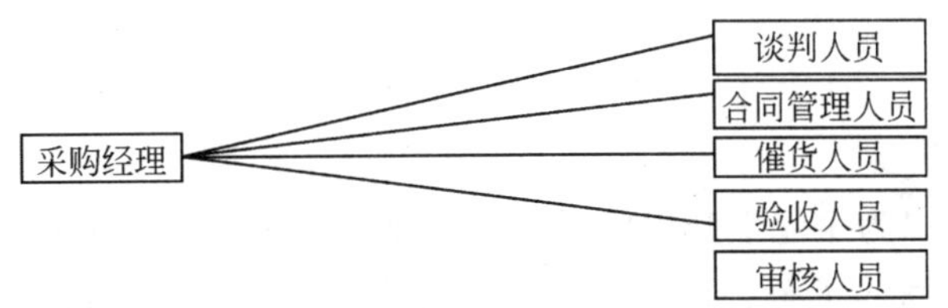

图 2-6 按采购流程和环节设置采购人员

综合采购原材料和采购流程设置采购人员。这种方式主要适合一些大企业。在这些大企业中，原材料需求多、数量大、专业性强，采购组织也相应复杂得多，如图 2-7 所示。

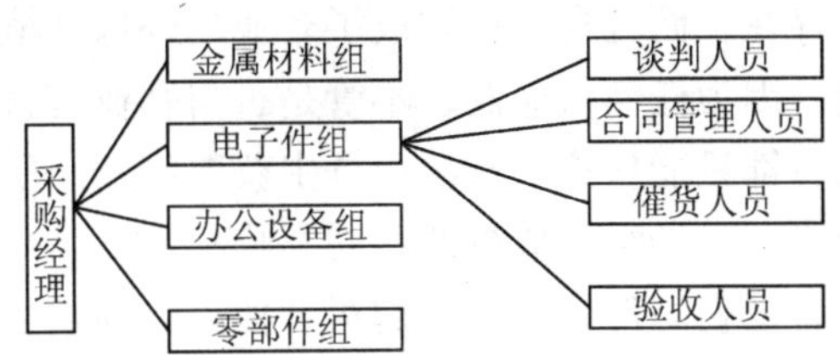

图 2-7 综合采购物料和采购流程设置采购人员

三、采购管理部门的职责

1. 供应商的选择与评价

这一任务包括供应商的筛选、鉴别、评价、认证、培养、审核、考察、评审、资料备案等具体工作。它是采购工作的起点和重点，没有对供应商的了解和管理，没有专业性的对行业的了解，供应商的产品和服务就很难满足企业的需要。对供应商做的工作越多，采购工作就会更有效率，管理问题就会少一些。

2. 保证公司在采购价格上的优势

采购部门应对市场（国际/国内）的行情有及时的了解，保证公司在采购价格上的优势，在市场状况发生明显变化时能够妥善利用供应商的资源，采取适当战略降低风险和取得竞争优势。

3. 制定采购制度和设计合理的采购流程

采购部门应制定符合本公司规章制度同时满足质量控制和财务制度的采购控制流程，确保公司的采购活动能够满足来自生产部门、市场部门、公司内部的各种采购要求。

4. 提高采购效率

采购部门应通过不懈的努力，降低采购运作的成本，提高采购效率，提高内部/外部的客户满意度。

5. 控制采购风险

采购部门应通过人员培训和组织调整，控制采购的合同风险和法律风险，防止来自公司内外的对采购流程的侵犯，提高采购部门的纯洁性。

第三节　供应商选择与管理

一、概述

1. 供应商管理概述

供应商，是指可以为企业生产提供原材料、设备、工具及其他资源的企业或个人。供应商管理，就是对供应商的了解、选择、开发、使用和控制等综合性的管理工作的总称。其中，了解是基础，选择、开发、控制是手段，使用是目的。供应商管理的目的，就是要建立起一个稳定可靠的供应商队伍，为企业生产提供可靠的物资供应。

2. 供应商管理的意义

供应商，是一种客观存在，而且自然地构成了企业的外部环境的组成部分，它必然间接或直接地对企业造成影响。因为任何供应商，不管是否与企业有直接关系，它都是资源市场的组成部分。企业的采购，都只能从这个资源市场中获取物资。所以企业采购物资的质量水平、价格水平都必然受到资源市场每个成员的共同影响。

供应商的一个特点，就是它们都是一个与购买者独立的利益主体，而且是一个追求利益最大化为目的的利益主体。按传统的观念，供应商和购买者是利益互相冲突的矛盾对立体。对购买者来说，原材料供应没有可靠的保证、产品质量没有保障、采购成本太高，这些都直接影响企业生产和成本效益。

为了创造出一种良好的供应商关系局面，克服传统的供应商关系观念，企业有必要非常注重供应商的管理工作，通过多个方面持续努力，去了解、选择、开发供应商，合理使用和控制供应商，建立起一支可靠的供应商队伍，为企业生产提供稳定可靠的物资供应保障。

二、供应商调查与开发

（一）供应商调查

供应商管理的首要工作，就是要了解供应商、了解资源市场。要了解供应商的情况，就是要进行供应商调查。供应商调查，在不同的阶段有不同的要求。供应商调查可以分成三种：一是初步供应商调查，二是资源市场调查，三是深入供应商调查。

1. 初步供应商调查

所谓初步供应商调查，是对供应商的基本情况的调查。主要是了解供应商的名称、地址、生产能力、能提供什么产品，能提供多少，价格如何，质量如何，市场份额有多大、运

输进货条件如何。

2. 资源市场调查

1）资源市场调查的内容

初步供应商调查是资源市场调查的内容之一，但资源市场调查不仅指供应商调查，资源市场还应包括以下一些基本内容：

（1）资源市场的规模、容量、性质。

（2）资源市场的环境如何。

（3）资源市场中各个供应商的情况如何。

2）资源市场分析的内容

（1）要确定资源市场是紧缺型的市场还是富余型市场？是垄断性市场还是竞争性市场？对于垄断性市场，企业将来应当采用垄断性采购策略；对于竞争性市场，企业应当采用竞争性采购策略，例如，采用投标招标制、一商多角制等。

（2）要确定资源市场是成长型的市场还是没落型市场？如果是没落型市场，则要趁早准备替换产品。不要等到产品被淘汰了再去开发新产品。

（3）要确定资源市场总的水平，并根据整个市场水平来选择合适的供应商。要选择在资源市场中处于先进水平的供应商、选择产品质量优而价格低的供应商。

3. 深入供应商调查

深入供应商调查，是指对经过初步调查后，准备发展为自己的供应商的企业进行的更加深入仔细的考察活动。它只是在以下情况下才需要：

（1）准备发展成紧密关系的供应商。

（2）寻找关键零部件产品的供应商。

（二）供应商的开发

所谓开发供应商就是从无到有地寻找新的供应商，建立起适合于企业需要的供应商队伍。

1. 供应商信息的来源

①国内外采购指南；

②国内外产品发布会；

③国内外新闻传播媒体（报纸、刊物、广播电台、电视、网络）；

④国内外产品展销会；

⑤政府组织的各类商品订货会；

⑥国内外行业协会——会员名录、产业公报；

⑦国内外企业协会；

⑧国内外各种厂商联谊会或同业工会；

⑨国内外政府相关统计调查报告或刊物；

⑩其他各类出版物的厂商名录；

⑪整体性的媒体招商广告；

⑫厂商介绍；

⑬供应商自行找上门。

2. 开发供应商的操作流程

①明确需求；

②编制供应商开发进度表；

③寻找新供应商资料；

④初步联系；

⑤初步访厂；

⑥报价；

⑦工厂审核；

⑧样品认证；

⑨批量试产；

⑩正式接纳为合格供应商；

⑪订单转移。

开发新供应商流程图（见图 2-8）。

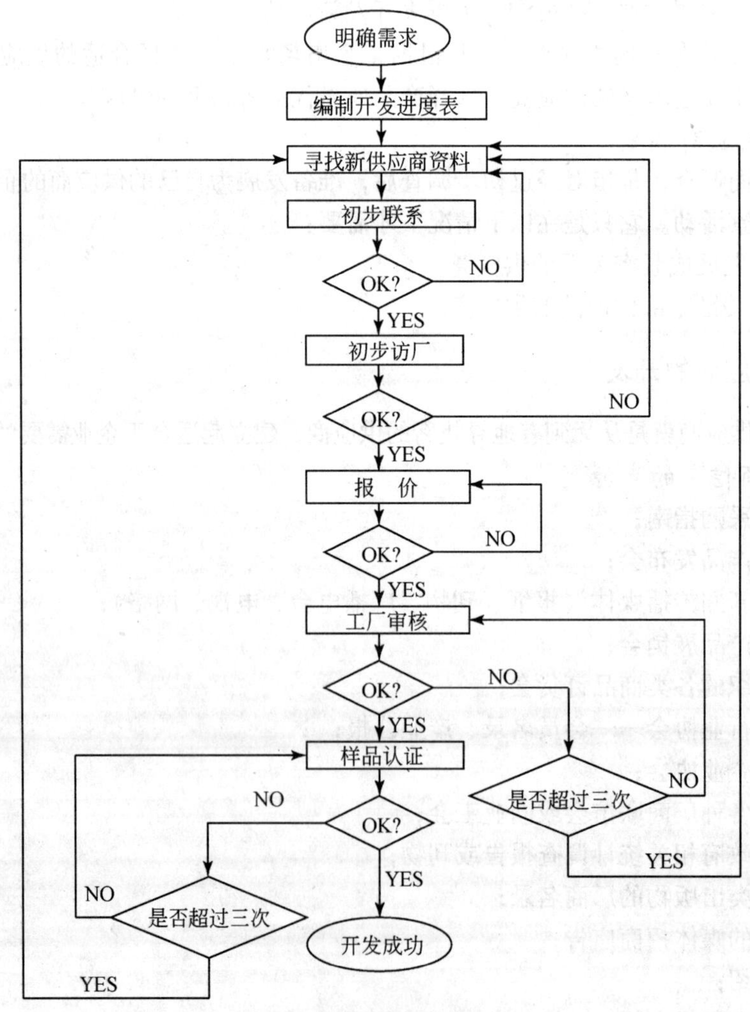

图 2-8　新供应商开发流程图

三、供应商考核指标

(一) 产品质量

产品质量是最重要的因素，在开始运作的一段时间内，主要加强对产品质量的检查。检查可分为两种：一种是全检，一种是抽检。全检工作量太大，一般采用抽检的方法。质量的好坏可以用质量合格率来描述。如果在一次交货中一共抽检了 n 件，其中有 m 件是合格的，则质量合格率为 p，其公式为

$$p = \frac{m}{n} \times 100\% \tag{2-1}$$

显然，质量合格率 p 越高越好。如果在 N 次的交货中，每次的产品合格率 p 都不一样，则可以用平均合格率 P 来描述：

$$\bar{p} = \frac{\sum_{i=1}^{N} p^{i}}{N} \tag{2-2}$$

有些情况下，企业采取对不合格产品退货的措施。这时质量合格率也可以用退货率来描述。所谓退货率，是指退货量占采购进货量的比率。如果采购进货 n 次（或件、个），其中退货 r 次（或件、个），则退货率可以用公式表示

$$\text{退货率} = \frac{r}{n} \times 100\% \tag{2-3}$$

显然，退货率越高，表明其产品质量越差。

(二) 交货期

交货期也是一个很重要的考核指标参数。考察交货期主要是考察供应商的准时交货率。准时交货率可以用准时交货的次数与总交货次数之比来衡量

$$\text{交货准时率} = \frac{\text{准时的次数}}{\text{总交货次数}} \times 100\% \tag{2-4}$$

(三) 交货量

考察交货量主要是考核按时交货量，按时交货量可以用按时交货量率来评价。按时交货量率是指给定交货期内的实际交货量与期内应当完成交货量的比率

$$\text{按时交货量率} = \frac{\text{期内实际完成交货量}}{\text{期内应完成交货量}} \times 100\% \tag{2-5}$$

也可以用未按时交货量率来描述

$$\begin{aligned}\text{未按时交货量率} &= \frac{\text{期内实际未完成交货量}}{\text{期内应完成交货量}} \times 100\% \\ &= 1 - \text{按时交货量率}\end{aligned} \tag{2-6}$$

如果每期的交货量率不同，则可以求出各个交货期的平均按时交货量率

$$\text{平均按时交货量率} = \frac{\sum \text{按时交货量率}}{N} \tag{2-7}$$

考核总的供货满足率可以用总供货满足率或总缺货率来描述

$$总供货满足率=\frac{期内实际完成供货量}{期内应当完成供货总量}\times 100\% \tag{2-8}$$

$$总缺货率=\frac{期内实际未完成供货量}{期内应当完成供货总量}\times 100\% = 1-总供货满足率 \tag{2-9}$$

（四）工作质量

考核工作质量，可以用交货差错率和交货破损率来描述

$$交货差错率=\frac{期内交货差错率}{期内交货总量}\times 100\% \tag{2-10}$$

$$交货破损率=\frac{期内交货破损率}{期内交货总量}\times 100\% \tag{2-11}$$

（五）价格

考核供应商的价格水平，可以和市场同档次产品的平均价和最低价进行比较，分别用市场平均价格比率和市场最低价格比率来表示

$$平均价格比率=\frac{供应商的供货价格-市场平均价}{市场平均价}\times 100\% \tag{2-12}$$

$$最低价格比率=\frac{供应商的供货价格-市场最低价}{市场最低价}\times 100\% \tag{2-13}$$

（六）进货费用水平

考核供应商的进货费用水平，可以用进货费用节约率来考核

$$进货费用节约率=\frac{本期进货费用-上期进货费用}{上期进货费用}\times 100\% \tag{2-14}$$

（七）信用度

信用度主要考核供应商履行自己的承诺、以诚待人、故意拖账、欠账的程度。信用度可以用公式来描述

$$信用度=\frac{期内失信的次数}{期内交往总次数}\times 100\% \tag{2-15}$$

（八）配合度

配合度主要考核供应商的协调精神。

考核供应商的配合度，主要靠人们的主观评分来考核。主要找与供应商相处的有关人员，让他们根据这个方面的体验为供应商评分。特别典型的，可能会有上报或投诉的情况。这时可以把上报或投诉的情况也作为评分依据之一。

四、供应商的选择

（一）供应商选择概述

实际上，供应商选择融合在供应商开发的全过程中。供应商开发的过程包括了几次供应

商的选择过程：在众多的供应商中，每个品种要选择5～10个供应商进入初步调查。初步调查以后，要选择1～3个供应商，进入深入调查；深入调查之后又要做一次选择，初步确定1～2个供应商。初步确定的供应商进入试运行，又要进行试运行的考核和选择，确定最后的供应商结果。

一个好的供应商需要具备以下条件：

1. 企业生产能力强

表现在：产量高、规模大、生产历史长、经验丰富，生产设备好。

2. 企业技术水平高

表现在：生产技术先进、设计能力和开发能力强，生产设备先进，产品的技术含量高，达到国内先进水平。

3. 企业管理水平高

表现在：有一个坚强有力的领导班子，尤其是要有一个有魄力、有能力、有管理水平的一把手；要有一个高水平的生产管理系统；还要有一个有力的、具体落实的质量管理保障体系。

4. 企业服务水平高

表现在：能对顾客高度负责、主动热诚认真服务，并且售后服务制度完备、服务能力强。

（二）选择供应商的原则

许多成功企业的实践经验表明，做到目标明确、深入细致地调查研究、全面了解每个候选供应商的情况、综合平衡、择优选用是开发新供应商的基本要点。一般来说，开发新供应商应遵循以下几方面的原则：①目标定位原则；②优势互补原则；③择优录用原则；④共同发展原则。

（三）供应商选择方法

1. 考核选择

所谓考核选择，就是在对供应商充分调查了解的基础上，再进行认真考核、分析比较而选择供应商的方法。

（1）调查了解供应商。

（2）考察考核供应商。

（3）考核选择供应商。

2. 招标选择

招标选择的主要工作，一是要准备一份合适的招标书，二是要建立一个合适的评标小组和评标规则，三是要组织好整个招标投标活动。

招标活动的另一个关键环节就是要组织好评标。评标就意味着具体选择供应商。能不能选择一个好的供应商，关键就看评标活动的具体操作。要搞好评标活动，一是要组织一个好的评标小组，二是要拟定一个好的评标规则，三是要组织好评标活动。

在招标活动中，广大供应商的主要工作，一是起草自己的投标书参与投标竞争，二是参加招标会，进行自己的投标说明和辩论。评标小组根据各个供应商的标书以及他们的投标陈述，进行质询、分析和评比，最后得出中标的供应商。这样就最后地选定了供应商。

五、供应商的使用、激励与控制

（一）供应商使用

供应商使用的第一个工作就是签订一份与供应商的正式合同。这份合同既是宣告双方合作关系的开始，也是一份双方承担责任与义务的责任状，也是将来双方合作关系的规范法律文件。协议生效后，它就成为直接约束双方的法律性文件，双方都必须遵守。

在供应商使用的初期，采购企业的采购部门，应当和供应商协调，建立起供应商运作的机制，相互在业务衔接、作业规范等方面建立起一个合作框架。在这个框架的基础上，各自按时按质按量完成自己应当承担的工作。在日后供应商使用的整个期间，供应商当然尽职尽责，完成企业规定的物资供应工作。采购企业的采购管理部门应当按合同的规定，严格考核检查供应商执行合同、完成物资供应任务的情况。既充分使用、发挥供应商的积极性，又进行科学的激励和控制，保证供应商的物资供应工作顺利健康地进行。

（二）供应商激励与控制

供应商激励和控制的目的，一是要努力充分发挥供应商的积极性和主动性，努力搞好自己所承担的物资供应工作，保证采购企业的生产生活正常进行；二是要防止供应商企业的不轨行为，预防一切对企业、对社会的不确定性损失。

对供应商的激励与控制应当注意以下一些方面的工作：

（1）逐渐建立起一种稳定可靠的关系；

（2）有意识地引入竞争机制；

（3）与供应商建立相互信任的关系；

（4）建立相应的监督控制措施。

第四节　现代采购模式

一、订货点采购

订货点采购既是一种采购方法，也是一种库存控制的实施方法。这种传统的采购又叫做基于库存的采购，它是以填充库存为目的的。所谓订货点，就是仓库必须发出订货的警戒点。到了订货点，就必须发出订货，否则就会出现缺货。因此，订货点也就是订货的启动控制点，是仓库发出订货的时机。控制订货，就是控制订货参数。最主要的订货参数有两个：一是订货时机，二是订货数量。订货时机，就是订货点；订货数量，就是订货的批量。订货点采购就是通过控制订货点和订货批量来进行有控制的订货进货，达到既满足用户需要又使库存量最小的目的的。订货点采购是由采购人员根据各个品种需求量和订货提前期的大小，确定每个品种的订货点、订货批量或订货周期、最高库存水准等，然后建立起一种库存检查

机制，当发现到达订货点，就检查库存、发出订货，订货批量的大小由规定的标准确定。分为定量订货法采购、定期订货法采购。其特点：以需求分析为依据，以填充库存为目的，采用一些科学方法，兼顾满足需求和库存成本控制，原理比较科学，操作比较简单。但是由于市场随机多，具有库存量大、市场响应不灵敏的缺陷。

二、采购外包

1. 采购外包含义

顾名思义，采购外包是企业将产品或服务的采购外包给第三方公司。国外的经验表明，与企业自己进行采购相比，第三方采购往往可以提供更多的价值和购买经验，可以帮助企业更专注核心竞争力。

2. 采购外包的意义

由于现代企业经营所需要的物品越来越多、采购途径和体系也越来越复杂，使得企业的采购管理成本很高，影响了关键部件的采购管理绩效，正是在这种状况下，越来越多的企业开始将某些采购活动外包给主要合同商、承包商或者第三方公司，这样与组织自己进行采购相比，利用承包商和第三方公司往往可以提供更多的经济利益和购买经验，从而使企业从目前与采购相关的繁重的日常事务管理及高成本中解脱出来。例如，壳牌公司的加油站出售各种品牌的汽油、食品和饮料，类似一个杂货店。当市场迅速膨胀时，许多后勤的日常事务和配送的流程提高了分立的程度和复杂性。一个网点每一星期从 15 个不同的分销商手中接受 40 次配送。可想而知，这样的协调工作，以及对许多网点列出共同管理的时间表，并进行控制和衡量是非常困难的。壳牌公司的解决办法是分销的合理化。一个专门的后勤公司以 5 年、10 亿美元的报酬与壳牌公司订立了协议，该公司负责壳牌公司 90% 的配送，即 850 个加油站点的非石油商品的配送。在合同中规定了该公司要确保在每天 7 点左右，把商品送到加油站。这样一星期比以前能节省 8 小时，一个加油站节省的金额相当于 2% ~3% 的毛利。

3. 采购外包的风险

尽管如此，采购业务的外包往往也是颇具风险的行为，因为今天的采购与生产战略和经营战略紧密相连，采购业务的过分外包，可能会造成企业战略机密的泄露，从而损害企业的核心竞争能力，这就给现代企业采购管理带来了极大的难题，即什么样的业务和部件采购或相应的物流活动可以外包，而又有哪些物品和活动必须是自己控制和掌握的。从一般意义上讲，只有非战略性物品或非核心业务才有可能外包，这些物品和业务的外包不会给企业带来较大的负面影响，相反战略物品和业务活动无论多么复杂、成本多高都需要企业自己严格控制和运作。

三、JIT 采购

1. JIT 采购的原理

（1）它的采购送货是直接送到需求点上；

（2）用户需要什么，就送什么，品种规格符合客户需要；

（3）用户需要什么质量，就送什么质量，品种质量符合客户需要，杜绝次品和废品；

（4）用户需要多少，就送多少，不少送，也不多送；

（5）用户什么时候需要，就什么时候送货，不晚送，也不早送，非常准时；

（6）用户在什么地点需要，就送到什么地点。

以上6条既做到了很好地满足用户的需求，又使得用户的库存量最小，用户不需要设库存，只在货架上（或在生产线边）有一点临时的存放，一天销售完毕（一天工作完，生产线停止时），这些临时存放就消失，库存完全为零，真正实现了零库存。

这样的采购模式，就是JIT采购模式。以上几条，既是JIT采购的原理，又是JIT采购的特点。

2. JIT采购的优点

（1）JIT采购是一种最节省、最有效率的采购模式；

（2）JIT采购也可以通过不断减少原材料和外购件的库存来暴露生产过程中隐藏的问题，从解决深层次的问题上来提高生产效率；

（3）JIT采购是一种理想的物资采购方式。它设置了一个最高标准，一种极限目标，即原材料和外购件的库存为零，缺陷为零。同时，为了尽可能地实现这样的目标，JIT采购提供了一个不断改进的有效途径，即降低原材料和外购件库存——暴露货物采购问题——采取措施解决问题——降低原材料和外购件库存；

（4）JIT采购模式由于大大地精简了采购作业流程，消除了浪费，极大地提高了工作效率；

（5）JIT采购不仅是一种采购的方式，也是一种科学的管理模式，JIT采购模式的运作，在客观上将在用户企业和供应商企业中铸造一种科学管理模式。这将大大提高用户企业和供应商企业的科学管理水平；

（6）JIT采购最能适应市场需求的变化，使企业能够具有真正的柔性。

3. JIT采购的作用

（1）大幅度减少原材料和外购件的库存；

（2）提高采购货物的质量；

（3）降低原材料和外购件的采购价格。

4. JIT采购的实施条件

（1）距离越近越好；

（2）制造商和供应商建立互利合作的战略伙伴关系；

（3）注重基础设施的建设；

（4）强调供应商的参与；

（5）建立实施JIT采购策略的组织；

（6）制造商向供应商提供综合的、稳定的生产计划和作业数据；

（7）着重教育与培训；

（8）加强信息技术的应用。

5. JIT采购的方法

（1）看板管理是JIT采购而最实用有效的手段；

（2）选择最佳的供应商，并对供应商进行有效的管理是JIT采购成功的基石；

（3）供应商与用户的紧密合作是JIT采购成功的钥匙；

（4）卓有成效的采购过程，严格的质量控制是 JIT 采购成功的保证。

6. JIT 采购的步骤

在实施 JIT 采购时，大体上可以遵从下面的步骤：

（1）创建 JIT 采购班组；

（2）制订计划，确保 JIT 采购策略有计划有步骤地实施；

（3）精选少数几家供应商建立伙伴关系；

（4）进行试点工作；

（5）搞好供应商的培训，确定共同目标；

（6）给供应商颁发产品免检证书；

（7）实现配合节拍进度的交货方式；

（8）继续改进，扩大成果。

四、MRP 采购

1. MRP 采购计划的确定

通过 MRP 系统的运行结果确定所需物料的计划发出订货的订货量和订货时间，这就是订货计划，也就是采购计划。根据这个计划规定的时间发出订货，订货量取计划中规定的订货量，则经过一个采购提前期，采购回来的物料刚好可以赶上这一周的需要。但是在实际生活中，执行这样的采购计划可能会有一定困难。这主要是没有一个固定的订货批量，订货量时大时小，无论是包装还是运输，都不太方便，有些甚至不能实现。因为供应商的商品通常都是整箱整包地包装好了的，一般不拆零卖，要买就买一个包装单元。也就是说，采购的数量要受供应商包装单元的约束。同样，运输要受运输单元的约束。采购数量最好是一个整数，是包装单元的整数倍，采购数量应当按固定订货批量进行采购。这样我们就要使用按固定订货批量处理的 MRP 计算模型。

按固定订货批量处理的 MRP 计算模型的原理，如表 2-3 所示。

采购计划的确定计算表　　表 2-3

项目：E（1级） 订货点：60 订货批量：150 提前期：3 周		周次							
		1	2	3	4	5	6	7	8
总需要量		60	40	60	40	60	40	60	40
计划到货量			150						
库存量	100	40	150	90	50	140	100	40	150
净需要量					150				150
计划接受订货					150				
计划发出订货			150						

在表 2-3 中，产品 E 设定了固定订货批量 150，订货点为 60，订货提前期 3 周。它在第 2 周有一个 150 的在途到货，计划期期前库存量 100。根据各周需求量的情况，可以计算出

各周的订货后库存量。所谓订货后库存量，是指把本周计划订货到货量考虑进来，用于销售之后还剩下的库存量，它等于

$$\begin{aligned}本周订货后库存量 &= 上周订货后库存量 + 本周在途到货量 \\ &+ 本周计划接受订货量 - 本周需求量\end{aligned} \tag{2-16}$$

其中，本周计划接受订货量则是这样确定的：判断上周的订货后库存量加上本周的计划在途到货量再减去本周需求量，是否等于小于0。如果等于小于0，则把计划接受订货量等于一个订货批量，否则计划接受订货量就等于0。

求出了计划接受订货量之后，就可以得出计划发出订货量。计划发出订货量就等于计划接受订货量提前一个订货提前期而得到。例如，第5周有一个150的计划接受订货量，把它提前一个订货提前期3周，即在第2周就有一个150的计划发出订货量。这意味着，应当在第2周就出发去采购一个批量150，则经过一个订货提前期，即到第5周，这个150的订货批量就能运进自备仓库，来参加对于第5周需求量的满足。同理，对应第8周的计划接受订货量150，应该在第5周发出一个150的计划发出订货量。

2. MRP采购的注意事项

一般的采购活动都有以下几个步骤：资源调查、供应商认证；询价及洽商；生成请购单；下达采购单；采购单跟踪；验收入库；结算。

实施MRP采购除了具有上述这些步骤外，还必须有一定的基础条件，最为重要的基础条件有两点：一是企业实施了MRP管理系统，二是企业有良好的供应商管理。

如果企业没有实施MRP系统，就谈不上进行MRP采购，不运行MRP系统，物料的需求计划就不可能由相关性需求转换成独立性需求，没有MRP系统生成的计划订货量，MRP采购就失去了依据，如果手工计算，那计算量可想而知，对于复杂产品的物料相关性需求靠手工计算根本就是不可能的。而若采用订货点方法进行采购，必然造成零部件配不齐或者原材料的大量库存，占用大量的流动资金。因此，可以说MRP系统与MRP采购是相辅相成的，如果企业采用了MRP系统，则它对需要购买的物料必然实行MRP采购管理才能使它的MRP系统得到良好地运行；而企业若实行MRP采购管理，则必然是企业实行了MRP管理，否则MRP采购就如同空中楼阁，失去了基础。

实施MRP采购管理必须要有良好的供应商管理作为基础。在MRP采购中，购货的时间性要求比较严格，如果没有严格的时间要求，那么MRP采购也就失去了意义。如果没有良好的供应商管理，不能与供应商建立起稳定的客户关系，则供货的时间性要求很难保证。

除了上面的这些基础条件外，MRP采购同一般采购管理还有一点不同，就是物料采购确定或者物料到达后，需要及时更新数据库，这里不仅仅包括库存记录，而且还有在途的物料和已发订货单数量和计划到货量。这些数据都会添加到MRP系统中，作为下次运行MRP系统的基础数据。

3. MRP采购的特点

（1）需求的相关性。MRP采购是针对具有相关性需求物资的采购方法，需求和资源也相关，与需求的品种数量、需求时间也相关。

（2）需求的确定性。MRP采购计划是根据主生产进度计划、主产品的结构文件、库存文件和各种零部件的生产时间或订货进货时间精确计算出来的，其需要的时间、数量都是确

切规定好了的，而且不能够改变。

（3）计划的精细性。MRP采购计划有充分的根据，从主产品到零部件，从需求数量到需求时间，从出产先后到装配关系都作了明确的规定，无一遗漏或偏差。不折不扣地按照这个计划进行，能够保证主产品出产计划的如期实现。

（4）计算的复杂性。MRP采购计划要根据主产品出产计划、主产品结构文件、库存文件、生产时间和采购时间把主产品的所有零部件的需要数量、需要时间、先后关系等准确计算出来，其计算量是非常庞大的。特别当主产品复杂、零部件数非常多时，如果用人工计算方法是望尘莫及的。借助计算机，使得这个工作才有了可以进行的可能性。

4. MRP采购的优越性

MRP采购的优越性是很明显的，由于进行了精确的计划和计算，使得所有需要采购的物资能够按时按量到达需要它的地方，一般不会产生超量的原材料库存。事实上对于采购品，从经济订货批量考虑，没有必要一定要追求零库存，这样可以大大节约订货费用和各种手续费用，从而降低生产成本。通过对使用MRP的企业调查显示，这些企业库存水平平均降低20%～40%，与此同时减少零部件缺货80%；改进了对用户的服务，服务水平可以达到95%。这就很好地解决了库存量与服务水平两者之间的矛盾，改变了以往那种两者不可兼得的局面。

MRP采购除了能经济有效地采购企业所需的物料外，还有利于促进企业提高管理水平。因为实行MRP采购，必然是企业采用了MRP系统，而MRP系统输入的信息多、操作规范、时间观念强，这些都要求企业加强系统化、信息化、规范化管理，提高企业素质和管理水平。也正因为如此，加大了MRP采购管理工作的复杂程度，不但加大了工作量，更重要的是工作要求也更为精细。

五、招标采购

1. 招标采购含义

在商业贸易中，特别是在国际贸易中，大宗商品的采购或大型建设项目承包等，通常不采用一般的交易程序，而是按照预先规定的条件，对外公开发布招标文件或邀请符合条件的国内外制造商或承包商报价投标，最后由招标人从中选出价格或条件优惠的投标者，与之签订合同。在这种交易中，对采购商而言，他们进行的活动是招标；对承包商而言，他们进行的活动是投标。招标概念有广义和狭义之分。广义的招标是指由招标人发出招标公告或通知，邀请潜在的投标商进行投标，最后，由招标人通过对各投标人所提出的价格、质量、交货期限和其技术水平、财务状况水平等因素进行综合比较，确定最佳的投标人为中标人，并与之签订合同的过程。当人们笼统地提及招标时，通常指广义的招标。狭义的招标是指招标人根据自我需要，提出一定的标准或条件，向潜在的投标商发出投标邀请的行为，当投标与招标一并使用时，则指狭义的招标。政府招标采购，是一种广义的招标形式。它包括了狭义上的招标、投标、评标、决标和最后签订合同的一系列过程。

2. 公开招标采购的特点

公开招标采购的特点，它主要包括：

1）招标程序的公开性、竞争性

有时也指透明性，是指整个采购过程都在公开情况下进行。公开发布投标邀请，公开开标，公布中标结果，投标商资格审查标准和评选标准，采购法律也要公开，招标程序的公开性如“在金鱼缸中”，人人都可以洞察一切。同时，在招标中要充分地体现现代竞争的平等、信誉、正当和合法等基本原则，以最大程度地吸引和扩大参与的投标人。

2）招标程序的公平性

即要使所有感兴趣的供应商、承包商和服务提供者都可以进行投标，并且享有平等的法律地位，不允许对任何投标商进行歧视；评选中标商应按事先公布的标准进行；投标是一次性的并且不准同投标商进行谈判。这样，既保证了招标程序的完整，又可以吸引优秀的供应商来竞争投标。

3）有效地实现了物有所值的目标

通过招标程序中的公开、公平、公正的原则，采购商采购机构最后筛选出来的中标供应商、承包商或服务提供者必须是所有参与投标者中的最优者，因此，对于采购实体来说，最终获取的是价廉物美的货物、工程或服务。

4）招标程序的公正性

在对所有的招标书进行审查和评比的过程中，保持统一的评判标准，不带任何的偏袒或遮掩，保持整个采购程序在具体操作时都是公开、透明进行。并最终确保和维护供应商和采购实体双方的利益。

六、供应链采购

1. 供应链采购的原理和特点

供应链采购是指供应链内部企业之间的采购。

供应链采购与传统的采购相比，货价供需关系没变，采购的概念没变，但是，由于供应链各个企业之间是一种战略伙伴关系，采购是在一种非常友好合作的环境中进行，所以采购的观念和操作都发生了很大变化，如表2-4所示。

供应链采购与传统采购的区别　　表2-4

项目	供应链采购	传统采购
基本性质	基于需求的采购	基于库存的采购
	供应方主动型、需求方无采购操作的采购方式	需求方主动性、需求方全采购操作的采购方式
	合作型采购	对抗型采购
采购环境	友好合作环境	对抗性竞争环境
信息关系	信息传输、信息共享	信息不通、信息保密
库存关系	供应商掌握库存	需求方掌握库存
	需求方可以不设仓库、零库存	需求方设立仓库、高库存
送货方式	供应商小批量多频次连续补充货物	大批量少频次进货
双方关系	供需双方关系友好	供需双方关系敌对
	责任共担、利益共享、协调性配合	责任自负、利益独享、互斥性竞争
货检工作	免检	严格检查

由表2-4可以看出，供应链采购有以下特点：

1）从采购性质看

（1）供应链采购是一种基于需求的采购。

（2）供应链采购是一种供应商主动型采购。

（3）供应链采购是一种合作型采购。

2）从采购环境看

供应链采购的根本特征就是有一种友好合作的供应链的采购环境。这是它根本的特点，也是它最大的优点。

3）从信息情况看

供应链采购一个重要的特点就是供应链企业之间实现了信息连通、信息共享。供应商能随时掌握用户的需求信息，以及用户需求变化的情况。能够根据用户需求情况和需求变化情况，主动调整自己的生产计划和送货计划。

4）从库存情况看

供应链采购是由供应商管理用户的库存。用户没有库存，即零库存。这意味着，用户无需设库存、无需关心库存。

5）从送货情况看

供应链采购是由供应商负责送货，而且是连续小批量多频次地送货。这种送货机制可以大大降低库存，可以实现零库存。

6）从双方关系看

供应链采购活动中，买方企业和卖方企业是一种友好合作的战略伙伴关系，互相协调、互相配合、互相支持，所以有利于各个方面工作的顺利开展，提高工作效率、实现双赢。

7）从货检情况看

供应链采购，由于供应商自己责任与利润相连，所以自我约束、保证质量，所以可以免检。这样大大节约了费用、降低了成本、保证了质量。

2. 供应链采购实施

1）转变观念

（1）从为库存而采购到为需要而采购。

（2）从采购管理向外部资源管理转变。

（3）从一般买卖关系向战略伙伴关系转变。

（4）从买方主动型向卖方主动型转变。

2）基础建设

（1）信息基础建设。

（2）供应链系统基础建设。

（3）物流基础建设。

（4）采购基础建设。

通过所有这些基础建设，形成一定的规范，就有可能建立起一个完善的供应链系统，实现供应链采购。

七、联合国采购

1. 联合国采购现状

根据联合国的统计数字，每年联合国采购机构在世界各地的总采购额约为50亿美元，其中从发展中国家的采购金额达30亿美元，内容涉及信息技术、机电产品、农产品、办公用品、生活日用品、医疗设备、药品、食品、纺织、专业仪器、救灾物资、服务贸易等领域。由于联合国采购主要是援助发展中国家，很适合由中国提供，但中国企业对这一市场的了解非常有限，目前联合国直接从中国采购的产品不到其总金额的1%，实际上又有大量的中国产品通过第三方转口到联合国，因此联合国各有关机构十分关注中国产品。在美国纽约“联合国采购与中国”研讨会上，联合国采购司司长桑德斯先生表示，希望能与中国政府和企业直接联系，降低购买成本。这对中国的广大企业将提供一个具有巨大潜力、且蕴藏无限商机的市场。中国企业要成为联合国供应商，主要通过商务部，由有关部门按照采购内容，从其掌握的相关企业中选出几家参与投标或者报价。

2. 联合国采购机构及其采购内容

（1）联合国采购司负责为联合国总部、各区域委员会（如亚太经济社会委员会、非洲经济委员会等）、国际法庭、特派团、计划署等联合国组织进行各种货物和服务采购。采购内容包括：租用飞机和船舶、工程建筑机械、运输车辆及特种车辆、无线电通信设备、网络设备、卫星通信设备、民爆器材、卫生设备、电脑和数据处理设备、仪器仪表、机电产品、建筑材料、安防产品、发电机组、电气设备、照明电器、集装箱、冷装箱、印刷事务以及办公室用品等。

（2）联合国项目服务办——物资与设备、民爆器材、服务、食品、饮用品、工程建筑机械、运输车辆及特种车，主要用于世界各地的维持和平部队、人道主义与紧急援助（战争、自然灾害）、发展项目等。

（3）联合国开发计划署——由于不同的项目目标，采购的设备也不尽相同。

（4）联合国人口基金会——药品、医疗设备、纺织品、避孕用具等。

（5）联合国儿童基金会——药品、医疗设备、疫苗、玩具等。

（6）联合国难民署——轻工、纺织、食品、药品、医疗设备、民爆器材等。

（7）联合国教科文组织——IT计算机、纸制品、乐器、办公用品。

（8）世界卫生组织——医药中间体、中西医药原材料、植物提取物。

3. 联合国供应商享受的优惠条件

（1）联合国所购买的商品都是免税的（关税、增值税）；

（2）各国驻联合国的代表都以供应商目录向所在国介绍，作为采购进口优选；

（3）被联合国列入供应商数据库，能获得联合国采购最新消息，在采购时优先考虑；

（4）供应商所能提供的商品与服务能在联合国召开的各种会议上作为参考目录在相关文件上发布。

八、政府采购

1. 政府采购的含义

所谓政府采购，也称公共采购，是指国家各级政府为了开展日常国家活动或建设公共工

程、为公众提供公共服务的需要，在财政的监督下，以法定的方式、方法和程序，利用国家财政性资金或政府借款，从市场购买商品、工程及服务的行为。政府采购不仅是指具体的采购过程，而且是采购政策、采购程序、采购过程及采购管理的总称，是一种对公共采购管理的制度。完善、合理的政府采购对社会资源的有效利用，提高财政资金的利用效果起到很大的作用，因而是财政支出管理的一个重要环节。

2. 政府采购的特征

政府采购与其他采购活动相比较，具有以下特征：

(1) 政府采购是财政支出方式的市场化。政府采购是财政支出管理方式的变革，是财政管理与市场机制的有机结合，从采购决策到采购方式和程序的选择都有较强的行政管理色彩。

(2) 政府采购不以赢利为目的。政府采购的目的是为了满足开展日常政务活动和提供公共服务的需要，不是为了生产经营和转售，但是政府采购也注重社会效益，以维护社会公共利益作为采购的出发点。

(3) 政府采购具有较强的政策性。政府采购与政府的宏观调控政策相协调，可以起到调节经济运行的作用。

(4) 政府采购公开透明，并以竞争的方式作为实现采购目的的主要手段。竞争是在开放的市场中实现效益最大化的有效途径，因此也就必然成为政府采购的最主要的方式。

(5) 政府采购受到法律的严格限制。突出表现在：采购决策必须按照法定程序批准后才能组织实施；采购的方式和程序由法律明文规定；采购机关的权利受到法律的制约；采购的对象受到法律的限制和采购标准的控制。政府采购将竞争机制引入公共支出的使用中，符合纳税人对政府少花钱、多办事的愿望，同时，提高了采购活动的透明度，便于纳税人监督公共资金的分配和使用，这一制度在市场经济国家已有两百多年的历史，被称为“阳光下”的交易。

3. 政府采购法

政府采购法是指调整各级国家机关、事业单位和团体组织，使用财政性资金依法采购货物、工程和服务的活动的法律规范的总称。

(1) 在我国境内进行的各级国家机关、事业单位和团体组织，使用财政性资金采购依法制定的集中采购目录以内的或者采购限额标准以上的货物、工程和服务的行为适用《政府采购法》。

(2)《政府采购法》的适用范围有4个方面的例外情况：①军事采购；②采购人使用国际组织和外国政府贷款进行的政府采购；③因严重自然灾害和其他不可抗力事件所实施的紧急采购和涉及国家安全和秘密的采购；④香港、澳门两个特别行政区的政府采购。

4. 政府采购当事人

政府采购当事人是指在政府采购活动中享有权利和承担义务的各类主体，包括采购人、供应商和采购代理机构。

(1) 采购人是购买和使用所购买的货物、服务或工程的主体。根据《政府采购法》的规定，采购人是指依法进行政府采购的国家机关、事业单位和团体组织。

(2) 供应商是货物、服务或工程的提供者。根据《政府采购法》的规定，供应商是指向采购人提供货物、工程或者服务的法人、其他组织或者自然人。

（3）政府采购代理机构，是指经财政部门认定资格的，依法接受采购人委托，从事政府采购货物、工程和服务的招标、竞争性谈判、询价等采购代理业务，以及政府采购咨询、培训等相关专业服务的社会中介机构。

（4）政府采购代理机构资格分为甲级资格和乙级资格。取得乙级资格的政府采购代理机构只能代理单项政府采购预算金额1000万元以下的政府采购项目。

（5）政府采购当事人，即采购人、供应商和采购代理机构分别享有相应的权利和承担相应的义务。

5. 政府采购方式

（1）公开招标方式。指招标采购单位（即采购人及采购代理机构）依法以招标公告的方式邀请不特定的供应商参加投标的方式。

①货物服务采购项目达到公开招标数额标准的，必须采用公开招标方式。

②采购人委托采购代理机构招标的，应当与采购代理机构签订委托协议，确定委托代理的事项，约定双方的权利和义务。

③采用公开招标方式采购的，招标采购单位必须在财政部门指定的政府采购信息发布媒体上发布招标公告。

（2）邀请招标方式。指招标采购单位依法从符合相应资格条件的供应商中随机邀请3家以上供应商，并以投标邀请书的方式，邀请其参加投标的方式。

符合下列情形之一的货物或者服务，可以采用邀请招标方式采购：①具有特殊性，只能从有限范围的供应商处采购的；②采用公开招标方式的费用占政府采购项目总价值的比例过大的。

（3）竞争性谈判方式。指要求采购人就有关采购事项，与不少于3家供应商进行谈判，最后按照预先规定的成交标准，确定成交供应商的方式。

（4）单一来源方式。指采购人向唯一供应商进行采购的方式。

符合下列情形之一的货物或者服务，可以采用单一来源方式采购：①只能从唯一供应商处采购的；②发生了不可预见的紧急情况不能从其他供应商处采购的；③必须保证原有采购项目一致性或者服务配套的要求，需要继续从原供应商处添购，且添购资金总额不超过原合同采购金额10%的。

（5）询价方式。指只考虑价格因素，要求采购人向3家以上供应商发出询价单，对一次性报出的价格进行比较，最后按照符合采购需求、质量和服务相等且报价最低的原则，确定成交供应商的方式。

（6）国务院政府采购监督管理部门认定的其他采购方式。

九、电子采购

1. 电子采购的概念

电子采购是由采购方发起的一种采购行为，是一种不见面的网上交易，如网上招标、网上竞标、网上谈判等。人们把企业之间在网络上进行的这种招标、竞价、谈判等活动定义为B2B电子商务。事实上，这也只是电子采购的一个组成部分。电子采购比一般的电子商务和

一般性的采购在本质上有了更多的概念延伸，它不仅仅完成采购行为，而且利用信息和网络技术对采购全程的各个环节进行管理，有效地整合了企业的资源，帮助供求双方降低了成本，提高了企业的核心竞争力。可以说，企业采购电子化是企业运营信息化不可或缺的重要组成部分。电子采购使企业不再采用人工办法购买和销售它们的产品，在这一全新的商业模式下，随着买主和卖主通过电子网络而联结，商业交易开始变得具有无缝性，其自身的优势是十分显著的。

2. 电子采购的发展

电子采购最先兴起于美国，它的最初形式是一对一的电子数据交换系统，即 EDI，该电子商务系统大幅度地提高了采购效率，但早期的解决方式价格昂贵、耗费庞大，且由于其封闭性仅能为一家买家服务，尤令中小供应商和买家却步。为此，联合国制订了商业 EDI 标准，但在具体实施过程中，关于标准问题在行业内及行业间的协调工作举步维艰，因此，真正商业伙伴间 EDI 并未广泛开展。20 世纪 90 年代中期，电子采购目录开始兴起，这是供应商通过将其产品上网，来提高供应商的信息透明度、市场涵盖面。近年来，全方位综合电子采购平台出现且通过广泛连接买卖双方来进行电子采购服务。

电子采购是一种在 Internet 上创建专业供应商网络的基于 Web 的方式。它能够使企业通过网络，寻找管理合格的供货商和物品，随时了解市场行情和库存情况，编制销售计划，在线采购所需的物品，并对采购订单和采购的物品进行在途管理、台账管理和库存管理，实现采购的自动统计分析。实施电子采购，不仅方便、快捷，而且交易成本低，信息公开程度透明，的确是一种很有发展前途的采购方式。实现电子采购的方式有两种：使用 EDI（电子数据交换）的电子采购和使用 Internet 的电子采购。电子采购门户站点对购买简单商品最为有效，它可以让供应商创建和维护其产品的在线目录，其他公司可以从这些目录中搜索商品，下订单以及当场确定付款和装运选择。在试图购买那些必须定制的产品时，常常需要人力判断以及人与人之间的协商，首先，要整理叫做 RFP（建议请求）的信息包，其中包括有某一商品的技术规格和供应要求。其次，必须找到能够满足该请求的供应商。为了节省时间和资金，只需要与有资格的供应商联络，这样花费的精力最少。使这一过程自动化的一种方式就是使用 EDT 网络，它能够让供应商和买主交换采购信息。只要交纳一点事务处理费，就能通过 EDI 网络提交信息包，并通过同一网络收到答复。

3. 电子采购的优势

电子采购比一般的电子商务和一般性的采购在本质上有了更多的概念延伸，它不仅仅完成采购行为，而且利用信息和网络技术对采购全程的各个环节进行管理，有效地整合了企业的资源，帮助供求双方降低了成本，提高了企业的核心竞争力。在这一全新的商业模式下，随着买主和卖主通过电子网络而联结，商业交易开始变得具有无缝性，其自身的优势是十分显著的。

（1）提高采购效率，缩短了采购周期。采购方企业通过电子采购交易平台进行竞价采购，可以根据采购方企业的要求自由设定交易时间和交易方式，大大地缩短了采购周期。自采购方企业竞价采购项目正式开始至竞价结束，一般只需要 1 ~ 2 周，较传统招标采购节省 30% ~60% 的采购时间。

（2）节约大量的采购成本。据美国全国采购管理协会（www. napm. org）称，使用电子采购系统可以为采购企业节省大量成本。采用传统方式生成一份订单所需要的平均费用为150美元，使用基于Web的电子采购解决方案则可以将这一费用减少到30美元。企业通过竞价采购商品的价格平均降幅为10%左右，最高时可达到40%多。通用电气公司估计通过电子采购将每年节约100亿美元。

（3）优化采购流程。采购流程的电子化不是用计算机和网络技术简单替换原有的方式方法，而是要依据更科学的方法重新设计采购流程，这个过程中，摒弃了传统采购模式中不适应社会生产发展的落后因素。

（4）减少过量的安全库存。世界著名的家电行业跨国企业海尔集团在实施电子采购后，采购成本大幅降低，仓储面积减少一半，库存资金降低约7亿元，库存资金周转日期从30天降低到了12天以下。

（5）电子采购的另外一个优势是信息共享。不同企业，包括各个供应商都可以共享信息，不但可以了解当时采购、竞标的详细信息，还可以查询以往交易活动的记录，这些记录包括中标、交货、履约等情况，帮助买方全面了解供应商，帮助卖方更清楚地把握市场需求及企业本身在交易活动中的成败得失，积累经验。这使供求双方之间的信息更加透明。

（6）电子采购能帮助采购方改善客户服务和客户满意度，促进供应链绩效，以及改善与供应商关系。

（7）电子采购不仅使采购企业大大获益，而且让供应商获益。对于供应商，电子采购可以更及时地掌握市场需求，降低销售成本，增进与采购商之间的关系，获得更多的贸易机会。

国内外无数企业实施电子采购的成功经验证明，电子采购在降低成本，提高商业效率方面，比在线零售、企业资源计划（ERP）更具潜力。电子采购的投资收益远远高于过去10年内已经在企业中占主导地位的任何商业革命，包括企业流程再造、策略性采购的投资收益等。

十、MRO采购

1. MRO采购含义

MRO，是英文Maintenance、Repair and Operations三个词的缩写，指工厂或企业对其生产和工作设施、设备进行维护，保证其运行所需要的非生产性物料，这些物料可能是用于设备保养、维修的备品备件，也可能是保证企业正常运行的相关设备、耗材等物资。MRO采购正日益得到企业的重视，MRO采购对整体采购成本控制与节省的影响不可忽视。美国一项对MRO采购的调查报告显示：MRO采购占企业总体采购成本的比率平均为26%，高的甚至可达63%，施行MRO采购成本节省计划的企业平均可将MRO成本降低6%，高的可达25%。

2. 中国MRO采购及管理存在的问题

中国MRO的采购及管理存在众多的问题。当然对中国MRO的采购与管理首先可找到市场的原因，比如，MRO供应市场比较分散，还远未形成规模。MRO供应商规模小，品种少，管理不规范，资金缺乏，网络、渠道不多，不能提供多少增值的服务等。纵然如此，我们也不能否认企业在MRO的采购和管理上存在的问题：

（1）企业将主要注意力集中在直接性生产物料的采购上，MRO 采购并未得到充分有效的重视和管理。

（2）企业 MRO 采购行为往往分散在不同的职能部门，集中管理实现程度较差，部门间沟通不流畅，导致工作量的加大和潜在的采购错误风险。

（3）采购部门管理设置和人员配置存在问题，采购人员缺乏足够的专业知识，常常需要相关部门的协助才能确定物料规格型号、缺乏对采购成本和风险的科学认识等。

（4）大多制造企业备件品种多、采购批量小、消耗低且无规律，大部分备件只能从市场上众多的零售商采购，造成备件质量无法保证，严重影响企业的正常生产。

（5）由于企业对设备维护和维修计划性不强，而且不很关注历史数据的发掘和需求的预测，导致不确定的提前期和不合理的库存。

（6）缺乏对供应商的战略管理。据调查估计，备件采购花费制造企业采购部门约 80% 的精力，但采购金额却只占企业采购金额的 10% 左右。而且采购人员的精力主要花在采购业务的具体运作上，根本谈不上对供应商的战略管理，甚至有的企业连自己到底有多少家供应商都不清楚。

3. MRO 采购的趋势

MRO 采购的趋势主要围绕着开发和应用新的工具来提高工作效率并降低成本。MRO 采购人员对公司所采购的维修物件、零配件、行政耗材、服务等进行分析；检查并优化内部客户用来定购 MRO 产品的操作流程；对供应商进行监督与管理。这些举措有助于将 MRO 采购的流程尽可能优化，并将供应商数量降到最低。从长远来看，供应商的严格选择和日后积极地维护供应商关系，最终可以使企业得到长期回报，主要体现在流程效率的提高、库存的降低、客户服务水准的提高以及成本的降低。

复习思考题

2-1　为什么采购既是一个商流过程，又是一个物流过程？

2-2　为什么说采购是企业经济活动的主要组成部分？

2-3　什么是招标采购？其优缺点有哪些？

2-4　什么是集中采购？其优缺点有哪些？

2-5　什么是分散采购？其优缺点有哪些？

2-6　简述招标采购的几种方式。

2-7　阐述国际采购的流程。

第三章　运输管理

第一节　运输的基本知识

一、运输的概念及功能

1. 运输的概念

国家标准《物流术语》（GB/T 18354—2006）中对“运输”的定义：“运输是用运输设备将物品从一地点向另一地点运送。其中包括集货、分配、搬运、中转、装入、卸下、分散等一系列操作。”货物运输示意图，如图 3-1 所示。运输是指人或货物借助运输工具和运输基础设施在空间产生的位置移动。运输包括生产领域的运输和流通领域的运输。生产领域的运输一般在企业内部进行，称之为企业内部物流。企业的内部物流包括原材料、在制品、半成品、成品的运输，是直接为产品服务的，也称之为物料搬运。流通领域的运输则是在大范围内，将货物从生产领域向消费领域转移，或从生产领域向物流网点，或物流网点向消费所在地移动的活动。流通领域的运输与搬运功能相近似，它们的区别仅仅在于空间范围的大小。流通领域的空间范围较大，可以跨城市、跨区域、跨国界，而搬运仅限于一个部门内部，如车站内、港口内、仓库内或车间内。

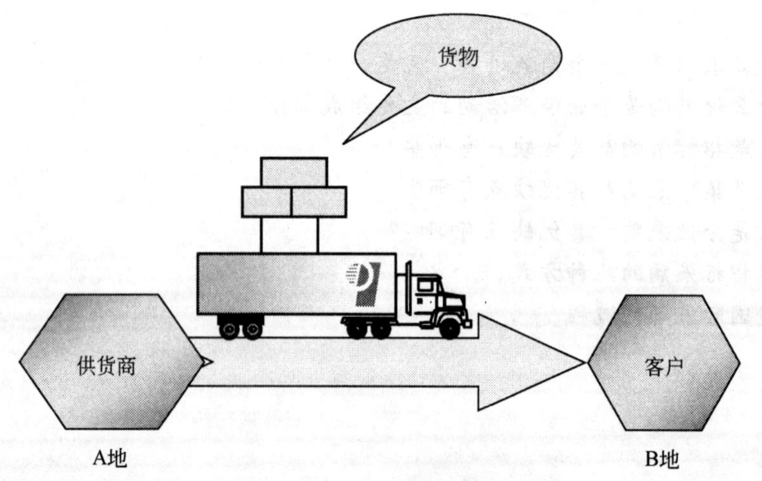

图 3-1　货物运输示意图

2. 运输的功能

运输是物流作业中最直观的要素之一。运输的主要目的就是要以最低的时间、财务和环

境资源成本，将产品从原产地转移到规定地点。运输提供两大功能：产品转移和产品储存。

1）产品转移

无论产品处于哪种形式，是材料、零部件、装配件、在制品，还是制成品，也不管是在制造过程中将被转移到下一阶段，还是更接近最终的顾客，运输都是必不可少的。运输的主要功能就是产品在价值链中的来回移动。既然运输利用的是时间资源、财务资源和环境资源，那么，只有当它确实提高产品价值时，该产品的移动才是重要的。

运输之所以涉及时间资源，是因为产品在运输过程中是难以存取的。这种产品通常是指转移中的存货，是各种供应链战略，如准时化和快速响应等业务所要考虑的一个因素，以减少制造和配送中心的存货。运输之所以要使用财务资源，是因为产生于驾驶员劳动报酬、运输工具的运行费用，以及一般杂费和行政管理费用分摊。此外，还要考虑因产品灭失损坏而必须弥补的费用。运输直接和间接地使用环境资源。在直接使用方面，运输是能源的主要消费者之一；在间接使用方面，由于运输造成拥挤、空气污染和噪声污染而产生环境费用。

运输的主要目的就是要以最低的时间、财务和环境资源成本，将产品从原产地转移到规定地点。此外，产品灭失损坏的费用也必须是最低的；同时，产品转移所采用的方式必须能满足顾客有关交付履行和装运信息的可得性等方面的要求。

2）产品储存

对产品进行临时储存是一个不太寻常的运输功能，即将运输车辆临时作为储存设施。然而，如果转移中的产品需要储存，但在短时间内（例如几天后）又将重新转移的话，那么，该产品在仓库卸下来和再装上去的成本也许会超过储存在运输工具中每天支付的费用。

在仓库空间有限的情况下，利用运输车辆储存也许不失为一种可行的选择。可以采取的一种方法是，将产品装到运输车辆上去，然后采用迂回线路或间接线路运往其目的地。对于迂回线路来说，转移时间将大于比较直接的线路。当起始地或目的地仓库的储存能力受到限制时，这样做是合情合理的。在本质上，这种运输车辆被用作一种临时储存设施，但它是移动的，而不是处于闲置状态。

概括地说，用运输工具储存产品可能是昂贵的，但当考虑到装卸成本、储存能力限制，或延长前置时间的能力时，那么从物流总成本或完成任务的角度来看或许却是正确的。

二、运输的特点

1. 运输服务的公共性

运输服务的公共性是指运输服务在广泛的社会范围内与广大群众均有利害关系的特性。主要表现在：

1）为“出行”需要提供服务

在现代社会生活中，人们不可能在同一地点得到工作、生活、教育及娱乐等各方面的需要，因而产生“出行”的需求。即人们要经常产生出门活动的需求，那么，当出行的距离超过一定的步行范围时，就要乘用交通工具，所以因人的移动面产生的运输需要是非常广泛的。

2）为“物”的运输需求提供服务

“物”的生产过程中所发生的原材料、半成品、成品、加工设备及辅助用品的运输，需要者（单位）非常广泛。与此同时，上述产品进入流通领域，特别是人民生活的必需品、消费品在流通过程中的运输，几乎与每个家庭甚至每个居民的生活密切相关，可见运输服务的需求者十分广泛。

总之，无论是人的出行，还是物质的移动都是在整个社会范围内普遍发生的运输需要，因而运输服务对整个社会的经济发展和人民生活水平的提高，均有着广泛的影响，从而表现出运输服务的公共性特征。

2. 运输产品是无形产品

在广义的生产概念中，就生产结果而言，主要有以下三种生产方式：

（1）劳动对象发生质的或形态的变化，如工业产品及建筑业产品等。

（2）劳动对象发生空间位置的变化，如运输生产。

（3）劳动对象发生时间位置的变化，如物品的贮存。

第一种生产形式的产品为有形产品，因此，也称为有形产品生产。第二种和第三种生产形式的产品为无形产品，称为无形产品生产。例如运输生产并没有改变人或物的形态，只是使他们进行了空间场所的移动，使之具有移动价值，运输生产为社会提供的并不是实物形态的产品，而是一种服务，其产品为无形产品。

服务的无形性给顾客带来一些问题。在购买有形产品时，顾客可以在购买前观察、触摸和测试产品；而对于服务，顾客必须依靠服务企业的声誉。所以，服务企业在经营的过程中一定要注意声誉的塑造。购买者在选购有形产品时考虑与其身份和地位相符的产品。有形产品的经营者在经营过程要增加其产品的抽象概念。如金利来、奔驰、劳斯莱斯等产品通过增加其品牌的内涵来提升其质量。而服务的购买者为降低服务质量的不确定性，在选择服务时会寻求服务质量的标志和证据。顾客一般从服务人员、设备、沟通材料、象征、价格、非官方认证证书或声明、官方证书几个方面对服务质量作出判断。

3. 运输产品是即时产品

即时产品，是指它只能在其生产与消费过程中即时存在的产品。也就是产品只能在其生产与消费同时进行的过程中存在，生产与消费两个环节不可分割，在时间与空间上重合。运输过程对于运输供给者来说是生产过程，对于运输需求者来说是消费过程。

即时性对供给方的影响：

（1）运输生产只能在有运输需求的时间、空间进行。

（2）每一运输生产过程必须保证质量，一旦运输质量不合格将造成巨大影响。

即时性对需求者的影响：乘客只有在有运输生产的时间、空间去利用这种服务，其运输需求才能满足。

4. 运输产品以复合指标为主要计量单位

（1）复合指标：是由两种计算单位组合构成的计量指标。

运输企业的生产，是通过提供运输工具来实现运输对象的空间位置的移动。这就使运输产品同时体现两种量：

运输对象的量：人或 t；移动距离的量：km

一般用运输对象的量和其被移动距离的量的乘积来计量运输产品。

计量指标为：人公里（人·km）或吨公里（t·km）

（2）复合指标的优缺点：

优点：便于各种运输方式完成运输产品的产量进行统计、分析和比较，计算统计期内企业和单个车辆的产量，同时可作为计算运费的依据。

缺点：不能准确表示出全部的移动内容。

这样，运输业常以运输对象的数量辅助计量运输产品。

三、运输的地位

1. 运输是物流的主要功能要素之一

按物流的概念，物流是“物”的物理性运动，这种运动不但改变了物的时间状态，也改变了物的空间状态。而运输承担了改变空间状态的主要任务，运输是改变空间状态的主要手段，运输再配以搬运、配送等活动，就能圆满完成改变空间状态的全部任务。在现代物流观念未诞生之前，甚至就在今天，仍有不少人将运输等同于物流，其原因是物流中很大一部分内容是由运输承担的，是物流的主要部分，因而出现上述认识。

2. 运输是社会物质生产的必要条件之一

运输是国民经济的基础和先行。马克思将运输称之为“第四个物质生产部门”，是将运输看成是生产过程的继续。这个继续虽然以生产过程为前提，但如果没有这个继续，生产过程则不能最后完成。所以，虽然运输的这种生产活动和一般生产活动不同，它不创造新的物质产品，不增加社会产品数量，不赋产品以新的使用价值，而只变动其所在的空间位置，但这一变动则使生产能继续下去，使社会再生产不断推进，所以将其看成一种物质生产部门。

运输作为社会物质生产的必要条件，表现在以下两方面：

（1）在生产过程中，运输是生产的直接组成部分，没有运输，生产内部的各环节就无法衔接。

（2）在社会上，运输是生产过程的继续，这一活动联结生产与再生产，生产与消费的环节，联结国民经济各部门、各企业，联结着城乡，联结着不同国家和地区。

3. 运输可以创造“场所效用”

场所效用的含义是同种“物”由于空间场所不同，其使用价值的实现程度则不同，其效益的实现也不同。由于改变场所而最大发挥使用价值，最大限度提高了产出投入比，这就称之为“场所效用”。通过运输，将“物”运到场所效用最高的地方，就能发挥“物”的潜力，实现资源的优化配置。从这个意义来讲，也相当于通过运输提高了物的使用价值。

4. 运输是“第三个利润源”的主要源泉

（1）运输是运动中的活动，它和静止的保管不同，要靠大量的动力消耗才能实现这一活动，而运输又承担大跨度空间转移的任务，所以活动的时间长、距离长、消耗也大。消耗的绝对数量大，其节约的潜力也就大。

（2）从运费来看，运费在全部物流费中占最高的比例，一般综合分析计算社会物流费用，运输费在其中占接近50%的比例，有些产品运费高于产品的生产费。

（3）由于运输总里程大，运输总量巨大，通过体制改革和运输合理化可大大缩短运输吨公里数，从而获得比较大的节约。

四、运输在物流中的作用

运输是物流过程的主要职能之一，也是物流过程各项业务的中心活动。物流过程中的其他各项活动，如包装、装卸搬运、物流信息等，都是围绕着运输而进行的。可以说，在科学技术不断进步、生产的社会化和专业化程度不断提高的今天，一切物质产品的生产和消费都离不开运输。物流合理化，在很大程度上取决于运输合理化，所以，在物流过程的各项业务活动中，运输是关键，起着举足轻重的作用。运输工作是整体物流工作十分重要的环节，运输工作对企业物流的意义可以体现在以下方面：

（1）运输是物流系统功能的核心。物流系统具有创造物品的空间效用、时间效用、形式效用三大效用（或称三大功能）。时间效用主要由仓储活动来实现，形式效用由流通加工业务来实现，空间效用通过运输来实现。运输是物流系统不可缺少的功能。物流系统的三大功能是主体功能，其他功能（装卸、搬运和信息处理等）是从属功能。而主体功能中的运输功能的主导地位更加凸现出来，成为所有功能的核心。

（2）运输影响着物流的其他构成因素。运输在物流过程中还影响着物流的其他环节。例如，运输方式的选择决定着装运货物的包装要求；使用不同类型的运输工具决定其配套使用的装卸搬运设备以及接收和发运站台的设计；企业库存储存量的大小直接受运输状况的影响，发达的运输系统能比较适量、快速和可靠地补充库存，以降低必要的储存水平。

（3）运输费用在物流费用中占有很大比重。在物流过程中，直接耗费的活劳动和物化劳动所支付的直接费用主要有运输费、保管费、包装费、装卸搬运费和物流过程中的损耗等。其中，运输费用所占的比重最大，是影响物流费用的一项重要因素，是运输降低物流费用、提高物流速度、发挥物流系统整体功能的中心环节，特别在我国交通运输业还很不发达的情况下更是如此。因此，在物流的各环节中，如何搞好运输工作，开展合理运输，不仅关系着物流时间占用多少，而且还会影响到物流费用的高低。不断降低物流运输费用，对于提高物流经济效益和社会效益都起着重要的作用，所谓物流是企业的“第三利润源”，其意义也在于此。

（4）运输合理化是物流系统合理化的关键。物流合理化是指在各物流子系统合理化的基础上形成的最优物流系统总体功能，即系统以尽可能低的成本创造更多的空间效用、时间效用、形质效用。或者从物流承担的主体来说，以最低的成本为用户提供更多优质的物流服务。运输是各功能的基础与核心，直接影响着物流子系统，只有运输合理化，才能使物流结构更加合理，总体功能更优，因此，运输合理化是物流系统合理化的关键。

五、运输节点的种类

运输节点按主要功能划分为：转运型节点、储存型节点、流通型节点。运输节点的种类见表 3-1。

运输节点的种类 表3-1

转运型节点	陆运转运站
	港口
	空港
储存型节点	按服务对象划分：自备仓库和营业仓库
	按所属职能划分：生产仓库和储备仓库
	按结构划分：平房仓库、楼房仓库、高层货架仓库、罐式仓库
	按保管方式划分：普通仓库、冷藏仓库、恒温仓库、露天仓库、危险仓库、散装仓库
	特种仓库：移动仓库、保税仓库
流通型节点	流通仓库
	转运仓库
	集货中心
	分货中心
	加工中心

六、运输原理

1. 规模经济原理

规模经济的特点是随装运规模的增长，使单位重量的运输成本降低。例如整车的每单位成本低于零扭运输。就是说诸如铁路和水路之类的运输能力较大的运输工具，它每单位的费用要低于汽车和飞机等运输能力较小的运输工具。运输规模经济的存在是因为转移一批货物的固定费用可以按整批货物的质量分摊。所以一批货物越重就越能分授费用。

2. 距离经济原理

距离经济指每单位距离的运输成本随距离的增加而减少。如800km的一次装运成本要低于400km二次装运。运输的距离经济也指递减原理，即贸率或费用随距离的增加而减少，运输工具、装卸所发生的固定费用必须分摊到每单位距离的变动费用上，运输距离越长每单位支付的固定费用就越低。

七、运输的发展趋势

（1）运输的集约化：依靠提高科技水平，增加运输业的科技含量，加强科学管理和建立合理的运输体制，通过提高运输效益来达到运输发展。集约化经营的优势之一是规模效益，是一种“高投入、高产出、高效益”的经营方式。建立有效的经营管理系统，是运输集约化经营的一项基本要求。有效的经营管理系统包括三个层次的含义：经营管理权限的完整性，能保证运输过程按照运输的要求进行；权限的有效性，保证企业各项管理权能落到实处；高效率管理，运输生产点多面广，需要及时决策处理，没有高效率的管理，很难做出正确的决策。

（2）运输的标准化：交通运输标准化是指以交通运输为一个大系统，制订系统内部设施、机械装备，包括专用工具等的技术标准，仓储、配送、装卸、运输等各类作业标准，以及作为交通运输突出特征的信息标准，并形成与物流其他环节以及和国际接轨的标准化体系。交通运输标准化主要涉及的四个方面：基础性标准、现场作业标准、信息化标准、物流服务规范。

（3）运输的信息化：我国的交通运输信息化建设应该集中于以下几个方面：

①搞好交通行业各级政府办公业务系统的建设，形成系统规范、内容丰富、及时更新的各级政府办公业务资源网，在信息安全保密的前提下，实现各级政府间办公业务的网络化，信息资源共享化和公开化，最大限度地满足交通行业和社会需求；

②建立客运、货源管理信息系统和信息服务系统，实现运输服务管理的现代化；

③采用3S（地理信息系统 GIS，全球定位系统 GPS，遥感 RS）技术开发交通事故紧急救援系统和安全运营保障技术，开发路况信息系统和车辆调度技术等，完善网络环境下的电子收费系统和高效公路监控系统等；

④将3S技术应用于交通运输企业，推动传统交通运输企业向现代物流企业的转变；

⑤做好智能运输系统（ITS）的基础工作，并在完善基础设施（包括道路、港口、机场和通信等）的基础上，致力于关键技术的开发和示范工程的建设，从个别已经可以应用或有条件应用或者当前迫切需要解决的项目入手，选择适当的切入点，发展我国的ITS。

（4）运输的智能化：就是将先进的信息技术、数据通信技术、电子控制技术以及计算机处理技术等有效地运用于整个运输管理体系，从而将道路使用者、交通管理者、汽车、道路及其相关的服务部门有机地联结起来，使交通运输的运行功能进入智能化阶段。

（5）运输的绿色化：指在运输过程中抑制运输对环境造成危害的同时，实现对运输环境的净化，使运输资源得到充分利用。

第二节 运输方式

在物流所有的功能中，运输是一个最基本的功能，是物流的核心。人们提到物流，首先想到的便是运输。货物从甲地运到乙地可以产生地点或场所效用，产生这种效用的是运输，运输就是通过运输手段使货物在物流据点之间流动。运输业作为物质生产部门，与其他物质生产部门一样，经历了不同的发展时期，为了满足社会各种需求，形成了铁路、公路、航空、水运、管道五种运输方式。这几种交通运输方式在满足人或物的空间位移的要求上具有同一性，即安全、迅速、经济、便利、舒适。但各种运输方式所采用的技术手段、运输工具和组织形式等都不相同。因此，形成的技术性能（速度、质量、连续性、保证货物完整性和旅客的安全、舒适性等）、对地理环境的适应程度以及经济指标（如能源和材料消耗、投资、运输费用、劳动生产率等）都不尽相同。

一、运输的技术经济特征

1. 送达速度

技术速度的高低主要取决于车辆本身的技术性能，是由行驶里程和路线行驶时间的比值确定，而送达速度的时间除路线行驶时间外，还包括途中的停留时间和始发、终到两端的作业时间，因此送达速度低于技术速度。对旅客和收、发货人而言，送达速度具有实际的意

义。铁路的送达速度一般高于水上运输和公路运输。但在短途运输方面，其送达速度反而低于公路运输。航空运输在速度上虽然占有极大优势，但必须将客、货去往机场的路途时间考虑在内，方能进行有实际意义的比较。各种运输方式有其适用的速度范围：公路运输的最优速度为50～100km/h，铁路运输为100～300km/h，航空运输为500～1 000km/h。在评价某种运输方式的速度指标时，还应适当考虑运输的频率（或间隔时间）和运输经常性对送达速度的影响。

2. 运输成本

运输成本是运输业的一个综合性指标，受各种因素的影响。例如与运量无关的固定费用所占的比重较大时，则成本水平受运输密度的影响较大，铁路运输最显著，水运、公路运输则较小。又如运输距离对运输成本也有很大影响。这是因为终端作业成本（始发和终到）的比重随着运输距离的增加而下降，因此对水运影响最大，铁路次之，公路最小。再如运载工具的运载量的大小同样影响着运输成本，载质量较大的运输工具一般来说其运输成本较低，水运在这方面居于有利地位。总之，考察某种运输方式的运输成本需根据具体情况进行分析。一般来讲，水运及管道运输成本最低，其次是铁路和公路运输，航空运输成本最高。

公路、铁路和水路的运费比较（包括终端的装卸费用）如图3-2所示。

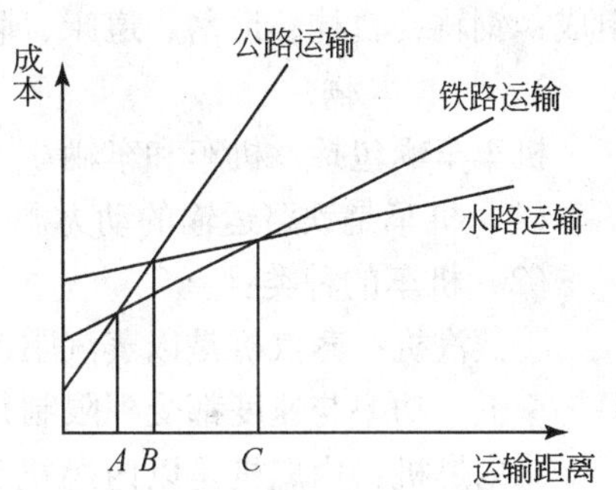

图3-2 三种运输方式的运输距离与成本比较

当运输距离小于 A 时公路运输费用最低，当运输距离在 A 与 B 之间时铁路运输最便宜，而当运输距离大于 C 时，则以水路运输为最好。

3. 投资水平

各种运输方式由于其技术设备的构成不同，不但投资总额大小各异，而且投资期限和初期投资的金额也有相当大的差别。铁路的技术设备（线路、机车车辆、车站、厂、段等）需要投入大量的人力物力，投资额大而且工期长。相对而言，水上运输是利用天然航道进行的，线路投资远较铁路为低，主要集中在船舶、码头。公路运输的线路设备投资介于铁路和水运之间，但高速公路的线路设备投资并不低。比较各种运输方式的投资水平，还需要考虑运输密度与运载工具利用率等因素。

4. 运输能力和能源消耗

运输能力方面，水运和铁路运输都处于优势地位（就单个运载工具而言，特别是海运，运输能力最大），而公路和航空的运输能力相对较小。

能源消耗方面，由于铁路运输可以采用电力牵引，因而具有优势。公路和航空运输则是能源（石油）消耗最大的。管道运输所耗能源约为水运的10%，铁路的2.5%。

5. 对环境影响的程度

工业的发展使人类赖以生存的地球已经受到严重破坏，运输业在某些方面起了主要作用，对空气和地表的污染最为明显的是汽车运输，而喷气式飞机、超音速飞机等使噪声污染更为严重，相比之下，铁路运输对环境和生态的影响程度较小，特别是电气化铁路这种影响更少。各种运输方式各有其长处和短处，每个国家都需要按照本国工农业的生产布局与规模、地理条件、社会环境及本国交通运输业发展的历史与现状，建立适合本国国情的综合运输体系。

二、运输方式的技术设施

（一）铁路运输

铁路运输是指在铁路上以车辆编组成列车载运货物、由机车牵引的一种运输方式。铁路运输系统主要由：铁路线路、机车车辆、信号设备和车站四部分组成。

1. 铁路线路

（1）铁路线路是列车运行的基础，承受列车重量，并且引导列车的行走方向。

（2）线路的组成：

①路基：主要承受轨道、机车车辆及其载荷的压力；

②桥隧建筑物：使铁路能够跨越河谷、穿过山岭；

③轨道：直接承受车轮的压力和冲击力并将其传给路基，引导车轮的运行方向。轨道的组成：钢轨、轨枕、道岔、道床、联结零件、防爬设备等。

2. 机车车辆

机车车辆包括：机车和车辆。

（1）机车是铁路运输的动力源，牵引列车运行。

（2）机车的种类：

①蒸汽机：蒸汽机是以蒸汽驱动的机车，结构简单、制造成本低、驾驶与维修都简单，但热率低，功率与速度都受到限制，已经被淘汰；

②内燃机：内燃机是以内燃机为原动力，其热效率比蒸汽机高，可达20%～30%，加足燃料后可长时间运行，但机车构造复杂，制造与维修困难，运营费用较高；

③电力机车：电力机车是从铁路沿线的接触网上获取电能产生牵引力的机车，热效率最高，功率大、运输能力大、启动快、速度高、爬坡能力好、污染小、噪声小，是最有发展前途的一种机车，但其供电系统的投资较大。是目前我国铁路运输的主体。

（3）车辆主要用于承载货物和旅客，无动力，需由机车牵引。

（4）货运车的种类：篷车、敞车、平板车、槽罐车、保温车等。

（5）客车的种类：座车、卧车、餐车、行李车、邮政车等。

（6）铁路货物列车一般载质量：3000～5000t，载质量在5000t以上的称为重质量列车。

3. 信号设备

信号设备的作用是保证列车运行与调车安全和提高铁路的通过能力。包括：铁路信号、连锁设备、闭塞设备。

1）铁路信号

铁路信号是对列车运行、停止和调车工作的命令，是保证列车行车安全和作业效率的重要手段。

我国铁路规定用红色（停止）、黄色（注意或减速慢行）绿色（按规定的速度运行）蓝色（准许越过信号机调车）白色（不准越过该信号机调车）。铁路信号按信号形式可分

为：视觉信号和听觉信号；按设备形式可分为：固定信号、移动信号、手信号。

2）连锁设备

连锁设备的主要作用是保证站内列车运行和调车作业的安全，以及提高车站的通过能力。

3）闭塞设备

闭塞设备是用来保证列车在区间内运行安全的区间信号设备。它能控制列车运行，保证在一个区间内同时只有一个列车占用。

4. 车站

车站按技术作业性质可分为：编组站、区段站、中间站；按业务性质可分为：货运站、客运站、客货运站。

（1）编组站：解体和编组各类货物列车；组织和取送本地区车流；供应列车动力，整备检修机车；货车的日常技术保养。

（2）区段站：区段站大多设在中等城市和铁路网上牵引区段的分界处。其主要任务是办理货物列车的中转作业，进行机车的更换或机车乘务组的换班以及解体、编组区段列车和摘挂列车。

（3）中间站：主要办理列车的到发、会让、越行以及客货运业务。中间站数量很多，设备规模较小，遍布全国铁路沿线中小城镇和农村。

（二）道路运输

道路运输又称为公路运输，是指在公路上使用机动车辆或是人力车、畜力车等非机动车辆载货运输的一种方式，适用于近距离、小批量的货运，或是水运、铁路难以到达地区的长途、大批量货运。道路运输系统技术设施的组成为：道路、车辆、汽车站。

1. 道路

（1）道路是指通行各种车辆和行人的工程基础设施。

（2）公路根据使用任务、功能和适应的交通量分为：

①高速公路：高速公路为专供汽车分向、分车道行驶并全部控制出入的干线公路，四车道高速公路一般能适应按各种汽车折合成小客车的远景设计年限年平均昼夜交通量为25000～55000辆；六车道高速公路一般能适应按各种汽车折合小客车的远景设计年限年平均昼夜交通量为45000～80000辆；八车道高速公路一般能适应按各种汽车折合成人客车的远景设计年限年平均昼夜交通量为60000～100000辆；

②一级公路：一级公路为供汽车分向、分车道行驶的公路，一般能适应按各种汽车折合成小客车的远景设计年限年平均昼夜交通量为15000～30000辆；

③二级公路：二级公路一般能适应按各种车辆折合成中型载货汽车的远景设计年限年平均昼夜交通量为3000～7500辆；

④三级公路：三级公路一般能适应按各种车辆折合成中型载货汽车的远景设计年限年平均昼夜交通量为1000～4000辆；

⑤四级公路：四级公路一般能适应按各种车辆折合成中型载货汽车的远景设计年限年平均昼夜交通量为：双车道1500辆以下；单车道200辆以下。

各级公路远景设计年限：高速公路和一级公路为20年；二级公路为15年；三级公路为10年；四级公路一般为10年，也可根据实际情况适当调整。

2. 车辆

（1）厢式货车：厢式货车本身带有载货车厢，有防雨、防丢失作用，货物安全性好。厢式货车只适用于装运特殊货物，往往只能单向运输，效率低；

（2）普通载货汽车：根据载质量的不同分类：大型（8t以上）、中型（2～8t）、小型（2t以下）；

（3）专用载货汽车；

（4）牵引车和挂车：牵引车是一种有动力而无装载空间的车辆，是专门用来牵引挂车的运输工具。挂车是无动力但有装载空间的车辆。挂车的分类：全挂车和半挂车。

3. 汽车站

汽车站的功能主要是对汽车运输活动进行组织管理和为运输车辆提供后勤技术保障。根据运输对象的不同，汽车站分为：客运汽车站和货运汽车站。

（1）客运站的组成：客运服务区、停车场、维修厂、油库；

（2）货运站的组成：停车场、维修厂、油库、货运业务。

（三）水路运输

水路运输按船舶航行区域可以划分：远洋运输、近洋运输、沿海运输、内河运输。水路运输系统的组成：船舶、港口、航道。

1. 船舶

货物运输船舶按照其用途不同，可分为干货船和油槽船两大类。

1）干货船（Dry Cargo Ship）

（1）杂货船（General Cargo Ship）。杂货船一般是指定期航行于货运繁忙的航线，以装运零星杂货为主的船舶。这种船航行速度较快，船上配有足够的起吊设备，船舶构造中有多层甲板把船舱分隔成多层货柜，以适应装载不同货物的需要。

（2）干散货船（Bulk Cargo Ship）。干散货船是用以装载无包装的大宗货物的船舶。依所装货物的种类不同，又可分为粮谷船（Grain Ship）、煤船（Collier）和矿砂船（Ore Ship）。这种船大都为单甲板，舱内不设支柱，但设有隔板，用以防止在风浪中运行的舱内货物错位。

（3）冷藏船（Refrigerated Ship）。冷藏船是专门用于装载冷冻易腐货物的船舶。船上设有冷藏系统，能调节多种温度以适应各舱货物对不同温度的需要。

（4）木材船（Timber ship）。木材船是专门用以装载木材或原木的船舶。这种船舱口大，舱内无梁柱及其他妨碍装卸的设备。船舱及甲板上均可装载木材。为防甲板上的木材被海浪冲出舷外，在船舷两侧一般设置不低于1m的舷墙。

（5）集装箱船（Container Ship）。集装箱船可分为部分集装箱船、全集装箱船和可变换集装箱船三种。

部分集装箱船（Partial container ship）。仅以船的中央部位作为集装箱的专用舱位，其他舱位仍装普通杂货。

全集装箱船（Full Container Ship）。指专门用以装运集袋箱的船舶。它与一般杂货船不同，其货舱内有格栅式货架，装有垂直导轨，便于集装箱沿导轨放下，四角有格栅制约，可防倾倒。集装箱船的舱内可堆放3～9层集装箱，甲板上还可堆放3～4层。

可变换集装箱船（Convertible Container Ship）。其货舱内装载集装箱的结构为可拆装式的。因此，它既可装运集装箱，必要时也可装运普通杂货。

集装箱船航速较快，大多数船舶本身没有起吊设备，需要依靠码头上的起吊设备进行装卸。这种集装箱船也称为吊上吊下船。

(6) 滚装船，又称滚上滚下船（Roll on/Roll off Ship）。滚装船主要用来运送汽车和集装箱。这种船本身无须装卸设备，一般在船侧或船的首、尾有开口斜坡连接码头，装卸货物时，或者是汽车，或者是集装箱（装在拖车上的）直接开进或开出船舱。这种船的优点是不依赖码头上的装卸设备，装卸速度快，可加速船舶周转。

(7) 载驳船（Barge Carrier）。又称子母船。是指在大船上搭载驳船，驳船内装载货物的船舶。载驳船的主要优点是不受港口水深限制，不需要占用码头泊位，装卸货物均在锚地进行，装卸效率高。目前较常用的载驳船主要有“拉希”型（Lighter Aboard Ship，缩写为LASH）和“西比”型（Seabee）两种。

2）油槽船（Tanker）

油槽船是主要用来装运液体货物的船舶。油槽船根据所装货物种类不同，又可分为油轮和液化天然气船：

(1) 油轮（Oil Tanker）。油轮主要装运液态石油类货物。它的特点是机舱都设在船尾，船壳衣身被分隔成数个贮油舱，有油管贯通各油舱。油舱大多采用纵向式结构，并设有纵向舱壁，在未装满货时也能保持船舶的平稳性。为取得较大的经济效益，二战以后油轮的载质量不断地增加。目前世界上最大的油轮载质量已达到60多万t。

(2) 液化天然气船（Liquefied Natural Gas Carrier）。液化天然气船专门用来装运经过液化的天然气。

2. 港口

港口是供船舶停靠、集散客货、为船舶提供各种服务，具有综合功能的场所。港口的主要功能：装卸运输功能；服务功能；工业功能；贸易和商业功能。

3. 航道

航道是供船舶安全航行的通道。航道一般分为：自然航道、人工航道。

(四) 航空运输

航空运输是利用飞机或其他航空器在空中进行货物运输。航空运输系统的组成：航空港、航空线网、飞机。

1. 航空港

航空港一般叫做机场。它的组成：飞行区、运输服务区、机务维修区。

2. 航空网线

航空网线由：航线、航路组成。

3. 机

依动力的不同，分为：螺旋桨式飞机、喷气式飞机、直升机。

（五）管道运输

管道运输是指由钢管、泵站和加压设备等组成的利用管道加压输送气体、液体、粉状固体的运输方式。管道运输系统的组成：管线、管线上的各个站点。

1. 管线

管线一般使用钢质的管道焊接而成，能承受较大的压力。

2. 管道运输站点

管道运输站点分为：首站、中间站、末站。

三、运输方式的优缺点和适应范围

现代运输的五种基本方式在运输工具、线路设施、营运方式及技术经济特征等方面各不相同，因而各有优势，各有其不同的适用范围。五种运输方式的优缺点和适应范围见表 3-2 所示。

运输方式的优缺点和适应范围　　表 3-2

<table>
<tr><th>运输方式</th><th>优　点</th><th>缺　点</th><th>适 用 范 围</th></tr>
<tr><td rowspan="7">铁路</td><td>运输能力大</td><td rowspan="3">机动性差</td><td rowspan="3">大宗低值货物的中、长距离运输</td></tr>
<tr><td>运行速度快</td></tr>
<tr><td>运输成本低（长距离、大批量）</td></tr>
<tr><td>受自然条件影响小</td><td rowspan="2">投资大，建设周期长</td><td rowspan="4">大批量、时间性强、可靠性要求高的货物</td></tr>
<tr><td>运输经常性好</td></tr>
<tr><td>能耗低</td><td rowspan="2">占地多</td></tr>
<tr><td>通用性好</td></tr>
<tr><td rowspan="6">道路（汽车）</td><td rowspan="2">机动灵活</td><td>运输成本高</td><td rowspan="6">中、短距离运输</td></tr>
<tr><td>运输能力小</td></tr>
<tr><td rowspan="2">驾驶员容易培训</td><td>占地多</td></tr>
<tr><td>劳动生产率低</td></tr>
<tr><td rowspan="2">包装简单，货损少</td><td>能耗高</td></tr>
<tr><td>环境污染严重</td></tr>
<tr><td rowspan="7">水路（船运）</td><td>运输能力大</td><td rowspan="2">运输速度慢</td><td rowspan="7">运距长、运量大、对送达时间要求不高的大宗货物运输，也适合集装箱运输</td></tr>
<tr><td>能耗低</td></tr>
<tr><td>运输成本低</td><td rowspan="3">受自然条件影响大</td></tr>
<tr><td>建设投资少</td></tr>
<tr><td>土地占用少</td></tr>
<tr><td>劳动生产率高</td><td rowspan="2">可达性差</td></tr>
<tr><td>平均运距长</td></tr>
</table>

续上表

运输方式	优　点	缺　点	适 用 范 围
航空	高速可达性	载运量小	适宜运送价值高、体积小、送达时效要求高的特殊货物
	安全性高	投资大，成本高	
	经济价值独特	易受气候条件限制	
	包装要求低	机动性差	
管道	运输量大	灵活性差，只适合气体、液体和少量固体运输	适合于单向、定点、量大的流体状且连续不断货物的运输
	管道建设周期短、投资费用低		
	占地少	当管道运输量显示不足时，运输成本会显著提高	
	符合绿色运输要求		
	能耗小，成本低		

四、运输方式的选择

上述五种基本运输方式都有其特定的运输线路、运输工具、技术运营特点、经济性能和合理的使用范围。企业在物流过程中，应根据各种运输方式的特点，合理选择运输方式，实现运输合理化。

1. 影响运输方式选择的因素

一般来说，企业对运输方式的选择要考虑以下主要因素：

（1）运费因素。这是决定运输成本的主要因素。

（2）运输时效。即运输时间、到货时间，这是决定运输效果的主要方面。

（3）运输批量。即运输能力，运输量的大小。

（4）安全因素。即运输途中的破损和污染等因素。

（5）衔接性。即与其他运输方式联合作业的能力，这是考虑联运的主要因素。

（6）适用性。即运输方式必须适用所要运输的商品特性。

一般要综合考虑运输需要的特性，而运费因素和运输时效因素是最重要的选择因素。

2. 企业自营运输和委托运输的选择

企业选择运输方式时，还需要考虑自有运输资源和社会运输资源的合理运用。一般来说，企业在两种运输方式都可用时，虽然自营运输成本较高（主要是回空问题），但容易选择自运方式，原因在于选择委托运输方式，要支付费用，而且是以自有运力闲置浪费为代价的，还存在有许多自己不可控的因素，有时会造成物质损失或商誉影响。而选择委托运输方式有运费优势，还省略了运输过程管理事务。因此，企业是选择运输中间商还是选择自营运输，一定要做好比较工作，选择最佳运输方式。

五、特殊货物运输

有些商品具有危险、长大、笨重、易腐、贵重等特点，它们对于装卸，运送和保管等作业有特殊要求，这类货物统称为特种货物。特种货物一般可分为三大类，即危险货物、长大笨重货物和鲜活货物。

1. 危险货物运输

凡具有燃烧、爆炸、腐蚀、毒害、放射射线等性质，在运输过程中能引起人身伤亡，人民财产受损的货物，均称为危险货物。危险货物的危险性主要取决于它们自身的理化性质，但在具备一定外界条件的影响下，如摩擦、撞击、振动、接触火源、日光曝晒、遇水受潮、温度变化或其他性质抵触的物质相接触，往往会酿成爆炸、燃烧、毒害等严重事故。因此，掌握各类危险货物性质及变化规律，认真做好危险货物的包装、配载、装卸、保管、运送、鉴定、防护等各项工作，对于危险货物的运输安全和完好十分重要。

发货人托运危险货物时，除了对少数性质比较稳定，在规定的包装方法、包装质量、浓度、含水量等条件下，能保证运输安全的危险货物可按普通货物规定办理运输外，必须严格按照危险货物运输规则的规定，正确填写托运单，并提出有关证明。

危险货物在包装时应注意以下几点：①危险货物一般应单独包装，同一件包装（材料）内的货物必须是同一项或同一配装号（除爆炸品外），而且消防方法不相抵触的物品；②包装的种类、材质、封口等应适应所装货物的性质；③包装规格、形式及单位包装质量应便于装卸、搬运和保证运输过程中的安全；④包装应有规定的标志。

危险货物应在指定地点进行装卸作业，运输部门、物资部门和装卸部门应密切配合。装运危险货物要求调派技术状况良好的车辆，装车前应对车辆作认真检查，装卸工人应严格执行有关安全防护措施，准备好相应的防护用品和装卸工具，装卸作业中，要切实做到轻拿轻放，严格遵守操作规程。卸车后，应对车辆进行认真的洗刷和消毒。

运输危险货物应选派素质较好的驾驶员担任，并应指定专人押运，装卸危险品的车内严禁搭乘其他人员。行驶时间和线路的确定，应按当地公安部门指定的办理；行驶中必须提高警惕，应保持车辆的平稳和适宜的速度；严禁超速、超车和强行会车，中途停车应选择安全地带，押运人员不得远离。

放射性物质能自发地、不断地放出人眼所看不见的射线，其危害性很大。做好放射性物品的防护工作更显重要。

2. 大件货物运输

在运输的货物中，有些货物具有长、大或重的特点，甚至几者皆有，这些货物称为长大笨重货物，简称大件。运输长大笨重货物时，通常都要采取相应的技术措施和组织措施。鉴于长大笨重货物的特点，对于装运车辆的性能和结构，货物的装载和加固技术等都有一定的特殊要求，为了保证车辆和货物完好，保证车辆运行安全，必须满足下列基本技术条件：①货物装卸应尽可能选用适宜的装卸机械，装车时应使货物的全部支承面均匀地、平稳地放置在车辆底板上，以免损坏大梁；②载运货物的车辆，应尽可能选用大型平板等专用车辆。除有特殊规定者外，装载货物的质量不得超过车辆的核定吨位，其装载的长度、高度、宽度不准超过规定的装载界限；③支撑面不大的笨重货物，为使其质量能均匀地分布在车辆底板上，必须将货物安置在纵横垫木上，或相当于起垫木作用的设备上；④货物的重心应尽量置于车底板纵、横中心线交叉点的垂直线上，如无可能时，则对其横向位移应严格限制；纵向位移在任何情况下必须保证负荷较重一端轮轴或转向架的承载质量不超过车辆设计标准；⑤重车重心高度应有一定限制，重车重心如偏高，除应认真进行装载加固外，还应采取配重措施以降低其重心高度，并且车辆应限速行驶。

3. 鲜活易腐货物运输

鲜活货物是指在运输过程中，需要采取相应的保鲜、活措施，并须在规定期限内运抵目的地的货物。鲜活货物一般具有季节性较强，运输责任性较大，运送时间比较紧迫等特点。

良好的运输组织工作，对保证鲜活货物的质量十分重要。承运鲜活货物时，应由车站货运员对托运货物的质量、状态进行认真的检查。要求质量新鲜，包装符合要求，热状态符合规定。对已有腐烂变质现象的货物，托运前应加以适当的处理；对不符合规定质量的鲜活易腐货物不予承运。

托运鲜活易腐货物时，发货人须向车站提出最长的运到期限，并在托运单上注明；承运人应根据发货人的要求和承运方的可能等情况，及时地安排适宜车辆予以装运。

车站在接受承运鲜活货物的同时，也要根据货物的种类、运送季节、运送距离和运送方向确定相应的运输组织方法，如选择使用的车辆、确定货物装载方法和沿途提供的服务等。

第三节　运输系统及运输合理化

一、运输系统

运输系统是由多种运输方式、多种运输工具、多家运输部门、多种运输资源构成的复杂的综合运输系统。各个组成要素之间既存在着有机的联系，又存在着相互冲突，而这些冲突在一定程度上制约了运输系统的协调发展。分析运输系统诸要素冲突的外显形式，消除运输系统诸要素冲突的有效途径，能够为运输系统的协调、高效发展提供科学的参考依据。

1. 运输系统要素冲突的外显形式

运输系统诸要素的冲突主要表现在目标冲突、边界冲突、能力冲突以及运作冲突等方面。

1）运输系统诸要素的目标冲突

在运输系统中，不同的构成要素具有不同的功能和目标，这些不同组成要素的目标之间就可能存在着相互冲突的地方；同一要素在实现多种功能时也有着不同的目标，这些不同的目标之间也可能存在着冲突。

（1）各种交通运输方式之间存在着目标冲突。物流运输系统是由铁路、公路、水路、航空和管道五种运输方式构成的综合体系。铁路运输具有快速、准确、安全的优势，但由于铁路运输承运的手续复杂，待运时间较长，很难实现灵活、及时的目标。公路运输机动灵活，能够实现“门到门”运输，但其规模性、安全性程度较低。水路运输是五种交通运输方式中运费较为低廉的，但速度较慢，区域性特征明显，使用范围受到极大限制。航空运输速度快、机动性好，运送货物及时、准确、安全，但其运费昂贵，很难达到低成本的目标。管道运输安全可靠、运输成本低，但其运送的货物具有较大的选择性。

（2）效益目标之间存在着冲突。在组织运输过程中，交通运输部门追求的是以较低的运输成本，在满足用户需求的前提下，尽可能获得较高的经济效益；但作为运输需求者而言，则期望的是以较低的运费获得尽可能理想的服务，要求运输部门必须提高运输质量。而提高运输质量和服务水平，必然意味着需要更大的投入，物流运输系统的成本却难以降低。

(3) 交通运输与物流其他功能要素存在着冲突。如为了降低运输成本，提高运输效益，在组织运输时，总是要求遵循规模经济原理，尽量采用整车、整船运输，避免零担运输，因为整车、整船运输的运费比零担运输的运费要低得多，但这样却会提高库存和仓储的水平，要求必须具有相应的装卸能力，其结果增加了库存和装卸成本。物流运输系统目标冲突的潜在根源是“二律背反定律”作用的结果。

2）运输系统诸要素的边界冲突

由于运输系统是由多家运输部门、多种运输方式组成的复杂系统，各个系统、部门、运输方式之间便存在着客观的行政边界、管理边界和运输覆盖范围边界。各级交通运输管理部门受其管理权限的限制，存在着规定的职责、权限的管理边界。各种运输方式由于受其技术经济性能的限制，各自存在着一个最优的运输半径或运输覆盖范围。由于这些边界的存在，运输系统的诸要素便会有条件地与内外部环境发生着联系，这种条件性从某种意义上讲就是一种阻碍，运输系统要素的边界冲突便由此产生。特别是在组织综合运输过程中，需要各种运输方式进行及时的转换和联运，但各种运输方式都有其合理的运输边界与范围，超出其边界与范围，就会降低某种运输方式的有效性与适应性。

3）运输系统诸要素的能力冲突

组织综合运输，要求各种运输方式在装卸能力、转换能力、通过能力和运输能力等方面要达到协调匹配。但由于各种运输方式存在着技术经济性能方面的差异，必然存在着能力方面的冲突。

(1) 各种运输方式能力的冲突。各种运输方式技术经济特征各有优劣，运输能力存在着较大差异，铁路、船舶运输能力较大，汽车、飞机运输能力较小，四种运输方式能力之间难以匹配。

(2) 运输方式内部能力的冲突。其包括运输基础设施的等级标准冲突，运输工具装备的技术结构冲突，运输网络中点与线、干线与支线、线路与站场枢纽的冲突，以及运输固定设备与移动设备、运输技术装备与管理现代化之间的冲突等。

(3) 运输供给能力与运输需求能力之间的冲突。特别是在季节性运输、“春运”、应急性运输期间，运输需求量骤然增大，运输瞬间强度较高，运输方向性较强，对运输能力提出了极高要求，导致运输供给和运输需求之间冲突较为突出。

4）运输系统诸要素的运作冲突

在运输系统中，各个组成要素都具有区别于其他系统要素的特殊结构，因而也就具有各自的运作规律和运作标准。当这些要素之间发生联系时，这些规律和标准就有可能因不适应对方的特点与要求而发生冲突。如集装箱运输是提高运输效率和质量、降低运输成本的有效手段。但公路运输所使用集装箱的重量系列多为5t、10t，而海上运输所使用的集装箱的重量系列多为20t、30t，当组织公路运输与海上运输多式联运时，就会发生因集装箱的重量系列不同而产生的冲突。另外，各种运输方式、各个运输部门由于在运输规程、作业规范上具有不同的要求，也会导致运输组织过程中的运作冲突。

2. 运输系统冲突的消除途径

为了优化运输系统，提高运输系统的保障效能，实现运输系统的功能目标，就必须通过

各种有效途径消除上述各种冲突。

1）集成运输系统诸要素

集成运输系统要素，是指通过采用一定的组织结构和标准规范，对运输系统的各组成要素进行统一规划、管理和评价，从而密切运输系统要素之间的联系，协调运输系统要素之间的冲突，实现运输系统整体优化的目标。但这种集成并非是将所有的组成要素都置于同一标准控制之下，当然这也是集成的一种形式，更可行的形式是按照统一的标准与规格，将运输系统中所需要的其他要素联合起来，形成一个完整且有机的整体，达到互相协调和配合的目的。

2）推动运输系统的快速响应

从运输部门接到上级下达的运输任务或客户提出的运输需求到完成整个运输任务的过程，称为运输的服务周期。推动运输系统的快速响应，就是要缩短运输系统的服务周期，提高货物的运送速度，减少货物的在途运行时间。它不仅仅是提高运输中某一过程、某一阶段和某一环节的效率，而是通过加快运输的全过程，减少货物的在途时间，提高运输速度和效率。推动运输系统快速响应的方法可从以下两方面入手：一是提高某一个具体环节的响应速度，例如使用速度更快的运输工具，采用信息网络技术采集、传输、处理相关运输信息等，这类方法通常需要较大的投资和技术投入；二是优化运输组织和过程，如采用直达运输、一体化运输，合理选择运输路线等，这类方法主要是通过加强运输组织与管理，来推动运输系统的快速响应。

3）构造运输系统无缝接口

构造运输系统的无缝接口，就是使运输系统要素之间通过相同口径的接口进行有效对接，从而弱化运输系统各要素的边界，放大诸要素的功能，使整个运输系统获得一个更高的运作平台。构造运输系统无缝边界的过程，受集成运输系统要素的制约。集成运输系统要素内在的要求是构建无缝接口，其目的是提高运输系统的集成度，使运输系统要素集成为一个统一的整体，以实现运输系统整体优化的目标。具体而言，可采取如下措施：

（1）完善交通运输结构。我国目前仍然是以铁路为主的运输结构体系，运输结构不合理，各种运输方式之间能力不匹配，这是阻止我国物流运输系统协调发展的重要原因。应将海上和航空运输作为发展重点，逐步调整完善我国物流系统的运输结构。只有建立因地制宜、布局优化、结构合理、能力匹配、符合我国自然地理特征的综合运输系统，才能达到运输结构合理、各种运输方式相互协调的目的。

（2）抓好联合运输衔接点的建设。在联合运输系统中，转载点、中转点等衔接点起着重要的过渡与缓冲作用。为了在组织联合运输过程中实现各种运输方式的有效对接、快速转换，必须重视加强联合运输系统衔接点的建设。

（3）实现“点”“线”协调。交通运输的全过程是由装卸、搬运、车船载运等环节组成的，包括“点”和“线”两大环节，运输的综合能力是受“点”、“线”等限制环节所制约的，单一运输方式如此，各种运输方式之间的连接运输也是如此。所以，着眼于发展，通盘考虑，全面安排，需要协调点线各环节的设备能力和运输组织工作，才能使“点”“线”之间达到相互协调。

二、运输合理化

1. 运输合理化的影响因素

由于运输是物流中最重要的功能要素之一，物流合理化在很大程度上依赖于运输合理化。运输合理化就是按照货物流通规律，组织货物运输，力求用最少的劳动消耗，得到最高的经济效益。

运输合理化的影响因素很多，起决定性作用的有五方面的因素。

（1）运输距离。在运输时，运输时间、运输货损、运费、车辆或船舶周转等运输的若干技术经济指标，都与运距有一定比例关系，运距长短是运输是否合理的一个最基本因素。缩短运输距离从宏观、微观看都会带来好处。

（2）运输环节。每增加一次运输，不但会增加起运的运费和总运费，而且必须要增加运输的附属活动，如装卸、包装等，各项技术经济指标也会因此下降。所以，减少运输环节，尤其是同类运输工具的环节，对合理运输有促进作用。

（3）运输工具。各种运输工具都有其使用的优势领域，对运输工具进行优化选择，按运输工具特点进行装卸运输作业，最大限度地发挥所用运输工具的作用，是运输合理化的重要一环。

（4）运输时间。运输是物流过程中需要花费较多时间的环节，尤其是远程运输，在全部物流时间中，运输时间占绝大部分，所以，运输时间的缩短对整个流通时间的缩短有决定性的作用。此外，运输时间短，有利于运输工具的加速周转，充分发挥运力的作用，有利于货主资金的周转，有利于运输线路通过能力的提高，对运输合理化有很大贡献。

（5）运输费用。运费在全部物流费中占很大比例，运费高低在很大程度上决定整个物流系统的竞争能力。实际上，运输费用的降低，无论对货主企业来讲还是对物流企业来讲，都是运输合理化的一个重要目标。运费的判断，也是各种合理化措施是否行之有效的最终判断依据之一。

2. 不合理运输的表现形式

不合理运输是在现有条件下可以达到的运输水平而未达到，从而造成了运力浪费、运输时间增加、运费超支等问题的运输形式。不合理运输是指在组织货物运输过程中，违反货物流通规律，不按经济区域和货物自然流向组织货物调运，忽视运输工具的充分利用和合理分工，装载量低，流转环节多，从而造成了运力浪费、运输时间增加、运费超支等问题的运输形式。目前我国存在的不合理运输形式主要有：

1）返程或起程空驶

空车行驶，可以说是不合理运输的最严重形式。在实际运输组织中，有时候必须调运空车，从管理上不能将其看成不合理运输。但是，因调运不当、货源计划不周、不采用运输社会化而形成的空驶，是不合理运输的表现。造成空驶的不合理运输主要有以下几种原因：

（1）能利用社会化的运输体系而不利用，却依靠自备车送货提货，这往往出现单程重车、单程空驶的不合理运输。

(2) 由于工作失误或计划不周，造成货源不实，车辆空去空回，形成双程空驶。

(3) 由于车辆过分专用，无法搭运回程货，只能单程重车，单程回空周转。

2）行驶路线安排不当

(1) 对流运输。亦称“相向运输”、“交错运输”，指同一种货物，或彼此间可以互相代用的货物，在同一线路上或平行线路上作相对方向的运输称对流运输。

(2) 迂回运输。是指货物绕道而行的运输现象。由甲地发运货物到丁地，本来可以直接从戊地到达，却经过了乙、丙两地至丁地，则在从甲地到戊地的过程中发生了迂回运输。迂回运输有一定复杂性，不能简单处之，只有当计划不周、地理不熟、组织不当而发生的迂回，才属于不合理运输，如果最短距离有交通阻塞、道路情况不好或有对噪声、排气等特殊限制而不能使用时发生的迂回，不能称不合理运输。

(3) 重复运输。是指一种货物本来可以直达目的地，但是却在目的地之外的其他场所将货卸下，再重复装运送达目的地，这是重复运输的一种形式。另一种形式是，同品种货物在同一地点一面运进，同时又向外运出。重复运输增加了不必要的中间环节，这就延缓了流通速度，增加了费用，增大了货损。

(4) 倒流运输。是指货物从销地或中转地向产地或起运地回流的一种不合理运输现象。其不合理程度要甚于对流运输，因为往返两程的运输都是不必要的，形成了双程的浪费。

(5) 过远运输。是指舍近求远的货物运输现象。近处有资源不调而从远处调，这就造成可采取近程运输而未采取，拉长了货物运距的浪费现象。过远运输占用运力时间长、运输工具周转慢，物资占压资金时间长，而且易出现货损，增加了费用支出。

3）运力选择不当

未选择各种运输工具优势，不正确地利用运输工具造成的不合理现象，常见有以下形式：

(1) 弃水走陆。在同时可以利用水运及陆运时，不利用成本较低的水运或水陆联运，而选择成本较高的铁路运输或汽车运输，使水运优势不能发挥。

(2) 大型运输工具的过近运输。不是大型运输工具的经济运行里程却利用这些运力进行运输的不合理做法。主要不合理之处在于大型运输工具起运及到达目的地的准备、装卸时间长，且机动灵活性不足，在过近距离中利用，发挥不了运速快的优势。相反，由于装卸时间长，反而会延长运输时间。另外，与小型运输设备比较，大型运输工具装卸难度大、费用也较高。

(3) 运输工具承载能力选择不当。不根据承运货物数量及重量选择，而盲目决定运输工具，造成过分超载、损坏车辆及货物不满载、浪费运力的现象。尤其是“大马拉小车”现象发生较多。由于装货量小，单位货物运输成本必然增加。

(4) 托运方式选择不当。对于货主而言，在可以选择最好托运方式而未选择，造成运力浪费及费用支出加大的一种不合理运输。例如，应选择整车未选择，反而采取零担托运，应当直达而选择了中转运输，应当中转运输而选择了直达运输等都属于这一类型的不合理运输。

以上对不合理运输的描述，主要就形式本身而言，是从微观观察得出的结论。在实践中，必须将其放在物流系统中做综合判断，在不做系统分析和综合判断时，很可能出现“效益背反”现象。单从一种情况来看，避免了不合理，做到了合理，但它的合理却使其他部分出现不合理。只有从系统角度，综合进行判断才能有效避免“效益背反”现象，从而优化全系统。

3. 运输合理化措施

1）提高运输工具实载率

实载率有两个含义：一是单车实际载重与运距之乘积和标定载重与行驶里程之乘积的比率，这在安排单车、单船运输时，是作为判断装载合理与否的重要指标；二是车船的统计指标，即一定时期内车船实际完成的货物周转量（以吨公里计）占车船载重吨位与行驶公里之乘积的百分比。在计算时车船行驶的公里数，不但包括载货行驶，也包括空驶。提高实载率的意义在于：充分利用运输工具的额定能力，减少车船空驶和不满载行驶的时间，减少浪费，从而求得运输的合理化。

我国曾在铁路运输上提倡“满载超轴”，其中“满载”的含义就是充分利用货车的容积和载重量，多载货，不空驶，从而达到合理化之目的。这个做法对推动当时运输事业发展起到了积极作用。当前，国内外开展的“配送”形式，优势之一就是将多家需要的货和一家需要的多种货实行配装，以达到容积和载重的充分合理运用，比起以往自家提货或一家送货车辆大部空驶的状况，是运输合理化的一个进展。在铁路运输中，采用整车运输、合装整车、整车分卸及整车零卸等具体措施，都是提高实载率的有效措施。

2）采取减少动力投入，增加运输能力的有效措施求得合理化

这种合理化的要点是，少投入、多产出，走高效益之路。运输的投入主要是能耗和基础设施的建设，在设施建设已定型和完成的情况下，尽量减少能源投入，是少投入的核心。做到了这一点就能大大节约运费，降低单位货物的运输成本，达到合理化的目的。国内外在这方面的有效措施有：

（1）我国在客运紧张时，采取加长列车、多挂车皮办法，在不增加机车情况下增加运输量。

（2）水运拖排和拖带法。竹、木等物资的运输，利用竹、木本身浮力，不用运输工具载运，采取拖带法运输，可省去运输工具本身的动力消耗从而求得合理；将无动力驳船编成一定队形，一般是“纵列”，用拖轮拖带行驶，可以有比船舶载乘运输运量大的优点，求得合理化。

（3）顶推法。是我国内河货运采取的一种有效方法。将内河驳船编成一定队形，由机动船顶推前进的航行方法。其优点是航行阻力小，顶推量大，速度较快，运输成本很低。

（4）汽车挂车。汽车挂车的原理和船舶拖带、火车加挂基本相同，都是在充分利用动力能力的基础上，增加运输能力。

3）发展社会化的运输体系

运输社会化的含义是发展运输的大生产优势，实际专业分工，打破一家一户自成运输体系的状况。一家一户的运输小生产，车辆自有，自我服务，不能形成规模，且一家一户运量需求有限，难于自我调剂，因而经常容易出现空驶、运力选择不当（因为运输工具有限，选择范围太窄）、不能满载等浪费现象，且配套的接、发货设施，装卸搬运设施也很难有效

地运行，所以浪费颇大。实行运输社会化，可以统一按排运输工具，避免对流、倒流、空驶、运力不当等多种不合理形式，不但可以追求组织效益，而且可以追求规模效益，所以发展社会化的运输体系是运输合理化的非常重要措施。

当前火车运输的社会化运输体系已经较完善，而在公路运输中，小生产生产方式非常普遍，是建立社会化运输体系的重点。社会化运输体系中，各种联运体系是其中水平较高的方式，联运方式充分利用面向社会的各种运输系统，通过协议进行一票到底的运输，有效打破了一家一户的小生产，受到了欢迎。我国在利用联运这种社会化运输体系时，创造了“一条龙”货运方式。对产、销地及产、销量都较稳定的产品，事先通过与铁路、交通等社会运输部门签订协议，规定专门收、到站，专门航线及运输路线，专门船舶和泊位等，有效保证了许多工业产品的稳定运输，取得了很大成绩。

4）开展中短距离铁路公路分流，“以公代铁”的运输

这一措施的要点，是在公路运输经济里程范围内，或者经过论证，超出通常平均经济里程范围，也尽量利用公路。这种运输合理化的表现主要有两点：一是对于比较紧张的铁路运输，用公路分流后，可以得到一定程度的缓解，从而加大这一区段的运输通过能力；二是充分利用公路从门到门和在中途运输中速度快且灵活机动的优势，实现铁路运输服务难以达到的水平。我国“以公代铁”目前在杂货、日用百货运输及煤炭运输中较为普遍，一般在200km以内，有时可达700～1000km。山西煤炭外运经认真的技术经济论证，用公路代替铁路运至河北、天津、北京等地是合理的。

5）尽量发展直达运输

直达运输是追求运输合理化的重要形式，其对合理化的追求要点是通过减少中转过载换载，从而提高运输速度，省却装卸费用，降低中转货损。直达的优势，尤其是在一次运输批量和用户一次需求量达到了一整车时表现最为突出。此外，在生产资料、生活资料运输中，通过直达，建立稳定的产销关系和运输系统，也有利于提高运输的计划水平，考虑用最有效的技术来实现这种稳定运输，从而大大提高运输效率。特别需要一提的是，如同其他合理化措施一样，直达运输的合理性也是在一定条件下才会有所表现，不能绝对认为直达一定优于中转。这要根据用户的要求，从物流总体出发做综合判断。如果从用户需要量看，批量大到一定程度，直达是合理的，批量较小时中转是合理的。

6）提高车辆的装载技术

是充分利用运输工具载重量和容积，合理安排装载的货物及载运方法以求得合理化的一种运输方式。配载运输也是提高运输工具实载率的一种有效形式。配载运输往往是轻重商品的混合配载，在以重质货物运输为主的情况下，同时搭载一些轻泡货物，如海运矿石、黄沙等重质货物，在仓面捎运木材、毛竹等，铁路运矿石、钢材等重物上面搭运轻泡农、副产品等，在基本不增加运力投入情况下，在基本不减少重质货物运输情况下，解决了轻泡货的搭运，因而效果显著。

7）“四就”直拨运输

“四就”直拨是减少中转运输环节，力求以最少的中转次数完成运输任务的一种形式。一般批量到站或到港的货物，首先要进分配部门或批发部门的仓库，然后再按程序分拨或销售给用户。这样一来，往往出现不合理运输。“四就”直拨，首先是由管理机构

预先筹划，然后就厂或就站（码头）、就库、就车（船）将货物分送给用户，而无须再入库了。

8）发展特殊运输技术和运输工具

依据科技进步是运输合理化的重要途径。例如，专用散装及罐车，解决了粉状、液状物运输损耗大，安全性差等问题；袋鼠式车皮，大型半挂车解决了大型设备整体运输问题；“滚装船”解决了车载货的运输问题，集装箱船比一般船能容纳更多的箱体，集装箱高速直达车船加快了运输速度等，都是通过使用先进的科学技术实现合理化。

9）通过流通加工，使运输合理化

有不少产品，由于产品本身形态及特性问题，很难实现运输的合理化，如果进行适当加工，就能够有效解决合理运输问题，例如将造纸材在产地预先加工成干纸浆，然后压缩体积运输，就能解决造纸材运输不满载的问题。轻泡产品预先捆紧包装成规定尺寸，装车就容易提高装载量；水产品及肉类预先冷冻，就可提高车辆装载率并降低运输损耗。

10）提高货物包装质量并改进配送中的包装方法

货物运输线路的长短、装卸操作次数的多少都会影响到商品的完好，所以应合理地选择包装物料，以提高包装质量。另外，有些商品的运输线路较短，且要采取特殊放置方法，则应改变相应的包装。

11）正确选择运输路线

一般应尽量安排直达、快速运输，尽可能缩短运输时间。否则可安排沿路或循环运输，以提高车辆的容积利用率和里程利用率。

第四节 数学方法在运输中的应用

一、图上作业法

（一）图上作业法的基本概念

这是一种借助于流向流量图而进行货流合理规划的简便线性规划方法，它能消除环状交通网上物资调运中的相向运输（包括隐蔽相向运输）和迂回运输，得出总吨公里最小的方案。这种方法由于对环状交通网上的货流规划行之有效，在前苏联被称为圆周关系法。它虽在三十年代初已被人提出，但在中国得到广泛实际应用和数学证明，却是新中国成立以后的事情。

我国学者研究线性规划在管理中的应用，是从交通运输问题开始的。1950 年，作为全国工业基地和抗美援朝后方基地的东北地区的交通运输已经极为繁忙，煤炭、粮食部门都深切地感到了合理调运，节约运力的迫切需要。当时东北计委会一个专营运输的小组，往往为比较两个运输方案，不分昼夜计算，终于发现了后来被称为“图上作业法”的一些方法。我国数学家和管理学家解决粮食运输问题时，再次提出了“图上作业法”（一种较为简单的图论方法），其基本前提是避免对流和弯路。

实际上，“图上作业法”所处理的问题，国外在20世纪40年代已经有了模型及代数解法。而我国运输调拨工作者则给出了一种几何解法：先在图上标出“产地”与“销地”。若规定由A，终点为B，并在矢量旁边标出a所谓“对流”，即在同一条线路的两侧均有箭头矢量。若路线地图上有一个环路，则环路内侧的箭头矢量的长度之和与环路外侧的箭头矢量的长度之和均不超过环路之长度的一半，则称为“迂回”。于是有下面的法则：

当一个调拨方案，即箭头矢量图，画在地图上，若既无对流，对于任何环路又无迂回，则这一调拨方案就是最优的。反之亦然。从任一调拨方案出发，若有对流，则改变分配办法可以取消对流，若有迂回，则可用缩短外圈或内圈的箭头矢量长度来取消迂回，经逐步调整，即可获最佳调拨方案。

图上作业法和下面要讲的表上作业法适合的问题都是多个供应点和多个需求点的供需平衡问题，另外表上作业法也可使用于供需不平衡问题。图上作业法是按照生产地与消费地的地理分布，根据有利于生产、有利于市场供给、近产近销的原则，应用交通路线示意图和商品产销平衡表找出产销之间经济合理的商品运输路线。图上作业法又分为交通线路成圈问题和不成圈问题。

（二）图上作业法的基本步骤

1. 绘制交通图。根据客户所需货物汇总情况、交通线路、配送点与客户点的布局，绘制出交通示意图。

2. 将初始调运方案反映在交通图上。任何一张交通图上的线路分布形态无非为成圈与不成圈两类。

对于不成圈的运输，可按“就近调运”的原则即可，很容易得出调运方案。对于成圈的，可采用破圈法处理，即可得出初始调运方案。在绘制初始方案交通图时，凡是按顺时针方向调运的货物调运线路，其调运箭头线都画在圈外，称为外圈；否则，其调运箭头线都画在圈内，称为内圈，或者两种箭头相反方向标注也可。

3. 检查与调整。面对交通图上的初始调运方案，首先分别计算线路的全圈长、内圈长和外圈长（圈长即指里程数），如果内圈长和外圈长都分别小于全圈长的一半，则该方案即为最优方案；否则，即为非最优方案，需要对其进行调整。

（三）图上作业法在运输问题中的应用

1. 交通线路不成圈问题（树状交通图）

树状交通图是指所有发货点和收货点之间的一切道路都不构成任何圈，即运输线路的交通图中没有回路，是树状的。它的选优标准是只要流向图中无对流，即为最优流向图。

例3-1 某企业有S_1、S_2、S_3、S_4四个工厂，其生产的产品销往D_1、D_2、D_3、D_4四个地区。各工厂的位置、产量和各销售地区的位置和需求量如图3-3所示。由于工厂和销售地之间的交通线路图为树状，该企业利用图上作业法确定产品调运的最佳方案。

其基本的计算步骤为：

（1）编制调运平衡表，见表3-3。

调运平衡表　　　　表 3-3

收货点 发货点	D_1	D_2	D_3	D_4	发货量（t）
S_1					100
S_2					20
S_3					60
S_4					140
收货量（t）	140	20	60	100	320

（2）绘制实际交通示意图。在图中，以“○”表示发货点，以“□”表示收货点，“○”或“□”内的数字代表发货量（t）或收货量（t）；两点间的直线表示实际交通路线，直线旁边带“（）”的数字代表两点的里程（km），发点以“S”标号，收点以“D”标号。实际交通示意图如图 3-3 所示。

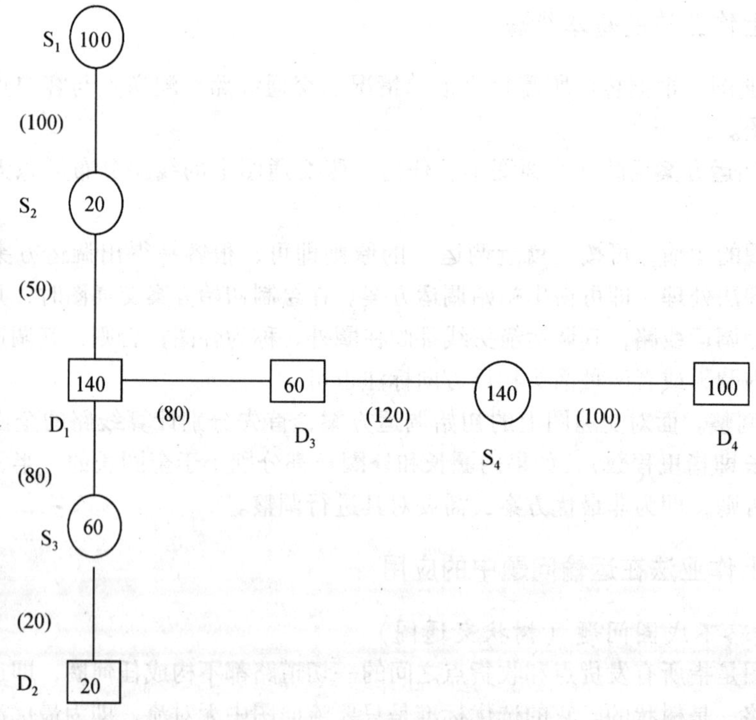

图 3-3　实际交通示意图

（3）从图中的端点开始，按就近供应的原则安排运量，得出一个没有对流的最优流向图，如图 3-4 所示。箭线旁边的不带“（）”的数字代表流量。

（4）将图 3-4 上各调运量填入表 3-3，则为最优调运方案。最优调运方案见表 3-4。需要说明的是，交通线路不成圈问题图上作业法求解出的最优调运方案不是唯一的。

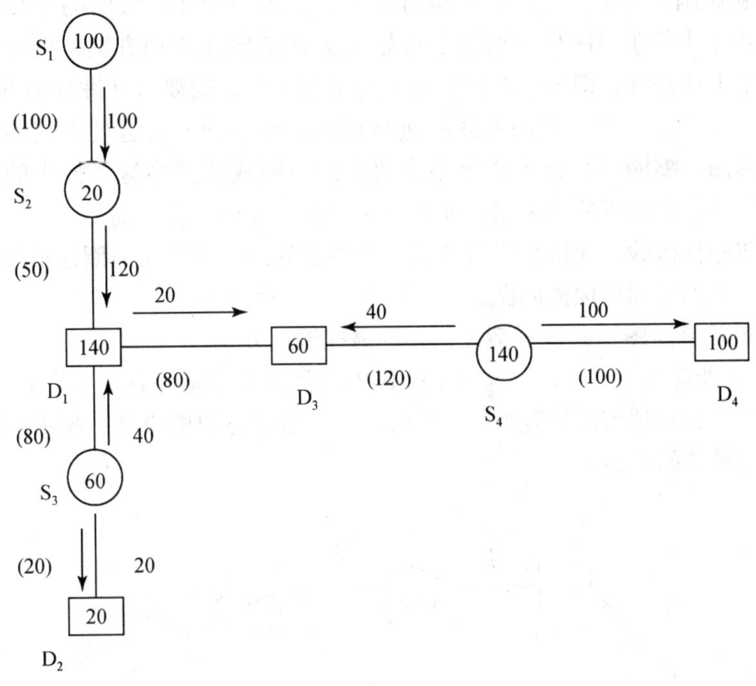

图3-4 货物调运最优流向图

最优调运平衡表

表3-4

发货点 \ 收货点	D_1	D_2	D_3	D_4	发货量/t
S_1	100				100
S_2	20				20
S_3	20	20	20		60
S_4			40	100	140
收货量/t	140	20	60	100	320

2. 交通线路成圈问题

线路成圈是指在发货点和收货点间的线路中，有些线路构成圈状。此时，要根据“消灭对流和迂回”的原则来进行图上作业，当最后的货物流向图中没有对流、没有迂回的要求时，就得到了最优调运方案。

其计算步骤为：

（1）先做出调运平衡表。

（2）画实际交通示意图。

（3）在交通图上任意安排一没有对流的初始调运方案。方法是从图上任意一点出发，按一定方向，根据各点的供、需量进行安排，只要最后图中无对流及保证供需平衡即可。此时，要注意凡流向为顺时针的流量要画在圈内，构成内圈流向；逆时针方向的流量要画在圈外，构成外圈流向。这个初始方案是否最优还要进行检验。

（4）检验初始调运方案。若初始调运方案满足：内圈和外圈流向的总弧长（即流向经过的里程长）均小于等于半圈长，则这个初始方案就是最优调动方案，可据以填表，停止计算。若不满足上述条件，即这个初始方案不是最优方案，需要对其进行调整。

（5）调整初始调运方案。采用缩圈法进行调整，即外圈不符合要求就缩外圈，内圈不符合要求就缩内圈。缩圈时，首先找出不合要求的内圈或外圈中流量最小的流向，将它去掉，然后依次调整各收发点的供需量，使之重新平衡，即得一新流向图。

对新流向图进行检验，或仍有不合要求的内圈或外圈，则需按缩圈法继续调整，然后再检验，再调整，直到得到最优流向图。

（6）根据最优流向图填调运平衡表，得到最优调运方案。

例 3-2 某企业有 S_1、S_2、S_3、S_4 四个配送中心要为所为属的 D_1、D_2、D_3、D_4 四个超市补充库存。配送中心和超市的位置如图 3-5 所示，配送中心的供应量、超市的需求量也在图上标出，请确定最佳的调运方案。

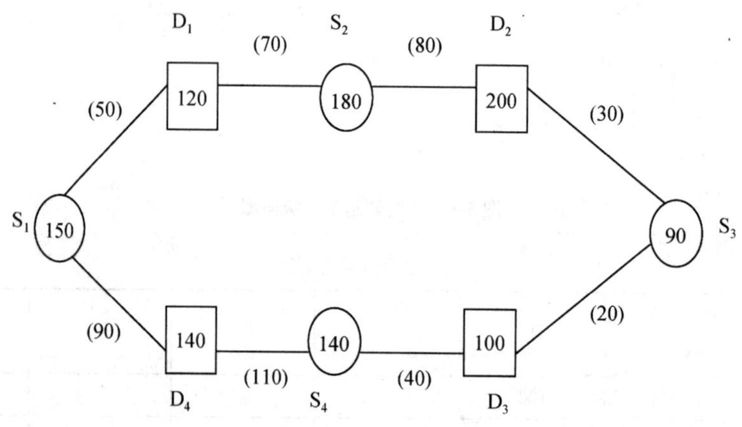

图 3-5 实际交通示意图

解 （1）做出配送平衡表，见表 3-5。

配送调运平衡表 表 3-5

收货点 / 发货点	D_1	D_2	D_3	D_4	发货量/t
S_1					150
S_2					180
S_3					90
S_4					140
收货量/t	120	200	100	140	560

（2）在交通示意图上任意安排一个没有对流的初始方案，如图 3-6 所示。

（3）检验初始调运方案。全圈长度的一半为 245，内圈总长度为 260，外圈总长度为 230。内圈不符合要求，需对内圈进行调整。

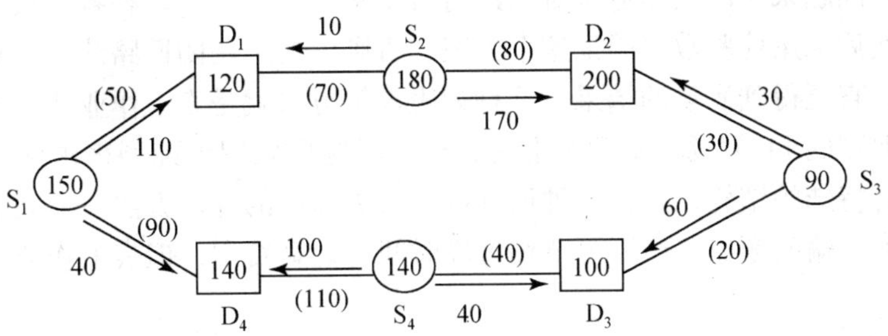

图 3-6　初始调运方案

（4）调整初始方案。找出内圈中运量最小的流向为 $S_3 \to D_3$ 的 60，将其去掉，即表示 S_3 的 90 供给量全部运给 D_2，现依次调整各点的供需量，得到一个新的流量图，如图 3-7 所示。

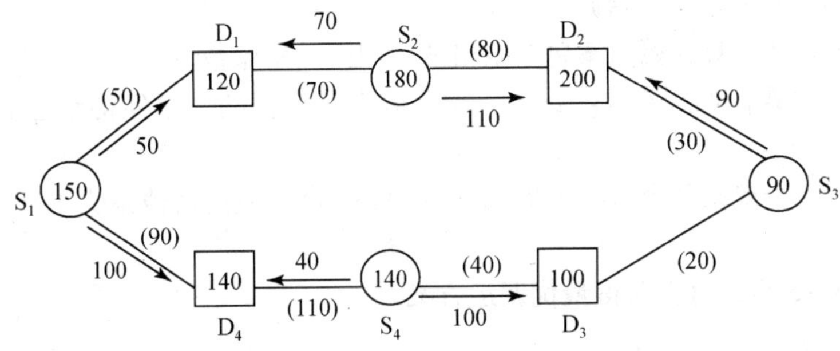

图 3-7　调整后的调运方案

（5）对调整后的新流向图进行检验。内圈总长度为 240，外圈总长度为 230，均小于半圈长度，所以图 3-7 已是最优流向图。

（6）根据最优流向图，编制配送方案见表 3-6。

最优配送表　　表 3-6

收货点 / 发货点	D_1	D_2	D_3	D_4	发货量/t
S_1	50			100	150
S_2	70	110			180
S_3		90			90
S_4			100	40	140
收货量/t	120	200	100	140	560

二、表上作业法

（一）表上作业法的基本概念

用列表的方法求解线性规划问题中运输模型的计算方法，是指线性规划一种求解方法。

当某些线性规划问题采用图上作业法难以进行直观求解时，就可以将各元素列成相关表，作为初始方案，然后采用检验数来验证这个方案，否则就要采用闭回路法、位势法或矩形法等方法进行调整，直至得到满意的结果。这种列表求解方法就是表上作业法。运输问题是一类常见而且极其典型的 LP 问题。从理论上讲，运输问题可以用单纯型来求解，但由于运输问题数学模型具有特殊的结构，存在一种比单纯型法更简便的计算方法——表上作业法。用表上作业法来求解运输问题比单纯型可节约计算时间与计算费用，但表上作业法实质上仍是单纯型法。

（二）表上作业法基本步骤

采用表上作业法求解平衡问题的物资调运最优方案，其计算步骤可以归纳如下：

（1）列出调运物资的供需（产销）平衡表及运价表；

（2）按最小元素法建立初始调运方案；

（3）采用位势法计算初始方案每个空格的闭回路的检验数 $\Delta\chi_{ij}$；

（4）检查检验数，如所有 $\Delta\chi_{ij} \geqslant 0$，说明方案是最优的，已经得到想要的方案，结束求解；

（5）如果有某个或某几个 $\Delta\chi_{ij} < 0$，则选择负检验数中绝对值最大的闭回路进行调整，建立新的方案；

（6）重复 3 ~5 步，直至获得最优调运方案。

（三）表上作业法在运输问题中的应用

利用表上作业法寻求运费最少的调运方案，要经过三个基本步骤：首先依据问题列出调运物资的供需平衡表以及运价表；其次确定一个初始的调运方案（当然不一定就是最优的方案）；然后根据一个判定法则，判定初始方案是否为最优方案。当判定初始方案不是最优方案时，再对这个方案进行调整。一般来说，每调整一次得到一个新的方案，而这个新方案的运费比前一个方案要少些，如此经过几次调整，就会得到最优方案。

例 3-3 某公司下属三个储存某种物资的料库，供应四个工地的需要。三个料库的供应量以及由各料库到诸工地调运单位物资的运价由表 3-7 给出。

某公司物资供应表　　表 3-7

工地 / 运价（元/t） / 料库	B_1	B_2	B_3	B_4	供应量/t
A_1	3	11	3	10	700
A_2	1	9	2	8	400
A_3	7	4	10	5	900
需求量/t	300	600	500	600	2000

试求运输费用最少的合理调运方案。

解 1. 列出调运物资平衡表和运价表

运用表上作业法时，首先要列出被调运物资的供需平衡表（简称平衡表）和运价表，见表3-8和表3-9。

供需平衡表 表3-8

供＼需	B_1	B_2	B_3	B_4	供应量/t
A1					700
A2					400
A3					900
需求量/t	300	600	500	600	2000

运价表 表3-9

料库＼运价（元/t）＼工地	B_1	B_2	B_3	B_4
A_1	3	11	3	10
A_2	1	9	2	8
A_3	7	4	10	5

平衡表和运价表是表上作业法的基本资料运算依据。表上作业法的实质就是利用运价表在平衡表上进行求解。

为了叙述和考虑问题的方便，通常把上面的平衡表看作矩阵，并把表中的方格记为（i，j）的形式。如（2，3）表示第二行第三列的方格；（1，3）代表第一行第三列的方格等。此外，在求解的过程中，如果平衡表的（2，1）方格中写上600，即表示右A_2仓库调运600单位物资供给B_1工地，此时简记为（2，1）=600，而空格表示供销双方不发生调运关系。

2. 编制初始调运方案

物资调运规划其总的目的是寻求一个运费最少的最优调运方案。一般最优方案是由初始方案经过反复调整得到的。因此，编制出较好的初始调运方案显得非常重要。因为最好的调运方案也就是使运费最省的方案，因此结合本例介绍一种考虑运价因素来制订初始调运方案的方法——最小元素法。

所谓最小元素法，就是按运价表依次挑选运费小的供、需点尽量优先安排供应的方法。具体做法是在运价表（表3-9）内找出最小的数值（当数值不止一个时，可任意选择一个），方格（2，1）数值是1最小，这样，参考A_2尽可能地满足B_1工地的需要，于是在平衡表中有（2，1）=300，即在空格（2，1）中填入数字300。此时，由于工地B_1已经全部得到满足，不再需要A_1，A_3仓库供应给它了，运价表中的第一列数字已不起作用，因此将原运价表3-9的第一列划去，并标注①，见表3-10。

然后在运价表未被划去的各行、列中，再选取一个最小的数值，即（2，3）=2，让 A_2 料库尽量供应满足 B_3 工地的需要。由于 A_2 库储存量400t已供应给 B_1 工地300t了，所以最多只能供给 B_3 工地100t。于是在平衡表（2，3）空格中填入100；相应地由于仓库 A_2 所储存物资已全部供应完毕，因此在运价表中与 A_2 同行的运价也不再起作用，所以也将它们划去，并标注②。

仿照上面方法，一直作下去，就可得到如下的表3-10和表3-11。

运　价　表　　表3-10

运价（元/t）料库＼工地	B_1	B_2	B_3	B_4	
A_1	3	11	3	10	
A_2	1	9	2	8	②
A_3	7	4	10	5	⑤
	①	④	③		

供需平衡表　　表3-11

供＼需	B_1	B_2	B_3	B_4	供应量/t
A_1			400		700
A_2	300		100		400
A_3		600		300	900
需求量/t	300	600	500	600	2000

此时，在运价表中只有方格（1，4）处的运价没有划去，而 B_4 尚有300t的需求没有满足。为了满足供需平衡，所以最后在平衡表上应有（1，4）=300。这样就得到表3-12的初始调运方案。

供需平衡表　　表3-12

供＼需	B_1	B_2	B_3	B_4	供应量/t
A_1			400　3	300　10	700
A_2	300　1		100　2		400
A_3		600　4		300　5	900
需求量/t	300	600	500	600	2000

表中方格中的右上角数字是其相应的运价（元/t）。根据得到的初始调运方案，可以计算其运输费用是：

$$S=(1\times300+4\times600+3\times400+2\times100+10\times300+5\times300)\text{元}=8600\text{元}$$

对于编制初始方案说明以下几点：

（1）应用最小元素法编制初始调运方案，这里的“最小”系指局部而言，就整体考虑的运费不见得一定是最小的。

（2）特别需要指出，并不是任意一个调运方案都可以作为表上作业法的初始方案。可以作为初始方案的调运方案，其填有数字的方格数目应是供应点个数加需求点个数之和再减1，即 $m+n-1$。本例表3-12所填有数字的方格数恰好是 $3+4-1=6$，因此，可以作为初始调运方案提出。但是，在制订初始方案时，有时会碰到按最小元素所确定的方格中，其相应的供应点再无物资可供或需求点已全部得到满足的情况，此时平衡表上填有数字的方格数小

于 m + n − 1。我们规定，在未填有数字的方格中必须填上一个零，并将它和其他发生供需关系的格子同样看待，而不能视作为空格。其目的是保证使填有数字的方格数满足 m + n − 1 的要求。

下面用一个例子说明上述情况的处理。

表 3-13 和表 3-14 给出了一个物资调运问题，运用最小元素法经过三次运算后，得到表 3-15 和表 3-16。

供需平衡表 表 3-13

产地 / 销地	B_1	B_2	B_3	供应量/t
A_1				10
A_2				20
A_3				40
需求量/t	10	20	40	70

运 价 表 表 3-14

销地 / 运价（元/t） / 产地	B_1	B_2	B_3
A_1	1	2	2
A_2	3	1	3
A_3	2	3	1

运 价 表 表 3-15

销地 / 运价（元/t） / 产地	B_1	B_2	B_3	
A_1	1	2	2	
A_2	3	1	3	
A_3	2	3	1	②
	①	③		

供需平衡表 表 3-16

产地 / 销地	B_1	B_2	B_3	供应量/t
A_1	10			10
A_2		20		20
A_3			40	40
需求量/t	10	20	40	70

可以看出，表 3-17 虽然构成了一个调运方案，但在运价表 3-15 中，（1，3）及（2，3）方格尚未被划去，所以在平衡表 3-16 中方格（1，3）及（2，3）处应各填上一个“0”，随后得到表 3-17。

初始调运方案 表 3-17

产地 / 销地	B_1	B_2	B_3	供应量/t
A_1	10		0	10
A_2		20	0	20
A_3			40	40
需求量/t	10	20	40	70

3. 初始方案的检验与调整

在制订了初始调运方案后，需要对它进行检验，如果判定初始调运方案不是最优方案，需要对其进行调整直到获得最优调运方案。为了对初始方案进行检验，引进了最优方案的数字表征——检验数的概念。

(1) 最优方案的检验数。首先我们介绍闭回路的概念。对于表上作业法的初始方案来说，从调运方案表上的一个空格出发，存在一条且仅存在一条以该空格（用 χ_{ij}）为起点，以其他填有数字的点为其他顶点的闭合回路，简称闭回路。这个闭合回路具有下列性质：每个顶点都是转角点；闭合回路是一条封闭折线，每一条边都是水平或垂直的；每一行（列）若有闭合回路的顶点，则必有两个。

只有从空格出发，其余各转角点所对应的方格内均填有数字时，所构成的闭合回路，才是我们这里所说的闭回路；另外，过任一空格的闭合回路不仅是存在的，而且是唯一的。下面以表 3-12 给定的初始调运方案为例，说明闭回路的性质。表 3-18 给出了空格（1，1）和（3，1）所形成的闭回路：

（1，1） –（1，3） –（2，3） –（2，1） –（1，1）

（3，1） –（2，1） –（2，3） –（1，3） –（1，4） –（3，4） –（3，1）

其他空格的闭回路与此同理。

在调运方案内的每个空格所形成的闭回路上，作单位物资的运量调整，总可以计算出相应的运费是增加还是减少。我们把所计算出来的每条闭回路上调整单位运量而使运输费用发生变化的增减值，称其为检验数。如果检验数小于零，表示在该空格的闭回路上调整运量使运费减少；相反，如果检验数大于零，则会使运费增加。

有了检验数这一概念，对于求运费最小的物资调运方案问题来说，如果所有空格的检验数都小于零，那么如果再对调运方案进行任何调整，都会增加运输费用。因此调运方案是否是最优方案的判定准则是：初始调运方案，如果它所有的检验数都是非负的，那么这个初始方案一定最优。否则，这一调运方案不一定是最优的。

初始调运方案 表 3-18

需 / 供	B_1	B_2	B_3	B_4	供应量（t）
A_1			400	300	700
A_2	300		100		400
A_3		600		300	900
需求量/t	300	600	500	600	2000

下面介绍一种用于求检验数的方法——位势法。

仍以前面的物资调运问题为例。设 c_{ij}（$i=1,2,3$；$j=1,2,3,4$）表示变量 χ_{ij} 相应的运价，将初始调运方案中填有数值方格的 c_{ij} 分解成两部分

$$c_{ij} = u_i + v_j$$

其中 u_i 和 v_j 分别称为该方格对应于 i 行和 j 列的位势量。因为 i 有 $m=3$ 行，j 有 $n=4$ 列，故位势的个数有 $m+n=3+4=7$ 个。但填有运量数的单元只有 $m+n-1=6$ 个。这样，有 $m+n-1=6$ 个 c_{ij} 的方程，要解出 $m+n=7$ 个未知的位势量，u_i 和 v_j 可以有很多解。所以，可以先任意给定一个未知数的位势量，如表 3-19 所示。

位势计算表 表 3-19

需点 供点	Ⅰ	Ⅱ	Ⅲ	Ⅳ	u_i
A			3	10	$u_1=2$
B	1		2		$u_2=1$
C		4		5	$u_3=-3$
v_j	$v_1=0$	$v_2=7$	$v_3=1$	$v_4=8$	

假设取 $v_1=0$，则由 $c_{21}=u_2+v_1=1$，可以得到 $u_2=1$；再由 $c_{23}=2$，又得到 $v_3=1$；由 $c_{13}=3$，可得 $u_1=2$。依次可以得到 $v_4=8$，$u_3=-3$，$v_2=7$ 等。

由上面所求出的行位势 u_i 和列位势 v_j 对应相加填入表 3-19 的空白处，得到准检验数表 3-20。

准检验数表 表 3-20

需点 供点	Ⅰ	Ⅱ	Ⅲ	Ⅳ	u_i
A	[2]	[9]	3	10	$u_1=2$
B	1	[8]	2	[9]	$u_2=1$
C	[-3]	4	[-2]	5	$u_3=-3$
v_j	$v_1=0$	$v_2=7$	$v_3=1$	$v_4=8$	

注：表中带有 [ ] 者为初始调运方案表里的空格。

用该调运问题的相应运价减去表 3-20 中的数值，那么对初始方案中每个填有运量数值的方格来说，都会满足

$$c_{ij}-(u_i+v_j)=0$$

而对于每个空格来说，相应得到的数值就是该空格的检验数，即

$$\Delta x_{ij}=c_{ij}-u_i-v_j$$

该式就是用位势法求检验数的公式。按照该公式计算初始调运方案的检验数，计算结果列表构成该初始调运方案的检验数表 3-21

在本例中，由于检验数出现负值，依照最优方案判定准则，可知该初始调运方案不一定是最优的，需进行调整。

（2）调运方案的调整。当判定一个初始调运方案不是最优调运方案时，就要在检验数出现负值的该空格内进行调整。如果检验数是负值的空格不止一个时，一般选择负检验数绝对值大的空格作为具体的调整对象。具体调整的方法仍用前例加以说明。

检 验 数 表 表 3-21

需点 供点	Ⅰ	Ⅱ	Ⅲ	Ⅳ
A	1	2		
B		1		-1
C	10		12	

由初始调运方案的检验数表3-21发现，空格 x_{24} 的检验数是负值，因此对其进行调整，具体过程见表3-22。

调运方案调整表　　表3-22

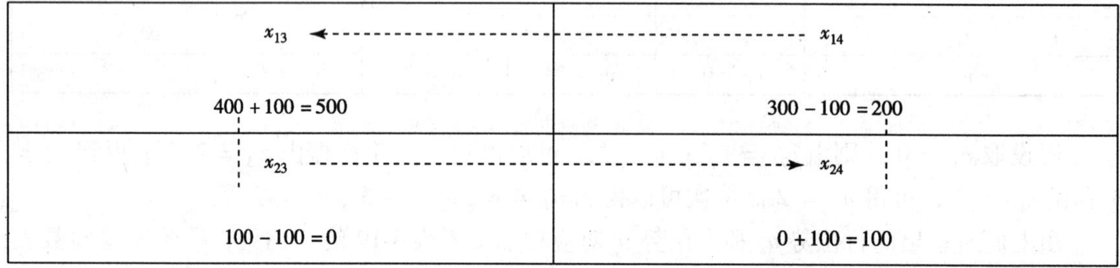

从空格 x_{24} 处开始，沿闭回路在各奇数次转角点中挑选运量的最小值作为调整量。本例是将 x_{23} 方格的100作为调整量，将这个数填入空格 x_{24} 内，同时调整该闭回路中其他转角点上的运量，使各行、列保持原来的供需平衡，这样便得到一个新的调运方案，见表3-23。

新调运方案　　表3-23

供＼需	B_1	B_2	B_3	B_4	供应量/t
A_1	3	1	3 500	10 200	700
A_2	1 300	9	2	8 100	400
A_3	7	4 600	10	5 300	900
需求量/t	300	600	500	600	2000

按新方案计算调运物资的运输费用为

$$S = (3\times500+10\times200+8\times100+1\times300+4\times600+5\times300)\text{元}=8500\text{元}$$

新方案是否是最优方案，还需要对它再进行检验。经计算，该新方案的所有检验数都是非负的，说明这个方案已经是最优调运方案了。

复习思考题

3-1　阐述五种基本运输方式的优点及其适用范围。

3-2　五种基本运输方式的缺点是什么？

3-3　说明运输合理化的表现形式。

3-4　不合理运输的表现形式有哪些？

3-5　已知运输问题产销与单位运价见表3-24，试用表上作业法求出最优调运方案。

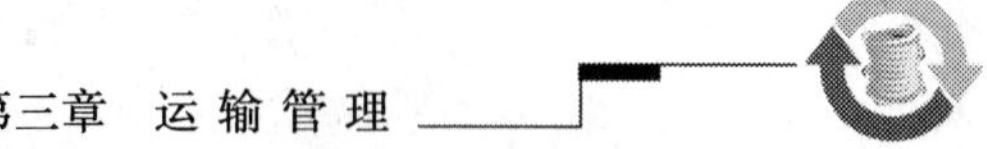

运输问题产销与单位运价表 (单位：元/t) 表3-24

销地 / 产地	B_1	B_2	B_3	B_4	产量
A_1	3	12	3	4	8
A_2	11	2	5	9	5
A_3	6	7	1	5	9
销量	4	3	5	6	

第四章　仓 储 管 理

第一节　仓 储 概 述

一、仓储的概念

在物流系统中，仓储是一个不可或缺的构成要素。仓储业是随着物资储备的产生和发展而产生并逐渐发展起来的。仓储是商品流通的重要环节之一，也是物流活动的重要支柱。在社会分工和专业化生产的条件下，为保持社会再生产过程的顺利进行，必须储存一定量的物资，以满足一定时期内社会生产和消费的需要。

仓储是指通过仓库对暂时不用的物品进行储存和保管。“仓”即仓库，为存放物品的建筑物和场地，可以是房屋建筑、洞穴、大型容器或特定的场地等，具有存放和保护物品的功能。“储”即储存、储备，表示收存以备使用，具有收存、保管、交付使用的意思。

仓储具有静态和动态两种，当产品不能被及时消耗掉，需要专门场所存放时，就产生了静态的仓储；而将物品存入仓库以及对于存放在仓库里的物品进行保管、控制、提供使用等的管理，则形成了动态的仓储。可以说仓储是对有形物品提供存放场所，并在这期间对存放物品进行保管、控制的过程。

产品从生产领域进入消费领域之前，往往要在流通领域停留一定时间，这就形成了商品储存。在生产过程中原材料、燃料、备用零件和半成品也需要在相应的生产环节之间有一定的储备，作为生产环节之间的缓冲，以保证生产的连续进行。之所以通过仓储，就是使商品在最有效的时间段发挥作用，创造商品的“时间价值”和“使用价值”。利用仓储这种“蓄水池”和“调节阀”的作用，还能调节生产和消费的失衡，消除过剩生产和消费不足的矛盾。

仓储包括以下几个要点：仓储是物质产品的生产持续过程，物质的仓储也创造产品的价值；仓储既有静态的物品储存，也包括动态的物品存取、保管、控制的过程；仓储活动发生在仓库等特定的场所；仓储的对象既可以是生产资料，也可以是生活资料，但必须是实物动产。

仓储是物流系统的一个子系统，在物流系统中起着缓冲、调节和平衡的作用。仓储和运输长期以来被看做物流活动的两大支柱。在国家标准《物流术语》（GB/T18354—2006）中将仓储（Warehousing）定义为：“利用仓库及相关设施设备进行物品的进库、存贮、出库的作业。”

二、仓储的功能

从物流的角度看，仓储的功能分为基本功能和增值服务功能。仓储的基本功能是存储功

能、调节功能、保管和养护功能。仓储的增值服务功能是指利用物品在仓库的存储时间，开发和开展多种服务来提高仓储附加值、促进物品流通、提高社会效益的功能，主要包括流通加工、配送、配载、交易中介等功能。

（一）仓储的基本功能

1. 存储功能

存储是指在特定的场所，将物品存放并进行妥善的保管，确保被存储的物品不受损害。存储保管是仓储最基本的功能，是仓储产生的根本原因。当有了产品剩余，需要将剩余产品收存保管时，就形成了仓储。存储的目的是确保存储物的价值不受损害，在存储过程中存储物所有权属于存货人。

2. 调节功能

仓储在物流中起着“蓄水池”、“火车站”的作用，一方面仓储可以调节生产和消费的平衡，使它们在时间和空间上得到协调，保证社会再生产的顺利进行；另一方面，由于不同的运输方式在运向、运程、运力和运输时间上存在着差异，一种运输方式一般不能直接将货物运达目的地，需要在中途改变运输方式、运输路线、运输规模、运输工具，而且为协调运输时间和完成物品倒装、转运、分装、集装等物流作业，还需要在物品运输的中途停留。通过仓储的调节，实现了物品从生产地向销售地的快速转移。并且，当交易不利时对物品先进行存储，等待有利的交易机会。调节控制的任务就是对物品进行仓储还是流转做出安排，确定存储时间和存储地点。

3. 保管检验功能

仓储保管一方面是对存货人交付保管的仓储物的数量和提取仓储物的数量、质量进行保管，尽量保持与原保管物一致；另一方面是按照存货人的要求分批收货和分批出货，对储存的货物进行数量控制，配合物流管理的有效实施，同时向存货人提供一定数量的服务信息，以便客户控制存货，提高物品的效用。为了保证物品的数量和质量，分清事故责任，维护各方面的经济利益，对物品必须进行严格的检验，以满足生产、运输、销售以及用户的要求，仓储为组织检验提供了场地和条件。

4. 养护功能

根据收货时仓储物的质量交还其存货人的基本义务。为了保证仓储物的质量不变，保管人需要采用先进的技术、合理的保管措施，妥善的保管仓储物。仓储物发生危险时，保管人不仅要及时通知存货人，还需要及时采取有效措施减少损失。

（二）仓储增值服务功能

仓储增值服务是现代物流发展的结晶。产品增值包含两方面的含义：一是衔接好仓储环节和生产运输环节，实现物品“无缝”流转，降低成本，缩短产品在流通环节的总时间，加速产品价值的实现；二是采用生产延迟、运输延迟的策略，针对不同行业和产品，把产品的粗加工、包装、贴标签等作业在物流停滞期间完成，既能为上下游的生产、运输环节提供直接便利，又可以使仓储作业从单一的保值功能发展为增值、保值合一的功能多元化，从而大大提高仓储的直接效益。仓储增值服务功能主要包括流通加工、配送、配载、交易中介等功能。

1. 流通加工

仓储期间可以通过简单的制造、加工活动来延期或延迟生产，提高物品附加值。加工本是生产环节的任务，但随着消费的个性化、多元化发展，许多企业将产品的定型、分装、组配、贴商标等工序留到仓储环节进行。通过流通加工，可以缩短生产时间、节约材料、提高成品率，保证供货质量和更好地为消费者服务，实现产品从生产到消费之间的价值增值。

2. 配送

现代科技的发展，商家、消费者订货可以通过网络等途径完成，但产品从生产者到消费者手中必须经过物流环节，通过仓储配送可以缩短物流渠道，减少物流环节，提高物流效益，促进物流的合理化，实现物品的小批量送达。因此，配送是商流与物流的结合体，是拣选、包装、加工、组配、配送等各种活动的有机组合，一般配送点设置在生产和消费集中的地区。仓储配送业务的发展有利于生产企业降低存货，减少固定资金的投入；有利于商业企业减少存货，降低流动资金使用量，又能保证销售。

3. 配载

配载是对使用相同运输工具和运输线路的货物进行合理安排，使少量的货物实现整车运输，是仓储活动的一个重要内容。大多数仓储都提供配载的功能，不同货物在仓库集中，按照运输的方向进行分类仓储，当运输工具到达时出库装运。通过对运输车辆进行配载，确保配送的及时和运输工具的充分利用。

4. 交易中介

仓储经营人利用大量存放在仓库的有形物品，以及与各类物品使用部门业务的广泛联系，开展现货交易中介，扩大了货物交易量，加速仓储物的周转和吸引新的仓储业务，提高仓储效益。同时还能充分利用社会资源，加快社会资金周转，减少资金沉淀。交易中介功能的开发是仓储经营发展的重要方向。

三、仓储的分类

仓储的本质都是为了物品的储藏和保管，但由于经营主体、仓储对象、经营方式和仓储功能的不同，仓储又可以分成如下类别：

（一）按仓储经营主体划分

1. 企业自营仓储

企业自营仓储包括生产企业自营仓储和流通企业的自营仓储。生产企业自营仓储是指生产企业使用自有的仓库设施对生产使用的原材料、生产半成品、最终产品实施储存保管的行为。其存储的对象较为单一，以满足企业自身生产为原则。流通企业自营仓储对象较多，其目的是支持销售。企业自营仓储不开展商业性仓储经营，行为不具有独立性，仅仅为企业的产品生产或经营活动服务。仓库规模小、数量多、专业性强，而仓储专业化程度低，设施简单。

2. 商业营业仓储

商业营业仓储是仓储经营人以其拥有的仓储设备，向社会提供商业性仓储服务的仓储行为。仓储经营人与存货人通过订立仓储合同的方式建立仓储关系，并且依合同约定提供仓储服务和收取仓储费用。商业仓储的目的是在仓储活动中获得经济利益，实现经营利润最大

化。分为提供货物仓储服务和提供仓储场地服务两种类型。

3. 公共仓储

公共仓储是公用事业的配套服务设施，如为车站、码头提供仓储配套服务的仓储，其运作的主要目的是保证车站、码头的货物周转，具有内部服务的性质，处于从属地位。但对于存货人而言，公共仓储也适用于营业仓储关系，只是不独立订立仓储合同，而是将关系列在作业合同之中。

4. 战略储备仓储

战略储备仓储是国家根据国家安全、社会稳定的需要，对战略物资实行储备而产生的仓储。战略储备由国家政府进行控制，通过立法、行政命令的方式进行。战略储备物资存储的时间较长，以储备品的安全性为首要任务，战略储备物资主要有粮食、能源、有色金属等。

（二）按仓储对象划分

（1）普通物品仓储。普通物品仓储是指不需要特殊保管条件的物品仓储。如普通的生产物资、生活用品、工具等杂货类物品，不需要针对货物设置特殊的保管条件，采取无特殊装备的通用仓库或货场存放。

（2）特殊物品仓储。特殊物品仓储是指在保管中有特殊要求和需要满足特殊条件的物品仓储，如危险品仓储、冷库仓储、粮食仓储等。特殊物品仓储一般为专用仓储，按物品的物理、化学、生物特性以及法规规定进行仓储建设和实施管理。

（三）按经营方式划分

（1）保管式仓储。保管式仓储又称纯仓储，是指以保持保管物原样不变为目标的仓储。存储人将特定的物品交给保管人进行保管，到期时保管人将原物交还给存货人，保管物所有权不发生变化。即保管物除了自然损耗和自然减量外，数量、质量、件数不发生变化。保管式仓储又分为仓储物独立的保管仓储和将同类仓储物混合在一起的混藏式仓储。

（2）加工式仓储。加工式仓储是指保管人在仓储期间根据存货人的要求对保管物进行一定的加工的仓储方式。保管物在保管期间，保管人根据委托人的要求对保管物的外观、形状、尺寸等进行加工，使仓储物按照委托人的要求变化。

（3）消费式仓储。消费式仓储是保管人在仓储期间有权对仓储物行使所有权，在仓储期满，保管人只要将相同种类和数量的替代物交还给委托人即可。消费式仓储实现了保管期较短（如农产品）、市场供应价格变化较大的商品的长期存放，因此能实现商品的保值和增值，是仓储经营人利用仓库开展仓储经营的重要发展方向。

（四）按仓储功能分类

（1）存储功能。存储功能是指物资需要较长时间存放的仓储。由于物资存放时间长，单位时间存储费用低廉就很重要。一般应该在较为偏远的地区进行储存。存储仓储适用于物资较为单一、品种少，但存量大、存期长的情况，因此要特别注意物资的质量保管。

（2）物流中心仓储。物流中心仓储是以物流管理为目的的仓储活动，是为了实现有效的物流管理，对物流的流程、数量、方向进行控制的结合部，实现物流的时间价值。一般在交通较为便利、存储成本较低的经济发达地区，采取批量入库、分批出库的形式。

（3）配送中心仓储。配送中心仓储，是商品在配送交付消费者之前所进行的短期仓储，是商品在销售或者供生产使用前的储存。物品在该环节进行销售或者使用在前期处理，如进行拆包、分拣、组配等作业。配送中心仓储一般在商品的消费区内进行，仓储物品品种繁多，批量少，需要一定量进货、分批少量出库操作，主要目的是为了支持销量，注重对物品存量的控制。

（4）运输转换仓储。运输转换仓储是衔接不同运输方式的仓储活动。在不同运输方式的相接处进行，如港口、车站仓库等场所进行的仓储，是为了保证不同运输方式的高效衔接，减少运输工具的装卸和停留时间。运输转换仓储具有大进大出的特点，货物存期短，注重货物的周转作业效率和周转率。

四、仓储合理化

仓储合理化就是用最经济的办法实现仓储的功能。仓储的功能是对需要的满足，实现被储物的“时间价值”，这就必须有一定仓储量。商品储备必须有一定的量，才能在一定时期内满足需要，这是仓储合理化的前提或本质。

1. 仓储合理化的内容

（1）商品储存量合理化。商品储存量是指企业为满足市场需求或者本企业生产经营消耗的需要在预定时间内的商品库存量。一般来讲，既不短缺又不积压且尽可能少的储存量为合理的商品储存量。

（2）商品储存结构合理化。商品储存结构是指不同品种、规格和花色商品的构成比例。商品储存结构要以销售或者消耗结构为转移，达到产销（耗）存一致。

（3）商品储存时间合理化。商品储存不得超出一定的时间界限，否则，将会出现变质或者亏损。

（4）商品储存空间合理化。它是指商品在生产进行过程中，结合市场需要，商品储存在各个环节、各个空间位置上的合理摆布。

2. 仓储合理化的标志

（1）质量标志。保证被储存物的质量，是完成储存功能的根本要求，只有这样，商品的使用价值才能通过物流之后得以最终实现。在储存中增加了多少时间价值或是得到了多少利润，都是以保证质量为前提的。所以，仓储合理化的主要标志中，为首的应当是反映使用价值的质量。现代物流系统已经拥有很有效的维护物资质量、保证物资价值的技术手段和管理手段，也正在探索物流系统的全面质量管理问题，即通过物流过程的控制，通过工作质量来保证储存物的质量。

（2）数量标志。在保证功能实现前提下有一个合理的数量范围。目前管理科学的方法已能在各种约束条件的情况下，对合理数量范围做出决策，但是较为实用的还是在消耗稳定、资源及运输可控的约束条件下，所形成的储存数量控制方法。

（3）时间标志。在保证功能实现前提下，寻求一个合理的储存时间，这是和数量有关的问题，储存量越大而消耗速率越慢，则储存的时间必然长，相反则必然短。在具体衡量时往往用周转速度指标来反映时间标志，如周转天数、周转次数等。在总时间一定前提下，个

别被储物的储存时间也能反映合理程度。如果少量被储物长期储存，成了呆滞物或储存期过长，虽反映不到宏观周转指标中去，也标志储存存在不合理。

（4）结构标志。是从被储物不同品种、不同规格、不同花色的储存数量的比例关系对储存合理性的判断。尤其是相关性很强的各种物资之间的比例关系更能反映储存合理与否。由于这些物资之间相关性很强，只要有一种物资出现耗尽，即使其他种物资仍有一定数量，也会无法投入使用。所以，不合理的结构影响面并不仅局限在某一种物资身上，而是有扩展性。结构标志重要性也可由此确定。

（5）分布标志。指不同地区储存的数量比例关系，以此判断和当地需求比，对需求的保障程度，也可以此判断对整个物流的影响。

（6）费用标志。仓租费、维护费、保管费、损失费、资金占用利息支出等，都能从实际费用上判断储存的合理与否。

第二节 出入库业务管理

一、入库业务管理

物资入库业务也叫收货业务，它是仓储业务的开始。入库管理，是指根据物资入库凭证，在接受入库物资时所进行的卸货、查点、验收、办理入库手续等各项业务活动的计划和组织。物资入库步骤如图 4-1 所示。

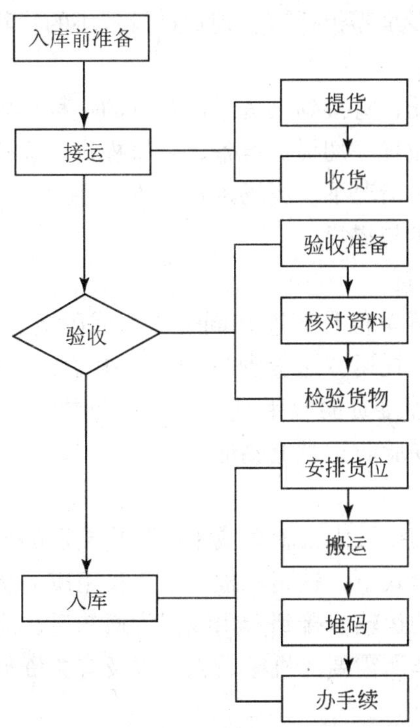

图 4-1 入库步骤图

（一）货物接运

由于货物到达仓库的形式不同，除了一小部分由供货单位直接运到仓库交货外，大部分要经过铁路、公路、航运、空运和短途运输等运输工具转运。凡经过交通运输部门转运的商品，都必须经过仓库接运后，才能进行入库验收。因此，货物的接运是入库业务流程的第一道作业环节，也是仓库直接与外部发生的经济联系。它的主要任务是及时而准确地向交通运输部门提取入库货物，要求手续清楚，责任分明，为仓库验收工作创造有利条件。因为接运工作是仓库业务活动的开始，如果接收了损坏的或错误的商品，那将直接导致商品出库装运时出现差错。商品接运是商品入库和保管的前提，接运工作完成的质量直接影响商品的验收和入库后的保管保养。因此，在接运由交通运输部门（包括铁路）转运的商品时，必须认真检查，分清责任，取得必要的证件，避免将一些在运输过程中或运输前就已经损坏的商品带入仓库，造成验收中责任难分和在保管工作中的困难或损失。做好商品接运业务管理的主要意义在于，防止把在运输过程中或运输之前已经发生的商品损害和各种差错带入仓库，减少或避免经济损失，为验收和保管保养创造良好的条件。商品接运的主要方式有：

1. 提货

1）到车站、码头提货

这是由外地托运单位委托铁路、水运、民航等运输部门或邮局代运或邮递货物到达本埠车站、码头、民航站、邮局后，仓库依据货物通知单派车提运货物的作业活动。此外，在接受货主的委托，代理完成提货、末端送货的活动的情况下也会发生到车站、码头提货的作业活动。这种到货提运形式大多是零担托运、到货批量较小的货物。

2）到货主单位提取货物

这是仓库受托运方的委托，直接到供货单位提货的一种形式。其作业内容和程序主要是当货栈接到托运通知单后，做好一切提货准备，并将提货与物资的初步验收工作结合在一起进行。最好在供货人员在场的情况下，当场进行验收。因此，接运人员要按照验收注意事项提货，必要时可由验收人员参与提货。

3）托运单位送货到库接货

这种接货方式通常是托运单位与仓库在同一城市或附近地区，不需要长途运输时被采用。其作业内容和程序是，当托运方送货到货栈后，根据托运单（需要现场办理托运手续的先办理托运手续）当场办理接货验收手续，检查外包装，清点数量，做好验收记录。如有质量和数量问题托运方应在验收记录上签证。

4）铁路专用线到货接运

这是指仓库备有铁路专用线，大批整车或零担到货接运的形式。一般铁路专线都与公路干线联合。在这种联合运输形式下，铁路承担主干线长距离的货物运输，汽车承担直线部分的直接面向收货方的短距离的运输。接到专用线到货通知后，应立即确定卸货货位，力求缩短场内搬运距离；组织好卸车所需要的机械、人员以及有关资料，做好卸车准备。

2. 仓库收货

货物到库后，仓库收货人员首先要检查货物入库凭证，然后根据入库凭证开列的收货单位和货物名称与送交的货物内容和标记进行核对。然后就可以与送货人员办理交接手续。如

果在以上工序中无异常情况出现，收货人员在送货回单上盖章表示货物收讫。如发现有异常情况，必须在送货单上详细注明并由送货人员签字，或由送货人员出具差错、异常情况记录等书面材料，作为事后处理的依据。

（二）入库验收

凡进入仓库储存，必须经过检查验收，只有验收后的商品，方可入库保管。货物入库验收是仓库把好“三关”（入库、保管、出库）的第一道，抓好货物入库质量关，能防止劣质商品流入流通领域，划清仓库与生产部门、运输部门以及供销部门的责任界线，也为货物在库场中的保管提供第一手资料。

商品验收包括验收准备、核对凭证、确定验收比例、实物检验、做出验收报告及验收中发现问题的处理。

1. 验收准备

验收准备是货物入库验收的第一道程序。仓库接到到货通知后，应根据商品的性质和批量提前做好验收的准备工作，包括以下内容：

（1）全面了解验收物资的性能、特点和数量，根据其需求确定存放地点、垛形和保管方法。

（2）准备堆码苫垫所需材料和装卸搬运机械、设备及人力，以便使验收后的货物能及时入库保管存放，减少货物停顿时间；若是危险品则需要准备防护设施。

（3）准备相应的检验工具，并做好事前检查，以便保证验收数量的准确性和质量的可靠性。

（4）收集和熟悉验收凭证及有关资料。

（5）进口物资或上级业务主管部门指定需要检验质量者，应通知有关检验部门会同验收。

2. 核对凭证

入库商品即须具备下列凭证：

（1）货主提供的入库通知单和订货合同副本，这是仓库接收商品的凭证；

（2）供货单位提供的验收凭证，包括材质证明书、装箱单、磅码单、发货明细表、说明书、保修卡及合格证等；

（3）承运单位提供的运输单证，包括提货通知单和登记货物残损情况的货运记录、普通记录以及公路运输交接单等，作为向责任方进行交涉的依据。

核对凭证，就是将上述凭证加以整理后全面核对。入库通知单、订货合同要与供货单位提供的所有凭证逐一核对，相符后，才可以进入下一步的实物检验；如果发现有证件不齐或不符等情况，要与存货、供货单位及承运单位和有关业务部门及时联系解决。

3. 检验货物

检验货物是仓储业务中的一个重要环节，包括检验数量、检验外观质量和检验包装三方面的内容，即复核货物数量是否与入库凭证相符，货物质量是否符合规定的要求，货物包装能否保证在储存和运输过程中的安全。

（1）数量检验。数量检验是保证物资数量准确的不可缺少的措施。要求物资入库时一次进行完毕。一般在质量验收之前，由仓库保管职能机构组织进行。按商品性质和包装情况，数量检验分为三种形式，即计件、检斤、检尺求积。

（2）质量检验。质量检验包括外观检验、尺寸检验、机械物理性能检验和化学成分检验四种形式。仓库一般只作外观检验和尺寸精度检验，后两种检验如果有必要，则由仓库技术管理职能机构取样，委托专门检验机构检验。

（3）包装检验。物资包装的好坏、干潮直接关系着物资的安全储存和运输。所以对物资的包装要进行严格验收，凡是产品合同对包装有具体规定的要严格按规定验收，如箱板的厚度，打包铁腰的层数，纸箱、麻包的质量等。对于包装的干潮程度，一般是用眼看、手摸方法进行检查验收。

（三）入库交接

入库物品经过点数、查验之后，可以安排卸货、入库堆码，表示仓库接受物品。在卸货、搬运、堆垛作业完毕，与送货人办理交接手续，并建立仓库台账。

1. 交接手续

交接手续是指仓库对收到的物品向送货人进行的确认，表示已接受物品。办理完交接手续，意味着划分清运输、送货部门和仓库的责任。完整的交接手续包括：

（1）接受物品。仓库通过理货、查验物品，将不良物品剔出、退回或者编制残损单证等明确责任，确定收到物品的确切数量、物品表面状态良好。

（2）接受文件。接受送货人送交的物品资料、运输的货运记录、普通记录等，以及随货的在运输单证上注明的相应文件，如图纸、准运证等。

（3）签署单证。仓库与送货人或承运人共同在送货人交来的送货单、交接清单见表4-1。各方签署后留存相应单证。提供相应的入库、查验、理货、残损单证、事故报告由送货人或承运人签署。

到、接货交接单 表4-1

收货人	发站	发货人	品名	标记	单位	件数	重量	号车	运单号	货位	合同号
备　注											

送货人　　　　接收人　　　　经办人

2. 登账

物品入库，仓库应建立详细反映物品仓储的明细账，登记物品入库、出库、结存的详细情况，用以记录库存物品动态和入出库过程。

登账的主要内容有：物品名称、规格、数量、件数、累计数或结存数、存货人或提货人、批次、金额，注明货位号或运输工具、接（发）货经办人。

3. 立卡

物品入库或上架后，将物品名称、规格、数量或出入状态等内容填在料卡上，称为立卡。料卡又称为货卡、货牌，插放在货架上物品下方的货架支架上或摆放在货垛正面明显位置。

二、出库业务管理

物资出库业务管理，是仓库根据出库凭证，将所需物资发放给需用单位所进行的各项业务管理。物资出库作业的开始，标志着物资保管养护业务的结束。物资出库业务管理有两个方面的工作：一是用料单位设有规定的领料凭证，如领料单、提货单、调拨单等，并且所领物资的品种、规格、型号、数量等项目及提取货物的方式等必须书写清楚、准确；二是仓库方面，必须核查领料凭证的正误，按所列物资的品种、规格、型号、数量等项目组织备料，并保证把物资及时、准确、完好的发放出去。

（一）出库作业管理的要求

1. 按程序作业

物资发料出库必须按规定程序进行，领料提货单据必须符合要求。对于非正式凭证或白条一律不得发料出库。

2. 坚持“先进先出”原则

在保证物资使用价值不变的前提下，坚持“先进先出”原则。同时要做到保管条件差的先出；包装简易的先出；容易变质的先出；有保管期限的先出；回收复用的先出。

3. 做好发放准备

为使物资得到合理使用、及时投产，必须快速、准确发放。为此，必须做好一起发放的各项准备工作。如“化整为零”、备好包装、复印资料、组织搬运人力、准备好设备工具等。

4. 及时记账

物资发出后，应随即在物资保管账上核销，并保存好发料凭证，同时调整卡吊牌。

5. 保证安全

物资出库作业，要注意安全操作，防止损坏包装和震坏、压坏、摔坏物品。同时，还要保证运输安全，做到物品包装完整、捆扎牢固、标志正确清楚、性能不互相抵触，避免发生运输差错和损坏物品的事故。同时也要保障物品质量安全。仓库作业人员必须经常注意物品的安全保管期限等，对已变质、已过期失效、已失去原使用价值的物品不允许分发出库。

（二）出库作业的程序

企业自用库和中转库在物资出库业务上有些不同。一般地说，企业自用库比较简单些。对于中转库，它的物资出库程序是：物资出库前准备→核对出库凭证→备料→复核→点交清理单等。

1. 物资出库前准备

物资出库前的准备工作分为两方面：一方面是计划工作，即根据货主提出的出库计划或出库请求，预先做好物品出库的各项安排，包括货位、机械设备、工具和工作人员，提高人、财、物的利用率；另一方面是要做好出库物品的包装和标志标记。发往异地的货物，需经过长途运输，包装必须符合运输部门的规定，如捆扎包装、容器包装等，成套机械、器材发往异地，事先必须做好货物的清理、装箱和编号工作。在包装上挂签（贴签）、书写编号和发运标记（去向），以免错发和混发。

2. 核对出库凭证

物资出库凭证，不论是领（发）料单或调拨单均应由主管分配的业务部门签章。仓库接到出库凭证后，由业务部门审核证件上的印签是否齐全相符、有无涂改。审核无误后，按照出库单证上所列的物资品名规格、数量与仓库料账再做全面核对。无误后，在料账上填写预拨数后，将出库凭证移交给仓库保管人员。保管员复核料卡无误后，即可做物资出库的准备工作，包括准备随货出库的物资技术证件、合格证、使用说明书、质量检验证书等。

凡在证件核对中，有物资名称、规格型号不对的，印签不齐全、数量有涂改、手续不符合要求的，均不能发料出库。

3. 备料出库

物资保管人员按照出库凭证上的品名、规格查对实物保管卡，注意规格、批次和数量，规定需要发货批次的，按规定批次发货，未规定批次的，按先进先出、推陈出新等原则，确定应发货的垛位。

备料有两种方式：第一种是在原货位上备料，无须“上线”集中，这种方式多用于大宗物资出库。第二种备料方式是备料出库上线就位，即将出库物资按出库凭证上所列的品名、规格、数量，经过搬卸运输作业，送到指定的流运场所集中。这种方法，一般多用于小批量或不是整车发运数量而需集中配装的出库物资。

凡出库物资均应有技术证件。同批到达而只有一种技术资料的，应以抄写或复印件随货同行，原件仍由仓库保存。

4. 全面复核查对

货物备好后，为了避免和防止备料过程中可能出现的差错，应再做一次全面的复核查对。要按照出库凭证上所列的内容进行逐项复核。

出库的复核形式主要有专职复核、交叉复核和环环复核三种。除此之外，在发货作业的各道环节上，都贯穿着复核工作。例如，理货员核对单货，守护员（门卫）凭票放行，账务员（保管会计）核对账单（票）等。这些分散的复核形式，起到分头把关的作用，都十分有助于提高仓库发货业务的工作质量。

复核的内容包括：品名、型号、规格、数量是否同出库单一致；配套是否齐全；技术证件是否齐全；外观质量和包装是否完好。只有加强出库的复核工作，才能防止错发、漏发和重发等事故的发生。

5. 交接清点

备料出库物资，经过全面复核查对无误后，即可办理清点交接手续。如果是用户自提方式，即将物资和证件向提货人当面点清，办理交接手续。如果是代运方式，则应办理内部交接手续。即由物资保管人员向运输人员或包装部门的人员点清交接，由接收人签章，以划清责任。

物资点交清楚，出库发运之后，该物资的仓库保管业务即告结束，物资仓库保管人员应做好清理工作，及时注销账目、料卡，调整货位上的吊牌，以保持物资的账、卡、物一致，及时地准确地反映物资的进出、存取的动态。

（三）出库方式

出库方式是指仓库用什么样的方式将货物交付用户。选用哪种方式出库，要根据具体条

件，由供需双方事先商定。物资出库方式一般有以下几种：托运、自提、送料、移仓、过户等。

1. 托运

托运是由仓库将物资通过运输单位托运而发到物资需用单位的一种出库方式。

由仓库备完货后，到运输单位代用户办理货运手续，通过承运部门（铁路、水运、汽运、航空、邮局等）将物资运送到用户所在地，然后由用户去提取。在办理托运前，仓库应根据需用单位的要求，进行物资的分割（如金属材料、电缆等）、配套（如机电设备）、包装等工作，并做好发运日记。

2. 自提

自提是指由提货人按货主所填制的发货凭证，用自备的运输工具到仓库提取货物。仓库会计人员根据发货凭证转开物资出库单。仓库保管人员按上述证、单配货，经复核人员逐项核对后，将物资当面交给提货人员，在库内办清交接手续。

3. 送料

送料是指仓库直接把物资送到用户手中的一种物资出库方式。

送料必须以定额为依据，完善交接手续，分清责任。以送料方式出库的手续，须由送料人办理发料凭证，要一式四份：一份由送料人签收后交给保管员留存并依此核销库存；一份经保管员签章后由送料人留存；一份由送料人、保管员共同签章后交送料单位；一份由送料人、保管员签章后交物资统计员。送料的组织可采取专人定路线的方式。采用这种方式，可以用集装箱的办法巡回送料。也可采取由保管员每日定时送料的办法。保管员直接送料可以减少交接手续，直接由用料单位签收即可。

4. 移仓

移仓是指某些物资由于业务上需要或保管条件的要求，必须从甲仓库移到乙仓库储存的一种发货方式。这些物资出仓是根据仓库或库主填制的物资移仓单进行发货的。

5. 过户

过户是指仓库物资不动，而通过转账变动其所有者户头的一种发货方式。物资过户时，其所有权已经由于调拨或销售而转换给另一单位，但仍由原货主填制正式发货凭证，仓库据此进行过户转账。

（四）出库中遇到的问题

出库中遇到的问题主要有：无单提货、凭证问题、单货不符、包装损坏、货未发完、货已错发等。

1. 无单提货

主要指没有正式提货凭证而要求提货，如以“白条”和电话提货。遇到这种情况，不能发货。

2. 凭证问题

发货前验单时，若发现提货凭证有问题，如抬头、印签不符，有涂改痕迹，超过了提货有效期，应立即与货主联系，并向主管部门反映。配货后复核时发现凭证有问题，应立即停止发货作业。总之，手续不符，仓库有权拒绝发货。

3. 单货不符

发货之前验单时，若发现提货凭证所列物资与仓库储存的物资不符，一般应将凭证退回开单单位，经更正确认后，再发货。遇上特殊情况，如出库商品必须立即发运出口，货主要求先行发货，然后更改提货凭证时，经主管部门批准后，可以发货，但应将联系情况详细记录，并在事后及时请货主补办更正手续。若配货后复核时发现所备物资与提货凭证所列不符的，应立即调换。

4. 包装损坏

对物资外包装有破损、脱钉、松绳的，应整修加固，以保证运输途中物资安全。若发现包装内的物资有霉烂、变质等质量问题或数量短缺，不得以次充好、以溢余补短缺。

5. 货未发完

仓库发货，原则上是按提货单当天一次发完，如确有困难，不能当日提取完毕，应办理分批提取手续。

6. 货已错发

如果发现货已错发，首先应将情况尽快通知货主，同时报告主管部门负责人，接着应了解物资已运到什么地方。能及时追回的应及时追回。无法追回的，应在货主帮助下，采取措施，尽量挽回损失，然后查明原因，以防再犯。

第三节　储存规划管理

存储规划就是通过合理规划库区对库存进行分类保管、建立保管秩序对物品进行定置管理，实现“物得其所，库尽其用”的管理目标。这是一个仓库空间利益和库存物品处置成本之间如何进行平衡的问题。它不仅直接影响仓库的进库作业的流畅性，还将直接对进出库作业和保管作业的成本产生影响。仓库存储规划主要包括仓库货区布局、空间利用以及堆码衬垫等内容。

一、货位规划

进入仓库中储存的每一批物品在其理化性质、来源、去向、批号、保质期等各方面都有其特性，仓库要为这些物品确定一个合理的货位，既要满足保管的需要，更要便于仓库的作业和管理。仓库需要按照物品自身的理化性质和储存要求，根据分库、分区、分类的原则，将物品固定区域与位置存放。分区分类规划的基本原则是：存放在同一货区的物品必须具有互容性；保管条件不同的物品不应混存；作业手段不同的物品不应混存；灭火措施不同的物品决不能混存。此外还应进一步在定置区域内，以物品材质和型号规格等系列，按一定顺序依次存放。

货位存货方式主要分为固定型和流动型两种。

1. 固定型

固定型是一种利用信息系统事先将货架进行分类、编号，并贴附货架代码，各货架内装置的物品事先加以确定的货位存货方式。在固定型管理方式下，各货架内装载的物品是长期一致的，这样从事物品备货作业较为容易，同时信息管理系统的建立也较为方便，这是因为

只要第一次将货架编号以及物品代码输入计算机，就能很容易地掌握物品出入库动态，从而省去了不断进行库存统计的繁琐业务。与此同时，在库存发出以后，利用信息系统能很方便地掌握账目以及实际的剩余在库量，及时补充库存。

2. 流动型

流动型指所有物品按顺序摆放在空的货架中，不事先确定各类物品专用的货架。流动型管理方式由于各货架内装载的物品是不断变化的，在物品变更登录时出差错的可能性较高。

固定型场所管理方式尽管具有准确性和便利性等优点，但是，它也有某些局限性，也就是说，固定型管理和流动型管理各有一定的适用范围。一般来讲，固定型管理适用于非季节性物品、重点客户的物品，以及库存物品种类比较多且性质差异较大的情况；而季节性物品或物流量变化剧烈的物品，由于周转较快，出入库频繁，则流动型管理更为适用。

二、仓库货区布局

仓库货区布局，是指根据仓库场地条件、仓库业务性质和规模、物资储存要求以及技术设备的性能和使用特点等因素，对仓库各组成部分，如存货区、理货区、配送备货区、通道以及辅助作业区等，在规定的范围内进行平面和立体的合理安排和布置，最大限度地提高仓库的储存能力和作业能力，并降低各项仓储作业费用。

（一）货区布置的形式

仓库货区布置分为平面布置和空间布置。

1. 平面布置

平面布置是指对货区内的货垛、通道、垛间距、收发货区等进行合理的规划，并正确处理它们的相对位置。平面布置的形式可以概括为垂直式和倾斜式。

（1）垂直式布局，是指货垛或货架的排列与仓库的侧墙互相垂直或平行，具体包括横列式布局、纵列式布局和纵横式布局。

①横列式布局，是指货垛或货架的长度方向与仓库的侧墙互相垂直。这种布局的主要优点是：主通道长且宽，副通道短，整齐美观，便于存取查点，如果用于库房布局，还有利于通风和采光，如图 4-2 所示。

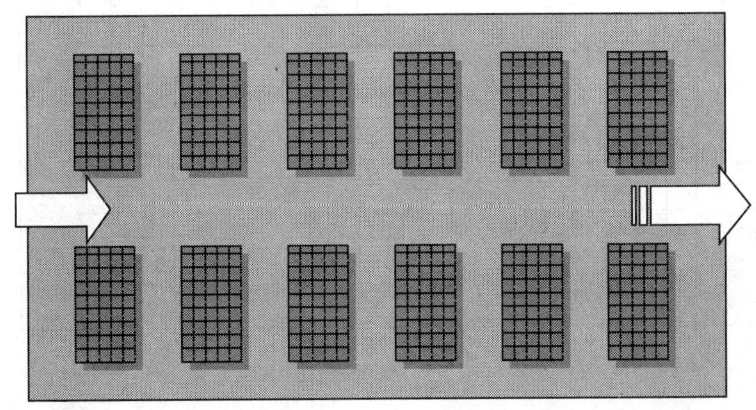

图 4-2 仓库横列式布置

②纵列式布置，是指货垛或货架的长度方向与仓库侧墙平行。这种布局的优点主要是可以根据库存物品在库时间的不同和进出频繁程度安排货位：在库时间短、进出频繁的物品放置在主通道两侧；在库时间长、进库不频繁的物品放置在里侧，如图 4-3 所示。

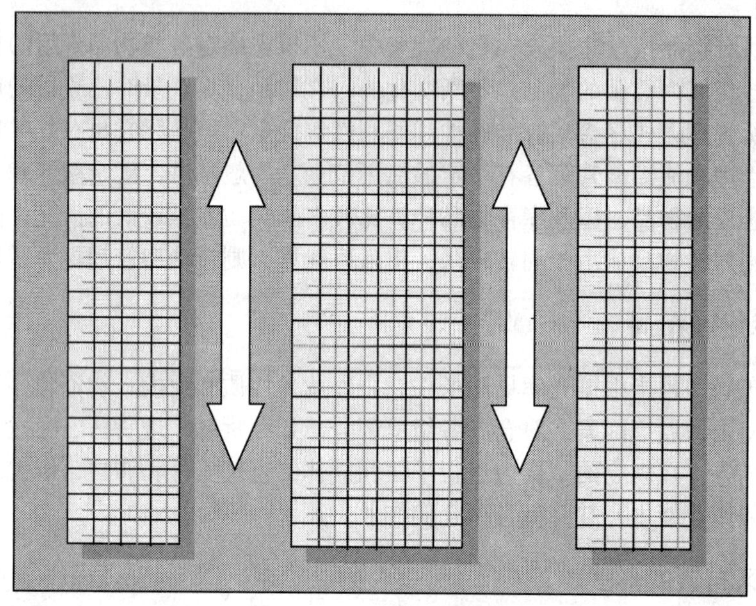

图 4-3　仓库纵列式布局

③纵横式布局，是指在同一保管场所内，横列式布局和纵列式布局兼而有之，可以综合利用两种布局的优点如图 4-4 所示。

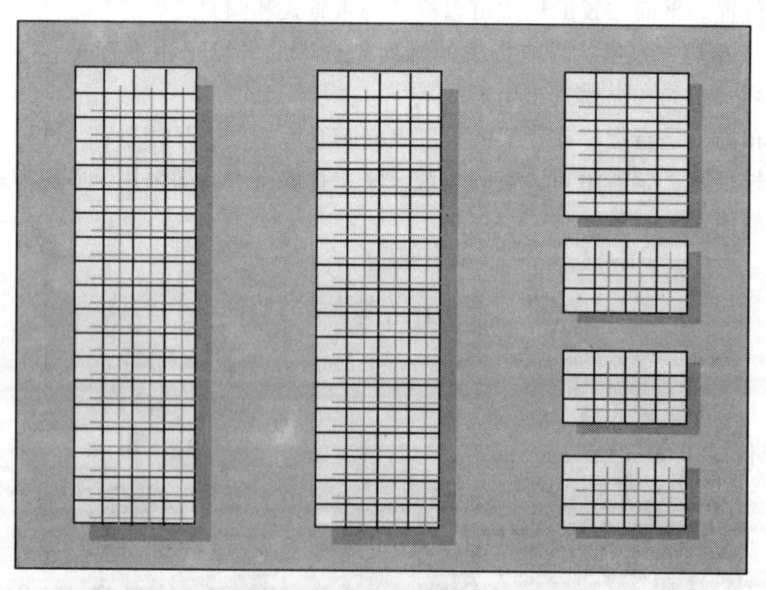

图 4-4　纵横式布局

（2）倾斜式布局，是指货垛或货架与仓库侧墙或主通道成 60°、45°或 30°夹角。具体包

括货垛倾斜式布局和通道倾斜式布局。

①货垛倾斜式布局，是横列式布局的变形，它是为了便于叉车作业、缩小叉车的回转角度、提高作业效率而采用的布局方式，如图4-5所示。

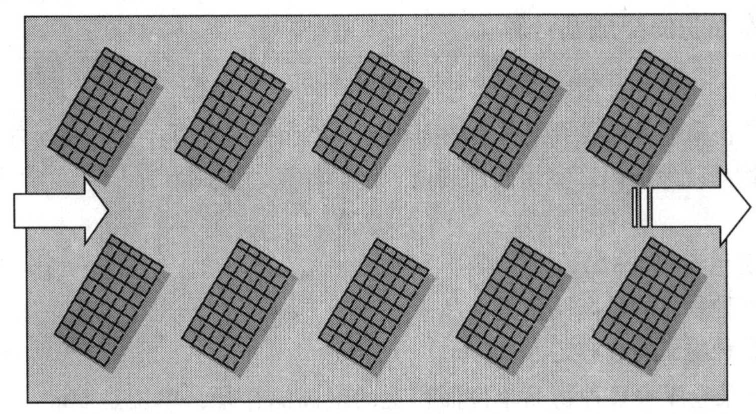

图4-5 货垛倾斜式布局

②通道倾斜式布局，是指仓库的通道斜穿保管区，把仓库划分为具有不同作业特点，如大量存储和少量存储的保管区等，以便进行综合利用。这种布局形式，仓库内形式复杂，货位和进出库路径较多，如图4-6所示。

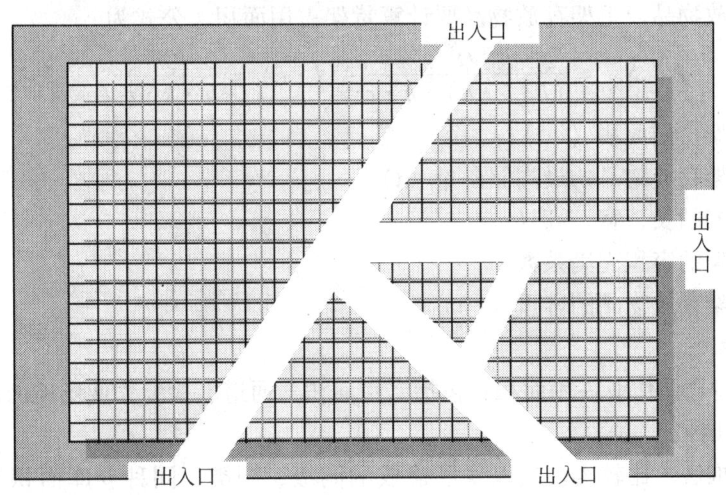

图4-6 通道倾斜式布局

2. 空间布局

空间布局是指库存物品在仓库立体空间上布局，其目的在于充分有效地利用仓库空间。空间布局的主要形式有：就地堆码、上货架存放、加上平台、空中悬挂等。

其中使用货架存放物品有很多优点，概括起来有以下几个方面：

（1）便于充分利用仓库空间，提高库容利用率，扩大存储能力；

（2）物品在货架里互补挤压，有利于保证物品本身和其包装完整无损；

（3）货架各层中的物品，可随时自由存取，便于做到先进先出；

（4）物品存入货架，可防潮、防尘，某些专用货架还能起到防损伤、防盗、防破坏的作用。

（二）仓库面积的组成及计算

1. 实用面积

实用面积指仓库中货垛或货架占用的面积。实用面积的计算主要有三种方法。

（1）计重物品就地堆码。实用面积按仓容定额计算，公式为

$$S_{实} = Q/N_{定} \tag{4-1}$$

式中：$S_{实}$——实用面积（m^2）；

Q——该种物品的最高储备量（t）；

$N_{定}$——该种物品的仓容定额（t/m^2）。

仓容定额是某仓库中某种物品单位面积上的最高储存量，单位是 t/m^2。不同物品的仓容定额是不同的，同种物品在不同的储存条件下其仓容定额的大小受物品本身的外形、包装状态、仓库地坪的承载能力和装卸作业手段等因素的影响。

（2）计件物品就地堆码。实用面积按可堆层数计算，公式为

$$S_{实} = 单件底面积 \times \frac{总件数}{可堆积层数} \tag{4-2}$$

（3）上架存放物品。上架存放物品要计算货架占用面积，公式为

$$S_{实} = \frac{Q}{(l \cdot b \cdot h) \cdot k \cdot r} \cdot (l \cdot b) = \frac{Q}{h \cdot k \cdot r} \tag{4-3}$$

式中：$S_{实}$——货架占用面积（m^2）；

Q——上架存放物品的最高储备量（t）；

l,b,h——货架的长、宽、高（m）；

k——货架的容积充满系数；

r——上架存放物品的容重（t/m^3）。

2. 有效面积

有效面积是指仓储作业占用面积，包括实用面积、通道、检验作业场地面积之和。计算方法主要有以下几种：

（1）比较类推法。比较类推法以现已建成的同级、同类、同种仓库面积为基准，根据储量增减比例关系，加以适当调整来推算新建库的有效面积。公式为

$$S = S_0 \cdot \frac{Q}{Q_0} \cdot k \tag{4-4}$$

式中：S——拟新建仓库的有效面积（m^2）；

S_0——参照仓库的有效面积（m^2）；

Q——拟新建仓库的最高储备量（t）；

Q_0——参照仓库的最高储备量（t）；

k——调整系数（当参照仓库的有效面积不足时，$k>1$；当参照仓库的有效面积有余

时，$k<1$）。

（2）系数法。系数法是根据实用面积及仓库有效面积利用系数计算拟新建仓库的有效面积。公式为

$$S = \frac{S_{实}}{\alpha} \tag{4-5}$$

式中：S——拟新建仓库的有效面积（m^2）；

$S_{实}$——实用面积（m^2）；

α——仓库有效面积利用系数，即仓库实用面积占有效面积的比重。

（3）直接计算法。先计算出货垛、货架、通道、收发作业区、垛距、墙距所占用的面积，然后将它们相加求和。

（三）非保管场所布置

仓库库房内货架和货垛所占的面积为保管面积或使用面积，其他则为非保管面积。应尽量扩大保管面积，缩小非保管面积。非保管面积包括通道、墙间距、收发货区、仓库人员办公地点等。

1. 通道

库房内的通道，分为运输通道（主通道）、作业通道（副通道）和检查通道。

运输通道供装卸搬运设备在库内行走，其宽度主要取决于装卸搬运设备的外形尺寸和单元装载的大小。运输通道的宽度一般为1.5~3m。如果使用叉车作业，其通道宽度可以通过计算求得。当单元装载的宽度不太大时，可利用下式计算

$$A = P + D + L + C \tag{4-6}$$

式中：A——通道宽度；

P——叉车外侧转向半径；

D——货物至叉车驱动轴中心线的间距；

L——货物长度；

C——转向轮滑行的操作余量。

作业通道是供作业人员存取搬运物品的走行通道。其宽度取决于作业方式和货物的大小。当通道内只有一人作业时，其宽度可按下式计算

$$a = b + l + 2c \tag{4-7}$$

式中：a——作业通道的宽度；

b——作业人员身体的厚度；

l——货物的最大长度；

c——作业人员活动余量。

一般情况下，作业通道的宽度为1m左右。

检查通道是供仓库管理人员检查库存物品的数量及质量走行的通道，其宽度只要能使检查人员自由通行即可，一般为0.5m左右。

2. 墙间距

墙间距的作用一方面是使货物和货架与库墙保持一定的距离，避免物品受库外温湿度的

影响，同时也可作为检查通道和作业通道。墙间距一般宽度为0.5m左右，当兼作作业通道时，其宽度需增加1倍。

3. 收发货区

收发货区是供收货、发货时临时存放物品的作业用地。收发货区的位置应靠近库门和运输通道，可设在库房的两端或适中的位置，并要考虑到收货发货互不干扰。收发货区面积的大小，则应根据一次收发批量的大小、物品规格品种的多少、供货方和用户的数量、收发作业效率的高低、仓库的设备情况、收发货的均衡性、发货方式等情况确定。

4. 库内办公地点

仓库管理人员需要一定的办公地点，可设在库内也可设在库外。总的说来，管理人员的办公室设在库内特别是单独隔成房间时不合理的，既不经济又不安全，所以办公地点最好设在库外。

三、物品堆码

物品堆码是指根据物品的包装、外形、性质、特点、种类和数量，结合季节和气候情况，以及储存时间的长短，将物品按一定的规律码成各种形状的货垛。堆码的主要目的是便于对物品进行维护、查点等管理和提高仓库利用率。

（一）堆码的基本原则

1. 分类存放

分类存放是仓库储存规划的基本要求，是保证物品质量的重要手段，因此也是堆码需要遵循的基本原则。

（1）不同类别的物品分类存放，甚至需要分区分库存放；

（2）不同规格、不同批次的物品也要分位、分堆存放；

（3）残损物品要与原货分开；

（4）对于需要分拣的物品，在分拣之后，应分位存放，以免混串。

此外，分类存放还包括不同流向物品、不同经营方式物品的分类分存。

2. 选择适当的搬运活性

为了减少作业时间、次数，提高仓库物流速度，应该根据物品作业的要求，合理选择物品的搬运活性。对搬运活性高的入库存放物品，也应注意摆放整齐，以免堵塞通道，浪费仓容。

3. 面向通道，不围不堵

货垛以及存放物品的正面，尽可能面向通道，以便察看；另外，所有物品的货垛、货位都应有一面与通道相连，处在通道旁，以便能对物品进行直接作业。只有在所有的货位都与同道相同时，才能保证不围不堵。

（二）商品堆码操作要求

（1）牢固。操作工人必须严格遵守安全操作规程，防止建筑物超过安全负荷量。码垛必须不偏不斜，不歪不倒，牢固坚实，与屋顶、梁柱、墙壁保持一定的距离，确保堆垛的安

全和牢固。

（2）合理。不同商品其性能、规格、尺寸不相同，应采用各种不同的垛形。不同品种、产地、等级、批次、单价的商品，应分开堆码，以便收发、保管。货垛的高度要适度，不能压坏底层商品和地坪，并与屋顶、照明灯保持一定距离为宜；货垛的间距、走道的宽度、货垛与墙面、梁柱的距离等，都要合理、适度。垛距一般为 0.5～0.8m，主要通道为 2.5～4m。

（3）整齐。货垛应按一定的规格、尺寸叠放，排列整齐、规范。商品包装标识应一律向外，便于查找。

（4）定量。商品储存量不应超过仓储定额，即应储存在仓库的有效面积、地坪承压能力和可用高度允许的范围内。同时，应尽量采用“五五化”堆码方法，便于记数和盘点。

（5）节约。堆垛时应注意节省空间位置，适当、合理地安排货位的使用，提高仓容利用率。

（三）货垛“五距”要求

货垛“五距”应符合安全规范要求。货垛的“五距”指的是垛距、墙距、柱距、顶距和灯距。堆垛货垛时，不能依墙、靠柱、碰顶、贴灯；不能紧挨旁边的货垛，必须留有一定的间距。无论采用哪一种垛型，房内必须留出相应的走道，方便商品的进出和消防用途。

（1）垛距。货垛与货垛之间的必要距离，称为垛距，常以支道作为垛距。垛距能方便存取作业，起通风、散热的作用，方便消防工作。库房垛距一般为 0.3～0.5m，货场垛距一般不少于 0.5m。

（2）墙距。为了防止库房墙壁和货场围墙上的潮气对商品的影响，也为了散热通风、消防工作、建筑安全、收发作业，货垛必须留有墙距。墙距可分为库房墙距和货场墙距，其中，库房墙距又分为内墙距和外墙距。内墙距是指货物离没有窗户墙体的距离，此处潮气相对少些，一般距离为 0.1～0.3m；外墙距是指货物离有窗户墙体的距离，这里湿度相对大些，一般距离为 0.1～0.5m。

（3）柱距。为了防止库房柱子的潮气影响货物，也为了保护仓库建筑物的安全，必须留有柱距。柱距一般为 0.1～0.3m。

（4）顶距。货垛堆放的最大高度与库房、货棚屋顶横梁间的距离，称为顶距。顶距能便于装卸搬运作业，能通风散热，有利于消防工作，有利于收发、查点。顶距一般为 0.5～0.9m，具体视情况而定。

（5）灯距。货垛与照明灯之间的必要距离，称为灯距。为了确保储存商品的安全，防止照明灯发出的热量引起靠近商品燃烧而发生火灾，货垛必须留有足够的安全灯距。灯距按规定应有不少于 0.5m 的安全距离。

（四）堆码设计

为了达到堆码的基本要求，必须根据保管场所的实际情况、物品本身的特点、装卸搬运条件和技术作业过程的要求，对物品堆垛进行总体设计。设计的内容包括垛基、垛形、货垛参数、堆码方式、货垛苫盖、货垛加固等。

1. 垛基

垛基是货垛的基础，其主要作用是：承受整个货垛的重量，将物品的垂直压力传递给地基；将物品与地面隔开，起防水、防潮和通风的作用；垛基空间为搬运作业提供方便条件。因此，对垛基的基本要求是：将整垛货物的重量均匀地传递给地坪；保证良好的防潮和通风；保证垛基上存放的物品不发生变形。

2. 垛形

垛形是指货垛的外部轮廓形状。按坪底的平面形状可以分为矩形、正方形、三角形、圆形、环形等。按货垛立面的形状可以分为矩形、正方形、三角形、梯形、半圆形，另外还可组成矩形－三角形、矩形－梯形、矩形－半圆形等复合形状，如图 4-7 所示。

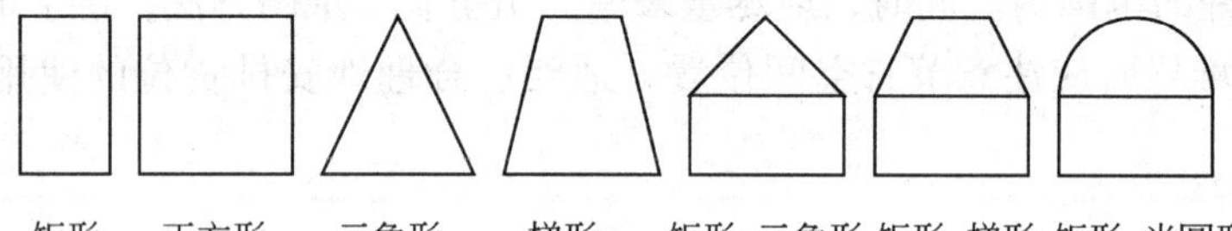

图 4-7　货垛立面示意图

不同立面的货垛都有各自的特点。矩形、正方形垛易于堆码，便于盘点计数，库容整齐，但随着堆码高度的增加货垛稳定性就会下降。梯形、三角形和半圆形垛的稳定性好，便于苫盖，但是不便于盘点计数，也不利于仓库空间的利用。矩形－三角形等复合货垛恰好可以整合它们的优势，尤其是在露天存放的情况下更须加以考虑。

3. 货垛参数

货垛参数是指货垛的长、宽、高，即货垛的外形尺寸。通常情况下，需要首先确定货垛的长度，例如长形材料的尺寸长度就是其货垛的长度，包装成件物品的垛长应为包装长度或宽度的整数倍。货垛的宽度应根据库存物品的性质、要求的保管条件、搬运方式、数量多少以及收发制度等确定，一般多以两个或五个单位包装为货垛宽度。货垛高度主要根据库房高度、地坪承载能力、物品本身和包装物的耐压能力、装卸搬运设备的类型和技术性能，以及物品的理化性质等来确定。在条件允许的情况下应尽量提高货垛的高度，以提高仓库的空间利用率。

（五）物品堆码存放的方法

1. 散堆法

散堆法适用于露天存放的没有包装的大宗物品，如煤炭、矿石等，也可适用于库内少量存放的谷物、碎料等散装物品。散堆法是直接用堆扬机或者铲车在确定的货位后端起，直接将物品堆高，在达到预定的货垛高度时，逐步后推堆货，后端先形成立体梯形，最后成垛。由于散货具有流动、散落性，堆货时不能堆到太近垛位四边，以免散落使物品超出预定的货位。

2. 堆垛法

对于有包装（如箱、桶）的物品，包括裸装的计件物品，采取堆垛的方式储存。堆垛方式储存能够充分利用仓容，做到仓库内整齐，方便作业和保管。物品的堆码方式主要取决

于物品本身的性质、形状、体积、包装等。一般情况下多采取平放，使重心最低，最大接触面向下，易于堆码，稳定牢固。

常见的堆码方式包括重叠式、纵横交错式、仰伏相间式、压缝式、通风式、栽柱式、衬垫式等。

(1) 重叠式

重叠式也称直堆法，是逐件、逐层向上重叠堆码，一件压一件的堆码方式。为了保证货垛稳定性，在一定层数后改变方向继续向上，或者长宽各减少一件继续向上堆放。该方法方便作业、计数，但稳定性较差。适用于袋装、箱装、箩筐装物品，以及平板、片式物品等，如图 4-8 所示。

(2) 纵横交错式

纵横交错式是指每层物品都改变方向向上堆放，适用于管材、捆装、长箱装物品等。该方法较为稳定，但操作不便，如图 4-9 所示。

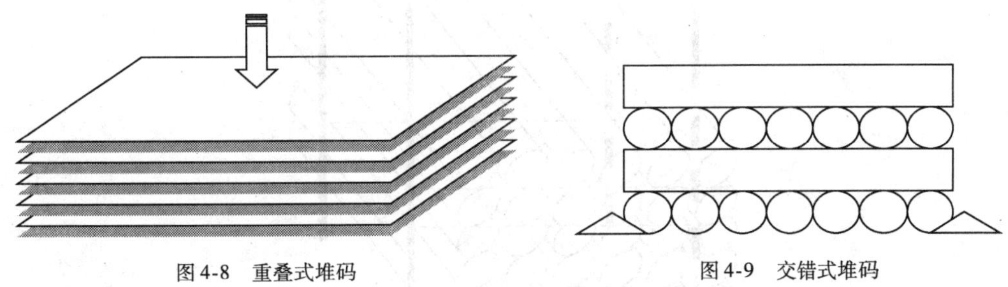

图 4-8 重叠式堆码　　图 4-9 交错式堆码

(3) 仰伏相间式

对上下两面有大小差别或凹凸的物品，如槽钢、钢轨等，将物品仰放一层，在反一面伏放一层，仰伏相向相扣。该垛极为稳定，但操作不便，如图 4-10 所示。

(4) 压缝式

将底层并排摆放，上层放在下层的两件物品之间，如图 4-11 所示。

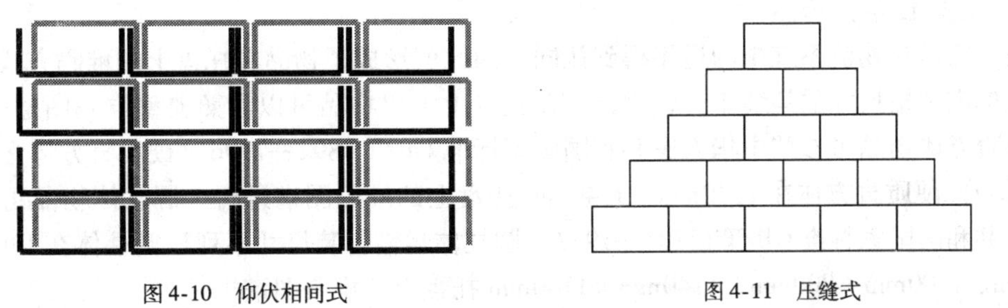

图 4-10 仰伏相间式　　图 4-11 压缝式

(5) 通风式

物品在堆码时，任意两件相邻的物品之间都留有空隙，以便通风。层与层之间采用压缝式或者纵横交错式。通风式堆码可以用于所有箱装、桶装以及裸装物品堆码，起到通风防潮、散湿散热的作用，如图 4-12 所示。

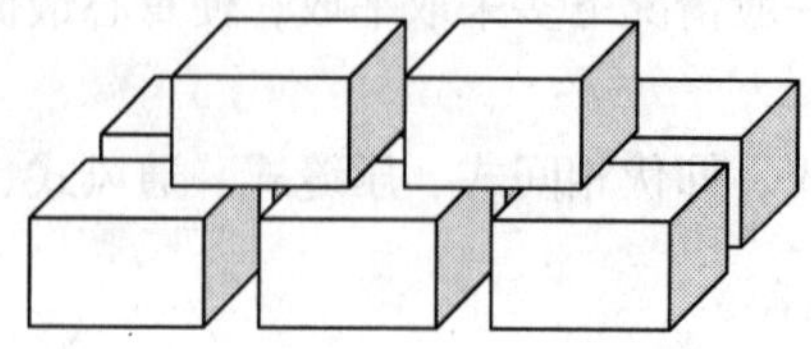
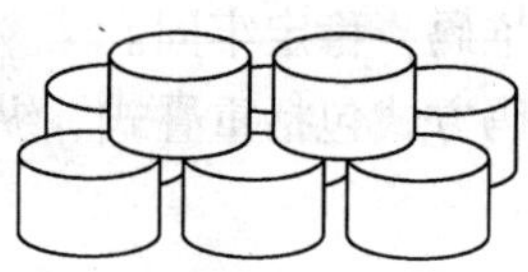

图 4-12　通风式堆码

（6）栽柱式

码放物品前先在堆垛两侧栽上木桩或者铁棒，然后将物品平码在桩柱之间，几层后用铁丝将相对两边的柱拴连，在往上摆放物品。此法适用于棒材、管材等长条状物品，如图 4-13 所示。

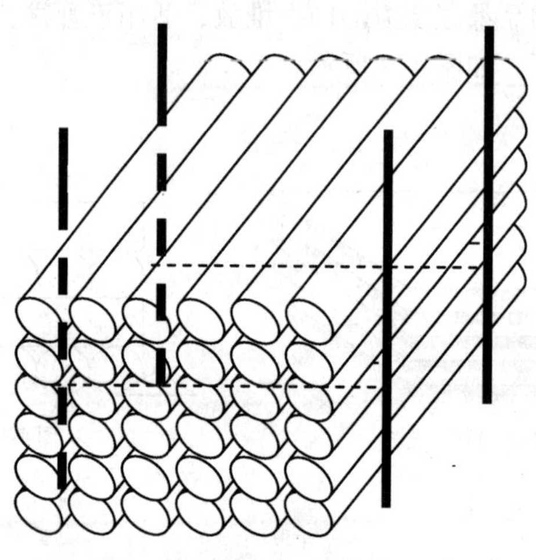

图 4-13　栽柱式堆码

（7）衬垫式

码垛时，隔层或隔几层铺放衬垫物，衬垫物平整牢靠后，再往上码。适用于不规则且较重的物品，如无包装电机、水泵等。

3. 托盘上存放物品

由于托盘在物流系统中的运用得到认同，因此就形成了物品在托盘上的堆码方式。托盘是具有标准规格尺寸的集装工具，因此，在托盘上堆码物品可以参照典型堆码图谱来进行。如硬质直方体物品可参照中华人民共和国国家标准 GB/T 4892—1996《硬质直方体运输包装尺寸系列》硬质直方体在 1140mm × 1140mm 托盘上的堆码图谱进行。圆柱体物品可参照中华人民共和国国家标准 GB/T 13201—1997《圆柱体运输包装尺寸系列》圆柱体在 1200mm × 1000mm、1200mm × 800mm、1140mm × 1140mm 托盘上的堆码图谱进行。

4. “五五化”堆垛

“五五化”堆垛就是以五为基本计算单位，堆码成各种总数为五的倍数的货垛，以五或五的倍数在固定区域内堆放，使货物“五五成行、五五成方、五五成包、五五成堆、五五成层”，堆放整齐，上下垂直，过目知数。便于货物的数量控制、清点盘存，如图 4-14 所示。

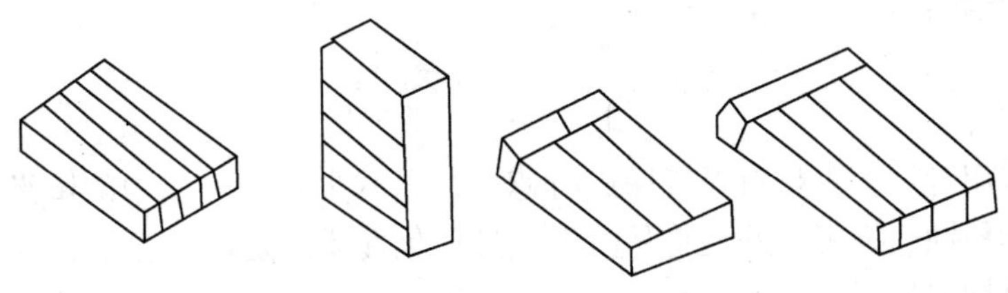

图 4-14 “五五化”示意图

四、垫垛和苫盖

（一）垫垛

垫垛是指在物品码垛前，在预定的货位地面位置，使用衬垫材料进行铺垫。常见的衬垫物有：枕木、废钢轨、货架板、木板、钢板等。

1. 垫垛的目的

（1）使地面平整；

（2）使堆垛物品与地面隔开，防止地面潮气和积水浸湿物品；

（3）通过强度较大的衬垫物使重物的压力分散，避免损害地坪；

（4）使地面杂物、尘土与物品隔开；

（5）形成垛底通风层，有利于货垛通风排湿；

（6）使物品的泄漏物留存在衬垫之内，防止流动扩散，以便于收集和处理。

2. 垫垛的基本要求

（1）所使用的衬垫物与拟存物品不会发生不良影响，并具有足够的抗压强度；

（2）地面要平整坚实、衬垫物要摆放平整，并保持同一方向；

（3）衬垫物间距适当，直接接触物品的衬垫面积与货垛底面积相同，衬垫物不伸出货垛外；

（4）要有足够的高度，露天堆场要达到 0.3 ~ 0.5m，库房内 0.2m 即可。

3. 垫垛物数量的确定

一些单位质量大的物品在仓库中存放时，如果不能有效分散物品对地面的压力，则有可能会对仓库地面造成损害，因此要考虑在物品底部和仓库地面之间衬垫木板或钢板。

衬垫物的使用量除考虑将压力分散在仓库地坪载荷限度之内外，还需要考虑这些库用耗材所产生的成本。因此，需要确定使压力小于地坪载荷的最少衬垫物数量。计算公式为

$$n = \frac{Q_{物}}{l \times w \times q - Q_{自}} \tag{4-8}$$

式中：n——衬垫物数量；

$Q_{物}$——物品重量；

l——衬垫物长度；

w——衬垫物宽度；

q——仓库地坪承载能力；

$Q_{自}$——衬垫物自重。

（二）苫盖

苫盖是指采用专用苫盖材料对货垛进行遮盖，以减少自然环境中的阳光、雨雪、刮风、尘土等对物品的侵蚀、损害，并使物品由于自身理化性质所造成的自然损耗尽可能地减少，以保护物品存储期内的质量。

常用的苫盖材料有：帆布、芦席、竹席、塑料膜、铁皮铁瓦、玻璃钢瓦、塑料瓦等。

1. 苫盖的基本要求

苫盖的目的是给物品遮阳、避雨、挡风、防尘。苫盖的要求如下：

（1）选择合适的苫盖材料。选用防火、无害的安全苫盖材料；苫盖材料不会对物品发生不良影响；成本低廉，不易损坏，能重复使用，没有破损和霉变。

（2）苫盖牢固。每张苫盖材料都需要牢固固定，必要时在苫盖物外用绳索、绳网绑扎或者用重物镇压。

（3）苫盖的接口要有一定深度的互相叠盖，不能迎风叠口或留空隙，苫盖必须拉挺、平整，不得有折叠和凹陷，防止积水。

（4）苫盖的底部与垫垛齐平，不腾空或拖地，并牢固地绑扎在垫垛外侧或地面的绳桩上，衬垫材料不露出垛外，以防雨水顺延渗入垛内。

（5）使用旧的苫盖物或在雨水丰沛季节，垛顶或者风口需要加层苫盖，确保雨淋不透。

2. 苫盖方法

（1）就地苫盖法。直接将大面积苫盖材料覆盖在货垛上遮盖，一般采用大面积的帆布、油布、塑料膜等。就地苫盖法操作便利，但基本不具备通风条件。

（2）鱼鳞式苫盖法。将苫盖材料从货垛的底部开始，自下而上呈鱼鳞式逐层交叠围盖。该法一般采用面积较小的瓦、席等材料苫盖。鱼鳞式苫盖法具有较好的通风条件，但每件苫盖材料都需要固定，操作比较繁琐复杂。

（3）活动棚苫盖法。将苫盖物料制作成一定形状的棚架，在物品堆垛完毕后，移动棚架到货垛加以遮盖；或者采用即时安装活动棚架的方式苫盖。该法较为快捷，具有良好的通风条件，但活动棚本身需要占用仓库空间，也需要较高的购置成本。

第四节　库存管理

库存与库存管理越来越为企业经营者，特别是物流的管理者和经营者所重视，有的学者甚至把物流管理描述为对静止或运动库存的管理。库存是有成本的，占用企业大量的流动资金。减少库存，降低库存成本，追求零库存是库存管理乃至物流管理的中心与极点，也是企业“第三个利润源泉”的重点所在。

一、库存的定义和分类

1. 库存定义

所谓库存，就是社会商品在企业生产经营过程中形成的停滞。广义的库存不仅是指仓库

中处于储存状态的物品或商品，还包括处于制造加工状态的半成品和运输状态的商品，是用于支持生产、维护、操作和客户服务而存储的各种物料。

一般来说，企业在销售阶段，为了能及时满足顾客的要求，避免发生缺货或延期交货现象，需要有一定的成品库存。在采购生产阶段，为了保证生产过程的连续性，需要有一定的原材料、零部件的库存。而库存商品要占用资金，发生库存维持费用，并存在因库存积压而产生损失的可能。因此，既要防止缺货，避免库存不足，又要防止库存过量，避免发生大量不必要的库存费用。

2. 库存的分类

库存可从几个方面来分类，从生产过程的角度可分为原材料库存、零部件及半成品库存、成品库存三类。从库存物品所处状态可分为静态库存和动态库存。静态库存指长期或暂时处于储存状态的库存，这是人们一般意义上认识的库存概念；动态库存是指处于制造加工状态或运输状态的库存。按库存性质可分为储备库存和周转库存。

从经营过程的角度可将库存分为以下七种主要类型：

（1）经常库存。企业在正常的经营环境下为满足日常的需要而建立的库存。这种库存随着每日的需要不断减少，当库存降低到某一水平（如订货点）时，就要进行订货来补充库存。这种库存补充按一定的规则反复地进行。

（2）安全库存是指为了防止由于不确定因素（如大量突发性订货、交货期突然延期等）而准备的安全库存。

（3）生产加工和运输过程的库存。生产加工过程的库存是指处于加工状态以及为了生产的需要暂时处于储存状态的零部件、半成品或成品。运输过程的库存是指处于运输状态或为了运输目的而暂时处于储存状态的物品。

（4）季节性库存。为了满足特定季节中出现的特定需要（如夏天对空调机的需要）而建立的库存，或指对季节性出产的产品（如大米、棉花、水果等农产品）在出产的季节大量收购所建立的库存。

（5）促销库存。为了对应企业的促销活动产生的预期销售增加而建立的库存。

（6）投机库存。为了避免因货物价格上涨造成损失或为了从商品价格上涨中获利而建立的库存。

（7）存淀库存或积压库存。因物品品质变坏不再有效用的库存或因没有市场销路而卖不出去的商品库存。

二、库存费用

库存费用一般包括订货费、保管费、进货费与购买费。

1. 订货费

订货费是指订货过程中发生的全部费用，包括差旅费、订货手续费、通讯费、招待费以及订货人员有关费用。订货费与订货量的多少无关而与订货次数有关。

设一次订货费为 c_0，且每次订货费都相等，如在 T 期间内共订了 n 次货，每次订货量为 Q_0，T 期间内的总需求量（也即 T 期间内的总订货量）为 D，则 T 期间内的总订货费为

$$C_0 = nc_0 = \frac{D}{Q_0} \cdot c_0$$

如平均单位时间需求量（也即平均需求速率）为 R，则 T 期间内的平均订货费为

$$\overline{C}_0 = \frac{C_0}{T} = \frac{D}{Q_0 T} \cdot c_0 = \frac{R}{Q_0} \cdot c_0$$

可见，如 T 期间的总需求量 D 确定不变时，平均订货费的大小与订货批量成反比。如图 4-15 所示。

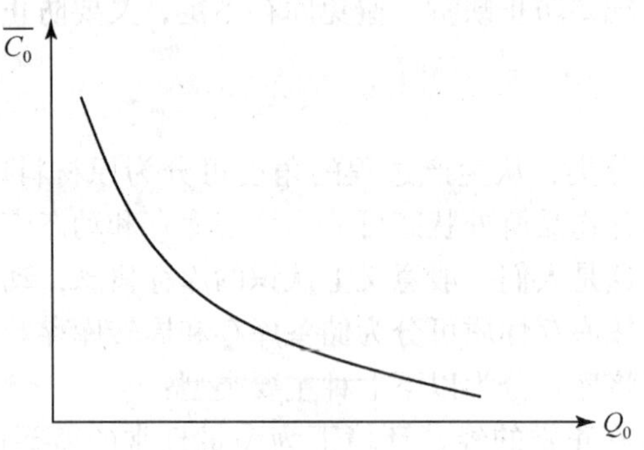

图 4-15　平均订货费与订货批量关系图

2. 保管费

保管费是指保管程中发生的全部费用。包括入、出库时的装卸、搬运、堆码、检验费用；保管用具、用料费用；仓库房租、水电费；保管人员有关费用；保管过程中的货损、货差；保管物资资金的银行利息。保管费用与保管数量的多少和保管时间的长短有关。

设单位物资单位时间的保管费为 c_1，平均库存量为 $\overline{Q}$，则 T 期间的总保管费 C_1 为

$$C_1 = c_1 \cdot \overline{Q} \cdot T$$

如每次订货量为 Q_0。对于瞬时到货的情况，如图 4-16 所示，则平均库存量为

$$\overline{Q} = \frac{Q_0}{2}$$

而 T 期间内的平均保管费为

$$\overline{C}_1 = \frac{C_1}{T} = \frac{Q_0}{2} \cdot c_1$$

可见，平均保管费与订货批量成正比。如图 4-17 所示。

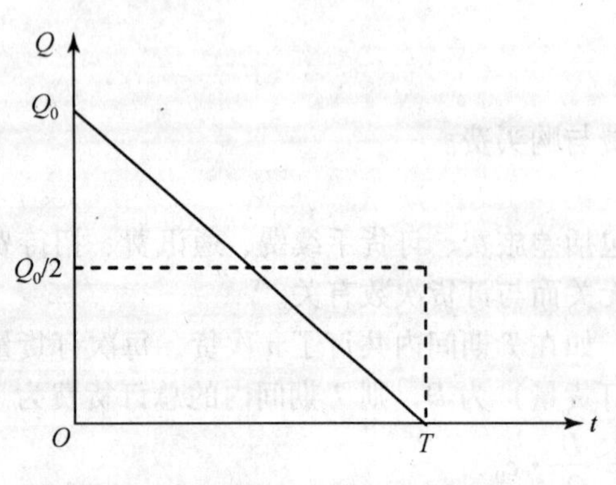

图 4-16　瞬时到货保管费与订货批量关系图

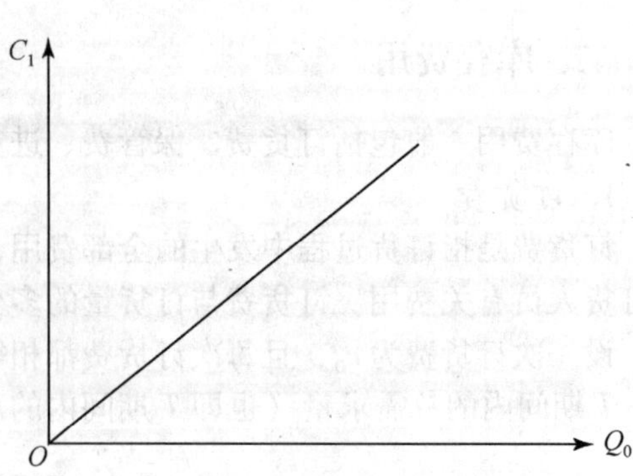

图 4-17　保管费与订货批量关系图

对于持时到货（即所订货物订货、进货需要一个单位以上的时间，库存量是逐渐增加的）的情况（图4-18），设进货的速率为 p、销售的速率为 R，订货批量为 Q_0，则所能达到的最高库存量 Q_{max} 为

$$Q_{max} = Q_0\left(1 - \frac{P}{p}\right)$$

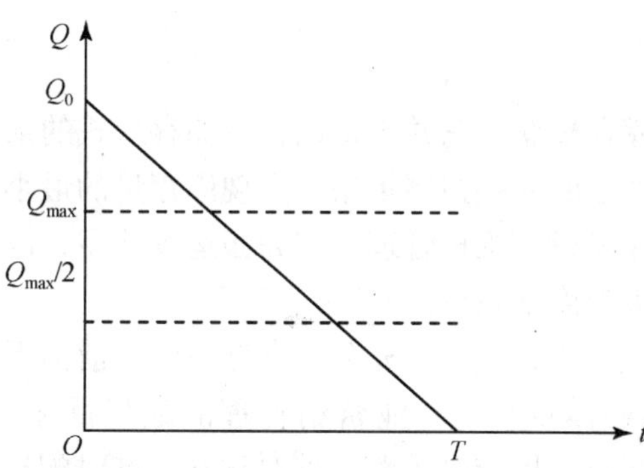

图4-18　持时到货保管费与订货批量关系图

T 期间的平均库存量等于

$$\overline{Q} = \frac{Q_{max}}{2}$$

所以 T 期间的平均保管费等于

$$\overline{C}_1 = \frac{C_1}{T} = \frac{Q_{max}}{2} \cdot c_1 = \frac{Q_0}{2} \cdot \left(1 - \frac{R}{p}\right) \cdot c_1$$

3. 进货费与购买费

所谓进货费，就是进货途中的全部费用，即运杂费。包括运费、包装费、装卸费、租赁费、延时费、货损、贷差等。而购买费，则指所购物资的原价。进货费与购买费都与订货批量无关，批量订多订少都不会影响其总进货费和购买费。我们把这种与订货批量无关的费用称为固定费用，而把那些与订货批量有关的费用称作可变费用。因此，进货费与购买费是固定费用，而订货费、保管费、缺货费、补货费是可变费用。

设单位物资的进货费为 c_3，单价为 K，订货批量为 Q_0，则总进货费与购买费 C_2 为

$$C_2 = (c_3 + K) \cdot Q_0$$

为简化起见，用 K 表示固定费用，则 C_2 可表示为

$$C_2 = (c_3 + K) \cdot Q_0 \approx KQ_0$$

则平均固定费用

$$\overline{C}_2 = \frac{KQ_0}{T} = K\overline{R}$$

4. 总费用

总费用是各项费用的总和。即

$$C = C_0 + C_1 + C_2$$

总平均费用为

$$\bar{C} = \bar{C}_0 + \bar{C}_1 + \bar{C}_2 = \frac{R}{Q_0}c_0 + \frac{Q_0}{2}c_1 + KR \qquad \text{（瞬时到货）}$$

$$\bar{C} = \bar{C}_0 + \bar{C}_1 + \bar{C}_2 = \frac{R}{Q_0}c_0 + \frac{Q_0}{2}\left(1 - \frac{R}{p}\right)c_1 + KR \qquad \text{（持时到货）}$$

三、零库存

1. 零库存的概念

零库存是一种特殊的库存概念，它并不是以仓库储存形式的某种或某些物品的储存数量真正为零，而是通过实施特定的库存控制策略，实现库存量的最小化。零库存可使仓库存货带来的一系列问题，如仓库建设、维护管理、装卸搬运等费用，以及存货占用流动资金和库存物资老化变质等问题最大限度地减少。

零库存对某个具体企业而言，是在有充分社会储备保障前提下的一种特殊库存形式。零库存是企业综合管理实力的体现，是企业营销管理的最高目标。企业的零库存就是三个"JIT"（Just in Time，准时制），即准时采购、准时送料、准时配送，以达到生产资料的最佳衔接、资金的高效率运转，做到以销定产，以产定购，发运及时，从而达到库存最少、占用资金少的目的。

2. 零库存的实现形式

（1）准时供应

依靠有效的衔接和计划达到工位之间、供应与生产之间的协调，从而实现零库存。准时方式是广泛采用、灵活性较强、较易实现的零库存方式。

（2）看板方式

准时方式中一种简单有效的方式，也称"传票卡制度"或"卡片"制度，由日本丰田公司首先采用。在企业的各工序之间，或在企业之间，或在生产企业与供应者之间，采用固定格式的卡片为凭证，由下一环节根据自己的节奏，逆生产流程方向，向上一环节指定供应，从而协调关系，做到准时同步。采用看板方式，有可能使供应库存实现零库存。

（3）水龙头方式

一种像拧开自来水管的水龙头就可以取水而无需自己保有库存的零库存形式。这种方式是由日本索尼公司首先采用的，经过一定时间的演进，已发展成即时供应制度，客户可以随时提出购入要求，采取需要多少就购入多少的方式，供货者以自己的库存和有效供应系统承担即时供应的责任，从而使客户实现零库存。适于这种供应形式实现零库存的物资，主要是工具及标准件。

（4）无库存储备

这是针对国家战略储备的物资而言的。战略储备物资往往是重要物资，一般这种储备都保存在条件良好的仓库中，以防止其损失，延长其保存年限。因而，实现零库存几乎是不可想象的事。但是可以采取无库存储备，即仍然保持储备，但不采取库存形式，以此达到零库存。有些国家将不易损失的铝这种战备物资作为隔音墙、路障等储备起来就是一例。

（5）协作分包方式

即美国的"Sub-Contract"方式和日本的"下请"方式。主要是制造企业的一种产业结

构形式，以若干企业的柔性生产准时供应，使主企业的供应库存为零；同时主企业的集中销售库存使若干分包劳务及销售企业的销售库存为零。如分包零部件制造的企业，可采取各种生产形式和库存调节形式，以保证按主企业的生产速率、按指定时间送货到主企业，从而使主企业不再设一级库存而实现零库存；主企业的产品分包给若干推销人或商店销售，通过配额、随时供应等形式，以主企业集中的产品库存满足各分包者的销售，使分包者实现零库存。

（6）轮动方式

也称同步方式，是在对系统进行周密设计前提下，使各环节速率完全协调，从而根本取消甚至是工位之间暂时停滞的一种零库存、零储备形式。轮动方式是在传送带式生产基础上，进行更大规模延伸形成的一种使生产与材料供应同步进行，通过传送系统供应从而实现零库存的形式。

（7）委托保管方式

是指接受客户的委托，由受托方代存代管所有权属于客户的物资，以使客户不再保有库存，甚至可不再保有保险储备库存，从而实现零库存。这种零库存形式可使受托方利用其专业的优势，可以实现较高水平和较低费用的库存管理，客户不再设仓库，同时减去了仓库及库存管理的大量事务，集中力量用于生产经营。但是，这种零库存方式主要是靠库存转移实现的，并不一定使库存总量降低。

（8）配送方式

即综合运用上述若干方式，采取配送制度保证供应，从而使客户实现零库存。

四、库存控制方法

在库存理论中，多周转期需求可分为两类：独立需求与相关需求。所谓独立需求是指需求变化独立，对一种产品需求的数量和时间与其他产品无关；所谓相关需求，是指对一种产品数量和时间的需求可以影响对另一种产品的需求。对于制造业来说，原材料、零部件的需求是由最终产品的需求量决定的，是一种相关需求；多数最终产品则是独立需求。例如，对汽车的需求是独立需求，而对汽车轮胎的需求是一种相关需求。因此，对这两种需求应采用不同的库存控制方法控制其库存水平。

1. 库存分类法

有效的管理和控制首先需要的是合理的分类。ABC 分类法和关键因素分析法（Critical Value Analysis，CVA）是较常见的两种方法。

1）ABC 分类法

一个仓库，物资品种成千上万，限于人力物力，不可能都实行同等程度的精心管理，也没有必要，应当实行重点管理。

在实践中人们发现，库存物资有的销售快，有的销售慢，有的价钱高，有的价钱低。在很多情况下，少数几个品种物资的销售额却占了总销售额的绝大部分，而占库存品种绝大多数的物资销售金额只占一小部分。在这种情况下，可以将那些品种很少而销售金额很大的物资划分为 A 类物资，实行重点管理，而把那些品种多但销售金额很少的物资划分为 C 类，实行简单管理，其余再划分为 B 类，实行一般管理。ABC 分类原理图如图 4-19 所示。

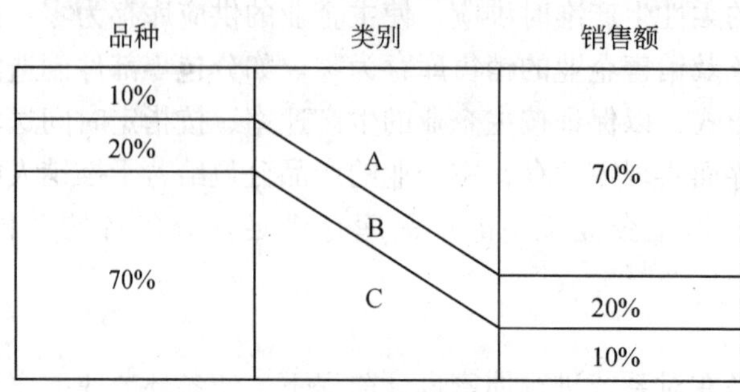

图 4-19　ABC 分类原理示意图

具体划分物资类别的步骤如下：①计算每种物资年度消耗占用资金的数量，可以用年度物资需求量乘以物资单价求得；②将物资品种按年消耗占用资金数额的大小进行由大到小排序；③逐项累加物资消耗占用资金之和，最末一项累计资金总额即是全年物资消耗占用资金的总和。在此基础上，可分别计算各项累计金额占全年消耗占用资金总额的百分比；④再用同样的方法计算出累计物资品种数和累计品种数占物资品种总数的百分比；⑤按照资金消耗百分比和品种数百分比作标志，进行物资分类。这里应当指出，A 类物资可以是高价低耗或低价高耗等情况。同理，B、C 类物资也可能是单价较高，只是因为需求量很小才使得年消耗资金数额较低。

对库存物资进行 ABC 分类之后，便要根据企业的经营策略对各类物资进行不同的管理和控制。如果能降低 A 类物品的库存水准，便会显著地减少库存投资，因此对 A 类物资要进行重点管理与控制。企业必须对这类库存进行严密控制，一般情况下应该尽可能采用定量订货法进行订货（低价高耗的物资，为减少订货次数和有可能获得价格折扣、运输优惠，可以缩短订货周期进行定期订货），并详细、完整进行记录及经常检查分析物资使用、存量增减、品质维持等信息，在满足企业内部需要和顾客需要的前提下维持尽可能低的经常库存量和安全库存量，加强与供应链上下游企业合作降低库存水平，加快库存周转率。B 类物资属于一般重要的库存，对于这类库存的管理强度介于 A 类库存和 C 类库存之间，一般进行正常的例行管理和控制，如根据经验和统计资料来确定订货批量，或用订货点法来确定订货批量，也可用加大的经济批量作为订货批量；在管理上可按大类来进行控制，不必具体到每个品种、规格等。C 类物资数量最大但对企业的重要性最低，因而被视为不重要的库存。对于这类库存一般进行简单的管理和控制。比如，采用双堆法（简便的定量订货法）进行订货，大量采购大量库存以避免缺货，减少这类库存的管理人员和设施，库存检查时间间隔长等。

2）关键因素分析法（CVA 分析法）

对有的企业来讲，ABC 分类法并不十分适合。因为虽然某些物资价值很低，被归为 C 类，如拉链、螺母之类，但却是生产过程中所不可缺少的，一旦缺货将导致生产的停顿。此时，可以借用 CVA 分析法加以弥补。它根据库存产品的重要性将其分为最高优先级、高优先级、中等优先级和低优先级四个级别，再分别制定不同的库存管理策略。在很多时候，企业单独采用 ABC 或关键因素分析法，并不能达到理想的库存管理目标，这就需要将两者有机地结合在一起，既保证生产经营中关键材料、产品的供应，可以有针对性地对经济效益高

的产品加强管理，从整体上提高资源的利用水平，提高客户满意程度。

CVA 库存管理法又称为关键因素分析法，CVA 库存管理法比 ABC 库存管理法有更强的目的性。在使用中，不要确定太多的高优先级物品，因为太多的高优先级物品，结果是哪种物品都得不到重视。在实际工作中可以把两种方法结合使用，效果会更好。表 4-2 列示了按 CVA 库存管理法所划分的库存种类及其管理策略。

CVA 库存管理库存种类及其管理策略 表 4-2

库存类型	特　点	管理措施
最高优先级	经营管理中的关键物品，或 A 类重点客户的存货	不可缺货
较高优先级	生产经营中的基础性物品，或 B 类客户的存货	允许偶尔缺货
中等优先级	生产经营中比较重要的物品，或 C 类客户的存货	允许合理范围内缺货
较低优先级	生产经营中需要，但可替代的物品	允许缺货

2. 独立需求条件下库存控制方法

独立需求条件下库存控制方法一般有很多模型，但是总体可以归纳为两大系统：一个是定量订货系统，一个是定期订货系统。因此定量订货法和定期订货法是库存控制的最基本的方法。它们可以适用于随机型库存，也可以适用于确定型库存。它们有一个共同的原理，就是根据用户需求量的大小情况，制定一个订货进货策略，来控制订货进货过程，达到既满足用户需要，又控制了库存水平，达到库存总费用最小的目的。因此这些库存控制方法，实际上又可以叫做订货策略。它们主要都是解决与订货有关的三个问题：什么时间订货，即订货点、订货时机；订多少，即订货批量；如何实施，即订货法如何操作。

1）库存控制的基本术语

（1）在途库存是指已经订货但尚未到达目的地、正处于运输状态或等待运输状态的库存。

（2）在库库存是指已验收入库，库内现有的可用于供应的库存。

（3）名义库存是指在途库存与在库库存之和。

（4）经济订购批量（EOQ）是从经济的观点出发制定库存策略，使库存总成本最低的订货批量，用 Q^* 表示。

（5）订货点是库存随着每日的需求而不断减少，当库存量降低到某一水平时，就要启动订货程序来进行库存补充，达到这个临界状态时的库存量就是所谓的订货点，以 Q_K 表示。

（6）订货提前期是指从发出订单到所订货物运回入库所花费的时间，以 T_K 表示。

（7）库存总成本是由订货费用、采购费用、储存费用和缺货费用构成，以 TC 表示。

订货费用是为补充库存而进行订货时发生的各种费用，如各种手续费、通信费、差旅费、验收费等，主要由订货次数决定，一般与批量关系不大。

采购费用即购买物资所花的费用。如果供应商采取差别定价策略，为用户提供批量折扣时，可以增大采购批量，获得价格优惠，降低采购费用。

储存费用是物资在储存过程中发生的费用，一般与库存数量成正比关系。它包括存货占用资金应计的利息、存货保险费、仓库保管费（仓储设施的运行费、维修费、折旧费、仓

库工作人员的工资以及仓库的其他日常管理费等）、存货损耗费（货物的各种有形损耗和无形损耗）。

缺货费用是指因存货用尽、供应中断而使生产经营上的需求不能得到满足所造成的经济上的各种损失。一般分为三类：延期交货费用、销售额损失、商誉损失（丧失顾客），第三类是最严重、最致命的。

2）定量订货法

定量订货法是指库存量下降到预定的最低库存数量（订货点）时，按固定的订货数量（一般以经济订货批量 EOQ 为标准）进行订货补充的方法。因此，它主要靠控制订货点和订货批量两个参数来控制订货进货。

（1）定量订货法的原理。定量订货法的原理是预先确定一个订货点 Q_K，在销售过程中随时检查库存，当库存下降到 Q_K时，就发出一个订货批量，订货批量一般取经济订购批量 Q^*，其原理如图 4-20 所示。

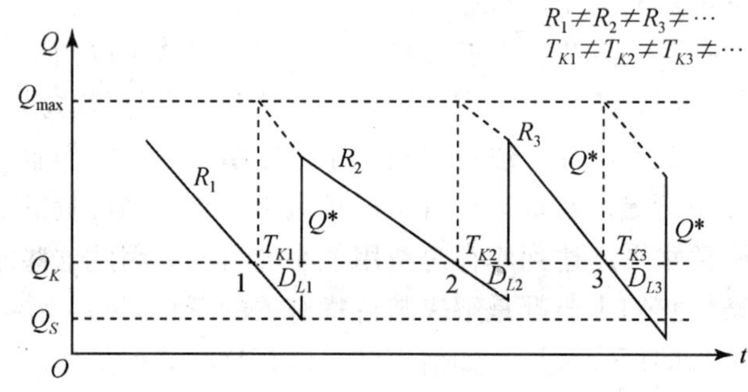

图 4-20　定量订货法原理图

这里假设的是随机型，也就是假设销售速率 $R_1 \neq R_2 \neq R_3 \neq \cdots$，订货提前期 $T_{K1} \neq T_{K2} \neq T_{K3} \neq \cdots$，因而提前期需求量 $D_{L1} \neq D_{L2} \neq D_{L3} \neq \cdots$，各个提前期需求量进行平均就是 $\overline{D_L}$。

假设已确定订货点为 Q_K，订货批量为 Q^*。其中 Q_K由两部分构成，一部分是安全库存 Q_S，另一部分是订货提前期平均需求量 $\overline{D_L}$，$Q_K = Q_S + \overline{D_L}$。假设在第一个周期，随着销售的进行，库存量以 R_1的速度下降，当库存下降到 Q_K（1 点）时，就发出订货，订货批量为 Q^*。随后进入第一个订货提前期 T_{K1}，在 T_{K1}内库存继续以 R_1 的速率下降。提前期 T_{K1}结束时，消耗掉的库存物资数量为 D_{L1}，使库存水平下降到最低。此时所订货物批量 Q^*到达，实际库存量一下上升一个 Q^*，达到高库存，然后进入第二个周期的销售。假设第二个周期的销售速率为 R_2，当库存下降到 Q_K（2 点）时，又发出订货，订货批量为 Q^*。随后进入第二个订货提前期 T_{K2}。提前期 T_{K2}结束时，消耗掉的库存物资数量为 D_{L2}，使库存水平又下降到最低。这时新订的货物批量 Q^*到达，实际库存量一下又上升一个 Q^*达到高库存，然后进入第三个周期的销售。这样不断循环下去。

当然也可以是确定型的情况，这时 $R_1 = R_2 = R_3 = \cdots$，$T_{K1} = T_{K2} = T_{K3} = \cdots$，因而提前期销售量 $D_{L1} = D_{L2} = D_{L3} = \cdots = \overline{D_L}$，即每个提前期的需求量均相等，那么应该有 $\sigma_T = 0$，$\sigma_R = 0$，这种情况不需设置安全库存。

（2）订货点的确定。针对不同的情况，订货点的确定有各自不同的表达形式。一般情

况下，R 和 T_K 为随机型正态分布，订货点的大小与销售速率和订货提前期这两个因素有关，同时还应该考虑安全库存，则订货点

$$Q_K = \overline{D_L} + Q_S = \overline{D_L} + \alpha\sigma_D$$

$$= \overline{R}\,\overline{T_K} + \alpha\sqrt{\overline{T_K}\sigma_R{}^2 + \overline{R}^2\sigma_T{}^2} \tag{4-9}$$

式中，$\overline{R}$ 为平均单位时间需求量值；$\overline{T_K}$ 为平均订货提前期；α 为安全系数；σ_D 为订货提前期需求量的标准偏差；σ_R 为单位时间需求量的标准偏差；σ_T 为订货提前期的标准偏差。α 由库存满足率 p 或缺货率 q 确定。

库存满足率 p 和或缺货率 q 为

$$p = P\{D_L \leqslant Q_K\} \tag{4-10}$$

$$q = P\{D_L > Q_K\} \tag{4-11}$$

库存满足率 p 的数值等于实际发生的提前期需求量小于等于额定库存量 Q_K 的累计概率；缺货率 q 的数值等于实际发生的提前期需求量超过额定库存量 Q_K 的累计概率。

当 R 和 T_K 为随机型非正态分布时，订货点的订货量为

$$Q_K = D_L | P\{D_L \leqslant Q_K\} = p \tag{4-12}$$

或

$$Q_K = D_L | P\{D_L > Q_K\} = q \tag{4-13}$$

这时，订货点 Q_K取某个 D_L 值，该 D_L 小于等于 Q_K 的概率等于给定的库存满足率 P 或大于 Q_K 的概率等于缺货率 q 。

当 R 和 T_K 为确定型情况时，订货点的订货量为

$$Q_K = D_L = RT_K \tag{4-14}$$

（3）订货批量的确定。通常取订货批量为一个经济订货批量 Q^* 。由于不同的库存控制模型中考虑的库存费用种类不尽相同，因此 Q^* 的表达式也不一致。例如在不允许缺货、瞬时到货的模型中的经济订货批量可表示为

$$Q^* = \sqrt{\frac{2c_0R}{c_1}} \tag{4-15}$$

式中，c_0为一次订货费用；c_1 为单位物资单位时间内的保管费。

其他情况下的经济订货批量模型还有很多，如不允许缺货、持时到货的经济批量模型，允许缺货、瞬时到货的经济批量模型，以及考虑价格折扣条件下的经济批量模型，延迟购买的经济批量模型，多品种联合订货的经济批量模型等，这里就不一一列举了。

有时，订货批量也有可能采用下列几种方法确定：

①取订货批量为一个时间单元内的需求量。例如，可以取几个 h、一天、一周、一月、一个季度，甚至一年的需求量为一个订购批量，这样在实际操作中比较方便、简单；

②除此以外，还可以取与某种包装单元，或运输单元的额定容量相等的或整数倍的数量。在这种情况下，既要考虑包装单元、运输单元，又要考虑我们的需求量，以需求量为主，兼顾包装单元、运输单元来制定合适的订购批量；

③有些商品，生产厂家是轮番批量生产的，有些是季节性生产的，它们都有一个供应周

期。这一批生产完了，要过一段时间才能再生产、再供应。在这种情况下，我们的订货批量应取整个供应周期的需求量。

定量订货法可以有效控制库存，降低库存成本，但对信息系统的要求很高，在人工记录处理数据的条件下，业务工作量大，成本高。因此，定量订货法常用于下列情况：与年需求量相比，流入流出业务的数量少；与订购成本相比，记录等文书业务成本低；物品的单价高，如对单价高的A类物资的库存管理；缺货成本高，如CVA分析法中优先级别高的物资；需求量的波动很大和难以预测；储存成本高。

计算机的应用使许多企业便于经常管理库存，常选择使用定量订货法控制订货进货。每种产品的订货点都可存储在计算机里，以便库存量下降到订货点时，就提醒补充订货，有些复杂的计算机系统甚至还能打印出订购单，只在订购单的签名处留出空白，以便采购人员复核签名。

3）定期订货法

定期订货法又称定期盘点法订货，是指每隔一段时间即进行订货，订货时间固定，每次订货量不定。该方法的关键在于确定一个订购周期 T 和一个最高库存量 Q_{max}，这个订购周期就是控制库存的订货时机，最高库存量就是控制库存的一个给定库存水准。此后每隔一个周期 T，就检查库存发出订货，订货批量的大小就是最高库存量与当时的实际库存量之差。

（1）定期订货法原理。定期订货法就是预先确定一个订货周期 T 和一个最高库存量 Q_{max}，周期性地检查库存，计算出当时的实际库存量 Q_{Ki}、已订货而还没有到达的物资量 I_i 以及已经售出但还没有发货的物资数量 B_i，然后发出一个订货批量 Q_i。Q_i 的大小应使得订货后的名义库存升高到 Q_{max}，其原理如图4-21所示。

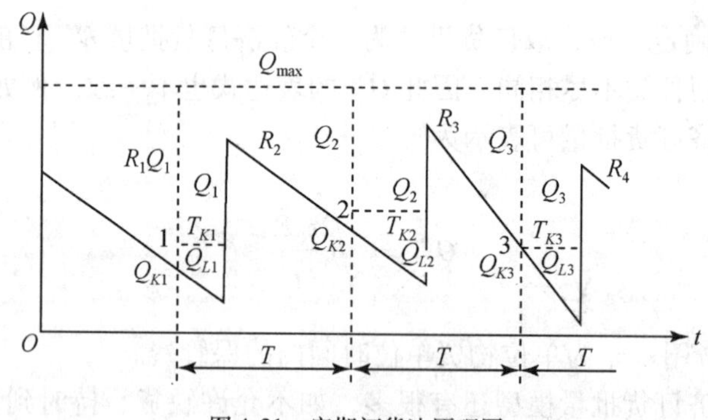

图4-21　定期订货法原理图

一般情况下销售速率 $R_1 \neq R_2 \neq R_3 \neq \cdots$，订货提前期 $T_{K1} \neq T_{K2} \neq T_{K3} \neq \cdots$。在第一个周期，库存以 R_1 的速率下降。因为预先已经确定了订货周期 T，也就是规定了订货时间。到了订货时间，不论库存量还有多少，都要发出订货。所以当到了第一次订货时间（1点）时，就检查库存，求出当时的库存量 Q_{K1}，并发出一个订货批量 Q_1，使名义库存上升到 Q_{max}。然后进入第二个周期，经过 T 时间又检查库存，得到此时的库存量 Q_{K2}，并发出一个订货批量 Q_2，使名义库存又上升到 Q_{max}……如此循环重复。

（2）订货周期 T 的确定。严格说来，一般应采用使库存总成本最小的经济订货周期作为定期订货法的订货周期。在不允许缺货、瞬时到货的条件下，经济订货周期

$$T^* = \sqrt{\frac{2c_0}{c_1 R}} \tag{4-16}$$

式中变量的含义与经济订货批量计算公式中的一样。

实际上，人们习惯取日历时间单元确定订货周期，例如周、旬、月、季、年等。人们通常按这些时间单元安排生产计划、工作计划。取这样时间单元可以跟生产计划、工作计划相吻合，比较方便。另外，订货周期可以取为供应商的生产周期或供应周期，以能够订到货物。

（3）最高库存量 Q_{max} 的确定。在定期订货法中，我们把订货周期和其后一个订货提前期合一起，即 $T + T_K$ 的长度作为一个时间单元，把 $T + T_K$ 期间内的需求量 D_{T+T_K} 作为制定 Q_{max} 的依据。如果 D_{T+T_K} 服从正态分布，可以用下式求 Q_{max}

$$\begin{aligned} Q_{max} &= \overline{D_{T+T_K}} + Q_S = \overline{D_{T+T_K}} + \alpha\sigma_D \\ &= \overline{R}(T + \overline{T_K}) + \alpha\sqrt{(T + \overline{T_K})\sigma_R{}^2 + \overline{R}^2\sigma_T{}^2} \end{aligned} \tag{4-17}$$

式中 $\overline{D_{T+T_K}}$ 和 σ_D 分别是订货周期与提前期的总需求的平均值和标准差。

如果“D_{T+T_K}”服从非正态分布，则最高库存量可由下式确定。

$$Q_{max} = D_{T+T_K} \mid P\{D_{T+T_K} \leqslant Q_{max}\} = p \tag{4-18}$$

或

$$Q_{max} = D_{T+T_K} \mid P\{D_{T+T_K} > Q_{max}\} = q \tag{4-19}$$

最高库存量 Q_{max} 取某个 D_{T+T_K} 值，该 D_{T+T_K} 小于等于 Q_{max} 的概率等于给定的库存满足率 P 或大于 Q_{max} 的概率等于缺货率 q。

当“D_{T+T_K}”为确定值时不需设置安全库存，此时 $\sigma_T = 0$、$\sigma_R = 0$，则有

$$Q_{max} = D_{T+T_K} = R(T + T_K) \tag{4-20}$$

（4）订货量的确定。在定期订购法中，每次的订货量一般都是不一样的，与每次订货时还剩下的库存量有关，当然还与订货时是否有已订未到量和已经销出但是还未提货的存货数量有关。第 i 次的订货量由下式确定

$$Q_i = Q_{max} - Q_{Ki} - I_i + B_i \tag{4-21}$$

式中 Q_{Ki}、I_i 和 B_i 分别是第 i 次盘点时求出的实际库存量、已订未到量和已售出尚未发货量。

定期系统的安全库存量比定量系统大，需要很高的储存成本，且遇到突发大批量订货时易造成缺货损失，但由于库存盘点记录成本低、便于进行多品种联合订货、订货次数减少等所带来的收益，有可能抵消其高的储存成本，所以定期订货法可用于以下几种情况：

①企业未建立自动化的库存永续盘点制度，主要是由仓库管理员定期用手工操作方法检查各种存货的库存数量，以确定哪些存货库存已达到最低限额。这和库存盘点工作应定期进行。

②如果买方按固定订货间隔期订货，卖方可以给予大笔折扣，由于获得的折扣比使用 EOQ 方法所得到的好处更大，所以，就使用定期订货管理制度。

③由于多品种合并订货可以显著地降低运输成本和订购成本。

④企业按产地交货价格（FOB）购入生产所需原材料，同时尽量利用自己的运输车辆，

将原材料运回工厂。例如，某企业的自备运输车辆常从货物产地空驶回厂，企业就在货物产地购买原材料，定期利用自己的回空车辆将原材料运回工厂。

下面举例说明定量订货法和定期订货法的应用。

例 4-1 某金属公司销售钢材，过去 12 周每周销售的钢材量（t）分别是 162、173、167、180、181、172、170、168、167、174、170 和 168。如果它们服从正态分布，订货进货提前期为 1 周，一次订货费用 200 元，1t 钢材保管一周需要保管费 10 元，要求库存满足率达到 90%。如果实行定量订货法控制，应该怎样进行操作？

解 由题意可知，需求速率 R 是一个随机变量，订货提前期 T_K 是一个常量，$\sigma_T = 0$。为了确定订货点，首先要求出 R 的平均值和 R 的标准偏差，即 R 的平均值

$$\overline{R} = \frac{\sum_{i=1}^{12} R_i}{12} = 171$$

R 的标准偏差

$$\sigma_R = \sqrt{\frac{\sum_{i=1}^{12}(R_i - \overline{R})^2}{12}} = 5.23$$

所以 R 服从以 171 为平均值、5.23 为标准偏差的正态分布

$$R \sim N(171, 5.23)$$

再由库存满足率 $p = 0.9$，查安全系数表得 $\alpha = 1.28$。所以订货点

$$\begin{aligned} Q_{KS} &= \overline{D_L} + \alpha\sigma_D = \overline{R}T_K + \alpha\sqrt{T_K}\sigma_R \\ &= 171 \times 1 + 1.28 \times \sqrt{1} \times 5.23 \\ &= 177.69(\mathrm{t}) \end{aligned}$$

订货批量取经济订货批量

$$Q^* = \sqrt{\frac{2c_0\overline{R}}{c_1}} = \sqrt{\frac{2 \times 200 \times 171}{10}} = 82.7(\mathrm{t})$$

所以具体实施定量订货法，就是随时检查库存，当库存量下降到 177.69t 时，就发出订货单，订货批量取经济订货批量 82.7t。当然，在实际工作中不一定要那么精确，可以根据实际情况做一些必要的调整。

例 4-2 某公司对某个商品的销售量进行研究分析发现用户需求服从正态分布。过去 9 个月的销售量（t/月）分别是：11、13、12、15、14、16、18、17、19，已知订货提前期为 1 个月，一次订货费为 30 元，1t 物资一个月的保管费为 1 元。如果要求库存满足率达到 90%，根据这些情况应当如何制定定期订货法策略。又在实施定期订货法策略后，第一次订货检查时发现现有库存量为 21t，已订未到物资 5t，已经售出但尚未提货的物资 3t，问第一次订货时应该订多少？

解 由题意可知，R 服从正态分布，T_K 为常量。则

R 的平均值
$$\overline{R} = \frac{\sum_{i=1}^{9} R_i}{9} = 15\ (\text{t/月})$$

R 的标准偏差

$$\sigma_R = \sqrt{\frac{\sum_{i=1}^{9}(R_i - \overline{R})^2}{9}} = 2.58$$

再求订货周期 T，这里取经济订货周期

$$T^* = \sqrt{\frac{2c_0}{c_1 \overline{R}}} = \sqrt{\frac{2 \times 30}{1 \times 15}} = 2(\text{t/月})$$

再由 $p = 0.9$ 时，$\alpha = 1.28$，所以最高库存量

$$\begin{aligned} Q_{\max} &= \overline{R}(T + \overline{T_K}) + \alpha\sqrt{(T + \overline{T_K})\sigma_R{}^2 + \overline{R}^2\sigma_T{}^2} \\ &= \overline{R} \times (T + T_K) + \alpha\sqrt{(T + T_K)}\sigma_R \\ &= 15 \times (2 + 1) + 1.28 \times \sqrt{(2 + 1)} \times 2.58 = 50.7(\text{t}) \end{aligned}$$

因此，具体的定期订货策略是：设置订货周期为 2 个月，最高库存量为 50.7t。周期性检查库存发出订货，每次订货量的大小使得订货后的名义库存量达到 $Q_{\max}$。所以，第一次检查库存发出订货量为

$$Q_i = Q_{\max} - Q_{Ki} - I_i + B_i = 50.7 - 21 - 5 + 3 = 27.7(\text{t})$$

复习思考题

4-1　仓储有哪些类型？

4-2　举例说明仓储的功能。

4-3　分析物资入库的作业流程。

4-4　堆垛法有哪些类型。

4-5　分析仓库货区布置的形式有哪些种。

4-6　如何实现零库存。

4-7　ABC 分类法及 CVA 分析法的含义。

第五章　配 送 管 理

第一节　配 送 概 述

配送是物流中一种特殊的、综合的活动形式，是商流与物流的紧密结合，包含了商流活动和物流活动，也包含了物流中若干功能要素的一种形式。从物流来讲，配送几乎包括了所有的物流功能要素，是物流的一个缩影或在某小范围中物流全部活动的体现。一般的配送集装卸、包装、仓储、运输于一身，通过这一系列活动完成将货物送达的目的。特殊的配送还要以加工活动为支撑，包括的面更广。

一、配送的概念

配送的英语原词为 Delivery，是交货、送货的意思，但不能将它简单地理解为交货、送货。目前，对配送的定义有不少，比较有代表的是日本颁布的《日本工业标准（JIS）物流用语》中将配送定义为："将货物从物流据点送交给收货人"。

早稻田大学教授西泽修博士在他的专著《物流 ABC 指南》中对配送进行了较为详细的描述："从发货地到消费地之间，所有进货品、半成品、发货品及库存品都是有计划地、统一地进行管理和实施。配送是费用最低、服务最好的送货方式，为了最有效地将原材料、产品送达，把采购、运输、仓库的功能有机地组合在一起。"

我国物流前辈王之泰教授从两个方面对配送进行了定义：

1）从经济学资源配置的角度

对配送在社会再生产过程中的位置和配送的本质行为予以表述：

配送是以现代送货形式实现资源的最终配置的经济活动。这个概念的内涵，概括为四点：

（1）配送是资源配置的一部分，根据经济学家的理论认识，因而是经济体制的一种形式；

（2）配送的资源配置作用，是"最终配置"，因而是接近顾客的配置。接近顾客是经营战略至关重要的内容。美国兰德公司对《幸福》杂志所列的 500 家大公司的一项调查表明"经营战略和接近顾客至关重要"，证明了这种配置方式的重要性。

（3）配送的主要经济活动是送货，这里面强调现代送货，表述了其和我国旧式送货的区别，其区别以"现代"两字概括，即现代生产力、劳动手段支撑的，依靠科技进步的，实现"配"和"送"有机结合的一种方式；

（4）配送在社会再生产过程中的位置，是处于接近用户的那一段流通领域，因而有其

局限性，配送是一种重要的方式，有其战略价值，但是它并不能解决流通领域的所有问题。

2）从配送的实施形态角度

按用户定货要求，在配送中心或其他物流结点进行货物配备，并以最合理方式送交用户。这个概念的内容概括为六点：

（1）整个概念描述了接近用户资源配置的全过程。

（2）配送实质是送货。配送是一种送货，但和一般送货有区别：一般送货可以是一种偶然的行为，而配送却是一种固定的形态，甚至是一种有确定组织、确定渠道，有一套装备和管理力量、技术力量，有一套制度的体制形式。所以，配送是高水平送货形式。

（3）配送是一种“中转”形式。配送是从物流结点至用户的一种特殊送货形式。从送货功能看，其特殊性表现为：从事送货的是专职流通企业，而不是生产企业；配送是“中转”型送货，而一般送货，尤其从工厂至用户的送货往往是直达型；一般送货是生产什么，有什么送什么，配送则是企业需要什么送什么。所以，要做到需要什么送什么，就必须在一定中转环节筹集这种需要，从而使配送必然以中转形式出现。当然，广义上，许多人也将非中转型送货纳入配送范围，将配送外延从中转扩大到非中转，仅以“送”为标志来划分配送外延，也是有一定道理的。

（4）配送是“配”和“送”有机结合的形式。所谓“配”是指配货品、配车辆、配用户、配时间、配路线等活动；所谓“送”则是指送货。配送是以“配”为重点，并将备货、储存、分拣、配组、配载、包装、装卸等物流作业活动在小范围内进行整合。而在配送过程中包含的那部分运输，处于“二次运输”、“支线运输”、“终端运输”位置，只是完成配送业务的重要保证而已，并非配送业务的精髓所在。配送与一般送货的重要区别在于，配送利用有效的分拣、配货等理货工作，使送货达到一定的规模，以利用规模优势取得较低的送货成本。如果不进行分拣、配货，有一件运一件，需要一点送一点，这就会大大增加动力的消耗，使送货并不优于取货。所以，追求整个配送的优势，分拣、配货等项工作是必不可少的。

（5）配送以用户要求为出发点。“按用户的订货要求”明确了用户的主导地位。配送是从用户利益出发、按用户要求进行的一种活动，因此，在观念上必须明确“用户第一”、“质量第一”，配送企业的地位是服务地位而不是主导地位，因此不能从本企业利益出发而应从用户利益出发，在满足用户利益基础上取得本企业的利益。更重要的是，不能利用配送损伤或控制用户，不能利用配送作为部门分割、行业分割、割据市场的手段。

（6）概念中“以最合理方式”的提法是基于这样一种考虑：过分强调“按用户要求”是不妥的，用户要求受用户本身的局限，有时实际会损失自我或双方的利益。对于配送者讲，必须以“要求”为据，但是不能盲目，应该追求合理性，进而指导用户，实现共同受益的商业原则。这个问题近些年国外的研究著作也常提到。

在国家标准《物流术语》（GB/T 18354—2006）中将配送定义为：“在经济合理区域范围内，根据用户要求，对物品进行拣选、加工、包装、分割、组配等作业，并按时送达指定地点的物流活动。”

总之，配送是流通领域一种以社会分工为基础的，综合性、完善化和现代化的送货活动。配送示意图见图 5-1。

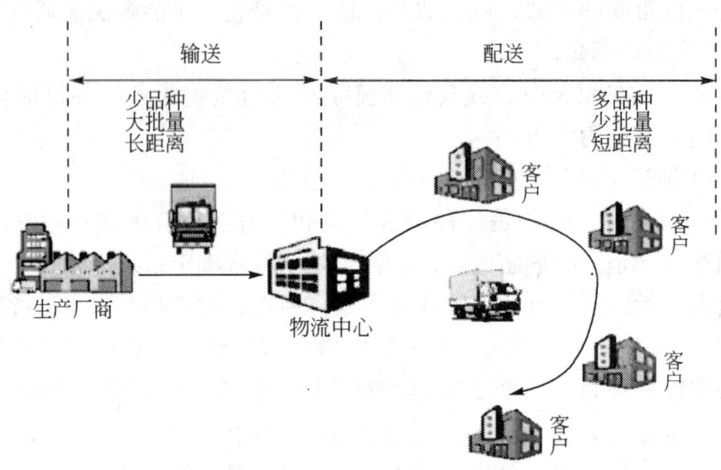

图 5-1　配送示意图

二、配送的特点

1. 时效性

快速及时，即确保在客户指定的时间内交货是客户最重视的因素，也是配送服务性的充分体现。配送是从客户订货到交货的最后环节，也是最容易引起时间延误的环节。影响时效性的因素有很多，除配送车辆故障外，所选择的配送线路不当、中途客户卸货不及时等均会造成时间上的延误，因此，必须在认真分析各种因素的前提下，用系统化的思想和原则，有效协调，综合管理，选择配送线路、配送车辆、送货人员，使每位客户在其所期望的时间能收到所期望的货物。

2. 安全性

配送的宗旨是将货物完好无损地送到目的地。影响安全性的因素有货物的装卸作业、运送过程中的机械振动和冲击及其他意外事故、客户地点及作业环境、配送人员的素质等，这些都会影响配送运输的安全性，因此，在配送管理中必须坚持安全性的原则。

3. 沟通性

配送是末端服务，它通过送货上门服务直接与客户接触，是与顾客沟通最直接的桥梁，代表着公司的形象和信誉，在沟通中起着非常重要的作用，所以，必须充分利用配送活动中与客户沟通的机会，巩固和发展公司的信誉，为客户提供更优质的服务。

4. 方便性

配送以服务为目标，以最大限度地满足客户要求为优先，因此，应尽可能地让顾客享受到便捷的服务。通过采用高弹性的送货系统，如紧急送货、顺道送货与退货、辅助资源回收等，为客户提供真正意义上的便利服务。

5. 经济性

实现一定的经济利益是企业运作的基本目标，因此，对合作双方来说，以较低的费用，完成配送作业是企业建立双赢机制加强合作的基础。所以客户的要求不仅是高质量、及时方便的配送服务，还必须提高配送的效率，加强成本控制与管理，为客户提供优质、经济的配

送服务。

三、配送的作用

配送业务与运输、仓储、装卸搬运、流通加工、包装和物流信息融为一体，构成了物流系统的功能体系，其作用表现在以下几方面：

1. 提高企业物流系统的运行经济效益

采取配送方式，一则通过统一订货，增大订货经济批量，降低进货成本；二则通过将顾客所需的各种商品配备好，集中向客户发货，以及将多个客户所需的小批量商品集中在一起进行一次发货等方式，减少运输费用；三则通过集中库存，使企业降低库存量。实现了高水平的配送之后，企业甚至可以实现“零库存”经营战略。

2. 简化手续，方便客户

采用配送方式，客户只需向一个企业订购，就可订购到以往需向许多企业订购才能订到的货物，接货手续也可简化。因而大大减轻了客户工作量，节省了开支，方便了客户，从而提高了物流服务质量。

3. 提高物品供应或商品销售保证程度

由工商企业自己保持库存、维持生产或销售，由于受到库存费用的制约，商品供应或销售保证程度很难提高。在物料或商品供应方面，而采取配送方式，配送中心比任何单独企业的储备量大得多，但相对整体社会库存来说又大为减少，集中库存、相互调剂的统筹优势，对每个企业而言，由于缺货而影响生产的风险便相对缩小。在商品销售方面，通过商品配送服务，及时满足客户多样化、个性化需求，则大大提升企业销售竞争力。

4. 配送是电子商务的平台

在电子商务时代，企业开展 B2B、B2C 网络营销、网上采购，配送就显得更重要，可以说它是电子商务的平台。电子商务没有物流配送作支撑，电子商务将成为一句空话，网络经济也将是泡沫。在连锁经营中，企业内部集配体系的核心技术同样是配送。所以，有人说，21 世纪是物流的世纪，谁掌握了物流配送，谁就掌握了市场的主动。

四、配送的分类

根据不同的分类标志，配送有不同的分类方法，主要有以下六种。

1. 按配送据点的不同分类

1）配送中心配送

这种配送的据点是配送中心，规模大。配送中心配送专业性强，和用户一般有固定的配送关系，配送设施及工艺是按用户专门设计的。所以，配送中心配送具有能力强、配送品种多、数量大等特点。但由于规模大，要有一套配套设施、设备，使其投资较高，而且由于服务对象固定，其灵活机动性较差，有一定的局限性。

2）仓库配送

它一般是以仓库为据点进行的配送。也可以是以原仓库在保持储存保管功能的前提下，增加一部分配送职能。仓库的配送规模较小，配送的专业化较差。

3）商店配送

这种配送的据点是商业或物资的门市网点。商店配送形式是除自身日常的零售业务外，按用户的要求将商店的品种配齐，或代用户外订购一部分本店平时不经营的商品，和本店经营的品种配齐后送达用户。因此，在某种意义上讲，它是一种销售配送形式。

2. 按配送商品种类和数量不同分类

1）单（少）品种大批量配送

这种配送适应于那些需要量大、品种单一或少品种的企业。由于这种配送品种单一、数量大，可以实行整车运输，有利于车辆满载和采用大吨位车辆运送，同时，配送中心内部设置、组织、计划等工作也较简单，因此，配送成本较低。

2）多品种少批量配送

这种配送的特点是用户所需的物品数量不大、品种多，因此在配送时，要按用户的要求，将所需的各种物品配备齐全，凑整装车后送达用户。这种配送方式作业水平要求高，技术装备较为复杂，配货送货计划难度大，要求高水平的组织管理。这种方式也正符合现代“消费多样化”、“需求多样化”的新观念，是许多发达国家推崇的方式。

3）成套配套配送

按企业生产需要，尤其是装配型企业生产需要，配送企业要将生产每一台产品所需的全部零部件配齐，按生产节奏定时送达生产企业，生产企业即可将此成套零部件直接送人生产线装配产品。在这种配送方式中，配送承担了生产企业的大部分物资供应工作，十分有利于生产企业实现“零库存”，实行专业化生产。

3. 按配送时间和数量的多少分类

1）定时配送

这种方式是按规定的时间间隔进行配送，如数天或数小时一次等，每次配送的品种、数量可按计划执行，也可以在配送之前以商定的联络方式（如电话、计算机终端输入等）通知配送品种和数量。这种方式时间固定，易于安排工作计划，易于计划使用设备，对用户来讲，也易于安排接货力量（如人员、设备等）。但是，由于配送物品种类变化，配货、装货难度较大，在要求配送数量变化较大时，也会使配送运力安排出现困难。

定时配送又有以下两种具体形式：

（1）日配（当日配送）。日配是定时配送中施行较广泛的方式，尤其在城市内的配送，日配送占了绝大多数比例。

日配的时间要求大体上是，上午的配送订货下午可送达，下午的配送订货，第二天早上送达，送达时间在订货的24h之内。或者是用户下午的需要保证上午送到，上午的需要保证前一天下午送到，在实际投入使用前24h之内送达。

日配方式广泛而稳定开展，就可使用户基本上无需保持库存，不以传统库存为生产或销售经营的保证，而以配送的日配方式实现这一保证。

日配方式对下述情况特别适合：消费者追求新鲜的诸种食品，如水果、点心、肉类、蛋类、菜蔬等；用户是多个小型商店，追求周转快，随进随售，因而需要采取日配形式快速周转；用户条件限制，不可能保持较长时期的库存，如已采用零库存方式的生产企业，“黄金宝地”位置的商店以及缺乏储存设施（如冷冻设施）的用户。

（2）小时配。即接到配送订货要求之后，在1h之内将货物送达。这种方式适用于一般

消费者突发的个性化需求所产生的配送要求，也经常用做配送系统中应急的配送方式。

（3）准时－看板方式。是使配送供货与生产企业生产保持同步的一种方式。这种方式比日配方式和一般定时方式更为精细准确，配送每天至少一次，甚至几次，以保证企业生产的不间断。这种方式追求的是供货时间恰好是用户生产之时，从而货物不需在用户仓库中停留，而可直接运往生产场地。这样和日配方式比较，连“暂存”这种方式也可取消，可以绝对地实现零库存。

准时－看板方式要求有高水平的配送系统来实施，由于要求迅速反应，因而不大可能对多用户进行周密的共同配送计划。适合于装配型重复大量生产的用户，这种用户所需配送的物资是重复、大量且无大变化的，因而往往是一对一的配送，即使时间要求可以不那么精确，也难以集中多个用户的需求实行共同配送。

（4）快递方式。是一种快速配送方式。快递服务一般而言覆盖地区较为广泛，所以服务承诺期限按不同地域会有所变化，这种快递方式综合利用“小时配”、“日配”等在较短时间内实现送达的方式，但不明确送达的具体时间，所以一般用做向社会广泛服务的方式，而很少用做生产企业“零库存”的配送方式。快递配送面向整个社会企业型和个人型用户，如日本的“宅急便”、美国的“联邦快递”、我国邮政系统的EMS快递都是运作得非常成功的快递配送。

2）定量配送

这种方式是按规定的批量在一个指定的时间范围内进行配送。由于配送数量相对固定，从而备货工作较为简单，可以通过与用户的协商，按托盘、集装箱及车辆的装载能力确定配送定额数量，这样可以提高配送效率。而时间规定不严格，可以将不同用户所需的物品凑整装车后配送，提高了运力利用率，并且可实行科学管理。

3）定时定量配送

这种方式是按照规定的时间、规定的货物品种和数量进行配送，兼有定时配送和定量配送两种方式的优点，但计划性更强，要求更高，很难实现共同配送等物流资源共享的配送方式，并且服务成本高，一般在用户有特殊要求时采用，不是一种普遍适用的方式。

4）定时定路线配送

这种方式是在规定的运行路线上，制定配送车辆到达的时间表，按运行时间表进行配送，用户可按配送企业规定的路线和规定的时间到指定的位置接货，是一种高水平的配送服务方式。

5）即时配送

这种方式是完全按用户突然提出的配送要求的时间和数量随即进行配送，是有很高灵活性的一种应急方式。采用这种方式配送的品种可以取消保险储备，从而实现零库存。

4. 按经营形式不同的分类

1）销售配送

配送企业是销售性企业，或销售企业作为销售战略的一环所进行的促销型配送。这种配送的配送对象往往是不固定的，用户也往往是不固定的，配送对象和用户依据对市场的占有情况而定，配送的经营状况也取决于市场状况，配送随机性较强而计划性较差。各种类型的商店配送一般多属于销售配送。

用配送方式进行销售是扩大销售数量、扩大市场占有率、更多获得销售收益的重要方式。由于是在送货服务前提下进行的活动，所以也受到用户的欢迎。

2）供应配送

用户为了自己的供应需要所采取的配送形式，往往由用户或用户集团组建配送据点，集中组织大批量进货（取得批量优惠）然后向本企业配送或向本企业集团若干企业配送。这种以配送形式组织对本企业的供应在大型企业或企业集团或联合公司中采用较多，例如商业中广泛采用的连锁商店，就常常采用这种方式。

用配送方式进行供应，是保证供应水平、提高供应能力、降低供应成本的重要方式。

3）销售－供应一体化配送

销售企业对于基本固定的用户和基本确定的配送产品可以在自己销售的同时承担用户有计划供应者的职能，既是销售者同时又成为用户的供应代理人，起用户供应代理人的作用。对某些用户来讲，这就可以取消自己的供应机构，而委托销售者代理。

这种配送对销售者来讲，能获得稳定的用户和销售渠道，有利于本身的稳定持续发展，有利于扩大销售数量。对于用户来讲，能获得稳定的供应，可大大节约本身为组织供应所耗用的人力、物力、财力，销售者能有效控制进货渠道，这是任何企业供应机构都难以做到的，因而对供应保证程度可望大大提高。

销售－供应一体化的配送是配送经营中的重要形式，这种形式有利于形成稳定的供需关系，有利于采取先进的计划手段和技术手段，有利于保持流通渠道的畅通稳定，因而受到人们的注目。

4）代存代供配送

用户将属于自己的货物委托配送企业代存、代供。有时还委托代订，然后组织对本身的配送。这种配送，在实施时不发生商品所有权的转移，配送企业只是用户的委托代理人，商品所有权在配送前后都属于用户所有，所发生的仅是商品物理位置的转移。配送企业仅从代存、代送中获取收益，而不能获得商品销售的经营性收益。

5. 按加工程度的不同分类

1）加工配送

这种配送是与流通加工相结合，在配送据点设置流通加工，或是流通加工与配送据点组成一体实施配送业务。流通加工与配送的结合，可以使流通加工更具有针对性，并且配送企业不但可以依靠送货服务、销售经营取得收益，还可以通过流通加工增值取得收益。

2）集疏配送

集疏配送是集货与配送相结合一种配送形式，如大批量进货后小批量、多批次发货，或零星集货后形成一定批量再送货等。

6. 按配送企业专业化程度分类

1）综合配送

配送商品种类较多，不同专业领域的产品在一个配送网点中组织对用户的配送。这一类配送由于综合性较强，故称之为综合配送。

综合配送可减少用户为组织所需全部物资进货的负担，只需和少数配送企业联系，便可解决多种需求的配送。因此，是对用户服务较强的配送形式。

综合配送的局限性在于，由于产品性能、形状差别很大，在组织时技术难度较大。因此，一般只是在性状相同或相近的不同类产品方面实行综合配送，差别过大的产品难以综合化。

2）专业配送

按产品性状不同适当划分专业领域的配送方式，如中、小件杂货配送、金属材料的配送、水泥的配送、木材的配送等。专业配送并非越细分越好，实际上在同一性状而类别不同产品方面，也是有一定综合性的。

专业配送重要的优势，是可按专业的共同要求优化配送设施，优选配送机械及配送车辆，制定适用性强的工艺流程，从而大大提高配送各环节工作的效率。

第二节 配送作业

一、配送的基本环节

配送是由备货、理货、配装和送货等几个基本环节组成的，而每个环节又包括若干项具体的作业活动，有些配送还经过流通加工。详细内容分述如下：

1. 备货

备货即指准备货物的系列活动。它是配送的基础环节。严格说来，备货应当包括两项具体活动：筹集货物和储存货物。

（1）筹集货物　在不同的经济体制下，筹集货物（或者说组织货源）是由不同的行为主体去完成的。若生产企业直接进行配送，那么，筹集货物的工作自然是由企业（生产者）自己去组织的。在专业化流通体制下，筹集货物的工作则会出现两种情况：其一，由提供配送服务的配送企业直接承担，一般是通过向生产企业订货或购货完成此项工作；其二，选择商流、物流分开的模式进行配送、订货、购货等筹集货物的工作通常是由货主（如生产企业）自己去做，配送组织只负责进货和集货（集中货物）等工作，货物所有权属于业主（接受配送服务的需求者）。

总之，不管具体做法怎样不同，就总体活动而言，筹集货物都是由订货（或购货）、进货、集货及相关的验货、结算等一系列活动组成的，其目的在于把用户的分散需求集合成规模需求，通过大批量的采购来降低进货成本，在满足用户要求的同时也提高了配送的效益。

（2）储存货物　储存货物是购货、进货活动的延续，是维系配送活动连续运行的资源保证。它包括入库、码垛、上架、上苫下垫、货区标识、货物的维护、保养等活动。

在配送活动中，货物储存有两种形态：一种是暂存形态；另一种是储备（包括保险储备和周转储备）形态。

暂存形态的储存是按照分拣、配货工序要求，在理货场地储存少量货物。这种形态的货物储存是为了适应“日配”、“即时配送”需要而设置的，其数量多少对下一个环节的工作方便与否会产生很大影响，但不会影响储存活动的总体效益。因此，在数量上并不作严格控制。

储备形态的储存是按照一定时期配送活动要求和根据货源的到货情况（到货周期）有

计划地确定的，它是使配送持续运作的资源保证。用于支持配送的货物储备有两种具体形态：周转储备和保险储备。然而，不管是哪一种形态的储备，相对来说，数量都比较多。据此，货物储备合理与否，会直接影响配送的整体效益。

备货是决定配送成败与否、规模大小的最基础的环节。同时，它也是决定配送效益高低的关键环节。如果备货不及时或不合理，成本较高，将大大降低配送的整体效益。

2. 理货

理货作业是出货最主要的前置工作。当现代企业配送中心接到配送指令后，管理人员要向有关的作业人员分配适当的工作量，作业人员再根据理货单上的内容说明，按照出货优先顺序、仓位区域号、配送车辆趟次号、门店号、先进先出等方法和原则，把出货商品整理出来，经复核人员确认无误后，放置到暂存区，准备装货上车。理货是配送的一项重要内容，也是配送区别于一般送货的重要标志。理货通常包括分拣（即分货与拣选）和配货作业。

理货作业一般有“播种方式”和“摘果方式”两种：

(1) 拣选式（也称摘果式）即作业人员或拣选机械巡回于仓库货架间，按照订单或理货单上所列的品种、规格和数量将客户所需要的货物逐个拣出。在一般情况下，一次拣选只为一个客户配齐订单或理货单上的商品。这种方式适合于用户数量较少，要货比较分散，用户的临时紧急需求（如即时配送）等情况。

(2) 分货式（也称播种式）即将各用户共同需要配货的一种商品集中搬运到配货场，然后取出每一用户理货单所需要的商品数量，分别投放到每个用户的货位处。一种商品配齐后，再按同样的方法配第二种商品，直至配货完成。这种方式适用于用户数量多、用户所需货物品种集中、单一用户每种货物需要量不大的情况。

以上这两种方式可以结合使用，例如，将门店的要货单按商品分类汇总后，对要货集中的商品采用播种式，要货分散的商品采用摘果式。

3. 配装

配装是送货的前奏，是根据运载工具的运能，合理配载的作业活动。在单个用户的配送量达不到运载工具的有效载荷时，为了充分利用运能和运力，往往需要把不同用户的配送货物集中起来搭配装载，以提高运送效率，降低送货成本。所以，配装也是配送系统中不可或缺的环节，是现代配送区别于传统送货的标志之一。配装一般包括粘贴或悬挂货物重量、数量、类别、物理特性、体积大小、送达地、货主等的标识并登记填写送货单、装载、覆盖、捆扎固定等项作业。

4. 送货

送货是配送活动的核心，也是配送的最终环节。要求做到确保在恰当的时间，将恰当的货物、恰当的数量，以恰当的成本送达恰当的用户。

由于配送中的送货（或运输）需要面对众多的客户，并且要多方向运输，因此，在送货过程中，常常进行运输方式、运输路线和运输工具的选择。按照配送合理化的要求，必须在全面计划的基础上，制订科学的、距离较短的配送路线，选择经济、迅速、安全的运输方式和适宜的运输工具。一般而言，城市或区域内的送货，由于距离较短，规模较小，频率较高，往往采用汽车、专用车等小型车辆作交通工具。

送货一般包括运送路线、方式、工具的选择，卸货地点及方式的确定，移交、签收和结

算等项活动。

在配送过程中，根据用户要求或配送对象（产品）的特点，有时需要在未配货之前先对货物进行加工（如钢材剪裁、木材截锯等），以求提高配送质量，更好地满足用户需要。融合在配送中的货物加工是流通加工的一种特殊形式，其主要目的是使配送的货物完全适合用户的需要和提高资源的利用率。

二、配送的工作程序

1. 制定配送计划

配送是一种物流业务组织形式，商流是其制定配送计划的主要依据，即商流提出了何时、何地、向何处送货的要求，配送则据此恰当安排运力、路线、运量，完成此项任务。制定正确而又可操作的配送计划，是既经济又有效地完成配送任务的重要前提。

配送计划的制订依据主要有以下几项：

(1) 订货合同（副本）。根据用户与配送中心（企业）的订货合同或用户与供应商的订货合同副本，确定用户的送达地、收货人、接货方式，货物的品种、规格、数量，送货时间及送接货的其他要求。

(2) 所需配送的各种货物的性能、运输要求，依此决定车辆种类及装卸搬运方式。

(3) 分日、分时的可用运力配置情况。

(4) 交通条件、道路水平。

(5) 各配送点所存货物品种、规格、数量情况等。

在充分掌握了上述必需的信息资料后，可以利用计算机的专用配送软件制定配送计划，在具备条件的企业或地区，可以通过计算机网络直接向具体执行部门下达命令。在不具备上述手段的条件下，可以利用下述步骤编制配送计划：

(1) 按日汇总各用户需要物资的品种、规格、数量，并详细弄清楚各用户的地址，可用地图标明，也可在表格中列出。

(2) 计算向各用户送货所需时间，以确定起运提前期。

(3) 确定每日应从每个配送点发运物资的品名、规格、数量。

利用上述信息资料，可采用图上或表上作业法制定配送计划，也可通过计算，以吨公里数最低或总运距最小，总运费最省等指标为目标函数，求解最优配送计划。

2. 下达配送计划

配送计划确定后，将到货时间、到货的品种、规格、数量通知配送点和用户，使配送点按计划发货、用户按计划准备接货。

3. 按配送计划确定物资需要量

各配送点按配送计划审定库存物资的保证配送能力，对数量、种类不符合要求的物资，及时组织补充进货。

4. 配送点下达配送任务

配送点向仓储部门、分货包装部门、运输部门及财务部门下达配送指令，各部门按指令分别完成配送准备。

5. 配货发运

理货部门，包括仓储部门和分货包装部门，按要求将各用户所需的各种货物进行分货及配货，然后进行适当的包装并详细标明用户名称、地址、配送时间、货物明细等，按计划将各用户货物组合、装车，然后将发货明细表交司机或随车送货人。

6. 送达

车辆按计划规定的路线或在规定的时间将物资运达用户，并由用户在回执上签字。

配送工作完成后，通知财务部门结算。

三、车载货物的配装

配送的主要特点之一，是所配送货物通常品种较多，但每种货物的数量又不大，单品种大批量的物资通常直达运输，而不采取配送方式，因此配送常常需要安排许多车辆才能满足对用户的服务，充分利用车辆的容积和载重量，是降低配送成本的重要手段之一。

由于重体货物能充分利用车辆载重量，而不能充分利用车辆容积，轻体货物能充分利用车辆的容积，却不能充分利用车辆的载重量，所以若采用轻体货物与重体货物配装的方法，可以同时最大限度地利用车辆的载重量和容积。同一车内轻重货物的配装量可通过公式（5-1）计算

$$\begin{cases} P_1 + P_2 = P \\ \dfrac{P_1}{\gamma_1} + \dfrac{P_2}{\gamma_2} = V \end{cases} \tag{5-1}$$

则

$$P_1 = (P - V \times \gamma_2)/(1 - \gamma_2/\gamma_1) = [\gamma_1 \times (P - V \times \gamma_2)]/\gamma_1 - \gamma_2$$

$$P_2 = P - P_1$$

式中：P——车辆标记载重量（t）；

P_1——重体货物装载量（t）；

P_2——轻体货物装载量（t）；

V——车辆全部有效容积（m^3）；

γ_1——重体货物比重（t/m^3）；

γ_2——轻体货物比重（t/m^3）。

例 5-1 储运公司利用 20 英尺箱向某地发运两种可装配的物资，该型号箱的限重为 17.5t，有效容积为 33m^3，重体物资比重为 0.70，轻体物资比重为 0.25，则轻重物资的配装数量应分别为多少？

解 根据公式（5-1）

$$P_1 + P_1 = 17.5$$

$$P_1/0.70 + P_2/0.25 = 33$$

则

$$P_1 = 14.4\text{t};\ P_2 = 3.1\text{t}$$

答：重体物资 14.4t，轻体物资 3.1t。

为了使用方便，根据某些轻重配装货物的比重，可以利用以上计算公式，编成各类车辆简明配装表，在装车时无需再进行计算，只要知道配装物资的比重，即可在配装表中直接查出轻、重体物资配装的数量。

应当注意，配装只是配送时要考虑的一个方面，如果货物性质及装运方面有特殊要求，货物之间会相互影响时，就不能单从配装的满载角度来考虑和决定问题。此外，还需顾及到分阶段向用户卸货问题，应当将后卸货物装在车厢内部，否则会延误整个配送时间，加大卸车费用。

四、配送路线的确定

1. 路线的确定原则

路线合理与否对配送的速度、成本、效益影响颇大，因此，采用科学合理的方法确定配送路线是配送活动中非常重要的一项工作。确定路线可以采取各种数学方法和在数学方法基础上发展和演变出来的经验方法。无论采用何种方法，首先应建立试图达到的目标，再考虑实现此目标的各种限制因素，在有约束的条件下寻找最佳方案，实现试图达到的目标。

目标的选择根据配送的具体要求、配送中心的水平、实力及客观条件而定，可以有以下许多种选择：

(1) 效益最高。在选择效益为目标时，一般是以企业当前的效益为主要考虑因素，同时兼顾长远的效益。效益是企业整体经营活动的综合体现，可以用利润来表示，计算时可以利润的数值最大化为目标值。但是效益是综合的反映，在拟定数学模型时，很难与路线之间建立函数关系，因此很少采用这一目标。

(2) 成本最低。计算成本比较困难，但成本和路线之间有密切关系，在成本对最终效益起决定作用时，选择成本最低为目标实际上就是选择了效益为目标，比较实用，因此是可以采用的。

(3) 路程最短。如果成本和路程相关性较强，而和其他因素是微相关时，可以采取路程最短的目标，这可以大大地简化计算，而且也可以避免许多不易计算的影响因素。需要注意的是，有时路程最短并不见得成本就最低，如果道路条件、道路收费影响了成本，单以最短路程为最优解是不合适的。

(4) 吨公里最小。吨公里最小通常是长途运输的目标选择，但在配送路线选择中，吨公里最小一般情况下是不适用的。

(5) 准时性最高。准时性是配送中重要的服务指标，以准时性为目标确定配送路线就是要将各用户的时间要求和路线先后到达的安排协调起来，这样有时难以顾及成本问题，甚至需要牺牲成本来满足准时性要求。当然，在这种情况下成本也不能失控，应有一定限制。

(6) 运力利用最合理。在运力非常紧张、运力和成本或效益又有一定相关关系时，为节约运力、充分运用现有运力，而不需要外租车辆或新购车辆，此时也可以运力安排为目标，确定配送路线。

(7) 劳动消耗最低。以油耗最低、司机人数最少、司机工作时间最短等劳动消耗为目标确定配送路线也有所应用，这主要是在特殊情况下（如供油异常紧张、油价非常高、意外事故引起人员减员、某些因素限制了配送司机人数等）必须选择的目标。

2. 确定配送路线的约束条件

以上目标在实现时都受到许多条件的约束，必须在满足这些约束条件的前提下取得成本

最低或吨公里最小的结果。一般的配送，约束条件有以下几项：

（1）满足所有收货人对货物品种、规格、数量的要求；

（2）满足收货人对货物发到时间范围的要求；

（3）在允许通行的时间（如城区公路白天不允许货车通行）中进行配送；

（4）各配送路线的货物量不得超过车辆容积及载重量的限制；

（5）在配送中心现有运力允许的范围之中。

3. 配送线路的优化方法

为将货物送到客户手中，需要从一个或多个配送中心组织配送运输。一般地，由于连接一个或多个配送中心和一个或多个配送目的地存在一个道路交通网，如何在这张道路交通网上综合考虑各线路车流量、道路状况、客户的分布状况、配送中心的选址、车辆额定载重量以及其他车辆运行限制等因素，找出一条最佳的运输线路解决方案，达到节省运行距离、运输时间和运行费用的目的就是配送线路优化的意义。

1）一对一配送的最短路线问题

一对一配送的最短路线问题指的是在由一个供应点到一个客户的配送运输模式中，要求选择最短的配送路线，实现高效率的配送，达到快速、经济配送的经营目的。

Dijkstra 在 1959 年提出了按路径长度的递增次序，逐步产生最短路径的 Dijkstra 算法。该算法可以用于求解任意指定两点之间的最短路径，也可以用于求解指定点到其余所有节点之间的最短路径。

该算法的基本思路是：一个连通网络 $G=(V,E)$ 中，$V=(v_1,v_2,\cdots,v_n)$，$E=(e_1,e_2,\cdots,e_n)$，求解从节点 v_0 到 v_n 的最短路径时，首先求出从 v_0 出发的一条最短路径，再参照它求出一条次短的路径，以此类推，直到从顶点 v_0 到顶点 v_n 的最短路径求出为止，即定点 v_n 被加入到路径中。而求解从 v_n 到其他所有节点的最短路径，则同样先求得从 v_0 出发的一条最短路径，再参照它求出一条次短的路径，以此类推，直到从顶点 v_0 出发的所有最短路径求出为止。

例 5-2 某公司要把 A 市的一批产品运到 B 市，该公司根据这两个城市之间可选择的行车路线的地图，如图 5-2 所示，图中字母代表地点，箭头代表两个地点之间的公路，每一公路旁边都标明运输里程（km），请给出从 A 到 B 的最短路线。

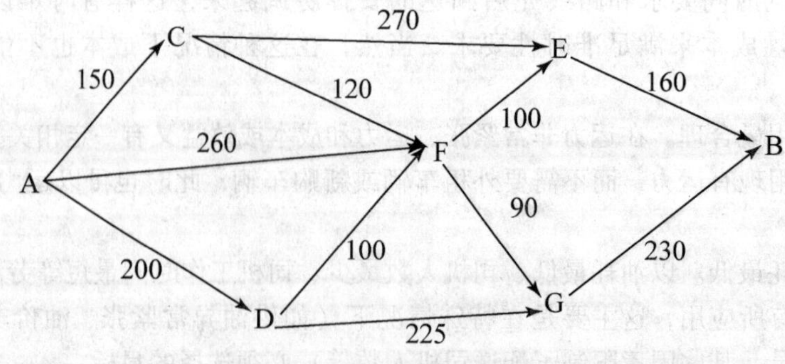

图 5-2 行车路线的地图

解　最短路的计算方法

（1）从终点B开始逐步逆向推算，与B相连的有两个城市即E，G，先从E开始计算。到B只有一条公路，因此没有选择的余地，E→B就是最短路，记为（E-B）160。同样，G到B也只有一条路，最短路为G→B，记为（G-B）230。

（2）再看E，与E相连的有C，F，先从C开始计算，到E只有一条公路，因此没有选择的余地，C→E就是最短路，记为（C-E）270。同样，F到E也只有一条路，最短路为F→E，记为（F-E）90。

用同样的方法，算出（F-C）120，（F-D）100，（F-A）260，……

（3）最后看A，与A相连的有三个城市即C，D，F，A到C再到B的最短路（A-C-F-E-B）530，A到D再到B的最短路是（A-D-F-E-B）560，A到F再到B的最短路是（A-F-E-B）420。

所以，三个路线中最短路是（A-F-E-B）520（km）。

2）一对多配送的路线优化问题

一对多配送是指由一个供应配送点往多个客户货物接收点的配送。这种配送运输模式要求，同一条线路上所有客户的需求量总和不大于一辆车的额定载重量。其基本思路是：由一辆车装载所有客户的货物，沿一条优选的线路，依次逐一将货物送到各个客户的货物接收点，既保证客户按时送货又节约里程，节省运输费用。解决这种模式的优化设计问题可以采用“节约里程”法。

（1）节约里程法的基本思想

如图5-3所示，假设P为配送中心，A和B为客户接货点，各点相互的道路距离分别用a，b，c表示。比较两种运输路线方案：一是派两辆车分别为客户往A、B点送货，总的运输里程为2（a+b）；一是将A、B两地的货物装在同一辆车上，采用巡回配送方式，总的运输里程为：a+b+c，若不考虑道路特殊情况等因素的影响，第二种方式与第一种方式之差为2（a+b）-（a+b+c），按照三角原理，可以看出，第二种方式比第一种要节约a+b-c的里程数，节约法就是按照以上原理对配送网络的运输路线优化计算的。

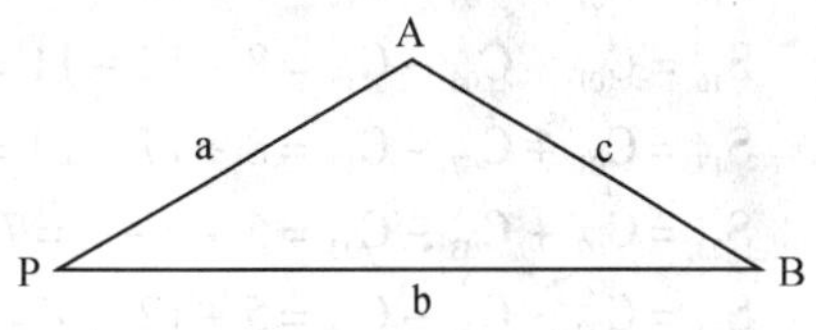

图5-3　节约里程法的基本思想示意图

节约的里程系数的计算如公式（5-2）

$$S_{ij} = C_{0I} + C_{0J} - C_{IJ样} \tag{5-2}$$

（2）节约里程法需考虑的因素和注意事项

①适用于顾客需求稳定的配送中心；

②各配送路线的负荷要尽量均衡；

③要充分考虑道路运输状况；

④要预测需求的变化以及发展趋势；

⑤考虑交通的状况；

⑥利用计算机软件求解优化。

例5-3　根据表5-1所提供的里程数据，用节约里程算法（C－W算法），设计从配送中心 O 到 1－7 客户的最短配送路线。

配送中心及各个客户之间的里程（km）　　表 5-1

中心0	中心0						
用户1	8	用户1					
用户2	5	8	用户2				
用户3	9	15	7	用户3			
用户4	12	17	9	3	用户4		
用户5	13	7	10	17	18	用户5	
用户6	12	11	7	11	11	8	用户6	
用户7	17	14	12	16	15	8	5	用户7

解　根据 $S_{ij}=C_{0I}+C_{0J}-C_{IJ}$ 公式计算：

$S_{12}=C_{01}+C_{02}-C_{12}=8+5-8=5$ ———（12）

$S_{13}=C_{01}+C_{03}-C_{13}=8+9-15=2$ ———（14）

$S_{14}=C_{01}+C_{04}-C_{14}=8+12-17=3$ ———（13）

$S_{15}=C_{01}+C_{05}-C_{15}=8+13-7=14$ ———（5）

$S_{16}=C_{01}+C_{06}-C_{16}=8+12-11=9$ ———（9）

$S_{17}=C_{01}+C_{07}-C_{17}=8+17-14=11$ ———（7）

$S_{23}=C_{02}+C_{03}-C_{23}=5+9-7=7$ ———（11）

$S_{24}=C_{02}+C_{04}-C_{24}=5+12-9=8$ ———（10）

$S_{25}=C_{02}+C_{05}-C_{25}=5+13-10=8$ ———（10）

$S_{26}=C_{02}+C_{06}-C_{26}=5+12-7=10$ ———（8）

$S_{27}=C_{02}+C_{07}-C_{27}=5+17-12=10$ ———（8）

$S_{34}=C_{03}+C_{04}-C_{34}=9+12-3=18$ ———（3）

$S_{35}=C_{03}+C_{05}-C_{35}=9+13-17=5$ ———（12）

$S_{36}=C_{03}+C_{06}-C_{36}=9+12-11=10$ ———（8）

$S_{37}=C_{03}+C_{07}-C_{37}=9+17-16=10$ ———（8）

$S_{45}=C_{04}+C_{05}-C_{45}=12+13-18=7$ ———（11）

$S_{46}=C_{04}+C_{06}-C_{46}=12+12-11=13$ ———（6）

$S_{47}=C_{04}+C_{07}-C_{47}=12+17-15=14$ ———（5）

$S_{56}=C_{05}+C_{06}-C_{56}=13+12-8=17$ ———（4）

$S_{57}=C_{05}+C_{07}-C_{57}=13+17-8=22$ ———（2）

$S_{67}=C_{06}+C_{07}-C_{67}=12+17-5=24$ ———（1）

以其大小排序，见表 5-2 所示。

节约里程排序表 表5-2

从大至小序号	1	2	3	4	5	6	7	8	9
节约里程	24	22	18	17	14	13	11	10	9
(I, j)	6—7	5—7	3—4	5—6	1—5 4—7	4—6	1—7	2—6 2—7 3—6 3—7	1—6
从大至小序号	10	11	12	13	14				
节约里程	8	7	5	3	2				
(I, j)	2—4 2—5	2—3 4—5	1—2 3—5	1—4	1—3				

其配送路线为：0－2－3－4－6－7－5－1－0

最短里程为：5＋7＋3＋11＋5＋8＋7＋8＝54

例5-4 设配送中心P_0向7个用户P_j配送货物，其配送路线网络、配送中心与用户的距离以及用户之间的距离如下图5-4与下表5-3所示，图中括号内的数字表示客户的需求量（单位：t），线路上的数字表示两结点之间的距离（单位：km），现配送中心有2台4t卡车和2台6t卡车两种车辆可供使用。

（1）试用节约里程法制定最优的配送方案。

（2）设配送中心在向用户配送货物过程中单位时间平均支出成本为45元，假定卡车行驶的平均速度为25km/h，试比较优化后的方案比单独向各用户分送可节约多少费用?

（3）配送货物的运输量是多少?

（4）配送货物的周转量是多少?

运输里程表 表5-3

需要量（t）	P_0							
2.8	8	P_1						
1.7	4	5	P_2					
0.8	11	9	4	P_3				
1.4	12	16	11	7	P_4			
2.5	5	13	9	13	10	P_5		
1.6	15	22	18	22	19	9	P_6	
1.8	19	27	23	30	30	20	11	P_7

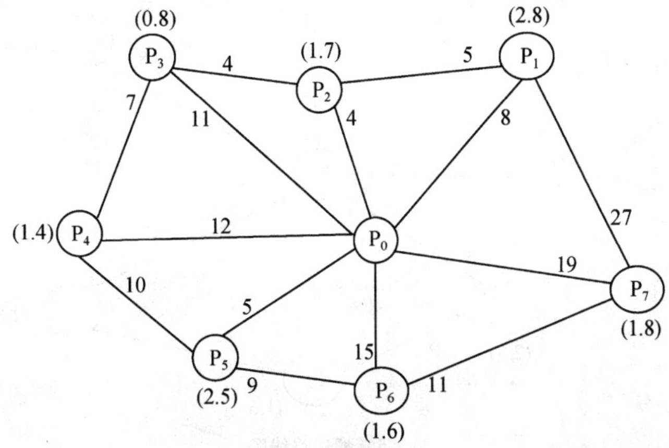

图5-4 配送网络图

解 （1）先优化配送路线，计算节约里程数。

第一步，根据运输里程表，按节约里程公式，求出相应的节约里程数，如下表5-4括号内数字所示。

运输里程及节约里程表

表5-4

需要量（t）	P_0							
2.8	8	P_1						
1.7	4	5（7）	P_2					
0.8	11	9（10）	4（11）	P_3				
1.4	12	16（4）	11（5）	7（16）	P_4			
2.5	5	13（0）	9（0）	13（3）	10（7）	P_5		
1.6	15	22（1）	18（1）	22（4）	19（8）	9（11）	P_6	
1.8	19	27（0）	23（0）	30（0）	30（1）	20（4）	11（23）	P_7

第二步，按节约里程数大小的顺序排序见表5-5所示。

节约里程排序表

表5-5

序号	路线	节约里程	序号	路线	节约里程
1	P_6P_7	23	9	P_2P_4	5
2	P_3P_4	16	10	P_3P_6	4
3	P_2P_3	11	11	P_1P_4	4
4	P_5P_6	11	12	P_5P_7	4
5	P_1P_3	10	13	P_3P_5	3
6	P_4P_6	8	14	P_1P_6	1
7	P_4P_5	7	15	P_2P_6	1
8	P_1P_2	7	16	P_4P_7	1

第三步，按节约里程数大小，组成配送路线图（如图5-5所示）。

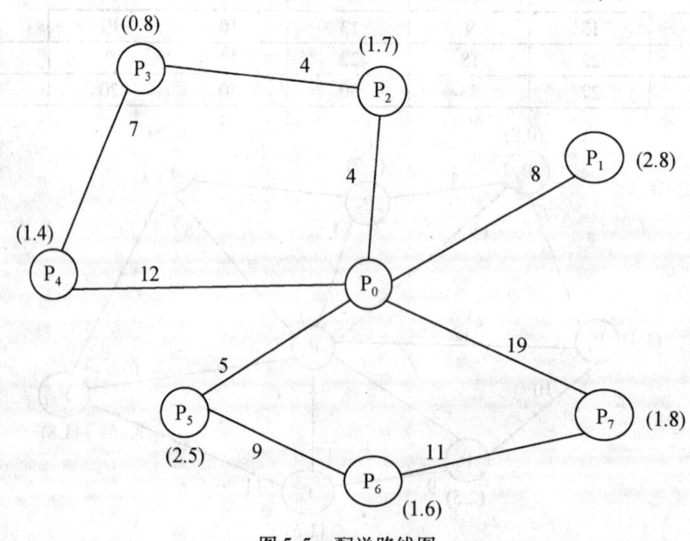

图5-5 配送路线图

配送路线如下：

① P_5—P_6—P_7 组成共同配送，节约里程（11 + 23） = 34km，配送重量（2.5 + 1.6 + 1.8） = 5.9t，使用一辆 6t 车；

② P_4—P_3—P_2 组成共同配送，节约里程 16 + 11 = 27km，配送重量（1.4 + 0.8 + 1.7） = 3.9t，使用一辆 4t 车。

③ P_1 单独送货，配送重量为 2.8t，使用一台 4t 车配送。

优化后的配送线路，共节约里程为 $\Delta S = 34 + 27 = 61(\text{km})$。

（2）根据题意，节省的配送时间为

$$\Delta T = \frac{\Delta S}{\overline{V}} = \frac{61}{25} = 2.44(\text{h})$$

节省的费用为

$$P = \Delta T \times F = 2.44 \times 45 = 109.8(\text{元})$$

（3）周转量 $= 44 \times 5.9 + 27 \times 3.9 + 16 \times 2.8 = 409.7(\text{t/km})$

（4）运输量 $= 5.9 + 3.9 + 2.8 = 12.6(\text{t})$

第三节 配送合理化

一、不合理配送的表现形式

对于配送的决策优劣，不能简单处之，也很难有一个绝对的标准。例如，企业效益是配送的重要衡量标志，但是，在决策时常常考虑各个因素，有时要做赔本买卖。所以，配送的决策是全面、综合决策。在决策时要避免由于不合理配送出现所造成的损失，但有时某些不合理现象是伴生的，要追求大的合理，就可能派生小的不合理，所以，这里只单独论述不合理配送的表现形式，但要防止绝对化。

1）资源筹措的不合理

配送是利用较大批量筹措资源。通过筹措资源的规模效益来降低资源筹措成本，使配送资源筹措成本低于用户自己筹措资源成本，从而取得优势。如果不是集中多个用户需要进行批量筹措资源，而仅仅是为某一、两户代购代筹，对用户来讲，就不仅不能降低资源筹措费，相反却要多支付一笔配送企业的代筹代办费，因而是不合理的。资源筹措不合理还有其他表现形式，如配送量计划不准，资源筹措过多或过少，在资源筹措时不考虑建立与资源供应者之间长期稳定的供需关系等。

2）库存决策不合理

配送应充分利用集中库存总量低于各用户分散库存总量，从而大大节约社会财富，同时降低用户实际平均分摊库存负担。因此，配送企业必须依靠科学管理来实现一个低总量的库存，否则就会出现单是库存转移，而未解决库存降低的不合理。配送企业库存决策不合理还表现在储存量不足，不能保证随机需求，失去了应有的市场。

3）价格不合理

总的来讲，配送的价格应低于不实行配送时，用户自己进货时产品购买价格加上自己提货、运输、进货之成本总和，这样才会使用户有利可图。有时候，由于配送有较高服务水平，价格稍高；用户也是可以接受的，但这不能是普遍的原则。如果配送价格普遍高于用户自己进货价格，损伤了用户利益，就是一种不合理表现。价格制定过低，使配送企业处于无利或亏损状态下运行，会损伤销售者，也是不合理的。

4）配送与直达的决策不合理

一般的配送总是增加了环节，但是这个环节的增加，可降低用户平均库存水平，以此不但抵消了增加环节的支出，而且还能取得剩余效益。但是，如果用户使用批量大，可以直接通过社会物流系统均衡批量进货，较之通过配送中转送货则可能更节约费用，所以，在这种情况下，不直接进货而通过配送，就属于不合理范畴。

5）送货中不合理运输

配送与用户自提比较，尤其对于多个小用户来讲，可以集中配装一车送几家，这比一家一户自提，可大大节省运力和运费。如果不能利用这一优势，仍然是一户一送，而车辆达不到满载（即时配送过多过频时会出现这种情况），则就属于不合理。此外，不合理运输若干表现形式，在配送中都可能出现，会使配送变得不合理。

6）经营观念的不合理

在配送实施中，有许多是经营观念不合理，使配送优势无从发挥，相反却损坏了配送的形象。这是在开展配送时尤其需要注意克服的不合理现象。例如，配送企业利用配送手段，向用户转嫁资金、库存困难；在库存过大时，强迫用户接货，以缓解自己库存压力；在资金紧张时，长期占用用户资金或将用户委托资源挪作他用获利等。

二、配送合理化的判断标志

对于配送合理化与否的判断，是配送决策系统的重要内容，目前国内外尚无一定的技术经济指标体系和判断方法，按一般认识，以下若干标志是应当纳入的。

1. 库存标志

库存是判断配送合理与否的重要标志。具体指标有以下两方面：

(1) 库存总量。库存总量在一个配送系统中，从分散于各个用户转移给配送中心，配送中心库存数量加上各用户在实行配送后库存量之和应低于实行配送前各用户库存量之和。

此外，从各个用户角度判断，各用户在实行配送前后的库存量比较，也是判断合理与否的标准，某个用户上升而总量下降，也属于一种不合理。

库存总量是一个动态的量，上述比较应当是在一定经营量前提下。在用户生产有发展之后，库存总量的上升则反映了经营的发展，必须扣除这一因素，才能对总量是否下降作出正确判断。

(2) 库存周转。由于配送企业的调剂作用，以低库存保持高的供应能力，库存周转一般总是快于原来各企业库存周转。

此外，从各个用户角度进行判断，各用户在实行配送前后的库存周转比较，也是判断合理与否的标志。为取得共同比较基准，以上库存标志，都以库存储备资金计算，而不以实际物资数量计算。

2. 资金标志

总的来讲，实行配送应有利于资金占用降低及资金运用的科学化。具体判断标志如下：

(1) 资金总量。用于资源筹措所占用流动资金总量，随储备总量的下降及供应方式的改变必然有一个较大的降低。

(2) 资金周转。从资金运用来讲，由于整个节奏加快，资金充分发挥作用，同样数量资金，过去需要较长时期才能满足一定供应要求，配送之后，在较短时期内就能达此目的。所以，资金周转是否加快，是衡量配送合理与否的标志。

(3) 资金投向的改变。资金分散投入还是集中投入，是资金调控能力的重要反映。实行配送后，奖金必然应当从分散投入改为集中投入，以能增加调控作用。

3. 成本和效益

总效益、宏观效益、微观效益、资源筹措成本都是判断配送合理化的重要标志。对于不同的配送方式，可以有不同的判断侧重点。例如，配送企业、用户都是各自独立的以利润为中心的企业，则不但要看配送的总效益，而且还要看对社会的宏观效益及两个企业的微观效益，不顾及任何一方，都必然出现不合理。又例如，如果配送是由用户集团自己组织的，配送主要强调保证能力和服务性，那么，效益主要从总效益、宏观效益和用户集团企业的微观效益来判断，不必过多顾及配送企业的微观效益。

由于总效益及宏观效益难以计量，在实际判断时，常以按国家政策进行经营、完成国家税收及配送企业及用户的微观效益来判断。

对于配送企业而言（投入确定了的情况下），则企业利润反映配送合理化程度。

对于用户企业而言，在保证供应水平或提高供应水平（产出一定）的前提下，供应成本的降低反映了配送的合理化程度。

成本及效益对合理化的衡量，还可以具体到储存、运输等具体配送环节，使判断更为精细。

4. 供应保证标志

实行配送，各用户的最大担心是害怕供应保证程度降低，这是个心态问题，也是承担风险的实际问题。配送的重要一点是必须提高而不是降低对用户的供应保证能力，才算实现了合理。供应保证能力可以从以下方面判断：

(1) 缺货次数。实行配送后，对各用户来讲，该到货而未到货以致影响用户生产及经营的次数必须下降才算合理。

(2) 配送企业集中库存量。对每一个用户来讲，其数量所形成的保证供应能力高于配送前单个企业保证程度，从供应保证来看才算合理。

(3) 即时配送的能力及速度是用户出现特殊情况的特殊供应保障方式，这一能力必须高于未实行配送前用户紧急进货能力及速度才算合理。

特别需要强调一点，配送企业的供应保障能力，是一个科学的合理的概念，而不是无限的概念。具体来讲，如果供应保障能力过高。超过了实际的需要则属于不合理。所以，追求供应保障能力的合理化也是有限度的。

5. 社会运力节约标志

末端运输是目前运能、运力使用不合理，浪费较大的领域，因而人们寄希望于配送来解决这个问题。这也成了配送合理化的重要标志。

运力使用的合理化是依靠送货运力的规划和整个配送系统的合理流程及与社会运输系统

合理衔接实现的。送货运力的规划是任何配送中心都需要花力气解决的问题，而其他问题有赖于配送及物流系统的合理化，判断起来比较复杂。可以简化判断如下：

（1）社会车辆总数减少，而承运量增加为合理；

（2）社会车辆空驶减少为合理；

（3）一家一户自提自运减少，社会化运输增加为合理。

6. 用户企业仓库、供应、进货人力物力节约标志

配送的重要观念是以配送代劳用户。因此，实行配送后，各用户库存量、仓库面积、仓库管理人员减少为合理；用于订货、接货、搞供应的人应减少才为合理。真正解除了用户的后顾之忧，配送的合理化程度则可以说是一个高水平了。

7. 物流合理化标志

配送必须有利于物流合理。这可以从以下几方面判断：

（1）是否降低了物流费用；

（2）是否减少了物流损失；

（3）是否加快了物流速度；

（4）是否发挥了各种物流方式的最优效果；

（5）是否有效衔接了干线运输和末端运输；

（6）是否不增加实际的物流中转次数；

（7）是否采用了先进的技术手段。

物流合理化的问题是配送要解决的大问题，也是衡量配送本身的重要标志。

三、配送合理化可采取的做法

国内外推行配送合理化，有一些可供借鉴的办法，简介如下：

1. 推行一定综合程度的专业化配送。通过采用专业设备、设施及操作程序，取得较好的配送效果并降低配送过分综合化的复杂程度及难度，从而追求配送合理化。

2. 推行加工配送。通过加工和配送结合，充分利用本来应有的这次中转，而不增加新的中转求得配送合理化。同时，加工借助于配送，加工目的更明确和用户联系更紧密，更避免了盲目性。这两者有机结合，投入不增加太多却可追求两个优势、两个效益，是配送合理化的重要经验。

3. 推行共同配送。通过共同配送，可以以最近的路程、最低的配送成本完成配送，从而追求合理化。

4. 实行送取结合。配送企业与用户建立稳定、密切的协作关系，配送企业不仅成了用户的供应代理人，而且承担用户储存据点，甚至成为产品代销人，在配送时，将用户所需的物资送到，再将该用户生产的产品用同一车运回，这种产品也成了配送中心的配送产品之一，或者作为代存代储，免去了生产企业的库存包袱。这种送取结合，使运力充分利用，也使配送企业功能有更大的发挥，从而追求合理化。

5. 推行准时配送系统。准时配送是配送合理化重要内容。配送做到了准时，用户才有资源把握，可以放心地实施低库存或零库存，可以有效地安排接货的人力、物力，以追求最高效率的工作。另外，保证供应能力也取决于准时供应。从国外的经验看，准时供应配送系

统是现在许多配送企业追求配送合理化的重要手段。

6. 推行即时配送。即时配送是最终解决用户企业担心断供之忧，大幅度提高供应保证能力的重要手段。即时配送是配送企业快速反应能力的具体化，是配送企业能力的体现。即时配送成本较高，但它是整个配送合理化的重要保证手段。此外，用户实行零库存，即时配送也是重要手段保证。

四、共同配送模式

根据 GB/T 18354—2006，共同配送（joint-distribution）是指由多个企业联合组织实施的配送活动。

1. 共同配送的形式

共同配送从大的方面来划分，可以分为以同产业或异产业企业为共同配送基础的横向共同配送，以及如零售与批发、批发与供应商这种以流通渠道各环节成员间共同配送为基础的纵向共同配送。

（1）同产业间的横向共同配送。同产业共同配送是指处于相同产业的生产或经营企业，为了提高物流效率，通过配送中心或物流中心集中运输货物的一种方式。其具体做法有两种形式：

一种是在企业各自分散拥有运输工具和物流中心的情况下，视运输货物量的多少，采取委托或受托的形式开展共同配送，亦即将本企业配送数量较少的商品委托给其他企业来运输，而本企业配送数量较多的商品，则在接受其他企业委托运输的基础上实行统一配送，这样企业间相互提高了配送效率，如图 5-6 所示。

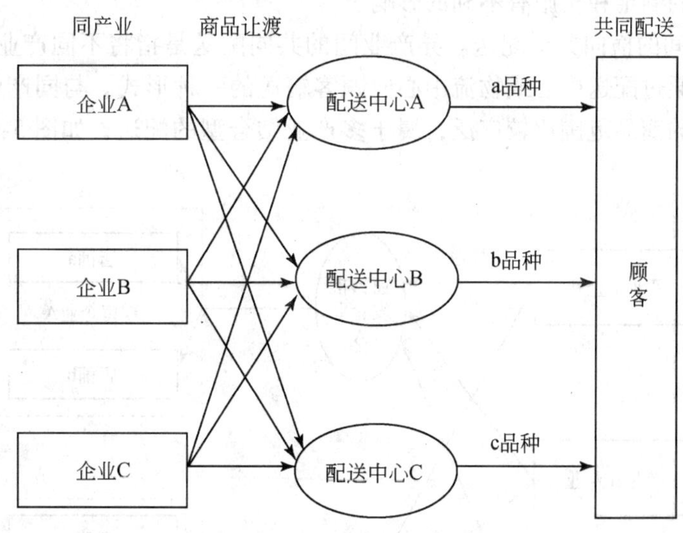

图 5-6 同产业共同配送 1

另一种形式是完全的统一化，即在开展共同配送前，企业间就在包装货运规格方面完全实现统一，然后共同建立物流中心或配送中心，共同购买运载车辆，企业间的货物运输统一经由共同的配送中心来开展，如图 5-7 所示。

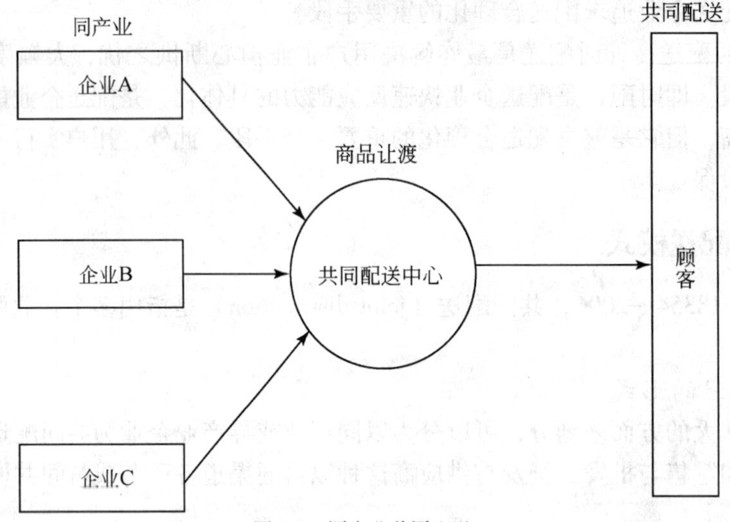

图 5-7　同产业共同配送 2

显然，后一种形式的共同配送规范程度和规模经济要高些，但在某种意义上，对于单个企业而言，缺乏相对的物流独立性。从发达国家同产业共同配送的发展来看，前一种形式在商业零售企业中使用较为普遍，后者较适宜于生产企业，如家电产业和以冷冻食品为中心的食品产业。

同产业共同配送的最大好处在于能提高企业间物流的效率，减少对物流固定资产的投资，更好地满足顾客企业降低成本的要求。同产业企业共同配送的一个缺陷是由于运送业务的共同化和配送信息的公开化，各企业自身有关商品经营的机密容易泄漏给其他企业，因而对企业竞争战略的制定和实施有不利的影响。

（2）异产业间的横向共同配送。异产业间的共同配送是指将不同产业企业生产经营的商品集中起来，通过配送中心或物流中心向顾客输送的一种形式。与同产业共同配送不同，异产业共同配送的商品范围比较广泛，属于多产业结合型的配送，如图 5-8、图 5-9、图 5-10、图 5-11 所示。

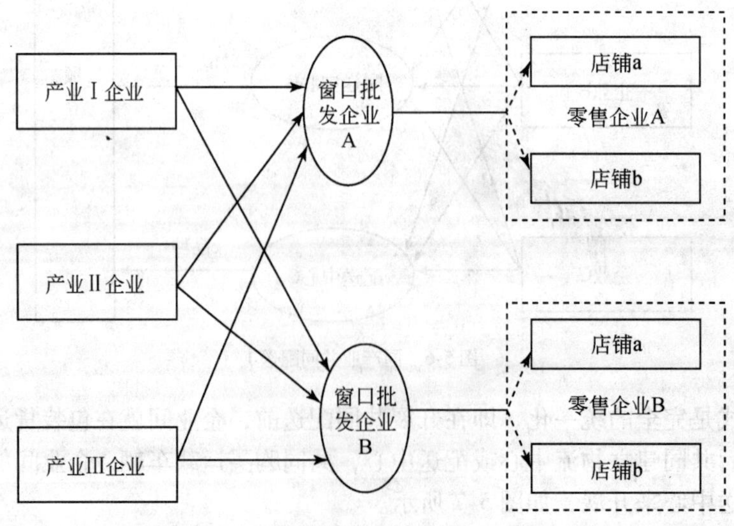

图 5-8　大型零售业主导的异产业共同配送

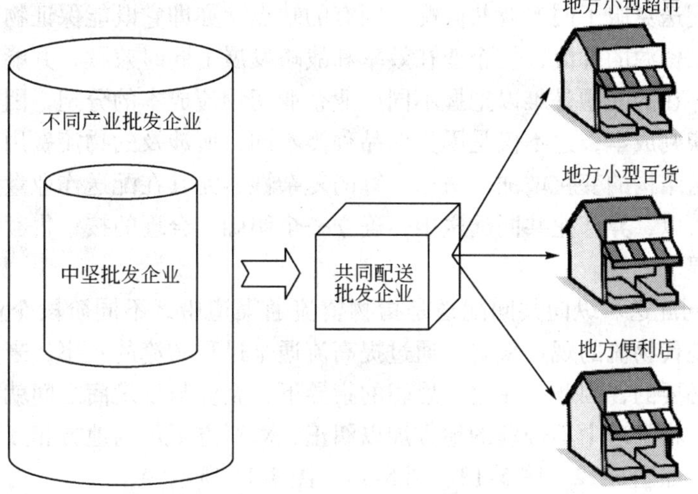

图 5-9　地域中坚批发企业为主导的异产业共同配送

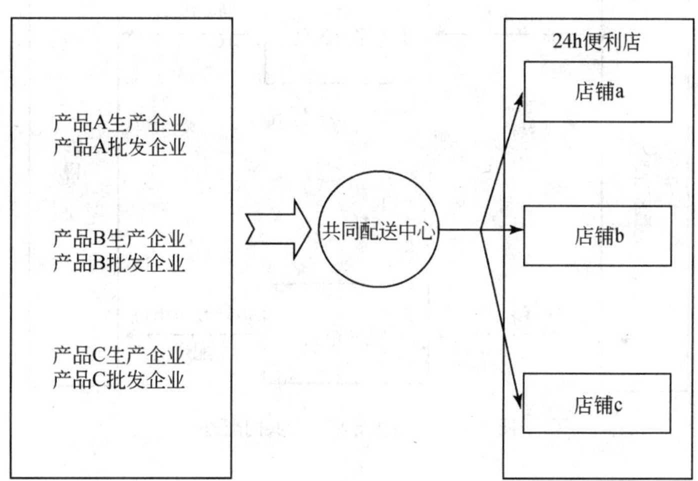

图 5-10　产批组合型异产业共同配送

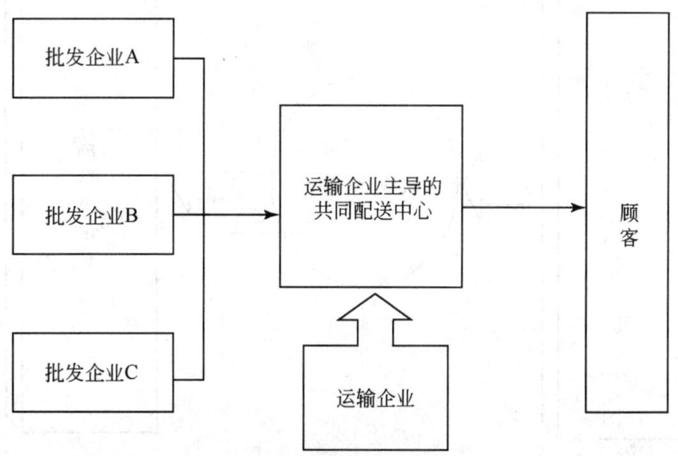

图 5-11　共同集配型物流

异产业共同配送克服了同产业共同配送固有的缺点，亦即它既能保证物流效率化，又能有效防止企业信息资源的外流，使企业在效率和战略发展上同时兼顾，并能充分发挥产业间的互补优势。它存在的问题是难以把握不同产业企业间物流成本的分担，因而在某种意义上增加了企业间的谈判成本，这不仅是因为商品种类不同，所涉及的物流费用存在差异，而且还因每次商品配送结构的变化增加了费用计算的复杂性，尤其在配送作业量大而又频繁的配送中更是如此，所以，异产业共同配送中，确立一个明确、合理的按销售额比例支付费用的计算体系十分重要。

（3）纵向共同配送。纵向共同配送是指物资流通渠道中，不同阶段企业共同开展的一种配送形式。从现代物流的观点来看，通过提高流通全过程物流的效率，来实现流通全体成本的削减是十分必要的，因此，在这一思想的指导下，企业与批发商之间就物流业务、管理尽可能达成共识，将管理中不合理的地方加以纠正，对双方不足的地方相互补充是提高经营效率的重要条件，如图5-12、图5-13、图5-14、图5-15所示。

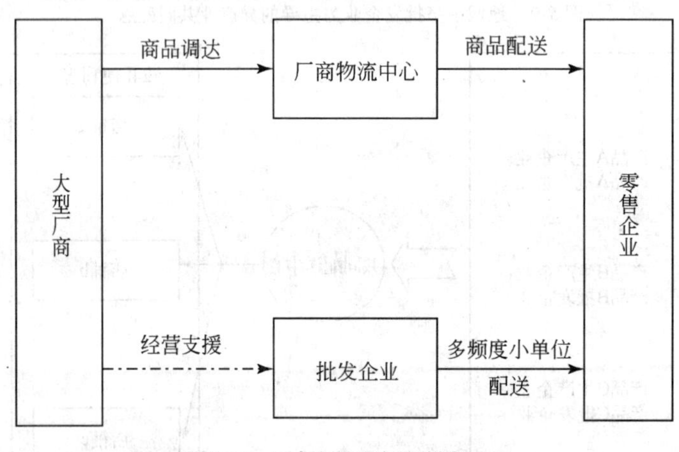

图5-12　厂商主导型产批共同配送

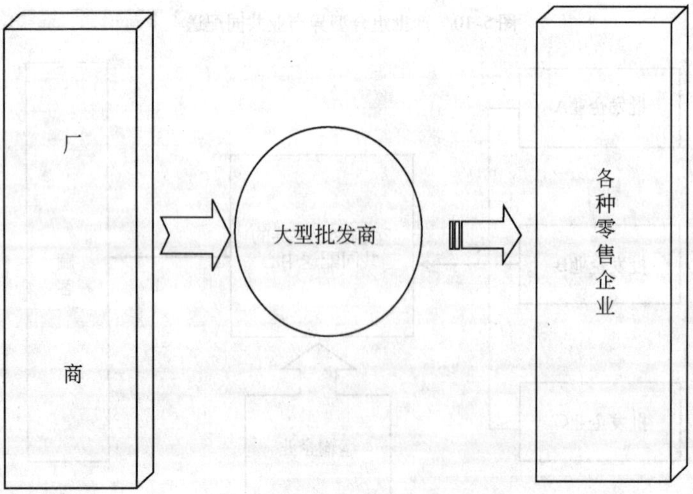

厂
商
大型批发商
各种零售企业

图5-13　批发主导型产批共同配送

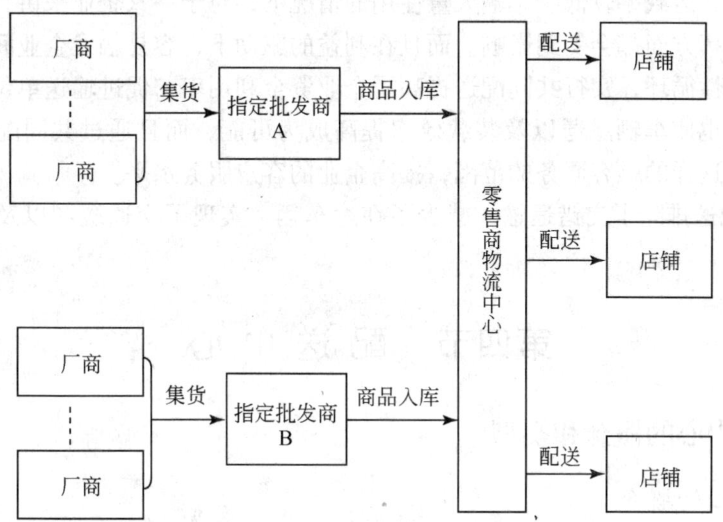

图 5-14　大型零售业主导型批零共同配送

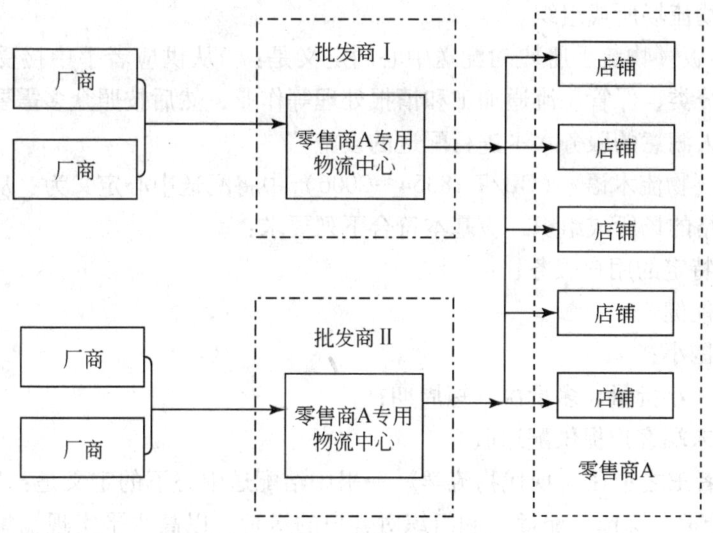

图 5-15　中小型零售业的批零共同物流

2. 共同配送的优势

共同配送目前已在一些发达国家广泛推广。共同配送一个总的指导思想是，可以将共同的货物或商品集中在一起，一方面提高单车装载率，提高物流效率；另一方面，也有利于削减在途运行车辆，缓解汽车运输对社会所产生的外部不经济。其优势表现为：

（1）对于货主而言，共同配送能在提高物流效率（减少运费，减少物流人力成本）的同时，利于少量、多频度、小单位配送业务的推广。例如，一家企业很难对应零售业等客户多频度、小单位配送的要求，实行共同配送，这种物流活动就能成为现实，并且由于能够实行货物统一验收管理，无形中也提高了物流服务的质量。

（2）从汽车运输业者的角度来看，中小企业较多，在资金、人才、组织方面较弱，而

且在运输量较少、运载率较低、车辆大量使用的情况下，对于一家企业来讲，无论在物流合理化方面还是效率方面都会受到影响。而且在利益的驱动下，容易触发企业间过度竞争，产生效率低下的恶性循环，实行共同配送提高了企业资金利用率、促进输送单位大型化和信息网络化的发展，也使车辆融通以及装载效率提高成为可能，而且通过共同配送扩大了多频度、小单位配送这样的顾客服务的范围，提高企业的客户服务水平。

（3）共同配送排除了交错运输，减少了在途车辆，实现了交通缓和以及防治环境污染等社会要求。

第四节　配送中心

一、配送中心的概念和类型

1. 配送中心的概念

一般地说，配送中心就是专门从事商品配送业务的物流基地，是通过转运、分类、保管、流通加工和信息处理等作业，然后根据用户的订货要求备齐商品，并能迅速、准确和廉价地进行配送的物流场所或组织。

日本1991年版《物流手册》对配送中心的定义是："从供应者手中接受多种大量的货物，进行倒装、分类、保管、流通加工和情报处理等作业，然后按照众多需要者的订货要求备齐货物，以令人满意的服务水平进行配送的设施。"

在国家标准《物流术语》（GB/T 18354—2006）中将配送中心定义为：从事配送业务具有完善的信息网络的场所或组织，应基本符合下列要求：

（1）主要为特定的用户服务；

（2）配送功能健全；

（3）辐射范围小；

（4）多品种、小批量、多批次、短周期；

（5）主要为末端客户提供配送服务。

我国物流学者王之泰在《现代物流学》一书中给配送中心下的定义是："从事货物配备（集货、加工、分货、拣选、配货）和组织对客户的送货，以高水平实现销售或供应的现代流通设施。"理解这个定义应把握以下要点："货物配备"工作是配送中心的主要的、独特的工作；配送中心有的是完全承担送货，有的是利用社会运输企业完成送货。从我国国情来看，在开展配送的初期，客户自提的可能性是不小的，所以，对于送货而言，配送中心主要是组织者而不是承担者；强调了配送活动和销售或供应等经营活动的结合，是经营的一种手段，以此排除了这是单纯的物流活动的看法；强调配送中心是"现代流通设施"，着眼于它和以前的诸如商场、贸易中心、仓库等流通设施的区别。在这种流通设施中，以现代装备和工艺为基础，不仅处理商流而且处理物流，是兼有商流、物流全功能的流通设施。

2. 配送中心的类型

1）按配送中心的配送对象分类

（1）生产资料配送中心。这种配送中心主要负责向生产企业配送能源、原材料、零部

件等物品，是专门为生产企业组织供应的配送中心。该种类型的配送中心多设在交通比较便利的地区，如重要的交通枢纽或铁路沿线、沿海地区，或者距离原材料产地或者生产资料需求企业较近的地区，如我国的煤炭配送就属于上述类型。

（2）生活资料配送中心。这种配送中心所采用的配送模式属配销模式，即其配送功能是作为促进产品销售的主要手段而存在的。如生产企业为本身产品的直接销售而建立的配送中心，商品批发企业为促进商品的分销而建立的配送中心，其目的都是为扩大市场的销售能力。

（3）特殊商品销售中心。这种配送中心的主要功能是配送特种商品，如易燃、易爆、有毒、生鲜易腐、贵重物品等。这种配送中心在设施与设备的设计上，为了保护特种商品通常采用较特殊的设计，因此其初期建设费用较高；在商品的储存及进出库作业上，也要采用特殊商品所要求的作业方法，因此其配送成本较高。另外，对于剧毒、易燃易爆等商品配送中心在配送中心选址时，应该将其选在远离人群的地区。

2）按配送中心的经济功能分类

（1）供应型配送中心。供应型配送中心是以向客户供应商品、提供后勤保障为主要特点的配送中心。这种配送中心大多是为大型生产企业或是大型连锁制零售企业供应原材料、零配件和其他商品，并与这些生产企业或是零售企业建立紧密稳定的合作关系。由于供应性的配送中心需要向多用户供应商品，为保证生产和经营的正常运行，这类配送中心一般都建有大型现代化仓库并储备一定数量的商品，占地面积一般也较大。

（2）销售型配送中心。这种配送中心主要以销售商品为目的，借助配送这一手段来开展经营活动。这类配送中心多为商品生产者或销售者为促进商品销售，降低物流成本，以高效甚至是免费的物流配送服务吸引客户，由此而采用的各种物流技术，装备各种物流设施，运用现代配送理念来组织配送活动而形成的配送中心。这种配送中心是典型的配销经营模式，在国外都以销售配送中心为主要的发展方向。在具体实践中销售型配送中心具体分为三类：生产企业为了直接销售自己的产品以及扩大自己的市场份额而设立的销售型配送中心；专门从事商品销售活动的流通企业为了扩大销售而自己或与他人合作建立起来的销售型配送中心；流通企业和生产企业联合建立的销售型配送中心。

（3）储存型配送中心。储存型配送中心是充分强化商品的储备和储存功能，在充分发挥储存作用的基础上开展配送活动的配送中心。在买方市场下，生产企业的配送中心通常需要有较强的储存功能，以支持企业的产成品销售的供应；在卖方市场环境下，企业的原材料和零部件供应需要有较大的库存支持，这种配送中心也可称为是储存型的配送中心。配送服务范围较大的区域性配送中心，为了保证库存物资的及时供应也需要具备较强的存储功能，这也可称为储存型配送中心。这种配送中心通常需要有较大规模的仓库和储存场地，在资源紧缺条件下，能形成储备丰富的资源优势。例如，美国赫马克配送中心的储存区具有16.3万个储存货位，瑞士GIBA-GEIGY公司的配送中心拥有世界上规模居于前列的储存库，可储存4万个托盘，可见其储存能力之大。我国目前建设的配送中心多为储存型配送中心，库存量较大。

（4）流通型配送中心。流通型配送中心包括通过型或转运型配送中心，这种配送中心基本上没有长期储存的功能，仅以暂存或随进随出方式进行配货、送货，通常用来向客户提供库存补充。其典型方式为：大量货物整批进入，按一定批量零出。一般采用大型分货机，其进货直接进入分货机传送带，分送到各用户货位或直接分送到配送车辆上，货物在配送中心里仅作短暂停滞。因此，流通型配送中心应充分考虑市场因素，在地理上定位于接近主要的客户地点，可获得从制造点到物流中心货物集中运输的最大距离，而向客户的第二成零货运输则相对较短，从而方便以最低成本的方法迅速补充库存，其规模大小取决于被要求的送货速度、平均订货的多少以及单位用地成本。例如，阪神配送中心只有暂存库，大量储存则依靠一个大型补给仓库。

（5）加工型配送中心。加工型配送中心是以配送加工为主要业务的配送中心，其主要功能是对商品进行清洗、下料、分解、集装等加工活动，以流通加工为核心展开配送活动。因此，在其配送作业流程中，储存作业和加工作业居主导地位。由于流通加工多为单品种、大批量的加工作业，并切实按照用户的要求安排的，因此对于加工型配送中心，虽然进货量比较大，但是分类、分拣工作量并不太大。此外，因为加工的产品品种较少，一般都不单独设立拣选、配货等环节。通常，加工好的产品（特别是生产资料产品）可直接运到按用户户头划定的货位区内，并且要进行包装、配货。在我国生产和生活资料配送活动中有许多加工型配送中心。如深圳市菜篮子配送中心，就是以加工肉类为核心开展配送业务的加工型配送中心。另外，如水泥等建筑材料以及煤炭等商品的加工配送也属于加工型配送中心。

3）按配送中心的辐射范围分类

（1）城市配送中心。城市配送中心是指向城市范围内众多用户提供配送服务的物流组织。城市范围内货物的配送距离较短，运输距离一般都处在汽车的经济里程内，因此配送中心在送货时，一般用汽车送货，可以充分发挥汽车的机动性强、供应快、门到门运输等特点。这种配送中心往往和零售经营相结合，由于运送距离短、反应能力强，因而从事多品种、少批量、多用户的配送较有优势。也可以开展门到门式的送货业务。其服务对象多为城市范围内的零售商、连锁店或生产企业，所以一般其辐射能力不是很强，在实践中多与区域性配送中心相连。但目前我国一些城市所建立或正在建立的配送中心绝大多数属于城市配送中心。

（2）区域配送中心。这是一种辐射能力强、活动范围大、可以跨省市、全国乃至在国际范围内对用户进行配送的配送中心，其经营规模较大、配送批量也较大，其服务对象往往是下一级的城市配送中心、零售商或生产企业用户。虽然也进行零星的配送，但不是主体形式。这种配送中心的形式在国外已经非常普遍，一般采用大型连锁集团建设区域配送中心，负责某一区域范围内部分商品的集中采购，再配送给下一级配送中心的形式。如美国沃尔玛的配送中心建筑面积12万m^2，投资7000万美元，它每天可为分布在6个州的100多家连锁店配货，经营的商品有4万多种。

二、配送中心的功能

配送中心既具有一般物流中心的基本功能，又具有自己的独特功能。配送中心是行使集货、理货、加工、送货等多项职能的物流结点，它与传统意义上的仓库的不同之处在于不仅能存储保管，而且能进行货物输送；它与一般运输的不同之处在于送货之前要进行必要的分拣、加工、配货。因而，它所提供的是全方位的方便用户的服务。配送中心的主要功能区域如图5-16所示。

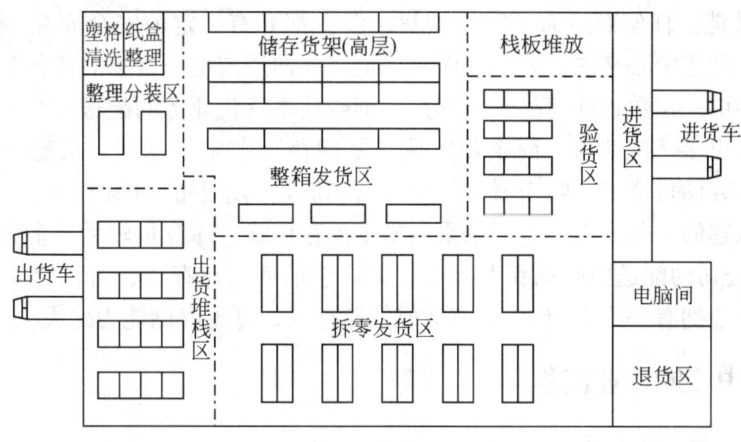

图 5-16　配送中心的主要功能区域

具体来说，配送中心有以下五种主要功能：

（1）货物集散功能。配送中心是以组织配送性销售或供应，执行实物配送为主要职能的流通型结点。在配送中心中，为了能做好送货的编组准备，需要采取零星集货、批量进货等种种资源搜集工作和对货物的分整、配备等工作，因此，配送中心也具有集货中心、分货中心的职能。多个企业的货物先集中到配送中心里，再进行发运，以提高卡车的满载率，降低费用成本。

（2）配送功能。商品通过集货、分拣、备货、配装后配送给客户。因配送中心负有货物配备后送达到客户的使命，这是和分货中心只管分货不管运达的重要不同之处。由此可见，如果说集货中心、分货中心、加工中心的职能还是较为单一的话，那么，配送中心功能则较全面、完整，也可以说，配送中心实际上是集货中心、分货中心、加工中心功能的综合，并有了“配”与“送”的有机结合。这样，配送中心作为物流中心的一种主要形式，有时便和物流中心等同起来了。

（3）流通加工功能。为满足顾客需要，为了更有效地、更高水平地配送，配送中心往往还有比较强的流通加工能力，并开展物流增值服务，根据用户的需要或者市场竞争的需要，将货物加工成必要的规格、尺寸和形状，为用户提供方便。配送中心内有分装、包装、初级加工、集中下料、组装产品等加工活动。如混凝土的搅拌配送。这项功能的实现，不仅赢得了用户的信赖，而且有利于提高物资资源的利用率，同时还为配送中心增加了附加效益。

（4）信息交换和处理功能。配送中心具有完善的信息网络，也是物流信息中心。大家知道，配送中心的上游是生产企业，下游是消费群体。在商品经济日益发达、消费需求更加多样化的今天，哪种产品更加适合消费者的口味，更加俏销，哪些商品市场需要，而又无人开发，这对于最贴近消费者的配送中心来说是最清楚不过了。如果能及时地把这些信息传递给生产企业，就可以使之及时调整生产结构，改变生产策略，应变市场需求。对于配送中心下游的用户而言，近期有哪些新产品，其性能特点是什么，所订产品什么时候到货，现在到达什么位置，都是他们制定销售推广策略，实施经营管理最想了解的信息。与此同时，配送中心本身的作业情况进展如何，也需要及时了解，以便做出适当的调整。有鉴于此，配送中心就必须起到沟通并处理上下游之间、各作业环节之间各种信息的作用。

（5）储存功能。任何商品为了防止缺货，多少都要有一定的安全库存，以保障生产或满足消费。对于配送中心来说，要顺利而有序地完成向用户配送货物的任务，通常都建有现代化的仓库，存储一定数量的商品，特别是大型或从事货代业务的配送中心，其储存的货物数量更大、品种更多。这就为工商企业实现“零库存”奠定了基础。从配送中心所拥有的存储能力，以及存储货物的实际来看，储存保管功能是其重要的功能之一。

我国目前拟建的一些配送中心，都采用集中库存形式，库存量较大，多为储存型。瑞士GIBA—GEIGY 公司的配送中心拥有世界上规模居于前列的储存库，可储存 4 万个托盘；美国赫马克配送中心拥有一个有 163000 个货位的储存区，可见存储能力之大。

三、配送中心的作业流程

1. 配送中心的一般流程

配送中心的一般流程是以中、小件杂货配送为代表的配送中心流程，由于货种多，为保证配送，需要有一定储存量，属于有储存功能的配送中心。理货、分类、配货、配装的功能要求较强，但一般来讲，很少有流通加工的功能。流程如图 5-17 所示。

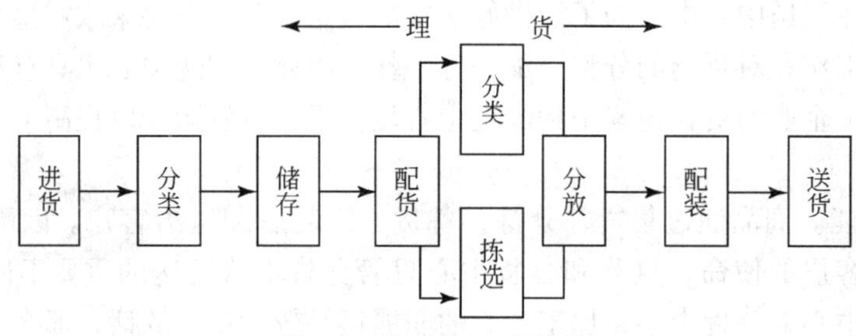

图 5-17　配送中心一般流程

固体化工产品、小型机电产品、水暖卫生材料、百货及没有保质期要求的食品配送中心等也采取这种流程。

这种流程也可以说是配送中心的典型流程，其主要特点是有较大的储存场所，分货、拣选、配货场所及装备也较大。

2. 流通型的配送中心流程

专以配送为职能，只有为一时配送备货的暂存，而无大量储存。暂存区设在配货场地，配送中心不单设储存区。这种配送中心的主要场所都用于理货、配货。许多采用 JIT 制的连锁企业都采用这样的配送中心，前门进货后门出货，它要求各方面要很好的协调，而且对技术要求较高，尤其是信息技术。基本流程图如图 5-18 所示。

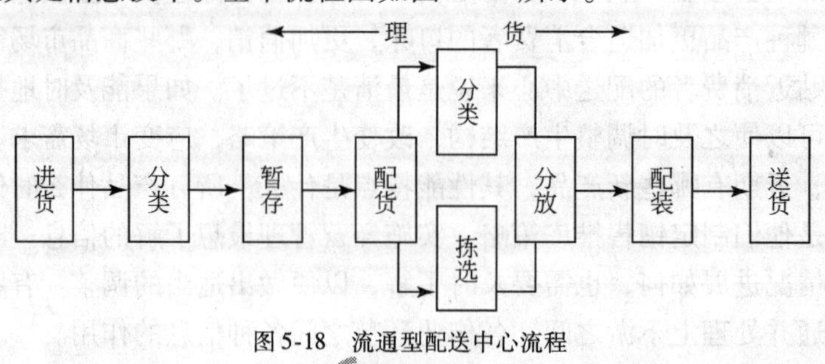

图 5-18　流通型配送中心流程

3. 加工配送型配送中心流程

加工配送型配送中心也不是一个模式，随加工方式不同，配送中心的流程也有区别。典型加工配送型配送中心如图 5-19 所示。

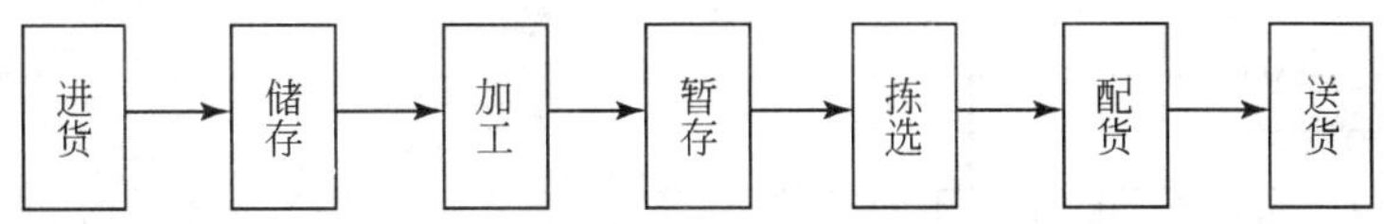

图 5-19　加工配送型配送中心流程

这种中心流程的特点，以平板玻璃为例，进货是大批量、单（少）品种的产品，因而分类的工作不重或基本上无需分类存放。储存后进行加工，和生产企业按标准、系列加工不同，加工一般是按用户要求。因此，加工后产品便直接按用户分放、配货。所以，这种类型配送中心有时不单设分货、配货或拣选环节。配送中心中加工部分及加工后分放部分占较多位置。

4. 批量转换型配送中心流程

批量转换型配送中心是批量大、品种较单一产品进货，转换成小批量发货式的配送中心。不经配煤、成型煤加工的煤炭配送和不经加工的水泥、油料配送的配送中心大多属于这种类型。这种配送中心流程图式如图 5-20 所示。

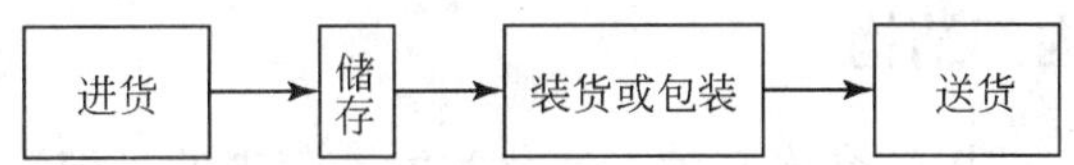

图 5-20　批量转换型配送中心流程

这种配送中心流程十分简单，基本不存在分类、拣选、分货、配货、配装等工序，但是由于是大量进货，储存能力较强，储存工序及装货工序是主要工序。

5. 典型连锁超市的配送中心配送作业流程

典型的连锁超市配送中心，服务于零售商业，它从许多供应商那里大量进货，又以小批量配送到门店。它兼备了一般配送中心、流通型配送中心、加工型配送中心、批量转换型配送中心职能。当然连锁企业的配送中心可以不止一个，根据需要配送中心可以是综合型的，也可以是具有专门流程、分别为不同配送流程商品服务的多个配送中心的组合。连锁超市经营的商品主要可以分为食品和非食品两大类，所以针对它们不同的特点，在配送中心采用不同的配送流程。

食品一般都有保质、保鲜的要求，有时还要对一些食品进行半加工或全部加工。据此，把食品配送流程分为三类。

第一类，保质期较短或对保鲜要求较高的食品，如点心类食品、肉制品、水产品，要求能够快速送货，因此这类食品的配送过程中不存在储存程序，在备货工序之后紧接着是分拣工序和配货等工序。

第二类，保质期较长的食品，一般在备货后安插储存工序，有时是放在冷库中储存。这类食品的流程与干货的流程差不多。

第三类，对鲜菜、鲜肉和水产品等保质期较短的食品，中间通常要有加工工序。实际操作工程如下：大量货物集中到仓库后，先进行初加工，包括将大块的货物分成小块，对货物进行等级划分，给蔬菜去根、去老叶，鱼类去头去内脏，配制成半成品等，然后再进行储存到配送的各道工序，如图 5-21 所示。

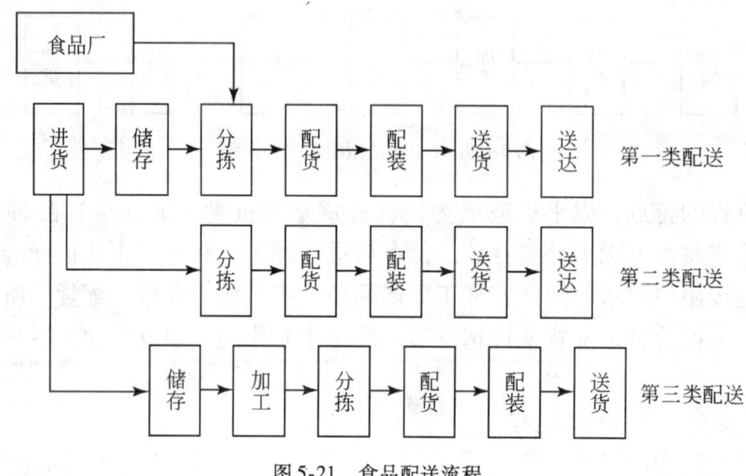

图 5-21　食品配送流程

连锁超市的非食品的配送流程与一般的配送流程相似，参看图 5-17。

四、配送中心的内部结构

配送中心虽然是在一般中转仓库基础上演化和发展起来的，但配送中心内部结构和布局与一般仓库有较大的不同。一般配送中心的内部工作区域结构配置如下：

（1）接货区。在这个区域里完成接货及入库前的工作，如接货、卸货、清点、检验、分类入库准备等。接货区的设施主要有进货铁路或公路、靠卸货站台、暂存验收检查区域。

（2）储存区。在这个区域里储存或分类储存所进的物资。由于这是个静态区域，进货要在这个区域中有一定时间的放置。所以，和不断进出的接货区比较，这个区域所占的面积较大。在许多配送中心中，这个区域往往占总面积一半左右。对某些特殊配送中心（如水泥、煤炭配送中心），这一部分在中心总面积中占一半以上。

（3）理货、备货区。在这个区域里进行分货、拣货、配货作业，为送货做准备。这个区域面积随不同配货中心而有较大的变化。例如，对多用户的多品种、少批量、多批次配送（如中、小、件杂货）的配送中心。需进行复杂的分货、拣货、配货工作，这部分占配送中心很大一部分面积，也有一些配送中心这部分面积不大。

（4）分放、配装区。在这个区域里，按用户需要将配好的货暂放暂存等待外运，或根据每个用户货堆状况决定配车方式、配装方式，然后直接装车或运到发货站台装车。这一个区域对货物是暂存，时间短、暂存周转快，所以所占面积相对较小。

（5）外运发货区。在这个区域将准备好的货装入外运车辆发出。外运发货区结构和接货区类似，有站台、外运线路等设施。有时候，外运发货区和分放配装区还是一体，货分好之后直接通过传送装置进入装货场地。

（6）加工区。有许多类型的配送中心还设置配送加工区域，在这个区域进行分装、包

装、切裁、下料、混配等各种类型的流通加工。加工区在配送中心所占面积较大，但设施装置随加工种类不同有所区别。图 5-22 是配送中心各工作区域结构的示意。图 5-23 是配送中心一般流程与配送中心内部布局的示意图。

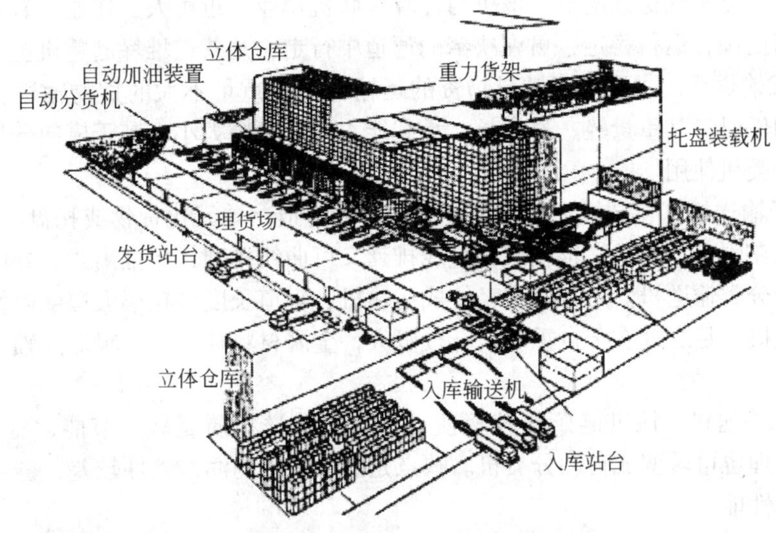

图 5-22 配送中心各工作区域结构

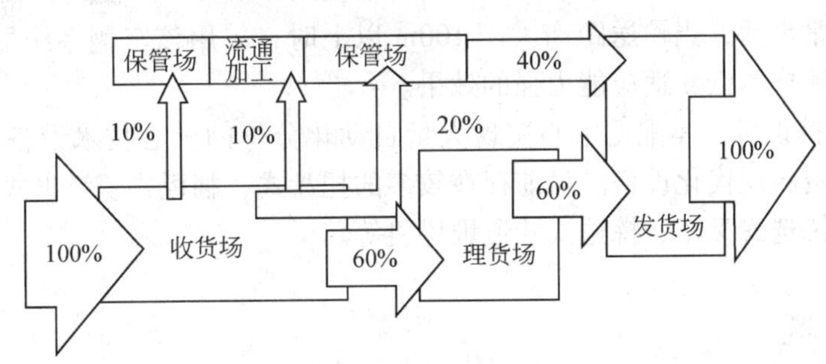

图 5-23 配送中心一般流程与配送中心内部布局

(7) 管理指挥区（办公区）。这个区域可以集中于配送中心某一位置，有时也分散设置于其他区域中，主要包括营业事务处理场所、内部指挥管理场所、信息场所等。

五、配送中心的设施设备

(1) 站台。站台是车辆停靠装卸货物、暂存货物的地方，利用站台就能方便地将货物装入车辆中或从车辆中取出。站台高度与配送中心的业务特点有关。处理多品种、少批量、多批次货物的配送中心一般采用高站台的设计，即站台高度与汽车货台高度相同，站台平面与配送处理场连成一体，配送处理的货物可以方便地水平装入车内。处理少品种、大批量的货物，一般采用低站台，即站台面和地平面等高。采用低站台有利于铲斗车、叉车、吊车等作业。站台数量则根据停车数量和停车时间而决定。

(2) 货架。货架是仓库中常用的装置，是仓储面积的扩大和延伸。货架的形式与配送

中心采用的分拣工艺方法有关。若采用人力拣选，可配备普通货架，也可配备拣选式货架（如重力式货架、回转式货架）；若采用自动分拣机进行分拣作业，则常配备高层货架。

（3）巷道堆垛起重机。近代配送中心自动化立体仓库存储货物的主要设备，它既能实现分货配货，又能实现拣选配货。该机与计算机联机作业，也可人工作业。有轨式巷道堆垛起重机起重高度高，运行稳定，可在狭窄的通道中行走，是巷道堆垛起重机主要的类型。

（4）带式输送机。主要用于散料物资的运输及单元重量不大的货物输送。采用胶带作为承载牵引构件时，其重量轻、寿命长、承载能力大、摩擦力小，利于横向分货，可作运输机械和运输分类机使用。

（5）辊子输送机。将圆柱形辊子顺序排列形成辊道，单元化货物或托盘、集装箱货物，皆可以轻便地在辊道上输送。辊子既可直线排列又可曲线排列，用推出式、导向式、浮起式的原理可作为分类输送机。另有一种轻便式运输机，辊道长度可在很大幅度内伸缩，拓宽其使用范围。该机不足之处在于自重较大，投资大，金属材料耗费大，辊道内轴承维护保养要求较高。

（6）链式输送机。该机链条比较轻便，比辊子输送机质量轻、节能、省力、投资少，采用浮起式原理也可转变成自动分类机。缺点是链条铰链的润滑条件较差，链节由于磨损后伸长影响使用性能。

（7）装卸搬运车辆。包括手推车、电动搬运车、叉车、牵引车、自动导引车等。该系统机动、灵活、节能、省力，适于很多类型的物品使用，既可单车使用，又可牵引成列。动力驱动的形式非常灵活，当输送距离大于100m以上时，采用该车辆系统取代各种输送机，具有投资小、运输成本低、适应能力强的效果。

（8）自动分拣设备。是配送中心实现大量自动化分拣的核心技术设备，是一种由计算机控制的分拣物资的现代化设备。目前存在较多的托盘式、翻板式、浮出式、悬挂式、带式等自动分拣机和拣选式叉车、拣选式巷道堆垛机等。

复习思考题

5-1　什么叫配送，配送的作用有哪些？

5-2　不合理配送的表现形式有哪些？

5-3　画出配送中心的一般流程示意图，并说明其流程。

5-4　画出加工型配送中心流程示意图，并说明其流程。

5-5　画出批量转换型配送中心流程示意图，并说明其流程。

第六章　物流包装管理

第一节　包 装 概 述

商品包装是为了在流通过程中保护商品、方便储运和促进销售，按照一定的技术方法使用容器、材料以及辅助物等将物品包封并予以适当的装饰和标志工作的总和。简而言之，商品包装就是包装物包装操作的总称。包装具有七大功能：保护商品、美化商品、节约成本、便于储运、利于计量、引导消费、提高附加值。包装包括产品的出厂包装、生产过程中的在制品、半成品的包装以及物流过程中的换装、分装、再包装等活动。产品包装分为商业包装和物流包装，前者主要是从促进销售的目的考虑，后者是以方便物流操作为目的。包装是物流的起点也是产品制造的终点，包装也是造成环境污染的主要原因之一。

一、包装的发展历史

包装是随着人类的进化、社会的变革、生产的发展和科学技术的进步逐渐发展的。史前时期，人类已学会用天然包装材料，如植物的茎叶、葛藤、荆条、树皮、兽皮等编织篮筐盛装、储存和运输食物。据考古发掘和史料记载，人类早在八千年以前就发明了织布和烧制陶瓷器，在西安市半坡村发掘出的中国新石器时代仰韶文化遗址上可看到，人类在六千多年前就会用各种杯形口尖底瓶、葫芦形瓶、蒜头形壶、圆底钵、浅腹圆底盆、折腹盆、弦纹夹砂罐和绳纹瓷等陶器，贮运不同食物和生活用水。人类采用头顶、肩扛和人抬等方式，小心翼翼地搬运这些装有食物的易碎容器。这种原始的搬运方式速度慢，搬运距离短，很容易损坏容器。经过长期的劳动实践，人类逐渐认识到引起运输容器损坏的原因是环境的震动和冲击作用。为有效保护物品，提高搬运效率，公元前 11 世纪商朝末年出现了扁担，这是人类发明的最早的防震缓冲工具。

近代包装的历史应追溯到 18 世纪的工业革命。资本主义商品经济的发展，促进了世界范围的贸易发展，包装受到了人们的重视，成为商品经济中的一个重要环节。1930 年出现的全球经济危机，促使生产者在设计产品包装时不仅考虑保护内装物的功能，还应增加促进销售的广告功能，于是诞生了现代包装。经济和科技的全球化及其迅猛发展，有力地促进了世界包装工业的发展，包装作为国民经济的服务产业，目前已形成一个以纸、塑料、金属、玻璃、印刷、机械为主要构成，拥有现代化技术和装备，门类较齐全的现代工业体系。

二、包装的定义

相对于以往人们仅仅把包装看作为“产品的包扎”、“包含着内容物的容器”、“产品的

容器与盛装”而言，现代包装的概念更加趋于完善。在我国国家标准 GB/T 4122.1—2008“包装术语基础”中，对包装的定义是：“包装（Package）是指为在流通过程中保护产品、方便储运、促进销售，按一定技术方法而采用的容器、材料及辅助材料等的总体名称。包装也指为了达到上述目的而采用容器、材料和辅助材料的过程中施加一定技术方法等的操作活动。”这一定义把包装的物质形态和盛装产品时所采取的技术手段和工艺操作过程，以至装潢形式和包装的作用联成一体，比较完整地说明了包装的涵义。

三、包装的分类

1. 按包装层次分类

（1）单件包装（个体包装）。指直接对单个商品进行包装。它是为提高商品的价值，或者为保护商品，把适当的材料、容器等添加在商品上的状态或为此实施的技术。单件包装还能够在商品上起到表示特色等信息传媒作用。

（2）内包装。指对包装商品的内部进行包装。它是为避免商品受水分、湿气、光、热、撞击等因素的影响，把适当的材料、容器等添加在商品上的状态或为此实施的技术。若不需再将被包装商品放入箱子、袋子、桶等容器里，则包装作业就此结束。

（3）外包装。指对包装商品的外部进行包装。它是把商品或包装商品放到箱子、袋子、罐、桶等容器里而进行的再一层包装，并在容器上添加记号、指示箭头，或为此实施的技术。

有的时候，单件包装兼具内包装的功能或同时兼具内包装和外包装的双重功效。内包装和外包装的关系如图 6-1 所示。

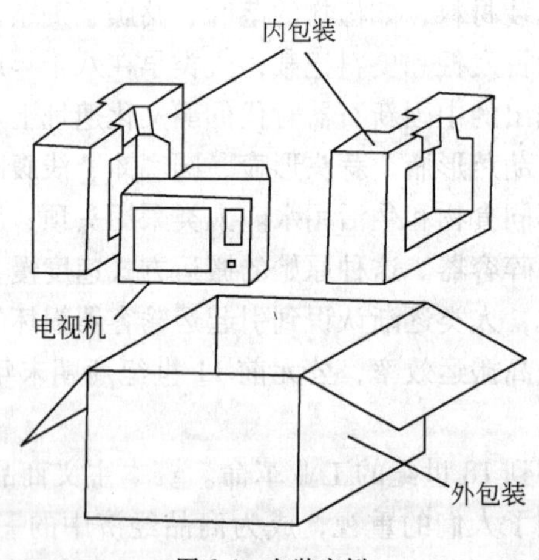

图 6-1　包装实例

2. 按包装所起的作用分类

（1）销售包装。销售包装又称商业包装、消费者包装，是为满足销售的需要而做的包装。前述的单件包装基本相当于销售包装。销售包装通常随同商品卖给消费者，也有很多销售包装参与商品消费。销售包装一般要与商品直接接触，包装体与商品体在生产中结合成一体。它起着直接保护、美化、宣传商品的作用，方便商品陈列展销和方便消费者识别选购以

促进销售，便于消费者携带、使用、保存和识别。

（2）物流包装。物流包装又称工业包装，是在物流过程中为保护商品、方便储运而做的包装。内包装和外包装基本属于物流包装。它通常不随商品卖给消费者，一般不与商品直接接触，是由许多小包装（销售包装）集装而成。物流包装往往需要内包装和外包装的共同作用，其外部结构与尺寸要与储存、装卸、运输等作业所用设备、工具有很好的配合性；具有较强的抵御外界因素，如常见的侵蚀、侵害、碰撞、损坏等的能力；必须有按规定标准印刷的标识，指导包装物件的装卸搬运；还要注明商品名称、货号、规格、重量、数量、颜色、生产厂家、生产日期，以及发货单位与收货单位等标识，这样才能发挥其保障商品安全，方便储存、运输、装卸，加速交接、点验的作用。

物流包装可进一步分为单件物流包装和集合物流包装。①单件物流包装，是指采用箱、桶、袋、包、坛、罐、篓、筐等容器对商品进行的包装。按其使用的材料，可以分为纸、木、金属、塑料、化学纤维、棉麻织物制成的容器或绳索。②集合物流包装，是指为适应现代化运输、装卸、搬运等作业方式的要求，将若干单件包装组合成一件集合包装。常用的集合物流包装有集装袋（包）以及适应托盘系列和集装箱系列的集合包装。

四、包装的功能

包装的目的在于对商品的保护、方便搬运、单位商品包装化、商品的标识等方面。从物流配送角度来看，包装的功能一般可概括为以下几方面：

1. 保护内装商品

工业包装最重要的作用是保护包装内的货物不受损伤。在运输途中，包装会受到货物搬运时的冲击，受到运输途中车辆产生的振动和冲击；在库存时，包装要承受堆积在它上面的货物的重量。因此，工业包装必须能承受这些外力，保护包装内的货物不受损伤。科学地设计包装，可使内装物在物流过程中避免因外力、光热、有害气体、温湿度、微生物及其他生物等外界因素的影响而遭受损坏。这是物流包装的最主要的作用。

2. 提高物流作业效率

包装构成物流的操作单位。适当的包装有助于提高物料搬运效率。例如，从生产的角度来说，包装越大越好，但可能会给物料搬运造成困难。所以，任何包装设计的目的之一就是使之最易于搬运和转移，同时货物的包装单位应该根据搬运设备的能力而定。精心设计包装，实现包装的标准化和模块化，便于采用科学合理且成本低廉的方式完成各项物流作业，有利于采用科学的物流作业设备、物流作业方式，有利于选择合理的物流链管理方法，有利于降低物流作业损耗，节约储存与运输费用。

3. 提供包装物信息

包装的一个非常重要的作用就是提供包装物的信息，以帮助人们区别产品。这一作用对销售人员最为重要，企业力求通过富有特色的包装以区别其产品，激发用户对产品的偏爱和购买欲望。另一方面，包装提供的产品信息对于顾客了解产品非常重要。例如，产品易于受损或仅能以一种位置摆放，那么包装上应予以注明。包装标识可以使物流作业人员正确地进行商品的存放和搬运作业。

4. 提高客户服务水平

由于客户服务在物流规划中所起的作用日益重要，所以包装设计时也要考虑与客户使用的搬运、储存设备相适应。这样做的成本可能相对较高，但却能大大提高客户服务水准，从而吸引并留住大批客户。

五、包装在现代物流中的作用与地位

包装是物流的起点，包装的合理化、现代化、低成本是现代物流“物质流动”的合理化、有序化、现代化、低成本，包装是其最根本的组成部分、基础和物质保证，而包装标准化是根本的途径和有效的保障。包装与物流供应链的密切关系可以通过以下方面来全面深入地得到反映。

1. 对产品的防护性

包装最根本的目的就是给产品以保护和防护，产品防护性指的是产品本身强度、刚度和包装抗损性以及由于流通环境中产生外界载荷之间相互的影响等。产品防护性可以通过合理的包装来实现，根据运输、搬运、仓储的手段、条件，考虑物流的时间和环境，根据产品的特性和保护要求而选择合理的包装材料、包装技术、缓冲设计、包装结构、尺寸、规格等要素，才能实现物流中的首要任务——将产品完好无损地实现物理转移。

2. 物流信息管理的合理性和物流网络的控制性

物流信息管理是现代物流标准化的关键和核心，产品的各种信息都会在产品的各种包装上得以反映和体现。所以，在不同层次的包装上应该设置哪些标签、标记、代码和其他相关信息，对于物流信息管理、整个物流供应链管理乃至整个物流系统的管理都是至关重要的。信息是物流网络控制的根本依据和决策依据，只有在掌握了物流系统中全面、及时、准确的信息后，才能保证物流网络的可控性。

3. 物流组织管理的有序性

物流组织的管理不是单纯的人事、信息、财务管理等，支撑这些管理内容的是重要的技术管理。更具体地讲，对于物流供应链的技术管理，最主要的内容就是完成在供应链中各类与包装有关的技术管理。只有在包装基本的物质在有序、可控地流动，才能实现整个物流组织管理的有序性。

4. 物流成本的低成本

由于物流系统中的所有环节均与包装有关，所以包装对于物流成本的控制则显得至关重要。比如采用纸箱、托盘加集装箱的方式则可以改变原有的木箱包装而节省运输成本；采用现代化的叉车搬运而非人工搬运则可以省却单元小包装造成的高人工费和产品损伤；有效地设计包装容器的堆码层高，可以很好地提高仓库的利用率而节省费用；合理的包装减少破损；合理的包装尺寸和规格提高运输容积率；及时、全面、准确的信息保证物流供应链的畅通等，都可以确保包装在各个环节帮助和实现物流成本的有效降低。

5. 物流整体运营的综合效率性

通过包装，将物流链乃至物流系统中的各个环节有机、高效、系统地组合成一个产生综合效率性的整体。同时注意各个物流环节与包装的密切关系，则可以在整体运营中取得先机。对于越来越多的走向国际市场的企业来说，注意与国际物流及包装法规、标准的接轨，是实现国际化运营的根本保证。

六、包装标准化

1. 包装标准化的概念与内涵

发达国家物流标准化的工作的绝大部分都是包装标准化，从而可以看出实现物流标准化，必须先实现包装标准化。这里的包装标准化不是单纯的包装本身的事情，而是在整个物流系统实现合理化、有序化、现代化、低成本的前提下的包装合理化及现代化。

包装标准是对各种包装标志、包装所用材料规格、质量、包装的技术规范要求、包装的检验方法等的技术规定。而这些规定并不是孤立的，而制定在整个物流供应链中统一考虑和实施，以达到各环节，包括运输、储藏、搬运装卸、包装、流通加工、物流信息管理、物流网络、在库管理、物流组织管理、物流成本的管理和控制等达到对产品的防护性、物流信息管理的合理性、物流网络的控制性、物流组织管理的有序性、物流成本的低成本和物流整体运营的综合效率性。

2. 包装标准化对于物流标准化的重要作用

物流包装标准化是以物流包装为对象，对包装类型、规格、容量、使用材料、包装容器的结构类型、印刷标志、产品的盛放、规格、缓冲措施、封装方法、名词术语、检验要求等给予统一的政策和技术措施。物流包装标准化是提高物流包装质量的技术保证和物质保证，同时它也是供应链管理中核心企业与节点企业及节点企业间无缝连接的基础。物流包装的标准化可以保证资源和原材料的合理利用，并提高包装制品的生产效率，保证在物流整个供应链中的畅通沟通。我国加入 WTO 后，包装标准化与国际接轨，可以减少贸易技术壁垒中的国际物流争端，降低损耗，减少运输费用，提高运输效率，进而提高产品在国际市场上的竞争能力。

七、包装费用

1. 包装费用构成

对于绝大多数商品，只有经过包装才能进入流通。据统计，包装费用约占流通费用的10%，有些商品（特别是生活消费品）包装费高达50%。包装费用主要有以下几部分构成：

（1）包装材料费。常见的包装材料有木材、纸、金属、自然纤维和合成纤维、玻璃、塑料等。这些包装材料功能不同，成本相差也很大。物资包装花费在材料上的费用称为包装材料费用。

（2）包装机械费用。现代包装发展的重要标志之一是包装机械的广泛应用。包装机械不仅可以极大地提高包装的劳动生产率，也大幅度地提高了包装的水平。然而，包装机械的广泛使用也使得包装费用明显提高。

（3）包装技术费用。由于物资在物流过程中可能受到外界不良因素的影响，因此，物资包装时要采取一定的技术措施，如缓冲包装技术、防震包装技术、防潮包装技术、防锈包装技术等。这些技术的设计、实施所支出的费用，合称为包装技术费用。

（4）包装辅助费用。如包装标记、包装标志印刷、拴挂物费用的支出等。

（5）包装人工费。指从事包装工作的工人与其他有关人员的工资、奖金、补贴等费用总和。

2. 包装费用管理

（1）选择包装材料时，要进行经济分析。在进行包装某一商品时，如有数种材料可供选择，在其效果相同情况下，则应选择价格较低的材料。

（2）在设计包装形态时要有区别。内、外、个体包装都应有明显的区别。设法降低内外包装形态本身的费用，还要考虑这种包装能否使运输费用和保管费用降低。

（3）发展包装机械化，降低包装费用。包装机械化降低费用主要表现在两方面：

①可提高劳动生产率，从而降低包装费用。

②可大大缩减劳动工资费用。就瓦楞纸箱而言，分别有纸箱组装机、装箱、贴封签机、钉合机等，将上述几种机器连接起来，组成全自动瓦楞纸机械系列，可比原来节约70%的劳动力。

（4）实现包装规格的标准化。包装规格标准化，不仅促进包装工业生产的发展，而且使包装成本大幅度下降。包装费用下降主要表现在包装材料单耗下降。

（5）在有条件的情况下组织散装运输。散装是现代物流中备受推崇的技术，也称之为无包装运输。所谓散装是指对一些颗粒或粉末状物资，在不进行包装的情况下，运用专门的散装设备来实现物资的运输。目前，美国、日国等物流发达国家水泥散装率超过了90%，而我国仅达15%左右。

（6）包装物的回收和旧包装利用。商品包装回收是将使用过的商品包装和其他辅助包装材料，通过各种渠道和各种方式收集起来，然后 由有关部门进行修复、清洁、再次使用的过程。包装物的回收使用可相对节约包装材料、节约加工劳动、节约因包装而造成的能源、电力的消耗等。

3. 降低包装费用的价值分析法

价值分析法开始于美国，后经日本引进后效果显著。价值分析法的目的是：从品质上、使用上、耐用性上、外观上等方面考虑降低包装成本的可能性。了解包装材料的效果，去除不必要的开支，做到效果好，费用省。使用此法，一般可比原来降低费用15%左右。

采用价值分析法从寻找有替代性的廉价材料开始，采取合理的包装工艺，发挥专业人员的作用，一步一步地进行调查分析。价值分析法通常包括下述项目：

（1）必要性。通过对逐次必要性检查，找出不必要的地方。

（2）效果。包装的各种功能是增强了，还是减小了。

（3）成本与用途对比是否相称。

（4）物品本身的性能是否需要、适应。

（5）价格是否合理，能否降低。

（6）规格尺寸是否恰当，够不够标准化。

（7）包装生产时，是否经济，效率高低。

（8）包装的安全性。

（9）成本各项构成是否合理。

上述各项必须认真检查分析，达到最佳的经济效果。

例如，日本制作针对对小型汽用电机的包装，原来外包装使用瓦楞纸，内包装使用塑料袋，缓冲材料用硬化蔗渣压制板，其包装成本如下：

材料费 72%
直接人工费 12%
管理费 13%
运输费 3%
总包装费 100%
其中材料费：
硬化蔗渣压制板 47%
瓦楞板 33%
平面板 10%
各种捆扎带 8%
塑料带 1%
缝合针 1%
合计 100%

通过价值分析，采用了6个改善方案：

①变更瓦楞纸的材料质量。

②改变上部和下部的硬化压制板以发泡聚苯乙烯代替。

③改变上部硬化压制板，代之以增强平面板，使其兼有硬化板的构造。

④改变上部硬化压制板，采用与产品外形相符合的冲孔瓦楞纸板。

⑤废止增强平板的使用。

⑥以瓦楞纸带取代贴糊法。

上述六个方案，试验结果表明，采用①、②、⑤、⑥等四个方案，致使包装材料费降低了15%。

第二节 包装材料和容器

一、包装材料的分类

根据材料功能可将包装材料分为主要包装材料和辅助包装材料。主要包装材料是指用来制造包装容器的器壁或包装物结构主体的材料；辅助包装材料是指装潢材料、黏合剂、封闭物和包装辅助物、封缄材和捆扎材等材料。不同的国家有不同的分类习惯，但按照原材料种类的不同进行分类是被普遍采用的方法。

1. 按照原材料种类划分

（1）草制包装材料。是一种较落后的包装材料。用一些天然生的草类植物，编制成草席、蒲包、草袋等包装材料。防水、防潮能力较差，强度很低，已逐渐被淘汰。

（2）木制包装材料。一般作为外包装材料，具有抗压、抗震等优点。木制包装材料一般有木箱、木笼、木桶等。但由于木材资源有限，且用途又比较广泛，作为包装材料前景不佳。

（3）纸制包装材料。这是最为广泛的一种包装材料。具有价格低、质地细腻、均匀、耐磨擦、耐冲击、容易黏合、不受温度影响、无毒、无味，适于包装生产的机械化等优点。纸作为包装材料有纸袋、纸箱等。缺点是防潮、防湿性能较差。

（4）金属包装材料。把金属压制成薄片，用于物资包装的材料。通常有白铁皮罐、金属圆桶、储气瓶、金属丝网等。优点是防水、防潮、防污染、抗腐蚀、易进行机械加工等。用量最大的是马口铁（镀锡薄钢板）和金属箔。

（5）纤维包装材料。指用各种纤维制作的袋状容器。天然生的纤维有黄麻、红麻、大麻、青麻、罗布麻、棉花等。经工业加工的有合成树脂、玻璃纤维等。

（6）陶瓷与玻璃包装材料。此类包装材料的优点是耐风化、不变形、耐热、耐酸、耐磨等，尤其适合各种液体物资的包装。可回收复用，有利于包装成本的降低，易洗刷、消毒、灭菌。缺点是易碎。

（7）合成树脂包装材料。用合成树脂制作的各种塑料容器、塑料瓶、塑料袋和塑料箱等，是近20年新发展起来的一种新兴包装材料。其优点是透明，对容器内包装的物资不必开封便一目了然；有适当的强度，可以保护商品的安全；有较好的防水、防潮、防霉等性能；有耐药剂、耐油性能；耐热、耐寒性能较好，对气候变化有一定的适应性；有较好的防污染能力，使包装的物资既安全，又卫生；密封性能好等。

合成树脂用于包装的主要有乙烯、聚丙烯、聚氯烯、聚苯乙烯、酚醛树脂、氨基塑料等。

（8）复合包装材料。复合材料就是将两种以上具有不同性质的材料复合在一起，以改进单一包装材料的性能。应用最广泛的合成材料是塑料与玻璃纸复合、塑料与塑料、金属箔与塑料；金属箔和塑料及玻璃纸复合；纸与塑料复合等。

2. 按照包装功能和目的划分

（1）阻隔性包装材料。其中包括气体阻隔型、湿气（水蒸汽）阻隔型、香味阻隔型、光阻隔型等。

（2）耐热包装材料。如微波炉用包装材料。

（3）选择渗透性包装材料。其中包括氧气选择渗透、二氧化碳气选择渗透、水蒸汽选择渗透、挥发性气体选择渗透等。

（4）保鲜性包装材料。如既有缓熟保鲜功能又有抑菌功能的材料。

（5）导电性包装材料。其中包括抗静电包装材料、抗电磁波干扰包装材料等。

（6）分解性包装材料。包括生物分解型、光分解型、热分解型等。

（7）其他功能性包装材料。包括防锈蚀包装、可食性包装、水溶性包装等。

上述各个领域的功能材料，其功能涉及多种学科，大多数属于高新技术开发的新材料领域，代表了当前新型包装材料的发展趋势。

二、包装材料的选择

为了得到一种成功的包装，在选择包装材料时，必须研究以下几个问题：

1. 包装材料的规格

一般来说，同一种包装材料可以有一系列不同的性能参数或各种不同的规格。所选择的材料必须有足够的机械强度和其他适当的物理和化学性能，能够经受加工，贮存和运输过程中各

种环境和条件下的考验，保护被包产品不损坏，不污染，并确保被包物品中的任何成分不向外泄漏、渗透。为了利于机械化充填、封合，包装材料对于包装设备必须有良好的适应性。

2. 包装材料与产品的适应性或相容性

必须根据被包装物的理化性质和对包装的不同要求选择与被包装物相适应的或相容的包装材料，使产品不与包装材料相互作用并得到全面保护。例如，液体产品需用防渗透材料；对氧气敏感的产品需要用阻氧性好的材料并可使用脱氧剂；对易吸湿性产品应选用防潮材料并可使用干燥剂；对易锈蚀产品应选用阻氧阻湿材料并加入防锈剂；对于某些带有香气的产品，应使用保香阻隔材料并防止异味侵入；对某些油脂食品除了需要阻氧遮光包装材料防止油脂氧化外，还应防止油脂和包装材料中的添加剂在包装有效期内发生化学迁移等等。相容性的问题既有物理方面的因素，又有化学方面的因素，是一个很复杂的问题，在采用一种新的包装材料之前，往往要做许多试验才能确定。

3. 商品的流通环境和保质期

必须研究从产品最初包装到产品到达消费者手中的全部流通环节和环境。充分考虑到可能遇到的恶劣气候、装卸条件、运输工具的冲击和震动并以此为依据选择确定包装材料的阻隔性、强度、所需的缓冲充填物、捆扎材料等。根据被包产品的保质期和包装有效期确定合理的包装材料是一件相当困难的工作。随着科学的进步和计算机的应用，根据产品性质和流通环境对包装结构、包装材料、包装有效期的科学设计已经成为可能。

4. 市场调研

在开发研究一种新包装和采用一种新型的包装材料时，必须研究不同国家和地区的不同包装要求、习俗和法律，了解新材料的市场情况及消费者的消费心理和购买力。

5. 包装材料必须符合环保要求

除了具备良好的包装功能外包装材料还应具备方便回收、减少污染、保护环境等问题。这就是近几年来兴起的“绿色包装”。因此，包装材料的选择应满足绿色包装工程的需要。表 6-1 列出了一些包装材料具有的主要性能。

包装材料的性能及选择 表 6-1

性 能	适合的材料
不透明性	铝箔、纸、全版印刷薄膜
透明性	玻璃纸、大部分塑料膜、SiO_x 镀敷膜
水蒸汽阻隔性	铝箔、SiO_x 镀敷膜、铝蒸镀膜、PVDC、MST、HDPE、OPP、KOP、LDPE
氧气阻隔性	铝箔、SiO_x 镀敷膜、铝蒸镀膜、KOP、KON、PVDC、EVOH、PVA
耐热性	铝箔、尼龙、PEL、HDPE、PP、纸
耐低温性	铝箔、纸、LDPE、HDPE、ION、EVA、PET、尼龙、OPP、PVDC
耐油脂性	铝箔、玻璃纸、尼龙、EVA、HDPE、PP、PET、CA、PVC、PVDC、ION、防油纸
热封合性	LDPE、ION、EVA、尼龙、PVC、HDPE、CPP、PVDC
印刷适性	纸、铝箔、玻璃纸、PC、PET、CA、尼龙（经表面处理）、ION、EVA、PP、PVC、PS、PE（特种油墨）

表中缩写符号代表的材料：PVCD——聚偏二氯乙烯；MST——防潮透明玻璃纸；HDPE——高密度聚乙烯；LDPE——低密度聚乙烯；PP——聚丙烯；OPP——拉伸聚丙烯；CPP——未拉伸聚丙烯；KOP——聚偏二氯乙烯涂布拉伸聚丙烯；KON——聚偏二氯乙烯涂布拉伸尼龙；EVOH——乙烯－乙烯醇共聚物；PVA——聚乙烯醇；PET——聚对苯二甲酸乙二酯；ION——离子型聚合物；CA——醋酸纤维素；PVC——聚氯乙烯；PS——聚苯乙烯；PC——聚碳酸酯。

三、包装容器

1. 包装袋

包装袋是柔性包装中的重要技术，包装袋材料是挠性材料，有较高的韧性、抗拉强度和耐磨性。一般包装袋结构是筒管状结构，一端预先封死，在包装结束后再封装另一端，包装操作一般采用充填操作。包装袋广泛适用于运输包装、商业包装、内装、外装，因而使用较为广泛。包装袋一般分成下述三种类型：

（1）集装袋。这是一种大容积的运输包装袋，盛装重量在1t以上。集装袋的顶部一般装有金属吊架或吊环等，便于铲车或起重机的吊装、搬运。卸货时可打开袋底的卸货孔，即行卸货，非常方便。适于装运颗粒状、粉状的货物。集装袋一般多用聚丙烯、聚乙烯等聚酯纤维纺织而成。由于集装袋装卸货物、搬运都很方便，装卸效率明显提高，近年来发展很快。

（2）一般运输包装袋。这类包装袋的盛装重量是0.5～100kg，大部分是由植物纤维或合成树脂纤维纺织而成的织物袋，或者由几层挠性材料构成的多层材料包装袋，例如麻袋、草袋、水泥袋等。主要包装粉状、粒状和个体小的货物。

（3）小型包装袋（或称普通包装袋）。这类包装袋盛装重量较少，通常用单层材料或双层材料制成。对某些具有特殊要求的包装袋也有用多层不同材料复合而成。包装范围较广，液状、粉状、块状和异型物等可采用这种包装。

上述几种包装袋中，集装袋适于运输包装，一般运输包装袋适于外包装及运输包装，小型包装袋适于内装、个装及商业包装。

2. 包装盒

包装盒是介于刚性和柔性包装两者之间的包装技术。包装材料有一定挠性，不易变形，有较高的抗压强度，刚性高于袋装材料。包装结构是规则几何形状的立方体，也可裁制成其他形状，如圆盒状、尖角状，一般容量较小，有开闭装置。包装操作一般采用码入或装填，然后将开闭装置闭合。包装盒整体强度不大，包装量也不大，不适合做运输包装，适合做商业包装、内包装，适合包装块状及各种异形物品。

3. 包装箱

包装箱是刚性包装技术中的重要一类。包装材料为刚性或半刚性材料，有较高强度且不易变形。包装结构和包装盒相同，只是容积、外形都大于包装盒，两者通常以10L为分界。包装操作主要为码放，然后将开闭装置闭合或将一端固定封死。包装箱整体强度较高，抗变形能力强，包装量也较大，适合做运输包装、外包装，包装范围较广，主要用于固体杂货包装。主要包装箱有以下几种：

（1）瓦楞纸箱。瓦楞纸箱是用瓦楞纸板制成的箱形容器。瓦楞纸箱的外型结构分类有折叠式瓦楞纸箱、固定式瓦楞纸箱和异形瓦楞纸箱三种。按构成瓦楞纸箱体的材料来分类，有瓦楞纸箱和钙塑瓦楞箱。

（2）木箱。木箱是流通领域中常用的一种包装容器，其用量仅次于瓦楞箱。木箱主要有木板箱、框板箱、框架箱三种。

①木板箱。木板箱一般用作小型运输包装容器，能装载多种性质不同的物品。木板箱作为运输包装容器具有很多优点，例如有抗拒碰裂、溃散、戳穿的性能，有较大的耐压强度，能承受较大负荷，制作方便等。但木板箱的箱体较重，体积也较大，其本身没有防水性。

②框板箱。框板箱是先由条木与人造板材制成之箱框板，再经钉合装配而成。

③框架箱。框架箱是由一定截面的条木构成箱体的骨架，根据需要也可在骨架外面加木板覆盖。这类框架箱有两种形式，无木板覆盖的称为敞开式框架箱，有木板覆盖的称为覆盖式框架箱。框架箱由于有坚固的骨架结构，因此具有较好的抗震和抗扭力，有较大的耐压能力，而且其装载量大。

（3）塑料箱。一般用做小型运输包装容器，其优点是自重轻、耐蚀性好，可装载多种商品，整体性强，强度和耐用性能满足反复使用的要求，可制成多种色彩以对装载物分类，手握搬运方便，没有木刺，不易伤手。

（4）集装箱。由钢材或铝材制成的大容积物流装运设备，从包装角度看，也属一种大型包装箱，可归属于运输包装的类别之中，也是大型反复使用的周转型包装。

4. 包装瓶

包装瓶是瓶颈尺寸有较大差别的小型容器，是刚性包装中的一种，包装材料有较高的抗变形能力，刚性、韧性要求一般也较高，个别包装瓶介于刚性与柔性材料之间，瓶的形状在受外力时虽可发生一定程度变形，外力一旦撤除，仍可恢复原来瓶形。包装瓶结构是瓶颈口径远小于瓶身，且在瓶颈顶部开口；包装操作是填灌操作，然后将瓶口用瓶盖封闭。包装瓶包装量一般不大，适合美化装潢，主要做商业包装、内包装使用。主要包装液体、粉状货。包装瓶按外形可分为圆瓶、方瓶、高瓶、矮瓶、异形瓶等若干种。瓶口与瓶盖的封盖方式有螺纹式、凸耳式、齿冠式、包封式等。

5. 包装罐（筒）

包装罐是罐身各处横截面形状大致相同，罐颈短，罐颈内径比罐身内颈稍小或无罐颈的一种包装容器，是刚性包装的一种。包装材料强度较高，罐体抗变形能力强。包装操作是装填操作，然后将罐口封闭，可做运输包装、外包装，也可做商业包装、内包装用。包装罐（筒）主要有三种：

（1）小型包装罐。这是典型的罐体，可用金属材料或非金属材料制造，容量不大，一般是做销售包装、内包装，罐体可采用各种方式装饰美化。

（2）中型包装罐。外型也是典型罐体，容量较大，一般做化工原材料、土特产的外包装，起运输包装作用。

（3）集装罐。这是一种大型罐体，外形有圆柱形、圆球形、椭球形等，卧式、立式都有。集装罐往往是罐体大而罐颈小，采取灌填式作业，灌填作业和排出作业往往不在同一罐口进行。另设卸货出口。集装罐是典型的运输包装，适合包装液状、粉状及颗粒状货物。

第三节 运输包装

一、包装技术

1. 防震保护技术

防震包装又称缓冲包装，在各种包装方法中占有重要的地位。产品从生产出来到开始使用要经过一系列的运输、保管、堆码和装卸过程，置于一定的环境之中。在任何环境中都会有力作用在产品之上，并使产品发生机械性损坏。为了防止产品遭受损坏，就要设法减小外力的影响，所谓防震包装就是指为减缓内装物受到冲击和振动，保护其免受损坏所采取的一定防护措施的包装。防震包装主要有以下三种方法：

（1）全面防震包装方法。全面防震包装方法是指内装物和外包装之间全部用防震材料填满进行防震的包装方法。

（2）部分防震包装方法。对于整体性好的产品和有内装容器的产品，仅在产品或内包装的拐角或局部地方使用防震材料进行衬垫即可。所用包装材料主要有泡沫塑料防震垫、充气型塑料薄膜防震垫和橡胶弹簧等。

（3）悬浮式防震包装方法。对于某些贵重易损的物品，为了有效地保证在流通过程中不被损坏，外包装容器比较坚固，然后用绳、带、弹簧等将被装物悬吊在包装容器内，在物流中，无论是什么操作环节。内装物都被稳定悬吊而不与包装容器发生碰撞，从而减少损坏。

2. 防破损保护技术

缓冲包装有较强的防破损能力，因而是防破损包装技术中有效的一类。此外还可以采取以下几种防破损保护技术：

（1）捆扎及裹紧技术。捆扎及裹紧技术的作用，是使杂货、散货形成一个牢固整体，以增加整体性，便于处理及防止散堆来减少破损。

（2）集装技术。利用集装，减少与货体的接触，从而防止破损。

（3）选择高强保护材料。通过外包装材料的高强度来防止内装物受外力作用破损。

3. 防锈包装技术

（1）防锈油防锈蚀包装技术。大气锈蚀是空气中的氧、水蒸汽及其他有害气体等作用于金属表面引起电化学作用的结果。如果使金属表面与引起大气锈蚀的各种因素隔绝，即将金属表面保护起来，就可以达到防止金属大气锈蚀的目的。防锈油包装技术就是根据这一原理将金属涂封防止锈蚀的。用防锈油封装金属制品，要求油层要有一定厚度，油层的连续性好，涂层完整。不同类型的防锈油要采用不同的方法进行涂覆。

（2）气相防锈包装技术。气相防锈包装技术就是用气相缓蚀剂（挥发性缓蚀剂），在密封包装容器中对金属制品进行防锈处理的技术。气相缓蚀剂是一种能减慢或完全停止金属在侵蚀性介质中的破坏过程的物质，它在常温下即具有挥发性，它在密封包装容器中，在很短的时间内挥发或升华出的缓蚀气体就能充满整个包装容器内的每个角落和缝隙，同时吸附在金属制品的表面上，从而起到抑制大气对金属锈蚀的作用。

4. 防霉腐包装技术

在运输包装内装运食品和其他有机碳水化合物货物时，货物表面可能生长霉菌，在流通过程中如遇潮湿，霉菌生长繁殖极快，甚至延伸至货物内部，使其腐烂、发霉、变质，因此要采取特别防护措施。

包装防霉烂变质的措施，通常是采用冷冻包装、真空包装或高温灭菌方法。冷冻包装的原理是减慢细菌活动和化学变化的过程，以延长储存期，但不能完全消除食品的变质；高温杀菌法可消灭引起食品腐烂的微生物，可在包装过程中用高温处理防霉。有些经干燥处理的食品包装，应防止水汽浸入以防霉腐，可选择防水汽和气密性好的包装材料，采取真空和充气包装。真空包装法也称减压包装法或排气包装法。这种包装可阻挡外界的水汽进入包装容器内，也可防止在密闭着的防潮包装内部存有潮湿空气，在气温下降时结露。采用真空包装法，要注意避免过高的真空度，以防损伤包装材料。

防止运输包装内货物发霉，还可使用防霉剂，防霉剂的种类甚多，用于食品的必须选用无毒防霉剂。机电产品的大型封闭箱，可酌情开设通风孔或通风窗等相应的防霉措施。

5. 防虫包装技术

防虫包装技术，常用的是驱虫剂，即在包装中放入有一定毒性和臭味的药物，利用药物在包装中挥发气体杀灭和驱除各种害虫。常用驱虫剂有荼、对位二氯化苯、樟脑精等。也可采用真空包装、充气包装、脱氧包装等技术，使害虫无生存环境，从而防止虫害。

6. 危险品包装技术

危险品有上千种，按其危险性质，交通运输及公安消防部门规定分为十大类，即爆炸性物品、氧化剂、压缩气体和液化气体、自燃物品、遇水燃烧物品、易燃液体、易燃固体、毒害品、腐蚀性物品、放射性物品，有些物品同时具有两种以上危险性能。

对有毒商品的包装要明显地标明有毒的标志。防毒的主要措施是包装严密不漏、不透气。例如重铬酸钾（红矾钾）和重铬酸钠（红矾钠），为红色带透明结晶，有毒，应用坚固附桶包装，桶口要严密不漏，制桶的铁板厚度不能小于1. 2mm。对有机农药一类的商品，应装入沥青麻袋，缝口严密不漏。如用塑料袋或沥青纸袋包装的，外面应再用麻袋或布袋包装。用作杀鼠剂的磷化锌有剧毒，应用塑料袋严封后再装入木箱中，箱内用两层牛皮纸、防潮纸或塑料薄膜衬垫，使其与外界隔绝。

对有腐蚀性的商品，要注意商品和包装容器的材质发生化学变化。金属类的包装容器，要在容器壁涂上涂料，防止腐蚀性商品对容器的腐蚀。例如包装合成脂肪酸的铁桶内壁要涂有耐酸保护层，防止铁桶被商品腐蚀，商品也随之变质。再如氢氟酸是无机酸性腐蚀物品，有剧毒，能腐蚀玻璃，不能用玻璃瓶作包装容器，应装入金属桶或塑料桶，然后再装入木箱。甲酸易挥发，其气体有腐蚀性，应装入良好的耐酸坛、玻璃瓶或塑料桶中，严密封口，再装入坚固的木箱或金属桶中。

对黄磷等易自燃商品的包装，宜将其装入壁厚不少于1mm的铁桶中，桶内壁须涂耐酸保护层，桶内盛水，并使水面浸没商品，桶口严密封闭，每桶净重不超过50kg。再如遇水引起燃烧的物品如碳化钙，遇水即分解并产生易燃乙炔气，对其应用坚固的铁桶包装，桶内充入氮气。如果桶内不充氮气，则应装置放气活塞。

对于易燃、易爆商品，例如有强烈氧化性的，遇有微量不纯物或受热即急剧分解引起爆炸的产品。防爆炸包装的有效方法是采用塑料桶包装，然后将塑料桶装入铁桶或木箱中，每件净重不超过50kg，并应有自动放气的安全阀，当桶内达到一定气体压力时，能自动放气。

7. 特种包装技术

（1）充气包装。充气包装是采用二氧化碳气体或氮气等不活泼气体置换包装容器中空气的一种包装技术方法，因此也称为气体置换包装。这种包装方法是根据好氧性微生物需氧代谢的特性，在密封的包装容器中改变气体的组成成分，降低氧气的浓度，抑制微生物的生理活动、酶的活性和鲜活商品的呼吸强度，达到防霉、防腐和保鲜的目的。

（2）真空包装。真空包装是将物品装入气密性容器后，在容器封口之前抽真空，使密封后的容器内基本没有空气的一种包装方法。一般的肉类商品、谷物加工商品以及某些容易氧化变质的商品都可以采用真空包装，真空包装不但可以避免或减少脂肪氧化，而且抑制了某些霉菌和细菌的生长。同时在对其进行加热杀菌时，由于容器内部气体已排除，因此加速了热量的传导，提高了高温杀菌效率，也避免了加热杀菌时，由于气体的膨胀而使包装容器破裂。

（3）收缩包装。收缩包装就是用收缩薄膜包裹物品（或内包装件），然后对薄膜进行适当加热处理，使薄膜收缩而紧贴于物品（或内包装件）的包装技术方法。收缩薄膜是一种经过特殊拉伸和冷却处理的聚乙烯薄膜，由于薄膜在定向拉伸时产生残余收缩应力，这种应力受到一定热量后便会消除，从而使其横向和纵向均发生急剧收缩，同时使薄膜的厚度增加，收缩率通常为30%～70%，收缩力在冷却阶段达到最大值，并能长期保持。

（4）拉伸包装。拉伸包装是20世纪70年代开始采用的一种新包装技术，它是由收缩包装发展而来的，拉伸包装是依靠机械装置在常温下将弹性薄膜围绕被包装件拉伸、紧裹，并在其末端进行封合的一种包装方法。由于拉伸包装不需进行加热，所以消耗的能源只有收缩包装的1/20。拉伸包装可以捆包单件物品，也可用于托盘包装之类的集合包装。

（5）脱氧包装。脱氧包装是继真空包装和充气包装之后出现的一种新型除氧包装方法。脱氧包装是在密封的包装容器中，使用能与氧气起化学作用的脱氧剂与之反应，从而除去包装容器中的氧气，以达到保护内装物的目的。脱氧包装方法适用于某些对氧气特别敏感的物品，使用于那些即使有微量氧气也会促使品质变坏的食品包装中。

二、运输包装形式

对于易碎品，例如玻璃制品、陶瓷制品、工艺品和瓶装食品饮料以及精密的电子、电器、通讯产品等，需要尽可能降低运输流通过程对产品造成的损坏，运输包装或者称缓冲包装在这里所起的作用非常关键。现有运输包装的主要形式有：

1. 外包装形式

外包装是保护易碎品免受损坏的有效方法。通常要求易碎品外包装应具有一定的抗压强度和抗戳穿强度，可以保护易碎品在正常的运输和仓储码垛条件下完好无损。最典型和最常用的易碎品外包装是瓦楞纸箱。部分大而重的易碎品采用蜂窝纸板包装箱，部分较轻或本身抗压强度较高的产品如玻璃空罐等，在使用托盘运输时，采用缠绕薄膜包装代替瓦楞纸箱。无论何种易碎品外包装件，都应在四个侧面的左上角处，标上“易碎品”字样和相应的图案。

1）瓦楞纸箱

瓦楞纸箱是目前使用量最大的运输包装容器。常用的易碎品外包装用瓦楞纸箱由三层或五层瓦楞纸板制成。瓦楞纸板一般有 A、B、C、E 四种楞型，A、B、C 楞型瓦楞纸板均可制作易碎品外包装用纸箱。区别在于 A 型楞较高、较稀疏，抗压强度较低，B 型楞较低、较密，抗压强度较高，C 型介于二者之间。选择不同的楞型或不同层数的纸板制作纸箱，主要是依据内装物的重要性和对抗压强度的要求。

以往由于中国运输条件较为落后，野蛮装卸现象时有发生，国内对 5 层瓦楞纸箱的需求量较大，约占 70% 的比例。但是，近年来随着中国运输条件的改善，3 层瓦楞纸箱的应用比例逐年提高。并且随着销售方式的改变，很多易碎品的运输包装向销售包装靠拢。瓦楞纸箱的设计越来越复杂，印刷装潢的质量也越来越高，不少已堂而皇之地登上超市的售货架。

2）蜂窝纸板箱

蜂窝纸板箱是由蜂窝纸板制造而成的箱形容器。蜂窝纸板质轻、抗压、抗弯、抗剪强度高，具有良好的缓冲隔振性能，以蜂窝纸板为主体材料的包装箱有三种。一是复合材料包装箱。箱体外层使用戳穿能力强的纤维板或三合板、中层为蜂窝纸芯、内壁用草纸板黏合而成。二是全蜂窝纸板包装箱。即以蜂窝纸为夹芯，内外用箱纸板黏合而成。三是内衬型包装箱，以瓦楞纸箱作为箱体，箱内上下四壁用蜂窝纸板做衬垫，有较强的防震、抗压、保温、抗戳穿能力。

与传统的瓦楞纸箱相比，蜂窝纸板箱的机械性能更好，如经破坏性跌落、重物码垛、实装滚动等实验表明，蜂窝纸板包装箱内装易碎物品破损率比瓦楞纸箱降低 50% ~97%；空箱上放置 600kg 的重物试压三个月也不变形，并且无需聚苯乙烯衬垫；与同规格的瓦楞纸箱重量比为 2:5，可节约纸板 60%。这种纸箱的推广应用，将为降低商品在流通过程中的破损率，提高包装产品质量起到积极的作用。特别是对于价值较高的玉器雕刻品、工艺品等，蜂窝纸箱是最好的选择。不过，由于蜂窝纸板制作工艺较复杂，特别是目前还不能实现自动化制箱，因此在应用上受到限制，主要用于小批量、体积和质量都比较大的易碎品包装上。

3）缠绕薄膜包装

随着包装运输逐渐托盘化，采用塑料缠绕拉伸薄膜作为运输包装的方式日渐普及。把易碎品的销售包装堆码在托盘上，用缠绕薄膜形成一个整体，可以简化包装，省去瓦楞纸箱，降低包装成本。缠绕拉伸回缩薄膜，是以线性低密度聚乙烯为主要原料，采用共挤出吹膜法或流延法生产而成。它具有很大的拉伸伸长并回缩的性能，伸长率可高达 500%。托盘式缠绕包装，就是借助缠绕膜拉伸后的回缩力将产品进行缠绕包装，形成一个紧凑的、不占空间的单元整体，使产品与托盘紧密地包裹在一起，可有效地防止运输过程中产品相互错位与移动。

近年来，缠绕薄膜发展迅速。它非常适合用于大宗货物托盘包装，这种托盘与叉车相结合的“集权装卸”方法，不但降低了运输费用，提高了物流效率，还由于该膜有良好的透明性，使得包装物体美观大方而又便于识别内包物品，减少配货错误。缠绕薄膜的缺点在于其抗压、抗刺破能力较弱，使用上受到一定限制，特别是在易碎品包装上，通常只适用于那些有销售包装的、周转次数较少、货物本身较轻或本身抗压强度较高的商品。

2. 内包装形式

易碎品内包装的最主要功能是提供内装物的固定和缓冲。合格的内包装可以保护易碎品在运输期间免受冲撞及震动，并能回复原来形状以提供进一步的缓冲作用。有多种内部包装材料及方法可供选择。

（1）衬板

衬板是目前最流行的内部包装形式，通常是使用瓦楞纸板通过彼此交叉形成一个网状结构，在尺寸上与外包装纸箱相匹配。根据所装物品的形状，对瓦楞纸衬板进行切割，然后将物品卡在其中即可。从衬板的制作、切割和装箱，全过程都可以通过机械化操作完成，非常适合大批量的产品包装。

用瓦楞衬板作为内部包装，可以提供良好的商品固定性能，能够避免易碎品之间的相互碰撞，降低破损率。并且，由于制作材料是瓦楞纸，与瓦楞纸箱材料一致，利于统一回收，符合环保需求，成本也很低。

与箱体底部接触的物品由于所承受压力较大，受损几率也较大。通常在箱底添加一层瓦楞纸隔板，以增强缓冲性能。目前市场上也出现了用塑料制作的隔板。它采用高密度聚乙烯（HDPE）或聚丙烯（PP）挤出或挤压成型，具有低成本、抗弯折、耐冲击、无污染、抗老化、耐腐蚀、防潮防水等多种优点，可以解决啤酒瓶、陶瓷等在大批量搬运过程中可能遇到的隔层包装问题。与瓦楞纸板相比，塑料隔板更能适应卸垛堆码机械化和仓储管理货架化等趋势，将得到越来越广泛的应用。

（2）泡沫塑料及其替代品

作为传统的缓冲包装材料，发泡塑料具有良好的缓冲性能和吸震性能，有质量轻、保护性能好、适应性广等优势，广泛用于易碎品的包装上。特别是发泡塑料可以根据产品形状预制成相关的缓冲模块，应用起来十分方便。聚苯乙烯泡沫塑料曾经是最为主要的缓冲包装材料。不过，由于传统的发泡聚苯乙烯使用会破坏大气臭氧层的氟利昂做发泡剂，加上废弃的泡沫塑料体积大，回收困难等原因，逐渐被其他环保缓冲材料所替代。

目前代替聚苯乙烯发泡塑料的主要有发泡PP、蜂窝纸板及纸浆模塑产品等几类。发泡PP不使用氟利昂，具有很多与发泡聚苯乙烯相似的缓冲性能，它属于软发泡材料，可以通过黏结组成复杂结构，是应用前景很好的一类新型缓冲材料。蜂窝纸板具有承重力大、缓冲性好、不易变形、强度高、符合环保、成本低廉等优点。它可以代替发泡塑料预制成各种形状，适用于大批量使用的易碎品包装上，特别是体积大或较为笨重的易碎品包装。

纸浆模塑制品也是可部分替代发泡聚苯乙烯的包装材料。它主要以纸张或其他天然植物纤维为原料，经制浆、模塑成型和干燥定型而成，可根据易碎品的产品外型、质量，设计出特定的几何空腔结构来满足产品的不同要求。这种产品的吸附性好、废弃物可降解，且可堆叠存放，大大减少运输存放空间。但其回弹性差，防震性能较弱，不适用于体积大或较重的易碎品包装。

（3）气垫薄膜

气垫薄膜也称气泡薄膜。是在两层塑料薄膜之间采用特殊的方法封入空气，使薄膜之间连续均匀地形成气泡。气泡有圆形、半圆形、钟罩形等形状。气泡薄膜对于轻型物品能提供很好的保护效果，作为软性缓冲材料，气泡薄膜可被剪成各种规格，可以包装几乎任何形状或大小的产品。使用气垫薄膜时，要使用多层以确保产品（包括角落与边缘）得到完整的保护。

气垫薄膜的缺点在于易受其周围气温的影响而膨胀和收缩。膨胀将导致外包装箱和被包装物的损坏，收缩则导致包装内容物的移动，从而使包装失稳，最终引起产品的破损。而且其抗戳穿强度较差，不适合于包装带有锐角的易碎品。

(4) 现场发泡

现场发泡，主要是利用聚氨酯泡沫塑料制品，在内容物旁边扩张并形成保护模型，特别适用于小批量、不规则物品的包装。一般的操作程序如下：首先在纸箱底部的一个塑料袋中注入双组分发泡材料，然后将被包装产品放在发泡材料上，再取一个塑料袋，注入适当分量的发泡材料覆盖在易碎品上，很快发泡材料充满整个纸箱，形成对易碎品的完美保护。

现场发泡最大的特点在于可在现场成形，不需用任何模具，特别适合于个别的、不规则的产品，或贵重易碎品的包装，可广泛用于邮政、快递等特殊场合使用。

(5) 填料

在包装容器中填充各种软制材料做缓冲包装曾经被广泛采用。材料有废纸、植物纤维、发泡塑料球等很多种。但是由于填充料难以填充满容器，对内装物的固定性能较差，而且包装废弃后，不便于回收利用，因此，目前这一包装形式正在逐渐衰退。

三、第三方物流包装

1. 第三方物流包装的概念

第三方物流包装，即把产品的物流与包装委托给专门的物流包装企业完成，这是当今世界物流包装的发展趋势之一，已经成为产品生产企业的明智之举，有人说是物流包装的一场革命。从事第三方物流包装的企业，可以为产品生产企业提供经过优化的整体包装解决方案，英文有两种叫法，一是 Integrated Packaging Solution，简称 IPS；二是 Complete Packaging Solution，简称 CPS。这个概念发源于美国，流行于发达国家，随着国外大型生产企业进驻中国，也开始受到国内有远见的企业青睐。

在制造企业和商业企业面临日益激烈的全球化竞争的新形势下，降低物流包装成本已经成为企业的第三个利润来源。现代物流系统，以信息技术为核心，集合包括包装技术在内的多种技术，对于传统行业转轨变型、调整结构、优化流程、降低成本，发挥了重大作用，风险进一步减少，服务水平得到提高。包装设计将直接影响物流活动的生产率，没有合理而科学的包装将零散的商品成组化和信息化，就没有现代的物流系统。我国的物流包装成本节约空间相当大，降 1% 即可产生 250 亿元的效益。如果能达到国外的先进水平，就可节约 3000 亿元。

2. 第三方物流包装现状

产品生产企业一般缺乏有经验的物流包装方面的技术人员。首先，非包装专业人士对保护产品在流通中受到冲击或震动时不致破坏的缓冲包装设计五步法知之甚少，不知道如何确定企业产品特有的流通环境条件，或者不知如何按照国家标准或国际标准选取产品的 4 大类环境条件及特性：①气象性环境条件，包括 10 种参数；②生化环境条件，包括 3 种参数；③机械（力学）性环境条件，包括 6 种参数；④电磁性环境条件，包括 3 种参数。国内企业很少懂得产品的脆值概念，知道后也很少有条件能确定出本企业各种产品的脆值。至于缓冲材料的选择和缓冲结构设计等问题大都模仿国外产品的包装，缺乏自主知识产权，对包装试验更是缺乏条件和了解。

关于包装箱的设计问题，非包装专业人士对防止堆码倒塌等包装箱的科学设计不会计算；对防锈包装、防潮包装等新技术不知如何选择或设计；物流包装系统的整体优化问题，基本没有顾及到，不知如何下手解决降低物流包装成本的问题；对出口产品的包装应该如何符合该国家包装法规不知如何应对。所有这些困扰产品企业的诸多问题，最好的解决办法就是交给专业人士去解决。

某些国外在华的先进企业实施了第三方物流包装，已经实现了零库存，物流包装成本大幅度降低，获得比他们在本土生产要高得多的效益。

在实施第三方物流包装时，对被委托的企业必须要慎重选择。第一要看它有没有经验丰富的、能提供 ISP 或 CPS 服务的专业队伍；第二要看它有没有较强的经济实力，能够有充分的库存量绝对保证对包装的按时供应，不会有造成延迟发货的风险；第三要看它有没有比较完整的物流和包装生产或操作条件，有快速反应机制；第四要看它有没有可靠的供应链；最后还需考核它的服务质量和信誉。

总之，第三方物流包装企业为产品生产企业提供整体包装解决方案服务时，有可能使产品生产企业的物流包装成本大幅度降低，有可能优化和缩短企业的供应链而降低管理成本，有可能实现生产的零库存，有可能减少流通过程中产品的破损，有可能提高托盘和货柜的利用率，有可能使包装的外观更加完美，有可能减轻包装材料对环境的负担而实现绿色包装的承诺，有可能回避国外对我方出口产品设置的绿色包装贸易壁垒。面对如此诱人的效果，有远见的企业管理者，已经把第三方物流包装视为一种发展战略，大力推之。因此，我们说这是一种明智之举，值得有条件的企业及时跟上这一世界发展潮流，把公认的物流包装这一第三利润来源，早日变成企业的现实。

3. 第三方物流包装的优势

（1）第三方物流包装承担者的物流包装专家的丰富知识与经验，完善的包装加工与试验设备，有可能大幅度降低整体包装成本；

（2）第三方物流包装承担者优化的包装材料供应链，有可能降低包装材料的采购与管理成本，彻底杜绝采购贿赂；

（3）第三方物流包装承担者的包装生产条件，可以缩短产品包装设计、试验、打样与生产的周期，适应市场快速变化的需要；

（4）第三方物流包装承担者的庞大仓储条件，可以保证包装制品的可靠而及时供应，节约生产企业包装制品的仓储成本；

（5）第三方物流包装承担者专业化设计的完美包装，可以提升产品的品牌与环保形象；

（6）第三方物流包装承担者熟悉国际包装法规，有利于企业的产品出口和攻破发达国家的绿色贸易壁垒；

（7）企业采取第三方物流包装，可以降低乃至取消企业现有的包装设计与开发成本；

（8）企业采取第三方物流包装，可以让产品生产企业把有限的财力、物力、人力集中在自身产品生产与开发的核心业务上，缩短和优化供应链；

（9）第三方物流包装承担者将在为生产企业的全方位服务中得到提高，并从成本节约中分享一定利润。

总而言之，实施第三方物流包装，使得产品生产企业和物流包装企业都可以从中获得好处，是一种双赢的模式。

第四节　绿 色 包 装

包装在保护产品、提高物流效率、促进销售等方面起着十分重要的作用，是商品流通不可缺少的重要部分。包装要消耗大量的资源，包装废弃物对环境的污染日趋严重，引起了公众的高度重视，因此发展绿色包装是一种必然的趋势。

一、包装产生的环境污染

1. 固体废弃物污染

大量地包装、大量地消耗资源，必定会产生大量的废弃物。

从世界范围来看，包装产生的废弃物是固体垃圾的重要构成部分。目前全球每年的固体废弃物大约为 10 亿 t，包装废弃物约占总量的 1/3。据资料统计，在城市垃圾构成中，包装废弃物所占比例是：美国约为 33%；日本约为 40%；欧盟各国各占 30% ~50%；我国大中城市约为 30% ~40%。废弃的包装材料中包含纸、塑料、金属、玻璃等成分。

处理这些固体废弃物不仅需要花费大量的人力、物力、财力，还会造成自然环境的严重污染，并威胁着人类的生存环境。目前对这些废弃物的处置、70% 以上是通过填埋来处理，也有少部分是焚烧处理。填埋的主要问题是要占用土地，并对土壤成分造成污染破坏；焚烧的主要问题是需要一定的设备和设施，很多材料焚烧会产生有毒气体，污染空气。例如，新开发的化学合成材料 PVC 塑料难以自然降解，在被当作废弃物加以焚烧时会污染空气。因此，在许多国家，PVC 塑料已经被作为非绿色包装材料而禁止使用。

物流包装容器废弃处置存在很大的问题，因其尺寸大，在许多国家（如美国、欧洲一些国家），托盘属于被禁止填埋的产品，而且废弃处置还要花费额外的税费。如在美国的威斯康星州，很多建材产品生产商因为焚烧处置废弃托盘而被处罚金额高达 170 万美元。

固体废弃物污染还表现在，目前使用的不少包装材料是不可降解和难以综合利用的，这些包装废弃材料对自然环境造成永久的、严重的污染，威胁着人类生存环境。

2. 液体污染和气体污染

尽管液体和气体排放不是包装产品的主要问题，但有时也会产生严重影响。一个典型的例子就是我国某城市，废弃的化学品盛装桶中的残留物被雨水冲进了附近的村庄和农田，造成周围大片水、土壤严重污染，连生长的植物也受到污染，居民身体健康和生活环境受到很大影响。值得注意的是，这种污染一旦发生，其影响是长期的。

3. 细菌和害虫的传播

在国际物流中，传统的天然包装材料有可能携带各种作物害虫，也可能传播各类细菌，危害当地的森林和农作物，甚至影响人、畜的安全。例如，木材、棉花等天然包装材料和填充材料，可能将危害生态环境和经济作物的红铃虫、线虫等害虫带入进口国，对当地森林和农作物产生不良影响。

二、绿色包装的涵义

1. 绿色包装的概念

绿色包装起源于1987年联合国环境与发展委员会发表的《我们共同的未来》。1992年6月联合国环境与发展大会通过了《里约环境与发展宣言》、《21世纪议程》，随即在全世界范围内掀起了一个以保护生态环境为核心的绿色浪潮。绿色包装是对生态环境和人体健康无害，能循环复用和再生利用，可促进国民经济持续发展的包装。也就是说包装产品从原材料选择、产品制造、使用、回收和废弃的整个过程均应符合生态环境保护的要求。它包括了节省资源、能源、减量、避免废弃物产生，易回收复用，再循环利用，可焚烧或降解等生态环境保护要求的内容。绿色包装的内容随着科技的进步，包装的发展还将有新的内涵。

绿色包装（Green Package）也称为"生态包装"（Ecological Package）或"环境友好包装"（Environmental Friendly Package），是指完全以天然植物或有关矿物质为原料制成的、能循环和再生利用、易于降解、可促进持续发展的，且在整个生命周期中对生态环境、人体和牲畜的健康无害的一种环保型包装。简而言之，绿色包装就是即能够循环复用、再生利用或降解、腐化且在产品的整个生命周期中对人体及环境不造成公害的适度包装。

2. 绿色包装的内涵

绿色包装一般应具有以下几个方面的内涵：一是实行包装减量化（Reduce）。包装在满足保护、方便、销售等功能的条件下，应是用量最少。二是包装物应易于重复利用（Reuse）。三是包装物应可回收再利用（Recover）。四是包装物应易于回收再生（Recycle）。通过生产再生制品、焚烧利用热能、堆肥化改善土壤等措施，达到再利用的目的。五是包装废弃物可以降解腐化（Degradable）。其最终不形成永久垃圾，进而达到改良土壤的目的。六是包装材料对人体和生物应无毒无害。包装材料中不应含有有毒性的元素、病菌、重金属；或这些含有量应控制在有关标准以下。七是包装制品从原材料采集、材料加工、制造产品、产品使用、废弃物回收再生，直到其最终处理的生命全过程均不应对人体及环境造成公害。

3. 绿色包装的4R1D原则

绿色包装不仅仅具有包装的一般性能，还具有保护环境和资源再生的两个主要功能。这两个功能主要靠4R1D的原则来实现，即：Reduce，Reuse，Recover，Recycle和Degradable。Reduce，即包装减量化。欧美等国家将包装减量化列为发展无害包装的首选措施。为实施用量最少的适度包装，设计时要尽量使包装薄壁化、轻量化，在不需要包装时决不采用包装。Reuse，即包装重复使用化。包装容器经过简单处理，就可以重复使用。包装容器的重复利用，可大量减少废弃物数量。尽可能多地采用可重复使用的包装容器，以提高包装废弃物的回收复用率。如瑞典规定饮料瓶可使用20次，每使用一次用激光打上记号，直到20次后才能废弃。Recover，即可回收再利用。指利用包装废弃物的燃烧获取新能源，却不产生二次污染。通过回收包装废弃物，生产再生制品，如焚烧利用热能、堆肥改善土地等措施，达到再利用的目的。Recycle，即可循环使用。尽可能选用低能耗、低成本、低污染的原材料作为包装材料，尤其应扩大再生材料的选用，这样不仅能减少环境污染，而且也节约了原材料，有利于资源的循环利用，如生产再生纸板、再生塑料。Degradable，即可降解性。是指最终无法被再利用的包装废弃物，应该可以降解、腐化不形成永久垃圾。如尽量选择可降解

的纸包装材料，"以纸代塑"。当前世界各工业国家均十分重视发展利用生物或光降解的包装材料。如采用光控复合添加剂的新型塑料薄膜，在使用一定时间后，可自行降解成碎片，溶解在土壤中被微生物所"消化"，净化环境，消除"白色污染"。

4. 绿色包装的分级

绿色包装分为A级和AA级。A级绿色包装是指废弃物能够循环复用、再生利用或降解腐化，含有毒物质在规定限量范围内的适度包装。AA级绿色包装是指废弃物能够循环复用、再生利用或降解腐化，且在产品整个生命周期中对人体及环境不造成公害，含有毒物质在规定限量范围内的适度包装。上述分级主要是考虑首先要解决包装使用后的废弃物问题，这是当前世界各国保护环境关注过程中的污染，这是一个过去、现在、将来需继续解决的问题。生命周期分析法（LCA）固然是全面评价包装环境性能的方法，也是比较包装材料环境性能优劣的方法，但在解决问题时应有轻重先后之分。

三、绿色包装的标识

1975年世界上第一个绿色包装的"绿点"标识在德国问世，它是由绿色箭头和白色箭头组成的圆形图案，上方文字由德文DERGRNEPUNKT组成，意为"绿点"。绿点的双箭头表示产品或包装是绿色的，可以回收使用，符合生态平衡、环境保护的要求。1978年德国政府又推出了"蓝色天使"绿色环保标识，授予具有绿色环保特性的产品及包装。"蓝色天使"标识由内环和外环构成，内环是由联合国的桂冠组成的蓝色花环，中间是蓝色小天使双臂拥抱地球状图案，表示人们爱护地球之意。外环上方为德文循环标识，外环下方则为德国产品类别的名字。

德国使用"环境标识"之后，许多国家也先后开始施行产品包装的环境标志。如加拿大、日本、澳大利亚、芬兰、法国、瑞士、瑞典、挪威、意大利、英国等国家也先后开始实施产品包装的环境标识。一些国家和地区实施的产品包装的环境标识见下表6-2。

一些国家和地区的环境标识　　表6-2

国家/组织	环境标识	国家/组织	环境标识
德国	蓝色天使	法国	NF
加拿大	枫叶鸽	奥地利	生态标识
日本	爱护地球	印度	生态标识
美国	自然友好和证书制度	韩国	生态标章
中国	环境标识	新加坡	绿色标识
欧共体	欧洲之花	新西兰	环境选择
北欧诸国	白天鹅	葡萄牙	生态产品
克罗地亚	环境友好	瑞典	良好环境选择

凡注明"绿色标识"的产品都表示：该产品从生产到使用直至最后回收均符合环境保护要求。发达国家一般都规定一种商品只有取得了该国的"绿色标识"后才能进入该国市场，否则禁止其入境。目前全球已经有50多个国家和地区推行了环境标志制度并趋向于协调一致，相互承认。"绿色标志"已经成为产品出口的绿色"通行证"。

四、绿色包装的法规

1981 年丹麦政府鉴于饮料容器空瓶增多带来的不良影响，首先推出了《包装容器回收利用法》。由于这一法律的实施影响了欧共体内部各国货物自由流动的协议和各成员国的利益，引发了一场“丹麦瓶”的官司。1988 年欧共体法庭判丹麦获胜。欧共体为缓解争端于 1990 年 6 月召开柏林会议，提出“充分保护环境”的思想，制定了《废弃物运输法》，规定包装废弃物不得运往他国，各国应对废弃物承担责任。

瑞士正执行一个关于 PET 和玻璃瓶回收利用计划，1988 年瑞士国内包装再循环率已达到 80%。目前仍执行每个罐头盒、每个饮料容器预付 0.5 法郎押金制度，以利于包装容器的回收利用。

德国积极响应欧共体的号召，于 1991 年颁布《包装废弃物处理》法令。1992 年 6 月公布了《德国包装废弃物处理的法令》。1996 年，德国政府根据污染者负担原则，颁布实施了循环经济法。此外德国对使用难降解塑料包装者征收环保税。

奥地利于 1992 年推出了《包装法规》后，公布了《包装目标法规》对其进行补充，要求生产者和销售者免费接受和回收运输包装，并要求对回收包装资源的 80% 进行再循环处理和再生利用。

法国 1993 年制定了《包装法规》，要求必须减少以填埋方式处理家用废弃物的数量。1994 年颁布了《运输包装法规》，明确规定除家用包装外，所有包装的最后使用者要把产品与包装分开，由公司和零售商进行回收处理。

比利时 1993 年通过了《国家生态法》，还征收了一种生态税，规定纸包装和重复使用的包装可以免税，其他材料的包装均要交“生态税”。包装材料上印有“绿点”商标表明该类包装在经费方面与专门收集、分类、回收系统有关。

英国政府为了推动绿色包装的发展，不仅制定了《包装废弃物条例》，还由包装界、食品界的 28 家公司组成了“生产者责任工业集团”，在全国推广包装废弃物收集与再处理系统。

美国很早就关注包装废弃物的危害，各州均制定了相关政策法规。1993 年加州政府专门制定了“饮料容器赎金制”，规定所有的硬塑料容器回收再利用必须符合 1991 年提出的减少 10% 的原料用量或必须包含 25% 的可回收物质的要求。佛罗里达州政府正积极推行《废弃物处理预收费法》（ADF），为了鼓励包装容器生产商支持该法的实施，ADF 规定只要达到一定的回收再利用水平即可申请免除包装废弃物的税金。

荷兰包装业代表与政府签订了一份合同，该合同书包括荷兰市场上流通的外国产品。合同书明确规定：自 1997 年 7 月 1 日起，65% 的包装材料必须可重复使用，45% 包装材料要回收，其余 20% 以再生方法焚化。

我国自 1997 年以来先后颁布了《中华人民共和国环境保护法》、《固体废弃物防治法》、《水污染防治法》、《大气污染防治法》等 4 部专项法和 8 部资源法。30 多项环保法规明文规定了包装废弃物管理条例。1984 年国家设立环境保护委员会，1994 年 5 月 7 日中国环境标志产品认证委员会正式成立并开始实施环保标识制度。1998 年省级绿色包装协会成立。

五、国外实施绿色包装的经验

近几十年来发达国家相继采取措施，制定了含有环保措施的关于包装的法律、法规和技术标准，主要有以下几种：

1. 制定绿色包装的法律、法规，加强对包装废弃物的回收利用

早在 1985 年 7 月，欧共体就通过了《饮料容器包装法令》。该法令的第 1 条明确提出：法令的目的之一在于饮料容器的重复使用和再循环。1994 年，欧共体在各国制定法规的基础上，正式颁布了《包装和包装废弃物指南》，指导欧洲各国统一执行。

德国的《循环经济法》、《包装条例》等法规将回收要求、利用、处置与生产、销售和消费挂钩，从回收到处置，各个环节分解落实到各部门，可操作性强。该制度对于所有饮料、洗涤剂和涂料容器都适用，对德国公司和外国公司要求一致。

2. 禁止使用难再生或难分解的包装材料，开发可回收再利用的绿色包装

发达国家在对包装废弃物进行立法管理的同时，对包装材料也做了大量研究。包装材料正向节能低耗、防污染、高功能的方向发展。可回收利用生态包装材料的研究是当今世界瞩目的重点课题之一。比如意大利从 1991 年 1 月开始禁止在国内使用不能降解的某些塑料杂品袋。德国政府采取措施推动饮料行业将 PVC 瓶改为 PET 瓶，并要求将 80% 的 PET 瓶回收利用，并且禁止使用聚氯乙烯，只准使用聚乙烯（PE 或 PET）类可回收使用的包装材料。据世界包装组织理事会宣布，美国、日本、新加坡、韩国和欧洲各国现已经禁止使用 PVC 包装材料。

3. 制定具体指标促进包装资源的回收利用

德国 1995 年 7 月规定：包装回收法定定额为 80%，并要求整个总量的 80% ~90% 必须再循环处理。同时规定运输包装要 100% 回收，销售包装按“谁生产谁回收”、“谁销售谁回收”的原则由生产者、销售者负责回收再利用。英国规定从 2000 年起，实现对 60% 的工业包装物和 35% 的家用包装物回收再利用。

4. 规定使用某些包装材料

为了保护本国的资源、农作物、建筑物、水源和森林，防止因包装物中的病虫、细菌、微生物等造成危害，许多国家对包装物进行了限制，严格检验和处理规定。比如禁止使用木材、稻草、旧麻袋等传统天然包装材料，禁止使用含有铅、汞和锡等成分的包装材料。

5. 征收各项原材料费、产品包装费和废弃物处理费

向生产包装材料的企业征收各种税（费），若产品包装中全部使用可再循环的包装材料，则可以免税；若部分使用再循环材料，则征收较低的税；若全部使用不可再利用或再循环材料，则征收较高的税，并向批发商征收废弃物处理费。

6. 建立进入市场的绿色标志制度

绿色环境标志是一种在产品或其包装上的图形，是由一国政府或其授权部门按照一定的环境标准颁发的，用来说明该产品不但符合质量标准，而且在生产、使用、消费、处理过程中符合环保要求，不危害人体健康，对环境无害或危害极小。其基本目的是引导消费者进行绿色消费，从而引导企业自觉调整产品结构，采用清洁的工艺。目前，全球已经有 50 多个国家和地区推行了环境标志制度，并趋向于协调一致，相互承认，被称为产品出口的“绿

色通行证”。

六、绿色包装实施的措施

目前，我国每年包装废弃物的产生量占工业和生活垃圾重量的3%～5%，但体积上却占生活垃圾的35%～40%，且排放量以每年10%的速度递增。可供填埋使用的土地越来越少，无法消纳越来越多的包装废弃物，尤其是塑料包装物，造成不少城市出现垃圾围城的严重问题，从而使包装废弃物对环境的污染问题日益突出。

1. 加强绿色包装的立法工作

在绿色包装立法方面，同西方发达国家相比，我国一直处于落后和停滞的状态。以德国为例，1972年6月，颁布了《垃圾清运法》。1986年对原《垃圾法》进行修改，出台了《关于避免和废弃物处置法》。1994年又颁布了《循环经济法》。我国虽然颁布了《固体废弃物污染环境防治法》等有关法规，但尚无专门的包装管理法规。因此必须要加强有关包装的立法工作，借鉴国外包装立法方面的经验，制定符合我国国情的《绿色包装法》，规范包装行为，引导企业为降低环境成本自觉开发、生产、使用绿色包装材料和绿色包装，推动绿色包装产业健康有序发展。

2. 充分发挥税收的杠杆作用

开设有关包装方面的新税目。如材料税和包装税、塑料税。向生产包装材料的企业征收材料税。如果包装材料使用的是自然资源，需要负担较重的税赋；如果使用的是再循环的材料，则负担较轻的税赋。这种加征材料税的主要目的是减少自然资源的使用，鼓励再生材料的使用。包装税是向商品生产企业征收的，如果商品包装中全部使用可以再循环的包装材料，可以免税。如果商品包装中部分使用了再循环材料，则征收较低的税赋；如果商品包装中全部使用不可再循环或再利用的材料，则征收较高的税赋。如对塑料袋征收塑料税，从而提高塑料袋的价格，减少塑料袋的使用。例如，爱尔兰环境部自实行塑料税以来，消费者使用的塑料袋减少了95%以上，而且每年给国家预算减少1100万欧元。

对生产销售和使用不能回收再利用的包装废弃物的企业，按其对环境的污染程度进行收费，有利于筹集资金治理环境污染，并大力发展绿色包装工业。通过征收包装税，提高了那些包装废弃物需要特别处理或不易回收的包装的成本价格，相对降低了那些使用易于再生利用包装的产品价格，用市场价格机制进行激励，迫使产品生产者从设计生产的最初环节，就考虑包装使用后能否易于回收，从而减少环境的污染。

3. 政府给予政策扶持

绿色包装产业发展，必须要政府大力支持，包括经济政策上的鼓励。

1）收取包装押金

对于一些易于直接重复使用的包装，可采用包装押金制。销售商向生产商交付押金，而顾客向销售商交付押金，以经济利益驱动包装废弃物的回收再利用。

美国一些州和几个欧洲国家对饮料瓶罐采用了政府给予经济补贴的方法。保证金归还计划最佳用途被认为是鼓励人们回收一些有必要安全处理的重要材料，比如汽车上的蓄电池和发动机上的润滑油等。

在我国，以前市场销售的瓶装酱油、醋和啤酒汽水等都基本采用收取包装押金的方式。

以啤酒为例，一瓶啤酒2元，其中瓶子押金0.5元，买啤酒时，用相同的瓶子或换或押金都可以。这样在销售啤酒的同时也保证了啤酒瓶的回收。不过现在由于人们的消费方式（超市购物）和啤酒包装方式（易拉罐）的改变，超市不再回收啤酒包装废弃物，这就需要通过收取包装押金的手段促使包装废弃物的回收。

2）资源回收奖励制度

这种办法在日本许多城市较为通行，目的是要鼓励市民回收有用物质的积极性。例如，日本大阪市对社区、学校等集体回收报纸、硬纸板、旧布等发给奖金。欧洲一些国家通过垃圾收费的方式来鼓励包装废弃物的回收利用。在居民区和公共场所都设有专门的回收箱，便于人们把包装废弃物投入。将包装废弃物投入回收箱是免费的，但是要是当作垃圾投入垃圾箱就要收费。

目前，我国废弃物资回收体系的源头主要是个体回收户，经过中介商，再转移到大型的回收企业；规模较大的回收户也可直接将回收物资运送到回收企业。根据废旧物资的分类情况，再分别送往不同的原料再生企业，最后进入不同的原料使用企业。在这种回收模式下，经济利益是主要目的。因此，个体回收者只接收传统的价值高的废旧物资，对于回收价值不明显的废旧物资拒绝接收，导致大量难以回收的有用资源被当作垃圾随意丢弃或者填埋，也就使像电池、塑料包装袋等废弃物得不到有效回收，形成了严重的环境污染。

3）绿色补贴

它是指一种将资源环境费用内在化以降解外部经济效果，使成本与效益尽可能在生产和经营者身上得到统一的一种手段。为了保护环境和资源，有必要将环境和资源费用计算在成本之内，使环境和资源成本内在化。发达国家还将严重污染环境的产业转移到发展中国家，以降低环境成本，使发展中国家的环境成本因此而提高。更为严重的是，发展中国家大部分企业本身无力承担治理环境污染的费用，政府有时只能为此给予一定的环境补贴，发达国家又以这种补贴违反世界贸易组织的规定为由，限制发展中国家向发达国家出口。美国就曾经以环境补贴为由对来自巴西的人造橡胶鞋和来自加拿大的速冻猪肉提起补贴起诉。

4. 推行绿色包装标志

在绿色消费浪潮的推动下，人们在选购商品时不仅仅关心商品的质量、包装是否精美，而且关心商品是否符合环保要求和包装是否有绿色标志。与此同时，绿色包装成为发达国家阻碍发展中国家商品进入国际市场的举措，形成“绿色包装壁垒”。如果产品没有绿色包装标志，一些发达国家就拒绝进口，并且价格和税收不给予优惠。鉴于以上原因，发展绿色包装标志是企业发展强大、走向世界的必要途径之一。我国出口企业需要全面开展相关的绿色认证工作，推广环境标志制度。一是要积极推行ISO 14000国际标准。通过建立、实施环境管理认证体系，从源头上控制污染产生、节能降耗、减少污染处理费用，给企业带来综合的社会和经济效益。二是要积极实施环境标志产品制度，让更多的出口商品在开展环境标准认证的基础上，进一步取得发达国家的环境标志，使更多的出口商品超越“绿色壁垒”，获得国际产品出口通行证。

5. 研发绿色包装材料

绿色包装材料的研制开发是绿色包装最终得以实现的关键。因此，当务之急是大力开发新型绿色包装材料，取代原有的污染性材料。绿色包装材料研发应贯彻执行绿色包装制度的“4R1D”原则。重点开发天然绿色包装材料、可食性包装材料和生态包装材料。可食性包装材料代替传统塑料包装的技术，可有效地解决包装材料和环境保护的矛盾。重视天然绿色包装材料的使用，天然绿色包装材料是指利用可再生自然资源进行无污染，少耗能加工，废弃物能有效回收或迅速分解的材料。

这是从材料角度保证可持续发展战略的根本出路。由于绿色材料具有环保协调性，选用绿色包装材料不仅可以有效减少包装废弃物对环境的有害影响，而且在包装生产、使用及回收再利用的全过程中，提高原材料和能源的利用效率。

6. 建设绿色包装文化

包装文化是物流文化的重要组成部分，是将物流需要、加工制造、市场营销、产品设计要求，以及绿色包装结合在一起考虑的文化体现形式。绿色包装文化是在可持续发展理论、生态经济学理论和生态伦理学理论的指导下通过包装标志的绿色化、包装材料的绿色化、包装设计的绿色化来实现的。建设绿色包装文化，必须强化员工的绿色包装意识，定期开展有关绿色包装方面的培训和讲座，在企业文化中加入绿色包装方面的内容，使更多的员工能够认同绿色包装。

7. 加强绿色包装管理

1）包装模数化

确定包装基础尺寸的标准，即包装模数化。包装模数化标准确定以后，各种进入流通领域的产品便需要按模数规定的尺寸包装。模数化包装利于小包装的集合起来，利用集装箱及托盘装箱装盘。包装模数如能和仓库设施、运输设施尺寸模数统一化，也利于运输和保管，从而实现物流系统的合理化。

2）包装大型化和集装化

这种途径有利于物流系统在装卸、搬迁、保管、运输等过程的机械化，同时加快物流环节的作业速度，减少单位包装、节约包装材料和包装费用，保护货体。比如采用集装箱、集装袋、托盘等集装方式。

3）包装多次、反复使用和废弃物处理

采用通用包装，不用专门安排回返使用；采用周转包装，可多次反复使用，如饮料、啤酒等；梯级利用，一次使用后的包装物，用毕转化作他用或简单处理后作他用；对废弃包装物经再生处理，转化为其他用途或制作新材料。

4）开发新的包装材料和包装器具

包装的发展趋势是包装物的高功能化，即用较少的材料实现多种包装功能。从我国的出口包装上看，存在的问题是材质差、衬垫不良、运输捆扎不合理、外观不清洁以及卫生标准不过关等。面对国际市场上的绿色包装要求，必须大力推进包装科技的发展。

绿色包装已经成为包装产业和世界贸易的不可逆转的潮流，大力发展绿色包装产业，国内已经取得上下一致的共识。发达国家在绿色包装方面已经取得长足的进展，我们必须跟上这一发展趋势，从经济、技术、管理、政策、法律和意识等多方面进行系统性的努力，使我国的绿色包装产业走进世界的前列。

复习思考题

6-1　现代包装技术包括哪些？

6-2　阐述包装在现代物流中的作用。

6-3　阐述包装容器有哪些。

6-4　第三方物流包装的涵义？

6-5　阐述包装费用的构成。

6-6　如何实施绿色包装？

第七章　流通加工管理

第一节　流通加工概述

一、流通加工的概念和特点

1. 流通加工的概念

流通加工是一项重要的物流职能，它不仅是生产过程的“延续”，也是生产本身或生产工艺在流通领域的延续。我国物流术语标准（GB/T 18354—2006）中，对“流通加工”这一概念正式下了定义：流通加工是指物品在从生产地到使用地的过程中，根据需要施加包装、分割、计量、分拣、刷标志、拴标签、组装等简单作业的总称。

流通加工是现代物流系统中的重要内容之一。流通加工是为了提高物流速度和物品的利用率，在物品进入流通领域后，按客户等要求进行的加工活动。即在物品从生产者向消费者流动的过程中，为了促进销售，维护产品质量，实现物流的高效率等对物品所进行的初级和简单再加工。流通加工通过改变或完善流通对象的形态来实现“桥梁和纽带”的作用，因此流通加工是流通中的一种特殊形式。在物流活动中都大量存在着流通加工业务，这种活动在美国、日本等一些物流发达的国家尤其普遍。在日本的东京、大阪等地区有 90 多家物流公司，其中一半以上从事流通加工业务。随着我国经济总量的不断增长，国民收入增多，消费者的需求出现多样化。越是在这样的情况下，越有必要开展流通加工，流通加工活动也势必成为一项广阔前景的经营业务。流通加工从简单地粘贴标价牌，直到需要高科技才能完成的加工，加工形态是多种多样的。流通加工受技术革新的影响，今后将越来越趋向多样化。为适应消费的多样化和由于激烈的市场竞争而引起的特色化战略的展开，流通加工更应适应多样化的顾客的需求；通过流通加工来保持并提高商品的保存机能，当商品提供给消费者时仍保持其机能。

以前人们对流通加工的认识比较浮浅，认为其主要活动包括简单的组装、剪切、套裁、贴标签、刷标志、分装、检量、弯管、打孔等加工作业，这些作业活动多在配送中心、仓库等物流场所进行。但在新经济时代，因社会商品极大丰富，买方市场矛盾突出，是由消费者支配价格，消费者要求多样化、个性化，为适应消费者的需要，传统的物流服务必须进行扩展，比如运输企业增加了冷藏运输车辆，形成一体化的冷链流通。在物流水平提高、成本上升、利润下降的条件下就必须扩大物流的服务项目，追求新的附加价值增长点，现在流通加工业务的范围已大大拓宽，比如进口衣料的染色、刺绣、机器检验、组装等多种流通加工服务。为适应新的时代要求，流通加工的形式会继续向深度和广度扩展，这是由消费者需求的

深度和广度扩展向适应的。

2. 流通加工的特点

商品流通是以货币为媒介的商品交换，它的重要职能是将生产与消费（或再生产）联系起来，起桥梁和纽带作用，完成商品所有权利实物形态的转移。因此，流通与流通对象的关系，一般不是改变其形态而创造价值，而是保持流通对象的已有形态，完成空间的位移，实现其“时间效用”及“场所效用”。

流通加工则与此不同，总的来讲，流通加工在流通中，仍然和流通总体一样起桥梁和纽带作用。但是，它却不是通过保护流通对象的原有形态而实现这一作用的，它是和生产一样，通过改变或完善流通对象的原有形态来实现桥梁和纽带作用的。

流通加工是在物品从生产领域向消费领域流动的过程中，为了促进销售、维护产品质量和提高物流效率，对物品进行加工，使物品发生物理或形状的变化。

流通加工和一般的生产型加工在加工方法、加工组织、生产管理方面并无显著区别，但在加工对象、加工程度方面差别较大，其差别的主要点为：

(1) 加工对象的区别。流通加工的对象是进入流通过程的商品，具有商品的属性，以此来区别多环节生产加工中的一环。流通加工的对象是商品而生产加工对象不是最终产品，而是原材料、零配件、半成品。

(2) 加工程度的区别。流通加工程度大多是简单加工，而不是复杂加工，一般来讲，如果必须进行复杂加工才能形成人们所需的商品，那么，这种复杂加工应专设生产加工过程，生产过程理应完成大部分加工活动，流通加工对生产加工则是一种辅助及补充。特别需要指出的是，流通加工绝不是对生产加工的取消或代替。

(3) 附加价值的区别。从价值观点看，生产加工的目的在于创造价值及使用价值而流通加工则在于完善其使用价值并在不做大改变的情况下提高价值。

(4) 加工责任人的区别。流通加工的组织者是从事流通工作的人，能密切结合流通的需要进行这种加工活动，从加工单位来看，流通加工由商业或物资流通企业完成，而生产加工则由生产企业完成。

(5) 加工目的的区别。商品生产是为交换和消费而生产的，流通加工的一个重要目的，是为了消费（或再生产）所进行的加工，这一点与商品生产有共同之处。但是流通加工也有时候是以自身流通为目的，纯粹是为流通创造条件，这种为流通所进行的加工与直接为消费进行的加工从目的来讲是有区别的，这又是流通加工不同于一般生产的特殊之处。

二、流通加工产生的原因

1. 流通加工是弥补生产方式不足的一种理想的方法

流通加工的出现与现代生产方式有关，现代生产发展趋势之一是生产规模大型化、专业化，依靠单品种、大批量的生产方法。降低生产成本获取经济的高效益，这样就出现了生产相对集中的趋势。这种规模的大型化、生产的专业化程度越高，生产相对集中的程度也越高。生产的集中化进一步引起产、需之间的分离，产需分离的表现首先为人们认识的是空间、时间及人。即生产及消费不在同一个地点，而是有一定空间距离；生产及消费在时间上不能同步，存在着一定的“时间差”；生产者及消费者不是处于一个封闭圈内，某些人生产的产品供给成千上万人消费，而某些人消费的产品又来自其他许多生产者。弥补上述分离的手段则是运输、储存及交换。

近年来，人们进一步认识到，现代生产引起的产需分离并不局限于上述三个方面，这种分离是深刻而广泛的。第四种重大的分离就是生产及需求在产品功能上的分离。尽管“用户第一”等口号成了许多生产者的主导思想，但是，生产毕竟有生产的规律，尤其在强调大生产的工业化社会，大生产的特点之一便是“少品种、大批量、专业化”，产品的功能（规格、品种、性能）往往不能和消费需要密切衔接。弥补这一分离的方法，就是流通加工。所以，流通加工的诞生实际是现代生产发展的一种必然结果。

2. 流通加工不仅是大工业的产物，也是网络经济时代服务社会的产物

流通加工的出现与现代社会消费的个性化有关。消费的个性化和产品的标准化之间存在着一定的矛盾，使本来就存在的产需第四种形式的分离变得更严重。本来，弥补第四种分离可以采取增加一道生产工序或消费单位加工改制的方法，但在个性化问题十分突出之后，采取上述弥补措施将会使生产及生产管理复杂性及难度增加，按个性化生产的产品难以组织高效率、大批量流通。所以，在出现了消费个性化的新形势及新观念之后，就为流通加工开辟了道路。

3. 流通加工的出现还与人们对流通作用的观念转变有关

在社会再生产全过程中，生产过程是典型的加工制造过程，是形成产品价值及使用价值的主要过程，再生产型的消费究其本质来看也是和生产过程一样，通过加工制造消费了某些初级产品而生产出深加工产品。历史上在生产不太复杂、生产规模不大时，所有的加工、制造几乎全部集中于生产及再生产过程中，而流通过程只是实现商品价值及使用价值的转移而已。

在社会生产向大规模生产、专业化生产转变之后，社会生产越来越复杂，生产的标准化和消费的个性化出现，生产过程中的加工制造则常常满足不了消费的要求，由于流通的复杂化，生产过程中的加工制造也常常不能满足流通的要求。于是，加工活动开始部分地由生产及再生产过程向流通过程转移，在流通过程中形成了某些加工活动，这就是流通加工。

流通加工的出现使流通过程明显地具有某种“生产性”，改变了长期以来形成的“价值及使用价值转移”的旧观念，这就从理论上明确了：流通过程从价值观念来看是可以主动创造价值及使用价值的，而不单是被动地“保持”和“转移”的过程。因此，人们必须研究流通过程中孕育着多少创造价值的潜在能力，这就有可能通过努力在流通过程中进一步提高商品的价值和使用价值，同时，却以很少的代价实现这一目标。这样，就引起了流通过程从观念到方法的巨大变化，流通加工则适应这种变化而诞生。

4. 效益观念的树立也是促使流通加工形式得以发展的重要原因

20 世纪 60 年代以后，效益问题逐渐引起人们的重视，人们盲目追求高技术引起了燃料、材料投入的大幅度上升，结果新技术、新设备虽然采用了，但往往是得不偿失。20 世纪 70 年代初，第一次石油危机的发生证实了效益的重要性，使人们牢牢树立了效益观念，流通加工可以以少量的投入获得很大的效果，是高效益的加工方式，自然得以获得了很大的发展。所以，流通加工从技术来讲，可能不需要采用什么先进技术，但这种方式是现代观念的反映，在现代的社会再生产过程中起着重要作用。

三、流通加工的地位和作用

1. 流通加工在物流中的地位

（1）流通加工有效地完善了流通。流通加工在实现时间、场所两个重要效用方面，确实不能与运输和储存相比，因而，不能认为流通加工是物流的主要功能要素。流通加工的普遍性也不能与运输、储存相比，流通加工不是所有物流中必然出现的。但这绝不是说流通加工不甚重要，实际上它也是不可轻视的，是起着补充、完善、提高增强作用的功能要素，它能起到运输、储存等其他功能要素无法起到的作用。所以，流通加工的地位可以被描述为是提高物流水平，促进流通向现代化发展的不可少的形态。

（2）流通加工是物流中的重要利润源。流通加工是一种低投入高产出的加工方式，往往能以简单加工解决大问题。实践证明，有的流通加工通过改变包装使商品档次提升而充分实现其价值，有的流通加工将产品利用率提高了20%～50%，这是采取一般方法提高生产率所难以企及的。根据我国近些年的实践，单从流通加工向流通企业提供利润这一点出发，其成效并不亚于从运输和储存中挖掘的利润，是物流中的重要利润源。

（3）流通加工在国民经济中也是重要的加工形式。在整个国民经济的组织和运行方面，流通加工是其中一种重要的加工形态，对推动国民经济的发展和完善国民经济的产业结构和生产分工有一定的意义。

2. 流通加工的作用

（1）流通加工方便了用户。在流通加工未产生之前，生产或消费所需的加工活动一般是由物资的使用单位承担。使用单位不得不安排一定的人力、设备、场所等来完成这些加工活动，不仅影响了下个生产过程的时间，也造成了设备利用率下降，设备投资大，加工质量低等不良后果。把这种加工活动从生产和使用环节中独立出来，由流通环节来完成，为用户提供了极大的方便。

（2）流通加工为流通部门增加了效益。从事流通活动的部门所获得的利润一般只能从生产部门的利润中转移过来，它自身不可能创造出高于物资生产部门所创造的产品价值总和的任何价值。流通部门为了获得更多的收益，流通加工是一项极为理想的创造价值的劳动。这样流通部门不仅能够获得从生产领域转移过来的一部分价值，而且能够创造新的价值，从而获得更大的利润，这也是流通加工得以产生和发展的刺激因素。

（3）流通加工为配送创造了条件。物流中心的配送是流通加工、整理、拣选、分类、配货、末端运输等一系列活动的集合。从开展配送活动的物流中心看，它们把加工设备的种类、加工能力被看做对物流中心配送影响最大的因素。随着我国物流中心配送工作的广泛开展，流通加工也必然会得到深入地发展。

（4）提高原材料利用率。利用流通加工环节进行集中下料，是将生产厂运来的简单规格产品，按使用部门的要求进行下料。例如将钢板进行剪板、切裁；钢筋或圆钢裁制成毛坯；木材加工成各种长度及大小的板、方材等等。集中下料可以优材优用、小材大用、合理套裁，有很好的技术经济效果。北京、济南、丹东等城市对平板玻璃进行流通加工（集中裁制、开片供应），玻璃利用率从60%左右提高到85%～95%。

（5）进行初级加工，方便用户。用量小或临时需要的使用单位，缺乏进行高效率初级加工的能力，依靠流通加工可使使用单位省去进行初级加工的投资、设备及人力，从而搞活供应，方便了用户。目前发展较快的初级加工有将水泥加工成生混凝土、冷拉钢筋、钢板预处理、整形、打孔等。

（6）提高加工效率及设备利用率。由于建立集中加工点，可以采用效率高、技术先进、加工量大的专门机具和设备。

（7）流通加工可以提高物流效率与服务质量，可以提高商品满足用户个性化、多样化需求，使物流功能得以完善和提高。

（8）流通加工可以完善商品功能，提高经济效益。通过加工可以改变一些商品的功能，使其有更广的适应面，从而促进销售，提高商品销售量和销售额。流通加工是一种低投入高产出的加工方式，往往以简单加工解决大问题。实践证明，有的流通加工通过改变装潢使商品档次跃升而充分实现其价值，有的流通加工将产品利用率一下子提高20%～50%，这是采取一般方法提高生产率所难以企及的。根据我国近些年的实践，仅在流通加工向流通企业提供的利润上看，其成效并不亚于从运输和储存中挖掘的利润，是物流中的重要利润源。

此外，流通加工还有提高商品附加值，回避流通阶段的商业风险，提高运输保管效率等作用。

四、流通加工的形式

流通加工的形式有很多，从不同的角度去划分，就有不同形式。按照其加工目的和作用划分，有以下几种形式：

1. 为满足需求多样化进行的流通加工

从需求角度看，需求存在着多样化和变化两个特点，为满足这种要求，经常是用户自己设置加工环节。例如，生产消费型用户的再生产往往从原料初级处理开始。但是，现代生产要求生产型用户尽量减少流程，尽量集中力量从事较复杂的、技术性强的劳动，这就使得这种大量的初级加工必然由非生产性用户包揽下来。这种初级加工带有服务性，一般由流通加工来完成，这样生产型用户便可以缩短自己的生产流程，提高生产技术密集程度。同时，这种流通加工业可以方便一般消费者，省去大量的繁琐的预处置工作。生产部门为了实现高效率、大批量的生产，其产品往往不能完全满足用户的要求。这样，为了满足用户对产品多样化的需要，同时又要保证高效率的大生产，可将生产出来的单一化、标准化的产品进行多样化的改制加工。例如，对钢材卷板的舒展、剪切加工；平板玻璃按需要规格的开片加工；木材改制成枕木、板材、方材等加工。

2. 为方便消费、省力的流通加工

根据下游生产的需要将商品加工成生产直接可用的状态。例如，根据需要将钢材定尺、定型，按要求下料；将木材制成可直接投入使用的各种型材；将水泥制成混凝土拌和料，使用时只需稍加搅拌即可使用等。

3. 为保护产品所进行的流通加工

这种流通加工形式是使产品的使用价值得到妥善的保存，延长产品在生产与使用时间之间的距离。根据加工对象的不同，这种加工形式可表现为生活消费品的流通加工和生产资料的流通加工。生活消费品的流通加工是服务顾客、促进销售，以及使生活资料消费者的消费

对象在质量上保持满意为目的，如衣料品的标识和印记商标，粘贴标价，家具等的组装，地毯剪接，水产品、蛋产品、肉产品等要求保鲜、保质的冷冻加工、防腐加工、保鲜加工等，丝、麻、棉织品的防虫、防霉加工等。生产资料与生活资料相比一般有较长的时间效能，但随着时间的推移，生产资料的使用价值也会不同程度地受到损坏，有的甚至失去使用价值。为了保证生产资料的使用价值下降幅度为最小，相应的流通加工是完全必要的。如防止金属材料的锈蚀而进行的喷漆、涂防锈油等措施，运用手工、机械或化学方法除锈；木材的防腐锈、防干裂加工；水泥的防潮、防湿加工；煤炭的防高温自燃加工。一般来说，以保存产品为主要目的的流通加工并不改变产品的外形和性质。

4. 为弥补生产领域加工不足的流通加工

有许多产品在生产领域的加工只能到一定程度，生产领域中存在许多限制因素，无法完全实现对产品的终极加工。例如，钢铁厂的大规模生产只能按标准规定的规格生产，这种方法生产的产品有较强的通用性，使生产领域有较高的效率和效益；又比如木材如果能在原产地制成木制品的话，就会给运输造成极大的困难，所以生产领域只能将木材加工到原木、板方材这个程度，进一步的下料、切材、处理等加工则由流通加工完成。这种流通加工实际是生产的延续，是生产加工的深化，弥补了生产领域加工的不足。

5. 为促进销售的流通加工

流通加工可以从若干方面起到促进销售的作用。如将过大包装或散装分装成适合销售的小包装的分装加工；将原以保护产品为主的运输包装改换成以促进销售为主的装潢型包装，以起到吸引消费者、引导消费的作用；将零配件组装成用具、车辆以便于直接销售；将蔬菜、肉类洗净切块以满足消费者要求等。

6. 为提高加工效率的流通加工

许多生产企业的初级加工由于数量有限，加工效率不高。而流通加工以集中加工的形式，解决了单个企业加工效率不高的弊病。它以一家流通加工企业的集中加工代替了若干家生产企业的初级加工，促使生产水平有一定的提高。

7. 为提高物流效率、降低物流损失的流通加工

有些商品本身的形态使之难以进行物流操作，而且商品在运输、装卸搬运过程中极易受损，因此需要进行适当的流通加工加以弥补，从而使物流各环节易于操作，提高物流效率，降低物流损失。例如，造纸用的木材磨成木屑的流通加工，可以极大提高运输工具的装载效率；自行车在消费地区的装配加工可以提高运输效率，降低损失；石油气的液化加工，使很难输送的气态物转变为容易输送的液态物，也可以提高物流效率。如鲜鱼的装卸、储存操作困难；过大设备搬运、装卸困难等。这种流通加工，可以使物流各环节易于操作，如鲜鱼冷冻、过大设备解体、气体液化等。

8. 为衔接不同运输方式的流通加工

现代生产为降低生产成本一般都是批量化生产，而消费是小批量、多品种的，由此而导致输送方式的差异，即物流中心与生产衔接的一端需要大批量、高效率的输送，而与消费相衔接的另一端需多品种、少批量、多户头的输送。在干线运输和支线运输的结点设置流通加工环节，可以有效解决大批量、低成本、长距离的干线运输与多品种、少批量、多批次的末端运输和集货运输之间的衔接问题。在流通加工点与大生产企业间形成大批量、定点运输的

渠道，以流通加工中心为核心，组织对多个用户的配送，也可以在流通加工点将运输包装转换为销售包装，从而有效衔接不同目的的运输方式。比如，散装水泥中转仓库把散装水泥装袋、将大规模散装水泥转化为小规模散装水泥的流通加工，就衔接了水泥厂大批量运输和工地小批量装运的需要。

9. 生产－流通一体化的流通加工

依靠生产企业和流通企业的联合，或者生产企业涉足流通，或者流通企业涉足生产，形成的对生产与流通加工进行合理分工、合理规划、合理组织，统筹进行生产与流通加工的安排，这就是生产－流通一体化的流通加工形式。这种形式可以促成产品结构及产业结构的调整，充分发挥企业集团的经济技术优势，是目前流通加工领域的新形式。

10. 为实施配送进行的流通加工

这种流通加工形式是配送中心为了实现配送活动，满足客户的需要而对物资供应的数量、供应构成的要求，对物资进行各种加工活动，如拆整化零、定量备货等。对物资进行的加工，例如，混凝土搅拌车可以根据客户的要求，把沙子、水泥、石子、水等各种不同材料按比例要求装入可旋转的罐中。在配送路途中，汽车边行驶边搅拌，到达施工现场后，混凝土已经均匀搅拌好，可以直接投入使用。

11. 物品的除杂加工

有一些大宗的货物如煤炭、粮食中含有一些杂质，会因此影响其运输效率和效益，所以可进行除杂加工。

12. 为了提高原材料利用率的流通加工

利用流通领域的集中加工代替分散在各个使用部门的分别加工，可以大大提高物资的利用率，有明显的经济效益。集中加工形式可以减少原材料的消耗，提高加工质量。例如，钢材的集中下料，可充分合理下料，搭配套裁，减少边角余料，从而达到加工效率高、加工费用低的目的。

第二节　流通加工技术

在流通加工过程中，需要利用流通加工的技术方法进行流通加工作业的顺序排列和任务分配，如流通加工的作业排序、两个工作地的流水线型排序、加工任务分配方法等。

一、流通加工的作业排序

所谓流通加工作业排序是指在一定期间内分配给各个加工单位（包括工作地、工段、班组、机床）的加工任务，根据加工工艺和负荷的可能性确定各加工单位流通加工作业开始时间、作业结束时间，并进行作业顺序编号。同样的加工任务，采用不同的加工作业排序方法，所得到的加工效率、经济效益是不同的。

1. 评价流通加工顺序安排的指标

（1）最大流程：在某工作地完成加工的各项任务所需要的时间。最大流程要求最短，即 $F_{max\to min}$。

（2）平均流程：在某工作地完成各项加工任务平均所需经过的时间。

$$\overline{F} = \frac{1}{n}\sum_{i=1}^{n} F_i \tag{7-1}$$

平均流程要求最短，即 $\overline{F}_{\rightarrow\min}$。加工作业流程时间缩短，意味着加工周期缩短，间接费用节约，延期的可能性减少，节约流动资金。

（3）最大延期量：延期量指如果任务 J_i 的完成时刻 C_i 已超过交货时刻 d_i，则形成交货延期 $D_i = C_i - d_i$，最大延期量 $D_{max} = \max\{D_i\}$，最大延期量要求最小，即 $D_{max\rightarrow\min}$。

（4）平均延期量：在某地完成各项任务的延期量的平均值。

$$\overline{D} = \frac{1}{n}\sum_{i=1}^{n} D_i \tag{7-2}$$

平均延期量要求最小，即 $\overline{D}_{\rightarrow\min}$。加工延期量的减少可以满足用户要求，提高企业信誉，减少违约损失等。

2. 流通加工作业排序方法

设某个班组利用某一大型设备进行6项流通加工任务，所需时间及预定交货期（配送时刻）如表7-1所示。

各项任务的加工时间及预定交货期　（单位：d）　表7-1

任务编号	J_1	J_2	J_3	J_4	J_5	J_6
所需加工时间 t_i	5	8	2	7	9	3
预定交货期 d_i	26	22	23	8	34	24

此问题可用三个方法解决：

（1）最短加工时间规则。按加工任务所需加工时间长短，从短到长顺序排列，数值最小者排在最前面加工，最大者排在最后加工。按上述方法计算的结果如表7-2所示。

按最短加工时间规则排序结果　（单位：d）　表7-2

任务编号	J_3	J_6	J_1	J_4	J_2	J_5	合计	备注
所需加工时间 t_i	2	3	5	7	8	9	—	—
计划完成时间 F_i	2	5	10	17	25	34	93	$\overline{F}=15.5$
预定交货期 d_i	23	24	26	8	22	34	—	$D_{max}=9$
交货延期量 D_i	0	0	0	9	3	0	12	$\overline{D}=2$

加工排序的方案是：J_3—J_6—J_1—J_4—J_2—J_5

最大加工流程时间：$F_{max}=93$（d）

平均加工流程时间：$\overline{F}=15.5$（d）

最大交货延期量：$D_{max}=9$（d）

平均交货延期量：$\overline{D}=2$（d）

采用这一方法可使平均流程时间最短，滞留在本工作地的在制品平均占用最少，有利于节约流动资金占用，减少厂房、仓库及加工作业面积和节约保管费用。由于该方法没有考虑交货期，所以这种排序可能存在着交货延期问题。

（2）最早预定交货期规则。按照加工任务规定完成时刻，即按预定交货期的先后顺序进行排列。预定交货期最早的排在前面，最晚的排在最后。见表 7-3。

按最早预定交货期规则的排序结果　（单位：d）　表 7-3

任务编号	J_4	J_2	J_3	J_6	J_1	J_5	合计	备注
所需加工时间 t_i	7	8	2	3	5	9	—	—
计划完成时间 F_i	7	15	17	20	25	34	118	$\overline{F}=19.7$
预定交货期 di	8	22	23	24	26	34	—	$D_{max}=0$
交货延期量 Di	0	0	0	0	0	0	0	$\overline{D}=0$

加工排序的方案是：J_4—J_2—J_3—J_6—J_1—J_5

最大加工流程时间：$F_{max}=118$（d）

平均加工流程时间：$\overline{F}=19.7$（d）

最大交货延期量：$D_{max}=\overline{D}=0$（d）

这种方法的优点是消除了延期量。缺点是加工流程时间增加了 25d，平均加工流程时间增加了 4.2d。所以，采用此方法可以保证按期交货或交货延期量最小，减少违约罚款和企业信誉损失。但平均流程时间增加，不利于减少在制品占用量和节约流动资金。

（3）综合规则。将上述规则综合使用的方法。

步骤：①先根据最早预定交货期规则，安排一个最大延期量为最小的方案如上表 7-3 所得的方案是：J_4—J_2— J_3— J_6— J_1—J_5。

②计算所有任务总流程时间。本例中总流程时间是 34d。

③查出初始方案中预定交货期大于总流程时间的加工任务，按最短加工时间规则，把加工时间最长的排在最后。即不发生交货延期的条件下，按最短加工时间排序。上例预定交货期 $d_i \geq 34$d 的任务只有 J_5，故排在最后。

④暂舍去已排定的 J_5，剩下 J_4—J_2—J_3—J_6—J_1 回到第②步。剩下的 5 项总流程时间为 25d，再按第③步排定 J_1。剩下 J_4—J_2—J_3—J_6 四项任务，再重复上述步骤，其中 J_2、J_3、J_6 均满足预定交货期 $d_i \geq 20$d，按最短加工时间规则，将 J_2 调到 J_3、J_6 后面。最后排定的顺序为 J_4—J_3—J_6—J_2—J_1—J_5 见表 7-4。

按综合规则排序结果　（单位：d）　表 7-4

任务编号	J_4	J_3	J_6	J_2	J_1	J_5	合计	备注
所需加工时间 t_i	7	2	3	8	5	9	—	
计划完成时间 F_i	7	9	12	20	25	34	107	$\overline{F}=17.8$
预定交货期 d_i	8	23	24	22	26	34	—	$\overline{D}=0$
交货延期量 D_i	0	0	0	0	0	0	0	

最大加工流程时间：$F_{max}=107$（d）；平均加工流程时间 $\overline{F}=17.8$（d）；最大交货延期量 $D_{max}=\overline{D}=0$（d）。不但消除了延期量，加工流程时间比按最早预定交货期规则排序减少了 11d，平均加工流程时间减少了 1.9d。

二、两个工作地的流水型排序问题

两个工作地加工多种零件，存在着工艺顺序问题。对于 n 项任务在两个工作地加工，且加工工艺顺序相同，即为流水型排序问题。对于此类问题可以用约翰逊—贝尔曼规则求解。

设有 J_i（i＝1，2，3……，5）为5项流通加工任务，均需先在A工作地，而后再在B工作地，各项加工任务在A、B工作地加工的工时列在表7-5中。

表7-5

各项加工任务的加工工时

任务编号	J_1	J_2	J_3	J_4	J_5
A工作地 t_{iA}	5	8	12	4	6
B工作地 t_{iB}	10	8	7	3	4

按照约翰逊—贝尔曼规则的排序步骤：

(1) 检查 t_{iA} 与 t_{iB} 各数值，找出其中最小值（若有几个最小值，可以在其中任选一个），本例中为 $t_{iB}=3h$。

(2) 找出的最小值若属于 t_{iA} 行的一项任务，则该任务应排为先加工，否则，排为后加工；本例中 J_4 在 t_{iB} 行中应放在最后加工。

(3) 将已排定的任务暂取掉，再重复（1）（2）步骤，直至全部加工任务排定为止。

本案例任务最终排序结果为：J_1—J_2—J_3—J_5—J_4。

三、加工任务分配方法——匈牙利方法

在流通加工任务计划中还存在将加工任务分给谁和用什么设备完成最合适的问题。此类加工任务分配问题可以分为两类：一类是使目标值（如成本、工时等）达到最小的分配方案；一类是使目标值（如利润等）达到最大的分配方案。此类问题可用匈牙利方法或分支定界法求解。本案例介绍匈牙利法。

例7-1：有四项流通加工任务分给4个小组去完成，各小组完成不同任务需用不同的加工工时，见表7-6。

表7-6

各小组完成不同加工任务的工时表

	任务（1）	任务（2）	任务（3）	任务（4）
A	3	10	6	7
B	14	4	13	8
C	13	14	12	10
D	4	15	13	9

采用匈牙利的步骤如下：

(1) 列出矩阵 $\begin{pmatrix} 3 & 10 & 6 & 7 \\ 14 & 4 & 13 & 8 \\ 13 & 14 & 12 & 10 \\ 4 & 15 & 13 & 9 \end{pmatrix}$

（2）逐行缩减矩阵。在每一行中选择一个最小元素，然后将每一行中的各元素均减去这个最小元素。本例中各行最小元素分别是：3、4、10、4。

$$\begin{pmatrix} 0 & 7 & 3 & 4 \\ 10 & 0 & 9 & 4 \\ 3 & 4 & 2 & 0 \\ 0 & 11 & 9 & 5 \end{pmatrix}$$

（3）再逐列缩减矩阵。现在的矩阵每一行都有 0，但每一列不全有 0。第三列中各元素均减去最小元素 2 得到如下矩阵：

$$\begin{pmatrix} 0 & 7 & 1 & 4 \\ 10 & 0 & 7 & 4 \\ 3 & 4 & 0 & 0 \\ 0 & 11 & 7 & 5 \end{pmatrix}$$

（4）检查是否可以分配。采用 0 元素最小覆盖线的检验法，当覆盖线的维数等于矩阵的阶数时，则最优方案已经找到。此时只有三条覆盖线，尚未找到最优方案。

（5）为增加 0 元素进行变换。找出没有覆盖线的行与列中的最小元素。本例是 1，将不在覆盖线上的元素都减去 1，而在有两条覆盖线的交点上的每一个元素都加上 1，其余元素不变。

$$\begin{pmatrix} 0 & 7 & 0 & 3 \\ 10 & 0 & 6 & 3 \\ 4 & 5 & 0 & 0 \\ 0 & 11 & 6 & 4 \end{pmatrix}$$

（6）重新检查覆盖线。重复（4）的做法，经检查已可以分配。

（7）确定最优方案。按 0 元素所占位置进行分配，可得最优流通加工任务分配方案，即完成任务用的总工时最小的分配方案。

$$\begin{pmatrix} A & 0 & 7 & 0_{\triangle} & 3 \\ B & 10 & 0_{\triangle} & 6 & 3 \\ C & 4 & 5 & 0 & 0_{\triangle} \\ D & 0_{\triangle} & 11 & 6 & 4 \end{pmatrix}$$

最优分配方案是：A（3），B（2），C（4），D（1）。

此方案所需总工时为：6 +4 +10 +4 =24（h）

第三节　典型的流通加工形式

一、食品的流通加工

食品的流通加工的类型种类很多。只要我们留意超市里的货柜就可以看出，那里摆放的各类洗净的蔬菜、水果、肉末、鸡翅、香肠、咸菜等都是流通加工的结果。这些商品的分类、清洗、贴商标和条形码、包装、装袋等是在摆进货柜之前就已进行了加工作业，这些流

通加工都不是在产地，已经脱离了生产领域，进入了流通领域。食品流通加工的具体项目主要有如下几种：

1. 冷冻加工

为了保鲜和便于装卸、运输，将鲜鱼、鲜肉等食品放置在物流中心的低温环境区（如冷冻库），使之迅速冻结的加工作业。在这些低温区通常要使用冷冻设备进行食品的制冷、加工作业。例如，利用氨制冷的单体速冻机保鲜冷藏水产品、水果、蔬菜等。单体速冻机如图 7-1 所示，保鲜的状态如图 7-2 所示。

图 7-1　单体速冻机

图 7-2　活鱼速冻、蔬菜加工

2. 分选农副产品加工

为了提高物流效率而进行的对蔬菜和水果的加工，如去除多余的根叶等。农副产品（如谷物、瓜果和一些经济作物等）的规格、品质差异很大，为了获得一定规格的产品，进一步说，为了分出产品的等级，达到优质优价的目的，常常需要在产品流通过程中挑选和划分产品（即分选产品）。实践中，分选农副产品，有时可以采取手工作业方式操作，有时必须借助于机械进行分拣谷物、果品等作业。

3. 分装加工

许多生鲜食品零售起点较小，而为了保证高效输送出厂，包装一般比较大，也有一些是采用集装运输方式运达销售地区。这样为了便于销售，在销售地区按所要求的零售起点进行新的包装，即大包装改小包装，散装改小包装，运输包装改销售包装，以满足消费者对不同包装规格的需求，从而达到促销的目的。

此外，半成品加工、快餐食品加工也成为流通加工的组成部分。这种加工形式，节约了运输等物流成本，保护了商品质量，增加了商品的附加价值。如葡萄酒是液体，从产地批量地将原液运至消费地配制、装瓶、贴商标，包装后出售，既可以节约运费，又安全保险，以较低的成本，卖出较高的价格，附加值大幅度增加。

4. 精制加工

农、牧、副、渔等产品的精制加工是在产地或销售地设置加工点，按照方便消费者的要求去除其无用部分（如鱼的内脏、蔬菜的老叶和根须等），甚至可以进行切分、洗净、分装等加工，可以分类销售。这种加工不但大大方便了购买者，而且还可以对加工过程中的淘汰物进行综合利用。比如，鱼类的精制加工所剔除的内脏可以制成某些药物或用作饲料，鱼鳞可以制高级黏合剂，头尾可以制鱼粉等；蔬菜的加工剩余物可以制饲料、肥料等。

二、工业品的流通加工

下面仅以几种主要的工业产品的流通加工作业为例，介绍几种典型的流通加工方式。

1. 水泥的流通加工

1）水泥熟料的流通加工

在需要长途运入水泥的地区，变运入成品水泥为运进熟料这种非成品，在该地区的流通加工点（细磨工厂）磨细，并根据当地资源和需要的情况掺入混合材料及添加剂，制成不同品种及标号的水泥供应给当地用户，这是水泥流通加工的重要形式之一。在国外，采用这种物流形式已占一定的比重。在需要经过长距离输送供应的情况下，以熟料形式代替传统的粉状水泥有很多优点：

（1）可以大大降低运费，节省运力。运输普通水泥和矿渣水泥平均约有30%以上的运力消耗在矿渣及各种加入物上。我国水泥需要量比较大的地区，工业基础大都比较好，当地又有大量废渣，如果在使用地区对熟料进行粉碎，可以根据当地的资源条件选择混合材料的种类，这样就节约了消耗在混合材料上的运力和运费。同时水泥输送的吨位也大大减少，有利于缓和铁路运输的紧张运力。

（2）可按当地的实际需要大量掺加混合材料。生产廉价的低标号水泥，发展低标号水泥的品种，就能在现有生产能力的基础上更大限度的满足需要，我国大中型水泥厂生产的水泥，平均标号逐年提高，但是目前我国使用水泥的部门大量需要较低标号的水泥，然而，大部分施工部门没有在现场加入混合次料来降低水泥标号的技术力量和设备，因而不得不使用标号较高的水泥，这是很大的浪费。如果以熟料为长距离输送的形态，在使用地区加工粉碎，就可以按实际需要生产各种标号的水泥，尤其可以大量生产低标号水泥，减少水泥长距离输送的数量。

（3）容易以较低的成本实现大批量、高效率的输送。从国家整体利益来看，在铁路输送中运力利用率较低的输送方式显然不是发展方向。如果采用输送熟料流通加工方式，可以充分利用站、场、仓库现有的装卸设备，又可以利用普通车皮装运，比散装水泥方式具有更好的技术经济效果，更适合于我国的国情。

（4）可以大大降低水泥的输送损失。水泥的水硬性是在充分磨细之后才表现出来的，未磨细的熟料抗潮湿的稳定性很强。所以，输送熟料也可以防止由于受潮而造成的损失。此外，颗粒状的熟料也不像粉状水泥那样易于散失。

（5）能更好地衔接产需，方便顾客。从商品管理的角度来看，如果长距离输送是定点直达的渠道，这对于加强计划性、简化手续、保证供应等方面都有利。

采用长途输送熟料等方式，水泥厂就可以和有限的熟料粉碎工厂之间形成固定的直达渠道，能实现经济效果较优的物流。水泥的用户也可以不出本地区而直接向当地的熟料粉碎厂订货，因而更容易沟通产需关系，具有明显的优越性。

2）集中搅拌混凝土

改变以粉状水泥供给用户，由用户在建筑工地现场拌制混凝土的习惯方法，而将粉状水泥输送到使用地区的流通加工点，搅拌成混凝土后再供给用户使用，这是水泥流通加工的另一种重要加工方法。这种流通加工方式，优于直接供应或购买水泥在工地现场搅拌制作混凝土的技术经济效果。因此，这种流通加工方式已经受到许多国家的重视。

这种水泥流通加工方法有如下优点：

（1）将水泥的使用从小规模的分散形态改变为大规模的集中加工形态，因此可以利用现代化的科技手段，组织现代化大生产；

（2）集中搅拌可以采取准确的计量手段，选择最佳的工艺，提高混凝土的质量和生产效率，节约水泥；

（3）可以广泛采用现代科学技术和设备，提高混凝土质量和生产效率；

（4）可以集中搅拌设备，有利于提高搅拌设备的利用率，减少环境污染；

（5）在相同的生产条件下，能大幅度降低设备、设施、电力、人力等费用；

（6）可以减少加工据点，形成固定的供应渠道，实现大批量运输，使水泥的物流更加合理；

（7）有利于新技术的采用，简化工地的材料管理，节约施工用地等。

2. 钢材的流通加工

各种钢材（钢板、型钢、线材等）的长度、规格有时不完全适用于客户，如热轧厚钢板等板材最大交货长度可达7～12m，有的是成卷交货，对于使用钢板的用户来说，如果采用单独剪板、下料方式，设备闲置时间长、人员浪费大、不容易采用先进方法，那么采用集中剪板、集中下料方式，可以避免单独剪板、下料的一些弊病，提高材料利用率。

剪板加工是在固定地点设置剪板机进行下料加工或设置种种切割设备将大规格钢板裁小，或切裁成毛坯，降低销售起点，便利用户。

钢板剪板及下料的流通加工，可以选择加工方式，加工后钢材的晶体组织很少发生变化，可保证原来的交货状态，有利于进行高质量加工；加工精度高，可以减少废料、边角料，减少再进行机加工的切削量，既提高了再加工效率，又有利于减少消耗；由于集中加工可保证批量及生产的连续性，可以专门研究此项技术并采用先进设备，从而大幅度提高效率和降低成本；使用户能简化生产环节，提高生产水平。

和钢板的流通加工类似，还有薄板的切断，型钢的熔断，厚钢板的切割，线材切断等集中下料，线材冷拉加工等。为此，国外有专门进行钢材流通加工的钢材流通中心不仅从事钢材的保管，而且进行大规模的设备投资，使其具备流通加工的能力。中国物资储运企业在20世纪80年代便开始了这项流通加工业务。中国储运股份有限公司近年与日本合作建立了钢材流通加工中心，利用现代剪裁设备从事钢板剪板和其他钢材的下料加工即钢板剪切流通加工。

如汽车、冰箱、冰柜、洗衣机等生产制造企业每天需要大量的钢板，除了大型汽车制造企业外，一般规模的生产企业如若自己单独剪切，难以解决因用料高峰和低谷的差异引起的设备忙闲不均和人员浪费问题，如果委托专业钢板剪切加工企业，可以解决这个矛盾。专业钢板剪切加工企业能够利用专业剪切设备，按照用户设计的规格尺寸和形状进行套裁加工，精度高、速度快、废料少、成本低；专业钢板剪切加工企业在国外数量很多，大部分由流通企业经营。这种流通加工企业不仅提供剪切加工服务和配送服务，还出售加工原材料和加工后的成品。

归纳起来，钢材的流通加工大体上有以下几项内容：

（1）圆钢、角钢、扁钢、方钢等小型钢和部分管材的切割，线材的冷拉加工；

（2）薄钢板的剪切加工和带钢的平展、裁切加工；

（3）专用钢管的涂油和油漆加工。

除了保护性的涂油加工外，钢材的流通加工都是在专门设计安装的设备上进行作业的。例如，钢材的剪切加工是在剪床（加工机械中的一种）上进行作业的；小型型材加工是借助于专用的切割设备和冷拉设备完成的。

在一般情况下，钢材的流通加工是由设置在消费地的加工中心在综合用户需求和要求的基础上，采用集中下料的方式进行作业的。也有些分散性的钢材流通加工是由专业流通组织在摸清需求规律的基础上，分头去组织的。通常是利用专门的设备将大规模的钢材切割（或剪切）成小尺寸的坯料，为的是便于零星用户购买钢材和有利于钢材的充分利用。

3. 木材的流通加工

木材流通加工可依据木材种类、地点等，决定加工方式。在木材产区可对原木进行流通加工，使之成为容易装载、易于运输的形状。

（1）磨制木屑、压缩输送。这是一种为了实现流通的加工。木材是容重轻的物资，在运输时占有相当大的容积，往往使车船满装但不能满载，同时，装车、捆扎也比较困难。从林区外送的原木中有相当一部分是造纸材，木屑可以制成便于运输的形状，以供进一步加工，这样可以提高原木利用率、出材率，也可以提高运输效率，具有相当客观的经济效益。例如，美国采取在林木生产地就地将原木磨成木屑，然后压缩使之成为容重较大、容易装运的形状，而后运至靠近消费地的造纸厂，取得了较好的效果。根据美国的经验，采取这种办法比直接运送原木节约一半的运费。

（2）集中开木下料。在流通加工点将原木锯截成各种规格的锯材，同时将碎木、碎屑集中加工成各种规格板，甚至还可进行打眼、凿孔等初级加工。过去用户直接使用原木，不但加工复杂、加工场地大、加工设备多，更严重的是资源浪费严重，木材平均利用率不到50%，平均出材率不到40%。实行集中下料、按用户要求供应规格料，可以使原木利用率提高到95%，出材率提高到72%左右，有相当好的经济效果。

4. 轻工业产品的流通加工

有些轻工业产品如自行车，采用整装、整运的办法流转和储存有一定的困难。即使做到，也很不经济。主要原因是：包装成本大、运输效果低、流通中损失严重。为了解决这方面的问题，在实践中人们采用了生产散件（零配件）和包装、运输散件，在消费地点组装零件、配件的方法来组织部分轻工业产品流通。

上述组装散件（即零件和配件）的加工作业是轻工业产品流通加工的主要形式。其特点是：装配和技术要求不高，装配作业简单，零件装配成产品或半成品以后，不需要进行复杂的测试（或检验）即可进入消费领域。

轻工业产品的组装加工不但能够促进该类产品的流通，而且也有利于进行批量生产。近几年，随着生产和流通的不断发展，流通领域内轻工业产品的组装加工业在我国已广泛盛行。

5. 煤炭及燃气的流通加工

煤炭及燃气的流通加工有多种形式：除矸加工、煤浆加工、配煤加工、天然气、石油气等气体的液化加工等。

（1）除矸加工。除矸加工是提高煤炭纯度为目的的加工形式。一般煤炭中混入的矸石有一定发热量，混入一些矸石是允许的，也是较经济的。但是，有时则不允许煤炭中混入矸

石，在运力十分紧张的地区要求充分利用运力、降低成本，多运“纯物质”，少运矸石，在这种情况下，可以采用除矸的流通加工方法排除矸石。除矸加工可提高煤炭运输效益和经济效益，减少运输能力浪费。

(2) 为管道输送煤浆进行的煤浆加工。煤炭的运输方法主要采用运输工具载运方法，运输中损失浪费较大，又容易发生火灾。采用管道运输是近代兴起的一种先进技术。某些发达国家已经开始投入运行，有些企业内部也采用这一方法进行燃料输送，且取得了很好的效果。管道输送煤浆的方法是在流通的起始环节将煤炭磨成细粉，本身已有了一定的流动性，再用水调和成浆状则更增加了它的流动性，从而可以像其他液体一样进行管道输送。将煤炭制成煤浆采用管道输送是一种新兴的加工技术。这种方式不和现有运输系统争夺运力，输送连续、稳定、快速，是一种经济的运输方法。

(3) 配煤加工。在使用地区设置加工点，将各种煤及其他一些发热物资，按不同配方进行掺配加工，生产出各种不同发热量的燃料，称为配煤加工。配煤加工可以按需要发热量生产和供应燃料，防止热能浪费和“大材小用”，也防止发热量过小，不能满足使用要求。工业用煤经过配煤加工还可以起到便于计量控制、稳定生产过程的作用，具有很好的经济和技术价值。煤炭消耗量非常大，进行煤炭流通加工潜力也很大，可以大大节约运输能源，降低运输费用，具有很好的技术和经济价值。

(4) 天然气、石油气等气体的液化加工。由于气体输送、保存都比较困难，天然气及石油气往往只好就地使用，如果当地资源充足，而使用不完就容易造成浪费和污染。两气的输送可以采用管道，但因投资大、输送距离有限，也受到制约。在产出地将天然气、石油气压缩到临界压力之上，使之由气体变成液体，就可以用容器装运，使用时机动性也较强。这是目前采用较多的方式。

6. 平板玻璃的流通加工

平板玻璃的“集中套裁，开片供应”是重要的流通加工方式。物流中心按照用户提供的图纸统一套裁开片，向用户供应成品，用户可以将其直接安装在采光面上。在此基础上也可以形成从工厂到物流中心的稳定、高效、大规模的平板玻璃“干线运输”，以及物流中心到用户的小批量、多用户的“二次运输”这样一种现代物流的流通加工方式。

7. 机电产品的流通加工

多年以来，机电产品的储运困难较大，主要原因是不易进行包装，如进行防护包装，包装成本过大，并且运输装载困难，装载效率低，流通损失严重。但是，这些货物有一个共同的特点，即装配比较简单，装配技术要求不高，主要功能已在生产中形成，装配后不需要进行复杂的检测及调试。所以，为了解决储运问题，降低储运费用，可以采用半成品大容量包装出厂，在消费地拆箱组装的方式。组装一般由流通部门在所设置的流通加工点进行，组装之后随即进行销售，这种流通加工方式近年来已在我国广泛采用。

三、轻纺产品的流通加工

轻纺产品的流通加工形式多样，下面主要介绍轻纺产品中服装和鞋类的流通加工。

1. 服装的流通加工

RSD (Receive Sort Distribute) 服务是服装的接收、分类和配送服务。RSD 是澳大利亚

TNT公司下属的一家分公司开展的一项物流服务业务。它可以为顾客提供从任何地方来，到任何地方去的时装流通加工、运输、配送的需要。

服装RSD运输服务是建立在时装仓库的基础上。时装仓库最大的特点是，具有悬挂时装的多层仓库导轨系统。一般有2~3层导轨悬挂的时装，可以直接传输到运送时装的集装箱中，形成时装取货、分类、库存、分送的仓储、流通加工、配送等的集成系统。在这个基础上，无论是平装还是悬挂的时装，都可以最优越的时装运输条件，进行"门到门"的运输服务。在先进的时装运输服务基础上，公司开展RSD服务项目，实质是一种流通加工业务。RSD服务满足了时装制造厂家、进口商、代理商或零售商的需要，依据顾客及市场的情况对时装取货、分类、分送全过程负责。

服装RSD服务可以完成制衣过程的质量检验等工作，并在时装仓库中完成进入市场前的一切准备工作。①取货：直接到制衣厂上门取时装。②分类：根据时装颜色、式样进行分类。③检查：时装颜色、脱线等质量问题。④装袋：贴标签后装袋、装箱。⑤配送：按照销售计划，直接送达经销商或用户手中。⑥信息服务与管理：提供相应的时装信息服务和计算机管理。

许多属于生产过程的工作程序和作业，可以在仓储中完成，这是运输业务的前向和后向延伸，是社会分工协作的又一具体体现。这样，服装生产商，可以用最小的空间（生产产地）、最少的时间、最低的成本来实现自己的销售计划，物流企业也有了相对稳定的业务量。这种加工以适应顾客需求的变化、服务顾客为目的，不仅能够提高物流系统效率，对于生产的标准化和计划化，对于提高销售效率，提高商品价值，促进销售将越来越重要。

2. 鞋类的流通加工

阿迪达斯公司在美国有一家超级市场，设立了组合式鞋店，摆放着的不是做好了的鞋，而是做鞋用的半成品，款式花色多样，有6种鞋跟、8种鞋底，均为塑料制造的，鞋面的颜色以黑、白为主，搭配的颜色有80种，款式有百余种，顾客进来可任意挑选自己所喜欢的各个部位，交给职员当场进行组合。只要10min，一双崭新的鞋便唾手可得。这家鞋店昼夜营业，职员技术熟练，鞋子的售价与成批制造的价格差不多，有的还稍便宜些。所以顾客络绎不绝，销售金额比邻近的鞋店多10倍。

第四节　流通加工的合理化

一、流通加工合理化措施

流通加工合理化的含义是实现流通加工的最优配置，不仅做到避免各种不合理，使流通加工有存在的价值，而且可以做到最优的选择。为避免各种不合理现象，对是否设置流通加工环节，在什么地点设置，选择什么类型的加工，采用什么样的技术装备等，需要做出正确抉择。根据目前国内在进行这方面合理化中所积累的经验，使我国流通加工的合理化有了一定的应用措施：

（1）加工和配送结合。这是将流通加工设置在配送点中，一方面按配送的需要进行加工，另一方面加工又是配送业务流程中分货、拣货、配货之一环，加工后的产品直接投入配

货作业，这就无需单独设置一个加工的中间环节，使流通加工有别于独立的生产，而使流通加工与中转流通巧妙结合在一起。同时，由于配送之前有加工，可使配送服务水平大大提高。这是当前对流通加工做合理选择的重要形式，在煤炭、水泥等产品的流通中已表现出较大的优势。

（2）加工和配套结合。在对配套要求较高的流通中，配套的主体来自各个生产单位，但是，完全配套有时无法全部依靠现有的生产单位进行适当流通加工，可以有效促成配套，大大提高流通作为桥梁与纽带的能力。

（3）加工和合理运输结合。前文已提到过流通加工能有效衔接干线运输与支线运输，促进两种运输形式的合理化。利用流通加工，在支线运输转干线运输或干线运输转支线运输等这些本来就必须停顿的环节，不进行一般的支转干或干转支，而是按干线或支线运输合理的要求进行适当加工，从而大大提高运输及运输转载水平。

（4）加工和合理商流相结合。通过加工有效促进销售，使商流合理化，也是流通加工合理化的考虑方向之一。加工和配送的结合，通过加工，提高了配送水平，强化了销售，是加工与合理商流相结合的一个成功的例证。此外，通过简单地改变包装加工，形成方便的购买量，通过组装加工解除用户使用前进行组装、调试的难处，都是有效促进商流的例子。

（5）加工和节约相结合。节约能源、节约设备、节约人力、节约耗费是流通加工合理化重要的考虑因素，也是目前我国设置流通加工，考虑其合理化的较普遍形式。

对于流通加工合理化的最终判断，是看其是否能实现社会的和企业本身的两个效益，而且是否取得了最优效益。对流通加工企业而言，其与一般生产企业的一个重要不同之处是，流通加工企业更应以树立社会效益为第一观念，只有在补充完善为己任的前提下才有生存的价值。如果只是追求企业的微观效益，不适当地进行加工，甚至与生产企业争利，这就有违于流通加工的初衷，或者其本身已不属于流通加工范畴了。

二、不合理的流通加工形式

流通加工是在流通领域中对生产的辅助性加工，它不仅仅只是生产过程的“延续”，其实质更是生产本身或生产工艺在流通领域的延续，同时这个延续由于所处环境的不同，产生出不同的效应，在补充完善的同时，也带来了消极的负面作用。各种不合理的流通加工都会产生抵消效益的负效应。不合理流通加工形式如下：

1. 流通加工地点设置的不合理

流通加工地点设置即布局状况是使整个流通加工能否有效的重要因素。一般而言。为衔接单品种大批量生产与多样化需求的流通加工，加工地设置在需求地区，才能实现大批量的干线运输与多品种末端配送的物流优势。

如果将流通加工地设置在生产地区，其不合理之处在于：

（1）多样化需求要求的产品多品种、小批量由产地向需求地的长距离运输会出现不合理；

（2）在生产地增加了一个加工环节，同时增加了近距离运输、装卸、储存等一系列物流活动。

所以，在这种情况下，不如由原生产单位完成这种加工而无需设置专门的流通加工环节。

一般而言，为方便物流，流通加工环节应设在产出地，设置在进入社会物流之前，如果将其设置在物流之后，即设置在消费地，则不但不能解决物流问题，又在流通中增加了一个中转环节，因而也是不合理的。即使是在产地或需求地设置流通加工的选择是正确的，还有流通加工在小地域范围的正确选址问题，如果处理不善，仍然会出现不合理。这种不合理主要表现在交通不便，流通加工与生产企业或用户之间距离较远，流通加工点的投资过高（如受选址的地价影响），加工点周围社会、环境条件不良等。

2. 流通加工方式选择不当

流通加工方式包括流通加工对象、流通加工工艺、流通加工技术、流通加工程度等。流通加工方式的确定实际上是与生产加工的合理分工。分工不合理，本来是应由生产加工完成的，却错误地由流通加工完成，本来应由流通加工完成的，却错误地由生产过程去完成，都会产生不合理性。

流通加工不是对生产加工的代替，而是一种补充和完善。所以，一般而言，如果工艺复杂，技术装备要求较高，或加工可以由生产过程延续或轻易解决者都不宜再设置流通加工，尤其不宜与生产过程争夺技术要求较高、效益较高的最终生产环节，更不宜利用一个时期市场的压迫力使生产者变成初级加工或前期加工，而流通企业完成装配或最终形成产品的加工。如果流通加工方式选择不当，就会出现与生产夺利的恶果。

3. 流通加工冗余环节增长

有的流通加工过于简单，或对生产及消费者作用都不大，甚至有时流通加工的盲目性，同样未能解决品种、规格、质量、包装等问题，相反却实际增加了环节，使物流成本提高，这也是流通加工不合理的重要形式。

4. 流通加工成本过高

流通加工之所以能够有生命力，重要优势之一是有较大的产出投入比，因而有效起着补充完善的作用。如果流通加工成本过高。则不能实现以较低投入实现更高使用价值的目的，难以实现物流成本的优化。除了一些必需的、政策要求即使亏损也应进行的加工外，都应看成是不合理的。

三、流通加工的经济效益

流通加工的经济效益可以表述为流通加工的劳动投入与效益产出的对比关系。在具体的加工部门表现为流通加工的数量和实现价值与劳动消耗和劳动占用的对比关系。

1. 流通加工的直接经济效益

1）流通加工的劳动生产率高

流通加工是集中的加工，其加工效率，即加工的劳动生产率比分散加工要高得多。对于用量少和临时需要的使用单位，如果没有流通加工而只能依靠自行加工，那么从加工的水平和加工的熟练程度看都无法与流通加工相比。即使是有大量的、有相当规模的企业进行的加工活动，若与流通加工相比，其劳动生产率也相对较低。例如，建筑企业完成的安装玻璃的开片加工，往往在施工场地针对某一工程进行，而流通企业的流通加工的开片，可满足若干建筑工地的需要，其加工效率更高，其劳动生产率也更高。

2）流通加工提高原材料的利用率

流通加工集中下料可以优材优用、小材大用、合理套裁，具有明显提高原材料利用率的效果。例如，钢材的集中下料，可减少边角余料，从而达到加工效率高、加工费用低的目的。

例 7-2：假设生产现场甲、乙、丙三个部门分别需要 2.9m、2.1m、1.5m 的棒材各 100 根。已知供应商提供的棒材规格为 7.4m。现在比较分散下料与集中下料所需的原材料数量。

分散下料：

甲：7.4 ÷2.9≈2，100 ÷2 =50（根）

乙：7.4 ÷2.1≈3，100 ÷3 =34（根）

丙：7.4 ÷1.5≈4，100 ÷4 =25（根）

合计：50 +34 +25 =109（根）

采用集中下料，则可考虑采用合理套裁，经分析每根规格棒材可有下面 7 种裁法，如表 7-7 所示。

棒材的七种裁法　　表 7-7

下料数 方案 / 长度	(1)	(2)	(3)	(4)	(5)	(6)	(7)
2.9m	1	2		1			
2.1m			2	2	1	3	
1.5m	3	1	2		3		4
合计	7.4	7.3	7.2	7.1	6.6	6.3	6.0
料头	0	0.1	0.2	0.3	0.8	1.1	1.4

为了得到各 100 根材料，需混合使用各种裁法。假设集中下料需 7 种裁法的原材料分别为：X_1、X_2、X_3、X_4、X_5、X_6、X_7。

目标函数：$\min S = 0.1X_2 + 0.2X_3 + 0.3X_4 + 0.8X_5 + 1.1X_6 + 1.4X_7$

约束条件：$\begin{cases} X_1 + 2X_2 + X_4 = 100 \\ 2X_3 + 2X_4 + X_5 + 3X_6 = 100 \\ 3X_1 + X_2 + 2X_3 + 3X_5 + 4X_7 = 100 \end{cases}$

利用单纯型法，得到的结果是

$X_1 = 30$　　$X_5 = 0$

$X_2 = 10$　　$X_6 = 0$

$X_3 = 0$　　$X_7 = 0$

$X_4 = 50$

原材料最少需要根数为 30 +10 +50 =90（根）

经计算集中下料比分散下料可节省原材料 17.4%，由此说明了流通加工产生的经济效果。

3）流通加工可以提高设备的利用率

加工设备在分散加工的情况下，由于生产周期和生产节奏的限制，设备利用时紧时松，表现为加工过程的不均衡，从而导致设备的加工能力不能得到充分发挥。在流通领域中，流通加工面向全社会，加工的数量、加工对象的范围都得到大幅度的提高，加工设备更有利于发挥它们的潜力，设备利用率从而得到充分提高。

4）流通加工可以提高被加工产品的质量

流通加工是专业性很强的加工。专业化加工单纯，有利于加工人员掌握作业技术，提高作业的熟练程度，从而提高加工质量。从流通加工中心的加工设备水平看，往往要高于分散加工。因而，产品的加工质量也会高于分散加工。

2. 流通加工的间接经济效益

（1）流通加工为许多生产者缩短生产时间，使他们可以腾出更多的时间来进行创造性生产，为社会创造更多的物质财富。

（2）为更多的生产部门和消费部门服务。

（3）流通加工对生产的分工和专业化起中介作用。

（4）流通加工可以在加工活动中更为集中、有效地使用人力、物力，比生产企业加工更能提高加工的经济效益。

四、流通加工成本

1. 流通加工成本的主要构成

（1）流通加工设备费用：流通加工设备购置费用；

（2）流通加工材料费用：流通加工过程中需要消耗一些材料的费用；

（3）流通加工劳务费用：流通加工过程中从事加工活动的管理人员、工人及有关人员工资、奖金等费用的总和；

（4）流通加工其他费用：流通加工中耗用的电力、燃料、油料等费用。

2. 流通加工成本分析

1）流通加工成本分析的常用方法

（1）比较分析法：通过指标对比，从数量上确定差异的一种分析方法。

（2）比率分析法：通过计算和对比经济指标的比率进行数量分析的一种方法。

（3）连环替代法：用来计算几个相互联系的因素对综合经济指标变动影响程度的一种分析方法。

（4）差额计算法：是连环替代法的一种简化形式。

2）流通加工成本表的结构和编制方法

流通加工成本表分为基本报表和补充资料两部分。

基本报表部分：反映各种可比和不可比产品本月及本年累计的实际加工量、实际单位加工成本和实际加工总成本。可比产品是指流通加工中心过去曾经加工过，有完整的成本资料可以进行比较的产品；不可比产品是指流通加工中心过去未曾经加工过，或缺乏可比的成本资料的产品。

补充资料部分：填列本年累计实际数。

可比产品加工成本降低额 = 可比产品按上年实际平均单位加工成本计算的总成本 - 可比

产品本年累计实际总成本。

可比产品加工成本降低率 = 可比产品加工成本降低额 ÷ 可比产品按上年实际平均单位加工成本计算的总成本。

3）流通加工成本表的分析

对全部流通加工成本计划的完成情况进行总括评价。通过总评价，一是对流通加工中心全部产品加工成本的完成情况有个总括的了解；二是通过对影响计划完成情况因素的初步分析，为进一步分析指出方向。

3. 流通加工的成本计算

1）流通加工直接材料费用的计算

（1）流通加工直接材料费用的内容；

（2）材料消耗量的核算；

（3）消耗材料价格的核算；

（4）直接材料费用的归集；

（5）直接材料费用的分配。

2）流通加工直接人工费用的计算

（1）流通加工直接人工费用的内容；

（2）流通加工直接人工费用的归集；

（3）流通加工直接人工费用的分配。

3）流通加工制造费用的计算

（1）制造费用的内容。

（2）制造费用的归集。折旧费用是通过编制折旧费用计算汇总表，计算出各生产单位本期折旧费用以后，计入制造费用的。

固定资产修理费用，一般可以直接计入当月该生产单位的制造费用。

（3）制造费用的分配。

制造费用的分配方法有：生产工时分配法，机器工时分配法，计划分配率分配法。生产工时分配法，是以加工各种产品的生产工时为标准分配费用的方法。机器工时分配法，是以各种加工产品（各受益对象）的机器工作时间为标准，来分配制造费用的方法。

计划分配率分配法，是按照年初确定的计划制造费用分配率分配制造费用，实际发生的制造费用与按计划分配率分配的制造费用的差异年末进行调整。

五、流通加工业务的投资管理

流通加工具有很多优越性，但是，任何事物都有它的两面性。由于流通加工是在产需之间增加了一个中间环节，所以它延长了商品的流通时间，增加了商品的生产成本，存在着许多降低经营效益的因素。因此，设置流通加工点，从事流通加工业务，必须进行可行性分析。分析的内容应包括：

1. 设置流通加工点的必要性

流通加工是对生产加工的辅助和补充，是否需要这种补充，主要取决于两个方面：一是生产厂对某种产品的生产加工程度是否可直接满足用户需要；二是用户对某种产品有没有在流通领域进一步加工的要求。如果生产厂的产成品可以直接满足用户的消费需求，流通加工就没有必要；若生产厂的产成品虽然不能直接进入消费，但用户自己有进行再加工的能力，该流通加工也没有必要。只有当生产厂的产成品不能直接进入消费，用户又没有进一步加工能力时，流通加工才成为必要。当然，有时从社会效益和经济效益考虑，为了节约原材料、节约能源、组织合理运输，设置流通加工环节也是必要的。

2. 设置流通加工环节的经济性

流通加工一般都是比较简单的加工，在技术上不会存在太大的问题，投资建设时重点要考虑的是经济上是否合理。流通加工的经济效益，主要取决于加工量的大小，加工设备和生产人员是否能充分发挥作用。如果流通加工任务饱满，生产连续进行，加工能力得到充分利用，就会产生效益，否则，如果任务量很小，生产时续时断，加工能力经常处于闲置状态，就可能出现亏损。所以，进行加工量预测是流通加工点投资决策的主要依据。此外，还要分析该流通加工项目的发展前景，如发展前景良好，近期效益不理想也是可以接受的。

3. 投资决策和经济效果评价

流通加工项目的投资决策和经济效果评价，主要使用净现值法、投资回收期和投资收益率进行评价。

六、流通加工的生产管理和质量管理

1. 流通加工的生产管理

根据流通加工业务的特点，必须加强对它的生产管理。对流通加工的生产管理是指对流通加工生产全过程的计划、组织、指挥、协调与控制，包括生产计划的制定，生产任务的下达，人力、物力的组织与协调，生产进度的控制等。在生产管理中特别要加强生产的计划管理，提高生产的均衡性和连续性，充分发挥生产能力，提高生产效率。要制定科学的生产工艺流程和加工操作规程，实现加工过程的程序化和规范化。对于集中下料类型的流通加工，应重视对原材料有效利用的管理，不断提高材料的利用率。

2. 流通加工的质量管理

流通加工的质量管理，应是全员参加的、对流通加工全过程和全方位的质量管理。它包括对加工产品质量和服务质量的管理。加工后的产品其外观质量和内在质量都应符合有关标准。有些加工后的产品，没有国家和部颁标准，其质量的掌握，主要是满足用户的要求。但是，由于各用户的要求不一，质量宽严程度也就不同，所以要求流通加工必须能进行灵活的柔性生产，以满足不同的用户对质量的不同要求。

流通加工除应满足用户对加工质量的要求以外，还应满足用户对品种、规格、数量、包装、交货期、运输等方面的服务要求。对产品的流通加工绝不能违背用户的意愿，由加工单位自作主张，脱离用户的生产实际，这样对用户不仅无益反而有害。流通加工的服务质量，只能根据用户的满意程度进行评价。

七、流通加工策略

流通加工是生产环节在流通领域的延续，在一定程度上可以有效地起到补充完善的作用，但若处理不当就会对整个物流过程起到负面作用，因此要注意分析流通加工的合理性，

结合我国的具体实际情况制定适合中国国情的流通加工发展策略。

1. 合理布局

流通加工的地点选择十分重要，否则将会影响其作用的发挥，为了更好地衔接大批量生产与多样化、小批量消费，最好应将流通地点设置于消费地区，而不是现在我国流通企业所采用的围绕于生产企业周边，否则将会无法发挥大批量标准产品与小批量分散配送的优势，增加了运输的难度，无法发挥生产企业大批量标准化生产的优势。同时应优化流通企业的网络化布局，结合产品特性和消费需求，形成有效的服务覆盖体系，提高响应速度。

2. 一体化集成作业

流通加工是物流作业中的一环，不能与其他作业形式相分离，而应重视采用一体化集成作业，无需设置独立的流通加工中间环节，应使流通加工与中转流通巧妙结合在一起，以提高作业效率，降低作业成本。例如，在配送中心的物流作业中就应按照具体的客户要求，将流通加工至于分货、拣货、配货中，合理地选择作业形式，同时要考虑到运输形式和消费者的配套设施，特别是水泥、木材等产品的流通加工，进行一体化集成作业时要从整个物流系统的整体角度出发，制定适合的作业形式，这样才能真正形成“储运－流通加工－配送”的一体化作业。

3. 发展绿色流通加工

绿色流通加工是绿色物流的三个子范畴之一，流通加工具有较强的生产性，合理的选择流通加工形式可以有效地促进环境保护。进行绿色流通加工的途径主要分两个方面：一方面变消费者分散加工为专业集中加工，以规模作业方式提高资源利用效率，以减少环境污染，如餐饮服务业对食品的集中加工，减少家庭分散烹调所造成的能源消耗；减少废弃物和空气污染；另一方面是集中处理消费品加工中产生的边角废料，以减少消费者分散加工所造成的废弃物污染，如流通部门对蔬菜的集中加工减少了居民分散垃圾丢放及相应的环境治理问题。

在强调流通加工发展的同时，必须认识到流通加工很大程度上是简单加工，而不是复杂加工，如果必须进行复杂加工才能形成人们所需的商品，那么一般应为其专设生产加工过程，流通加工只是对生产加工则是一种辅助及补充，绝不是对生产加工的取消或代替。如果流通加工作用不大，就会形成多余的环节，不能解决客户对产品的实际要求，或流通加工成本过高，不能实现以较低投入实现更高使用价值的目的，就不应再附带增加多余环节。

综上所述，对于流通加工合理化的最终判断，是看其是否实现了社会效益的和企业效益的双赢。但同时应注意的是，对流通加工企业而言，与一般生产企业一个重要不同之处是，流通加工企业更应树立社会效益为第一观念。

目前我国的物流行业整体水平不高，在发展现代物流业的道路上，应从整体角度出发，适当的处理各个物流环节之间的协调发展问题。为了适应我国国情复杂的现状，应重视流通加工的作用，提高对流通加工的认识，制定合理的发展策略，以满足消费者需求为最终目标，提高物流的整体服务水平。

复习思考题

7-1　什么是流通加工？流通加工的特点和作用是什么？

7-2　四项流通加工任务分给4个小组完成，各小组完成不同任务需用不同的加工工时，见下表7-8。用匈牙利方法求出最佳方案及其总工时。

各小组完成不同任务的加工工时　　表7-8

	任务1	任务2	任务3	任务4
A	3	6	8	10
B	11	9	10	8
C	15	8	14	12
D	10	8	5	7

7-3　某班组某大型设备进行6项流通加工任务，所需时间及预定交货期（配送时刻）如表7-9所示，利用综合规则进行流通加工作业排序。

各项任务的加工时间及预定交货期　（单位：d）　　表7-9

任务编号	J_1	J_2	J_3	J_4	J_5	J_6
所需加工时间 t_i	4	6	8	3	4	12
预定交货期 d_i	12	9	23	25	26	37

7-4　流通加工的地位和作用？

7-5　请举例说明物流中心流通加工的形式？

7-6　流通加工的合理化措施？

7-7　简述食品的流通加工作业。

第八章　物流设施与设备管理

第一节　仓 库 管 理

仓库（Warehouse）是保管、储存物品的建筑物和场所的总称。在一个国家、一个地区、一个企业的物流系统中，需要有各种各样的仓库，它们的结构形态各异，服务范围和对象也有着较大的差别。因此，正确把握各种仓库的特点，对于仓库建设规划和仓储管理具有实际意义。仓库按不同的标准可进行不同的分类，一个企业或部门可以根据自身的条件选择建设或租用不同类型的仓库。

一、仓库的分类

1. 按仓库功能分类

1）储备仓库

是指专门长期存放各种储备物资，以保证完成各项储备任务的仓库。如战略物资储备、季节物资储备、备荒物资储备、流通调节储备等。储备仓库的功能是较长时间储存保管，主要追求储存效益。

2）周转仓库

周转仓库的主要功能是物资周转，主要用于暂时存放待加工、待销售、待运输的物资。包括生产仓库、流通仓库、中转仓库、集配仓库、加工仓库等。它的储存时间短，主要追求周转效益，为生产、流通或运输服务。

2. 按用途分类

1）自用仓库

指企业主要从事内部物流业务的仓库。仓库的建设、物品的管理以及进出库业务均属本公司的管理范畴。采用自用仓库的一个重要因素就是固定成本。因为自用仓库的固定成本与仓库的使用无关，所以企业就必须拥有足够的存储量来分摊固定成本，从而使采用自用仓库的平均成本低于采用公共仓库的平均成本。采用自用仓库的另一个原因就是稳定的需求和市场的集中度以及企业对安全、冷藏、客户服务等方面的控制能力。

2）营业仓库

是指按照相关管理条例取得营业许可，向一般企业提供保管服务的仓库，是一种社会化的仓库。它面向社会，以经营为手段，以盈利为目的。与自用仓库相比，营业仓库的使用效率较高。营业仓库仅用来储存那些在仓储和服务合同中所列明的货物。这种类型的仓库通常需要得到货主的长期委托。储存货物可以不同，货主需要依据与仓库签订的合同，在特定的时期、按照一定的费用储存其货物。而仓库方要依照双方签订的合同为货主提供储存空间和服务，并为货主提供合同中列明的货主所需要的服务。

3）公共仓库

是指国家和公共团体为了公共利益而建设的仓库。公共仓库正成为一个非常有活力、不断变化的行业，尤其是那些大公司进行大宗购物时经常采用。公共仓库最大的客户是连锁零售店，因为这些连锁店的货流量非常大，并且它们还将仓储同其他一些诸如采购和分销的职能联系起来。企业采用公共仓库的首要原因源于资金，在采用公共仓库时，不需或只需投放较少的资金，这样，公司可以避免自己经营仓库带来经济上的风险。企业采用公共仓库的第二个理由是利用它的灵活性优势。对仓储空间的租用，可使公司对运输服务的质量做出快速反应。公共仓库使公司可以快速进入或退出市场。公共仓库可完成测试、组装、标价、标号等工作，还可提供打包、分拣、完成订单以及 EDI 数据的发送等服务。

4）保税仓库

是指根据关税法保管国外进口而未纳税的进出口货物的仓库。在一些特殊情况下，货物可能进口后再出口而没有进入"商流"。这时，如果仓库以契约形式存储这些货物，商家就能避免交关税了。另一个办法是在货物出口后申请退税。利用自由贸易区或自由港的情况也基本相同。

3. 按保管形态分类

1）普通仓库

一般是指具有常温保管、自然通风、无特殊功能的仓库。

2）冷藏仓库

一般指具有制冷设备，并有良好的保温隔热性能以保持较低温度的仓库，是专门用来储存冷冻物资的仓库。

3）恒温仓库

指具有保持一定温度和保湿功能的仓库。

4）危险品仓库

指存放具有易燃性、易爆性、腐蚀性、有毒性和放射性等对人体或建筑有一定危险的物资的仓库。它在库房结构及库内布局等方面有特殊要求，还必须远离工厂和居民区。

4. 按仓库建筑结构分类

1）封闭式仓库　这种仓库俗称"库房"，该结构的仓库封闭性强，便于对库存物进行维护保养，适宜存放保管条件要求比较高的物品。

2）半封闭式仓库　这种仓库俗称"货棚"，其保管条件不如库房，但出入库作业比较方便，且建造成本较低，适宜存放那些对温湿度要求不高且出入库频繁的物品。

3）露天式仓库　这种仓库俗称"货场"，其最大优点是装卸作业极其方便，适宜存放较大型的货物。

5. 按仓库构造分类

1）平房仓库

平房仓库是指仓库建筑物是平房，结构简单，有效高度一般不超过 5～6m 的仓库。其建筑费用便宜，可以广泛采用。

2）多层仓库（楼房仓库）

仓库为两层以上的建筑物，是钢筋混凝土建造的仓库。仓库楼房各层间依靠垂直运输机械联系，也有的楼层间以坡道相连，称坡道仓库。多层仓库，虽然有使货物上下移动进行作业的缺点，但在土地受到限制的港湾、都市等地，建造多层仓库可以扩大仓库实际使用面积。

3）高层货架仓库（立体仓库）

建筑结构是单层的，但内部设置有高度较高的多层货架，使其总高度甚至高于一般的楼房仓库。这是一种自动化程度较高、存货能力较强的仓库。

4）散装仓库

是指专门保管散粒状或粉状物资的容器式仓库。如谷物、饲料、水泥等颗粒状、粉状货物的保管。散装货物的进出效率很高，可以配备空气输送等特殊装置。

5）罐式仓库

是指以各种罐体为储存库的大型容器型仓库。

6. 按库内形态分类

1）地面型仓库

一般指单层地面库多使用非货架型的保管设备。

2）货架型仓库

指采用多层货架保管的仓库。在货架上放着货物和托盘，货物和托盘可在货架上滑动。货架分固定货架和移动货架。

3）自动化立体仓库

指出入库用运送机械存放取出，用堆垛机等设备进行机械化自动化作业的高层货架仓库。

二、仓库的功能

从现代物流系统观点来看，作为生产和消费领域中物资集散的中心环节，仓库具有以下功能。

1）储存和保管的功能

这是仓库的最基本的传统功能，即仓库应具有必要的空间用于容纳物品。库容量是仓库的基本参数之一。保管过程中应保证物品不丢失、不损坏、不变质。要有完善的保管制度，合理使用搬运机具，有正确的操作方法，在搬运和堆放时不能碰坏或压坏物品。

2）调节供需的功能

仓库作为一个能够“余存缺流”的储水池，它可以衔接供应者和需求者在供需时间上的不同步，缓冲供需矛盾，保证生产、流通和运输各个环节的顺利进行。

从生产和消费的连续性来看，因产品性质、种类的不同。其生产和消费的节奏不可能完全一致，从而产生供需的不均衡，这就需要有仓库的储存作为均衡环节来加以调节。使生产和消费协调起来，这也体现出物流系统创造物资的时间效用的基本职能。

3）调节货物运输能力的功能

各种运输工具的运量差距很大，海运船舶一般在万吨以上，一节火车车皮能装60t，而每辆汽车的运力则一般在几十吨以下。它们之间进行转运，运输能力是很不匹配的，这种运力的差异也是通过仓库或货场进行调节和衔接的。

4）集散货物的功能

仓库通过运输从各个供应商处收集货物，然后在仓库进行储存、整理、组配、流通加工、分拣、分发、分销、分运到各个不同需求的客户手中。

5）配送和流通加工的功能

现代仓库除了以保管储存为主要任务之外，还向流通仓库方向发展，形成流通、销售、零部件供应的中心，对货物供应起着组织协调作用。即所谓物流中心，它们不仅具备储存保管货物的设施，而且增加了分拣、配送、捆包、流通加工、信息处理等设施，既扩大了仓库的经营范围，提高了物资综合利用率，又促进了物流合理化，方便了消费者，提高了服务质量。

三、仓库的结构

仓库的结构对于实现仓库的功能起着很重要的作用。因此，仓库的结构设计应考虑以下几个方面。

1. 平房建筑和多层建筑

仓库的结构，从出入库作业的合理化方面看，尽可能采用平房建筑，这样，储存产品就不必上下移动。因为利用电梯将储存产品从一个楼层搬到另一个楼层费时费力，电梯往往也是产品流转中的一个瓶颈，影响仓库作业效率。但是在城市内，尤其是在商业中心地区，那里的土地有限或者昂贵。为了充分利用土地，采用多层建筑成为最佳选择。在采用多层仓库时，要特别重视对货物上下楼的通道建设。如果是流通仓库的话，则采用二层立交斜路方式，车辆可直接行驶到二层仓库，二层作为收货、验货、保管的场所，而一层则可作为理货、配货、保管的场所来使用。

2. 库房出入口和通道

作为载货汽车的库房出入口，要求宽度和高度的最低限度必须达到4m作为叉车的出入口，则宽度和高度必须达到2.5～3.5m。通常库房出入口采用卷帘或铁门。库房内的通道是保证库内作业的顺畅的基本条件。通道应延伸至每一个货位，使每一个货位可以直接进行作业，通道需要路面平整和平直，减少转弯和交叉。作为大型卡车入库的通道应大于3m，叉车作业通道应达到2m。

3. 立柱间隔

库房内的立柱是出入库作业的障碍，会导致保管效率低下，因而立柱应尽可能减少。一般仓库的立柱间隔，因考虑出入库作业的效率，以汽车或托盘的尺寸为其中的一个基准，通常以7m的间隔较适当，它适合2台大型货车的宽度（2.5m×2）或3台小型载货车（1.7m×3）的作业。采取托盘存货或作业的，因托盘种类规格不同，以适合放标准托盘6个为间隔，如采用标准托盘时立柱间隔略大于7.2m（1.2m×6）。平房建筑的仓库，拓宽立柱间隔较为容易，可以实现较大的立柱间距，而钢骨架建筑的仓库可不要立柱。

4. 天花板的高度

由于实现了仓库的机械化、自动化，因此现在对仓库天花板的高度也提出了很高的要求。即使用叉车的时候，标准提升高度是3m；而使用多段式高货架的时候要达到6m。另

外，从托盘装载货物的高度看，包括托盘的厚度在内，密度大且不稳定的货物，通常以1.2m为标准；密度小而稳定的货物，通常以1.6m为准。以其倍数（层数）来看，1.2m×4层=4.8m，1.6m×3层=4.8m，因此，仓库的天花板高度最低应该是5~6m。

另外，有的仓库内部设置夹层楼板，也叫临时架，是在地板与楼板之间加另一半层楼，能成倍利用保管的空间，并能够有效地利用仓库梁下的空间。

5. 地面

地面的承载力必须根据承载货物的种类或堆码高度具体研究。通常，普通仓库$1m^2$地面承载力为3t，流通仓库的地面承载力，则必须保证重型叉车作业的足够受力。

四、仓库盘点

仓库中的库存物始终处于不断的进、存、出动态中，在作业过程中产生的误差，经过一段时间的积累，会使库存资料反映的数据与实际数据不相符。有些物品则因存放时间太长或保管不当，会发生数量和质量的变化。为了对库存物品的数量进行有效控制，并查清其在库中的质量状况，必须定期或不定期地对各储存场所进行清点、查核，这一过程称为盘点作业。盘点的结果经常会出现较大的盈亏，因此，通过盘点可以查出作业和管理中存在的问题，并通过解决问题提高管理水平，减少损失。

（一）盘点作业的目的

1. 查清实际库存数量。盘点可以查清实际库存数量，并通过盈亏调整使库存账面数量与实际库存数量一致。账面库存数量与实际存货数量不符的主要原因，通常是收发作业中产生的误差，如记录库存数量时多记、误记、漏记；作业中导致的损失、遗失；验收与出货时清点有误；盘点时误盘、重盘、漏盘等。通过盘点清查实际库存数量与账面库存数量，发现问题并查明原因，及时调整。

2. 帮助企业计算资产损益。对货主企业来讲，库存商品总金额直接反映企业流动资产的使用情况，库存量过高，流动资金的正常运转将受到威胁。而库存金额又与库存量及其单价成正比，因此为了能准确地计算出企业实际损益，必须通过盘点。

3. 发现仓库管理中存在的问题。通过盘点查明盈亏的原因，发现作业与管理中存在的问题，并通过解决问题来改善作业流程和作业方式，提高人员素质和企业的管理水平。

（二）盘点作业的内容

1. 查数量。通过点数计数查明在库物品的实际数量，核对库存账面资料与实际库存数量是否一致。

2. 查质量。检查在库物品质量有无变化，有无超过有效期和保质期，有无长期积压等现象，必要时还必须对其进行技术检验。

3. 查保管条件。检查保管条件是否与各种物品的保管要求相符合。如堆码是否合理稳固，库内温度是否符合要求，各类计量器具是否准确等。

4. 查安全。检查各种安全措施和消防设备、器材是否符合安全要求，建筑物和设备是否处于安全状态。

（三）盘点作业的步骤

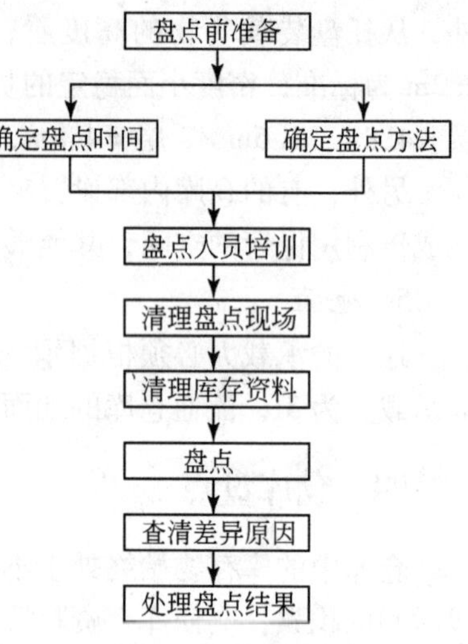

图 8-1　盘点作业基本步骤

盘点作业的基本步骤如图 8-1 所示。

1. 盘点前的准备

盘点作业的事先准备工作是否充分，关系到盘点作业进行的顺利程度，为了使盘点能在短促的时间内，利用有限的人力达到迅速准确的目标，事先的准备工作内容如下：

（1）明确建立盘点的具体方法和作业程序；

（2）配合财务会计做好准备；

（3）设计打印盘点用表单，“盘点单”格式可参考表 8-1；

（4）准备盘点用基本工具。

盘　点　单　　表 8-1

盘点日期：　　编号：

物品编号	物品名称	存放位置	盘点数量	复核数量	盘点人	复核人

2. 盘点时间的确定

一般性货品就货账相符的目标而言，盘点次数愈多愈好，但因每次实施盘点必须投入人力、物力、财力，这些成本耗资不菲，故也很难经常为之。事实上，导致盘点误差的关键因素在于出入库的过程，可能是因出入库作业单据的输入，检查点数的错误，或是出入库搬运造成的损失，因此一旦出入库作业次数多时，误差也会随之增加。所以，可以根据物品的不同特点、价值大小、流动速度、重要程度来分别确定不同的盘点时间。盘点时间的间隔可以从每天、每周、每月到每年盘点一次不等。以一般生产厂而言，因其货品流动速度不快，半年至一年实施一次盘点即可。但在配送中心货品流动速度较快的情况下，我们既要防止过久盘点对公司造成的损失，又碍于可用资源的限制，因而最好能视配送中心各货品的性质制定不同的盘点时间。

3. 确定盘点方式

因为不同现场对盘点的要求不同，盘点的方法也会有差异，为尽可能快速准确地完成盘点作业，必须根据实际需要确定盘点方法。

4. 盘点人员的组织与培训

为使盘点工作得以顺利进行，盘点时必须增派人员协助进行，由各部门增援的人员必须组织化，并且施以短期训练，使每位参与盘点的人员充分发挥其作用。人员的培训分为两部分：第一针对所有人员进行盘点方法训练；第二针对复盘与监盘人员进行认识货品的训练。

5. 清理盘点现场

盘点现场也就是仓库或配送中心的保管现场，所以，盘点作业开始前必须对其进行整理，以提高盘点作业的效率和盘点结果的准确性。清理作业主要包括以下几方面的内容：

（1）在盘点前，对厂商交来的物料必须明确其所有数，如已验收完成，属本配送中心，应及时整理归库，若尚未完成验收程序，同厂商应划分清楚，避免混淆。

（2）储存场所在关闭前应通知各需求部门预领所需的物品。

（3）储存场所整理整顿完成，以便计数盘点。

（4）预先鉴定呆料、废品、不良品，以便盘点。

（5）账卡、单据、资料均应整理后加以结清。

（6）储存场所的管理人员在盘点前应自行预盘。

6. 盘点

盘点时，可以采用人工抄表计数，也可以用电子盘点计数器。盘点工作不仅工作量大，而且非常繁琐，因此，除了加强盘点前的培训工作外，盘点作业时的指导与监督也非常重要。

7. 查清盘点差异的原因

当盘点结束后，发现所得数据与账簿资料不符时，应追查差异的主因。其着手查找原因的方向有：

（1）是否因记账员素质不高，致使货品数目无法表达。

（2）是否因料账处理制度的缺点，导致货品数目无法表达。

（3）是否因盘点制度的缺点导致货账不符。

（4）盘点所得的数据与账簿的资料，差异是否在容许误差内。

（5）盘点人员是否尽责，产生盈亏时应由谁负责。

（6）是否产生漏盘、重盘、错盘等情况。

（7）盘点的差异是否可事先预防，是否可以降低料账差异的程度。

8. 盘点结果的处理

差异原因追查后，应针对主要原因进行适当的调整与处理，至于呆废品、不良品减价的部分则须与盘亏一并处理。

物品除了盘点时产生数量的盈亏外，有些货品在价格上会产生增减，这些变更在经主管审核后必须利用货品盘点盈亏及价目增减更正表修改。

（四）盘点方法

就像账面库存与现货库存一样，盘点也分为账面盘点及现货盘点。

账面盘点又称为永续盘点，就是把每天入库及出库货品的数量及单价，记录在电脑或账簿上，而后不断地累计加总算出账面上的库存量及库存金额。现货盘点亦称为实地盘点或实盘，就是实际去清点调查仓库内的库存数，再依货品单价计算出实际库存金额的方法。目前，国内大多数配送中心都已使用电脑来处理库存账务，当账面数与实存数发生差异时，有时很难断定是账面数有误还是实盘数有误。所以，可以采取“账面盘点”和“现货盘点”平行的方法，以查清误差出现的实际原因。

1. 账面盘点法

账面盘点法就是将每一种物品分别设立“存货账卡”，然后将每一种物品的出入库数量及有关信息记录在账面上，逐笔汇总出账面库存结余数，这样随时可以从电脑或账册上查悉物品的出入库信息及库存结余量。

2. 现货盘点法

现货盘点法按盘点时间频率的不同又可分为“期末盘点”和“循环盘点”。期末盘点是指在会计计算期末统一清点所有物品数量的方法；循环盘点是指在每天、每周清点一小部分物品，一个循环周期将每种物品至少清点一次的方法。

（1）期末盘点法。由于期末盘点是将所有物品一次点完，因此，工作量大、要求严格。通常采用分区、分组的方式进行，其目的是为了明确责任，防止重复盘点和漏盘。分区即将整个储存区域划分成一个一个的责任区，不同的区由专门的小组负责点数、复核和监督。因此，一个小组通常至少需要三人分别负责清点数量并填写盘存表，复查数量并登记复查结果，第三人核对前两次盘点数量是否一致，对不一致的结果进行检查。等所有盘点结束后，再与电脑或账册上反映的账面数核对。

（2）循环盘点法。循环盘点通常对价值高或重要的物品进行盘点，检查的次数多，而且监督也严密一些；而对价值低或不太重要的物品，盘点的次数可以尽量少。循环盘点一次只对少量物品盘点，所以通常只需保管人员自行对照库存资料进行点数检查，发现问题按盘点程序进行复核，并查明原因，然后调整。也可采用专门的循环盘点单登记盘点情况。

第二节　货架系统

货架（goods shelf）是指用立柱、隔板或横梁等组成的立体储存货物的设施。货架在发零业务量大的仓库中起着很大的作用，是既能够有效保护货物，方便货物的存取与进出业务，又能够提高仓库空间的利用率，是仓储面积的扩大和延伸。货架在物流及仓库中占有非常重要的地位，随着现代工业的迅猛发展，物流量的大幅度增加，为实现仓库的现代化管理，改善仓库的功能，不仅要求货架数量多，而且要求具有多功能，并能实现机械化、自动化要求。

一、货架的种类

随着仓库机械化和自动化程度的不断提高，货架技术也在不断提高，尽管出现了许多新型货架，传统的层架、悬臂架、托盘货架等依然发挥着重要作用。

1. 层架

层架如图8-2所示。层架由立柱、横梁和层板构成，层间用于存放货物。层架结构简单，适用范围非常广泛，还可以根据需要制作成层格架、抽屉式和橱柜式等形式，以便于存放规格复杂多样的小件货物或较贵重、怕尘土、怕潮湿的小件物品。

图8-2　层架

2. 托盘式货架

托盘货架专门用于存放堆码在托盘上的货物，其基本形式与层架相似。托盘式货架如图 8-3所示。物流中心最常用的是托盘式货架，托盘式货架由横梁、支柱（6t）、横梁与支柱装配结构、托盘支撑架、两列托盘货架背面连接杆、货架上层横梁与天花板距离 230mm。该类货架的特点是由叉车配合托盘进行存取，作业方便，拣取效率高，储存密度低，需较多通道。特别适用于品种中等，批量较大的储存。通常在高度 6m 以下，3 ~5层适宜。

图 8-3　托盘式货架

3. 流动式货架

流动式货架如图 8-4 所示。根据货物负载单元不同，流动式货架分为托盘流动式货架和容器流动货架。托盘流动式货架一侧通道作为存放用，另一侧通道作为取货用，货架向着取货的方向倾斜，利用滚轮使货物向出口方向自动下滑。该类货架特点：储存量大、先进先出、空间利用率高、高度 6m 以下、建设费用大。适用于储存量大，流通快的货物。托盘流动式货架储存空间比一般托盘货架空间多 50% 左右。

托盘流动货架

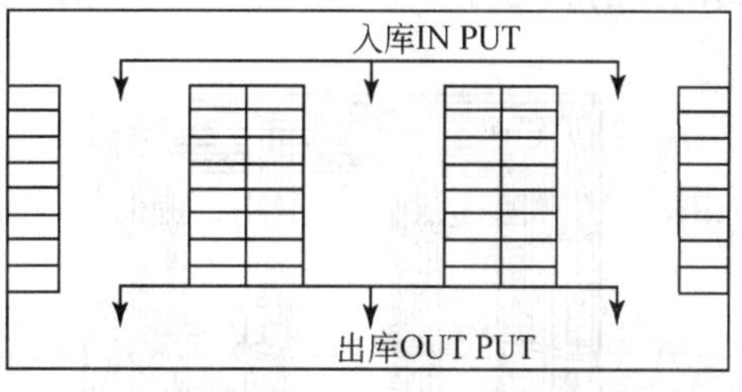

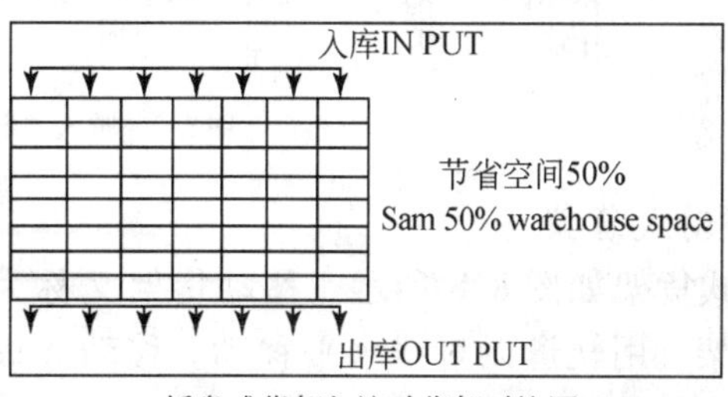

托盘式货架与流动货架对比图

图 8-4　托盘流动货架

容器流动货架如图 8-5 所示，特别适合安装在拣货区，进行少批量多品种货物的拣取作业。这种货架特点：货物可以先进先出，货物容易搬动，人工拣取方便，可安装电子显示器，实现计算机的辅助拣货作业。

4. 驶入/驶入驶出式货架

一般的自动化仓库，有轨或无轨堆垛机的作业通道是专用的，在作业通道上不能储存货物；驶入/驶入驶出式货架仓库的特点是作为托盘单元货物的储存货位与叉车的作业通道是合一的、共同的，这就大大提高了仓库的面积利用率。驶入/驶入驶出式货架采用钢结构，立柱上有水平突出的构件，叉车将托盘货物送入，由货架两边的构件托住托盘。驶入式货架只有一端可供叉车进出，而驶入驶出式货架可供叉车从中通过，非常便于作业。

驶入式托盘货架如图 8-6 所示。它是指托盘的存放由里向外逐一存放，叉车存、取同一托盘时用相同通道。该类货架储存密度高，但存取性差，不能做到先进先出。叉车在货架内行走，司机要小心作业，所以货架密度不能太高，以 4 层 3 ~ 5 列为宜。该类货架适合于存放批量大、品种少，对保质期没有要求的货物。

图 8-5　容器流动式货架

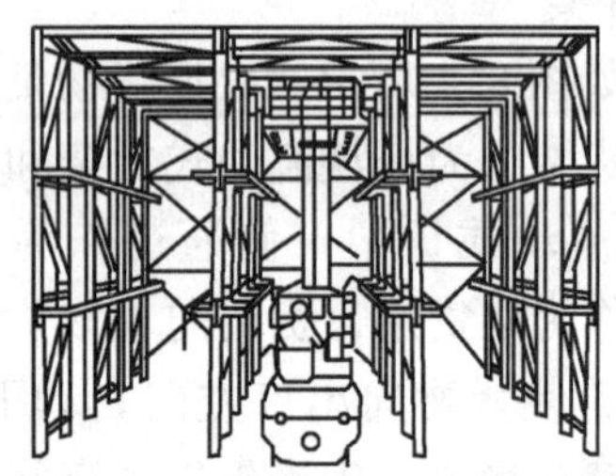

图 8-6　驶入式货架

驶入驶出式货架与驶入式货架结构相同，不同之处在于驶入驶出式货架前后通道是通的，没有拉杆封闭。前后均可安排存取货，能够实现先进先出。驶入驶出式货架如图 8-7 所示。

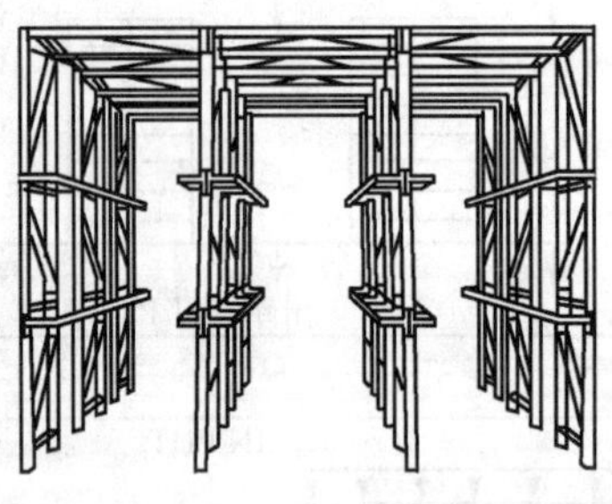

图 8-7　驶入驶出式货架

5. 移动式货架

移动式货架如图 8-8 所示。移动货架又称为动力式货架，用轨道以直线水平移动。移动式货架的货架底部装有滚轮，开启控制装置，滑轮可以沿轨道滑动。移动式货架平时可以密集相连排列，存取货物时通过手动或电动控制装置驱动货架沿轨道滑动，形成通道，从而大幅度减少通道面积，仓库面积利用率可以达到 80%，但由于成本较高，主要在档案管理等重要或贵重物品的保

图 8-8　移动式货架

管中使用。

6. 推入式货架

推入式货架如图 8-9 所示。推入式货架通过货架内倾斜的导轨以及导轨上的带轮小车，由叉车将货物放在小车上，然后按图示将货物依次逐一推入货架，最多时可推入 6 个托盘，并在取货时逐一取出。推入式货架作业过程，如图 8-10 所示。该类货架特点：①储存密度高，存取性差；②比一般托盘货架节省 1/3 空间（如图 8-11 所示）；③货物自动滑向最前储位；④不能先进先出；⑤少品种、大批量货品、使用叉车。

图 8-9　推入式货架

7. 旋转式货架

旋转式货架如图 8-12 所示。旋转式货架适用于电子零件、精密机械等，少量多品种小物品的储存及管理。其货架移动快速，速度可达 30m/h，存取物品的效率很高，又能依需求自动存取物品，且受高度限制少，可采用多层，故空间能有效利用。旋转式货架设有电力驱动装置。货架沿着由两个直线段和两个曲线段组成的环形轨道运行，由开关或用计算机操纵。存取货物时，把货物所在货格的编号由控制盘或按钮输入，该货格则以最近的距离自动旋转至拣货点停止。由于通过货架旋转改变货物的位置来代替拣选人员在仓库内的移动，能够大幅度降低拣选作业的劳动强度，而且货架旋转选择了最短路径，所以，采用旋转式货架可以大大提高拣货效率。

图 8-10　推入式货架作业过程

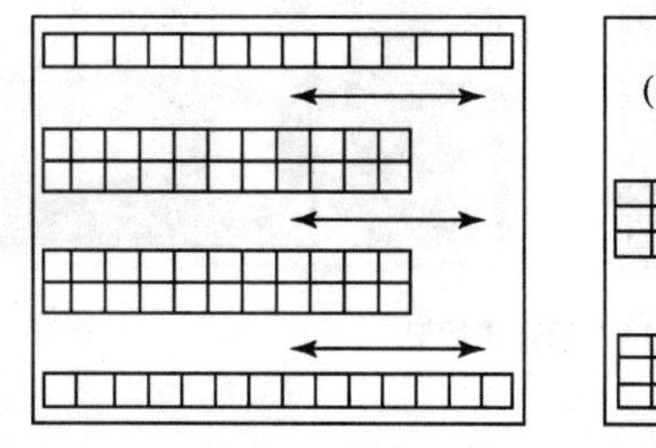

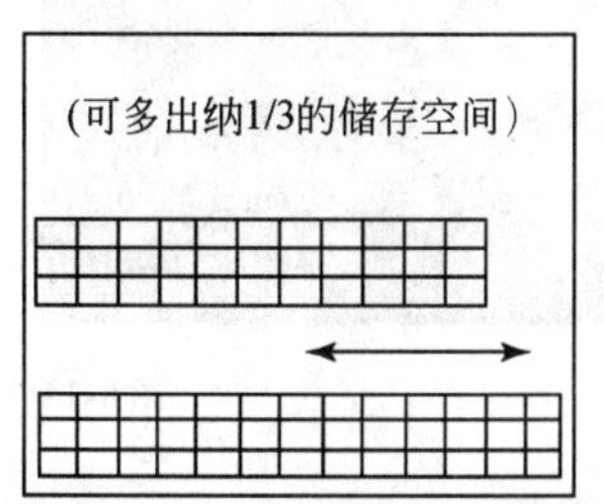

图 8-11　可节省 1/3 的库房空间、货架成本较低

8. 阁楼式货架

阁楼式货架如图 8-13 所示。将空间设计成双层以上使用，在厂房地板面积有限的情形

下，可作立体规划，有效地充分利用空间。简单来说，就是利用钢梁和金属板将原有储区作楼层区隔，每个楼层可放置不同的种类的货架，而货架结构具有支撑上层楼板的作用。

图 8-12　旋转式货架

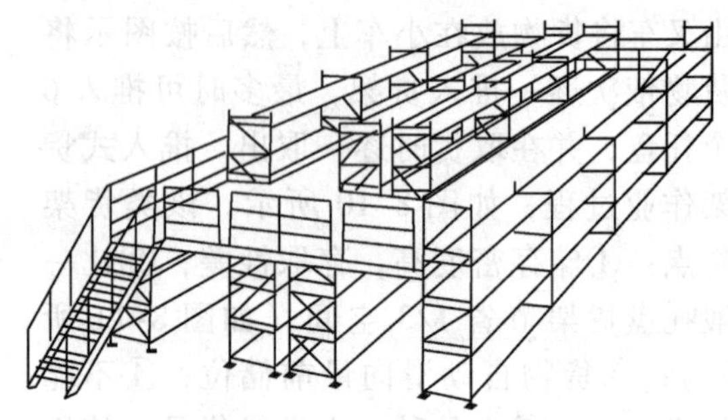

图 8-13　阁楼式货架

其特征如下：①提高仓储高度、增加空间使用率；②上层货架储放轻量物品，不适合重型搬运设备行走；③上层物品搬运加装垂直输送设备，或用人工搬运；④适合各类型货品存放；⑤储物的型态：托盘、纸箱、包、散杂物。

9. 悬臂式货架

悬臂式货架如图 8-14 所示。悬臂式货架由 3 ~4 个塔形悬臂和纵梁相连而成。悬臂的尺寸根据所存放物品的外形确定。它在储存长形货物的仓库中被广泛运用。该类货架是在立柱上装设杆臂来构成的，其适合于存放钢管、型钢等长形的物品。若要放置圆形物品时，在其臂端装设阻挡以防止滑落。其特点是：①只适用于长条状或长卷状货品存放；配合叉距较宽之搬运设备，如叉距较大的侧面式叉车；②货架高度受限，一般在 6m 以下；③空间利用率低，约 35% ~50%；④储物型态：长条状物和长卷状物。

图 8-14　悬臂式货架

10. 轻、中型货架

轻、中型货架如图 8-15 所示。轻、中型货架用于储存质量小和体积小的箱包货和散货。这种货架最适合于物流中心的小物品存放，货架高度一般 4m 以下。该类货架的特点是：①价格便宜，组装快；②式样多，使用方便；③货架结构采用角钢和专用螺栓连接而成，可自由组合拆装，层距可调整；④适合存放纸箱、包、小件物品。

图 8-15　轻、中型货架

二、货架的选用

1）货架选用步骤

货架选用步骤如图 8-16 所示。

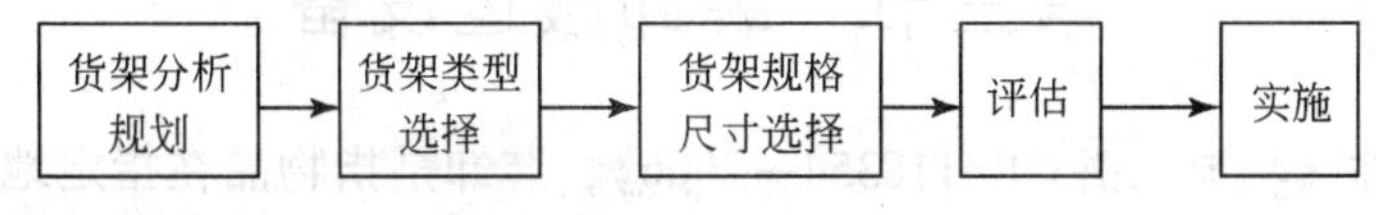

图 8-16　货架选用步骤图

2）货架类型选择

货架类型选用主要考虑以下几个因素，如图 8-17 所示。

货物特点主要考虑货物尺寸、质量、货位数、存储单位；库房管理主要考虑储存密度、货物的先进先出、货位管理、货物的存取密度、存取量；搬运设备主要考虑货架之间的通道宽度、需要提升的高度、提升的重量、转弯半径；库房结构主要考虑梁下有效高度、库房长宽、地面负荷、防火设施等。

3）货架规格和尺寸选择

在货架类型选定后，便可以进行具体规格、尺寸选择。假设选定托盘式货架，根据托盘的尺寸、入库托盘个数、通道宽度、梁下高度、搬运设备等要素决定货架的高度、层数、排数、长度、宽度等具体要素。

4）货架选用评估

为了选择好适合的货架，就必须对预选用的货架进行评估。主要评估以下几个内容：

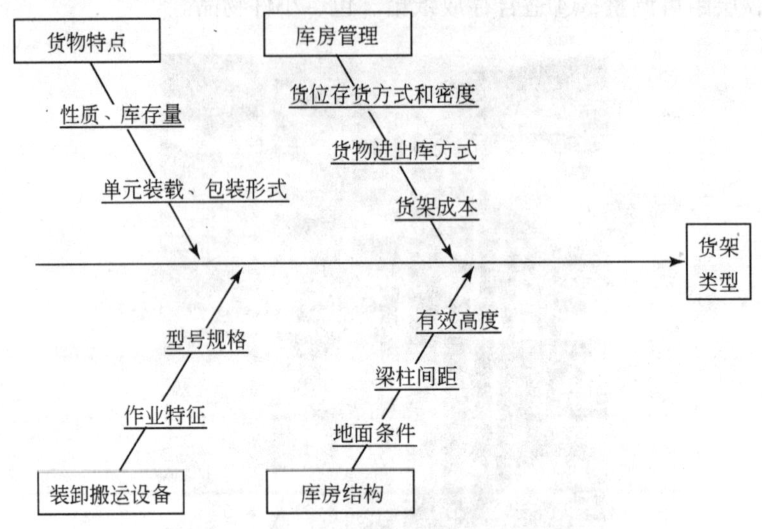

图 8-17　选择货架应综合考虑的因素

①成本评估：就是评估选定货架的价格及投入运营后的使用成本；②作业评估：货架储存量的估计作业时间、是否方便作业等估计；③空间效率评估：空间利用效率 = 有效存储面积/储存区面积，计算出来后进行评估；④储存货物评估：评估某型号货架是否达到储存货物具体要求。例如食品要求先进先出，就比较适合使用先进先出的货架，如流动货架、托盘货架等，驶入式货架就不适合使用在食品的储存中。在选用货架时必须注意储存货物对货架的具体要求。

第三节　装卸搬运设备

根据国家标准《物流术语 GB/T18354—2006》，装卸是指物品在指定地点以人力或机械装入运输设备或从运输设备卸下的活动；搬运则是指在同一场所内将物品进行水平移动为主的物流作业。

仓库的装卸搬运活动通常是指物品在仓库内部移动，以及在仓库与运输车辆之间的移动，是仓库内部不可缺少的物流环节。装卸搬运活动是否合理不仅影响运输和仓库系统的运作效率，而且影响企业整个系统的运作效率。因此，在仓库建设规划时，选择高效、柔性的装卸搬运设备，对仓库进行装卸搬运组织，加快进出库速度，提高作业效率是十分必要的。

图 8-18　叉车

一、叉车

叉车（Fork lift truck）是指具有各种叉具，能够对货物进行升降和移动以及装卸作业的搬运车辆。如图 8-18 所示是某公司生产的叉车 cpc20c－2a 图样及部分技术指标（见表 8-2）。

叉车技术指标　　表 8-2

参数＼型号 项目	单位	Cpc20c-2a	Cpc25c-2a	Cpcd30c-2a
额定起重质量	kg	2000	2500	3000
自重	kg	3650	3850	4450
自由起升高度	mm	120	120	238
标准货叉长/宽/高	mm/mm/mm	1000/120/145	1000/120/145	1000/140/150
转弯半径	mm	2400	2400	2450
满载起升速度	mm/s	520	520	460
载荷中心距	mm	500	500	500
起升高度	mm	3000	3000	3000

1. 叉车的分类

1）低提升式

这种低提升式叉车又叫手动叉车，提升高度在 100～150mm，步行操作的拖板车。分为两种形式人力拖板车（图 8-19）和电动拖板车（图 8-20）。

图 8-19　人力拖板车

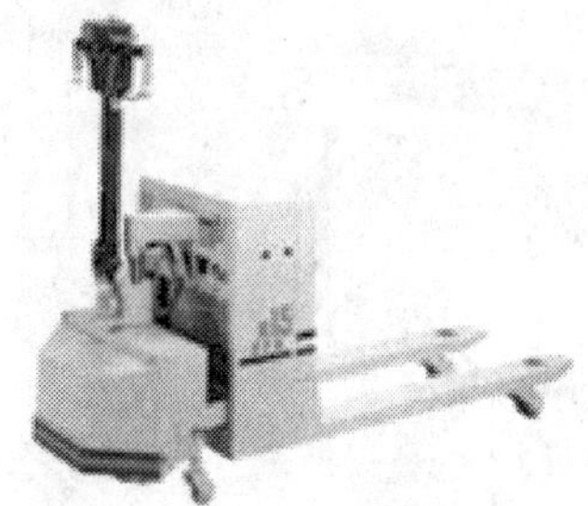

图 8-20　电动拖板车

2）高提升式

这种叉车的最高提升高度可达 12m。高提升式叉车中常用的有平衡式叉车、前移式叉车、侧面式叉车、拣选式叉车。

（1）平衡式叉车。平衡式叉车如图 8-21 所示，是指在车体前方具有货叉和门架，而在车体尾部设有平衡重的装卸作业车辆，称平衡重式叉车，简称叉车。以内燃机为动力的平衡重式叉车，简称内燃叉车。它的特点是机动性好，是应用广泛的叉车；功率大，尤其是大吨位的叉车。平衡式叉车按动力分：柴油（FD）、汽油（FG）、液化石油气（FL）；按传动分：机械传动、液力传动和静压传动。平衡式叉车主要指标：额定起重量、载荷重心、起升高度、自由起升高度、运行和起升速度、最小转弯半径、最小直角通道宽度、最小直角堆垛宽度。

（2）前移式叉车。前移式叉车是门架（或货叉）可以前后移动的叉车，如图 8-22 所示。运行时门架后移，使货物重心位于前、后轮之间，运行稳定，具有不需要平衡重，自重轻，降低直角通道宽和直角堆垛宽，适用于车间、仓库内工作。前移式叉车按操作可分：站立式、座椅式。按作业场所：普通型、防爆型、冷藏型。

（3）侧面式叉车。侧面式叉车是指货叉和门架位于车体侧面的装卸作业车辆，所以称为侧面叉车，如图 8-23 所示。适用于长大物料的装卸和搬运。侧面式叉车按动力不同分：内燃型和电瓶型；按作业环境分：室外工作（充气轮胎）、室内工作（实心轮胎）。

（4）拣选式叉车。拣选式叉车是指操作台上的操作者可与装卸装置一起上下运动，并可拣选储放在两侧货架内物品的叉车，如图 8-24 所示。该类型叉车适用于多品种、少批量的拣选式高层货架仓库，尤其适合拣选质量轻的货物。

图 8-21　平衡式叉车

图 8-22　前移式叉车

图 8-23　侧面式叉车

图 8-24　拣选式叉车

2. 叉车选择

物流企业在选择叉车时，应该根据实际需要考虑技术因素如负载能力、提升高度、行走和提升速度、机动性、通道宽度、叉车控制方式等，还需要综合考虑叉车初期投入成本和后续的使用成本等因素。

（1）负载能力。负载能力是指以负载中心距为基础进行计算，负载中心距是指叉车货叉的载货重心到门架的距离。一般工业标准负载重心距 600mm 或 500mm。负载中心距越大，负载能力越小。

（2）最大提升高度。它是指在额定的负载下叉车的提升高度。

（3）行走及提升速度。行走和提升速度直接影响叉车的作业效率。因此对叉车选择时，行走和提升速度的指标很重要的。一般叉车满载时行走速度可达 18km/h，空载时达到 21km/h。提升速度一般在 0.3 ~ 0.5m/s。

（4）机动性。机动性表示叉车在通道内的作业能力。叉车的直角堆叠时通道宽度反映了叉车机动性。一般叉车作业所需的直角堆叠时通道宽度越小，说明叉车越灵活。

（5）叉车通道宽度。叉车作业时需要平稳和无干涉条件下的环境，所以不同类型叉车

需要相应叉车的通道宽度见表 8-3。

不同类型叉车的通道宽度　　表 8-3

项目＼参数＼类型	手动式叉车	平衡式叉车	前移式叉车	侧面式叉车	拣取式叉车
通道宽度/m	1.2~1.5	3~4.5	2.5	略大于叉车车体宽度	1.2

（6）升降架高度。表示地面到第一段升降架顶端的高度。

（7）自由行程。这表示第二段升降架移动之前货叉可上升的高度。一般低自由提升高度升程为 600mm，而高自由升程可达 1.5m。

（8）控制方式。电动叉车的控制方式有两种，一种是机械式，由步行阻抗进行控制，所谓步行阻抗是通过油门踏板和连杆来控制电阻。这种机械式控制叉车价格便宜，但效率不如电子式。另一种是电子步进阻抗控制行走和提升，电子控制方式具有低转速大转矩和低能耗的特点，因此得到广泛的使用。

二、手推车

手推车轻便灵活，适合搬运质量小的货物，一般可以承载 500kg 以下，如图 8-25 所示。因此手推车广泛使用在仓库、物流中心、生产企业、商业企业、车站、机场等。由于手推车的生产商各异，手推车的型号规格也不尽相同。

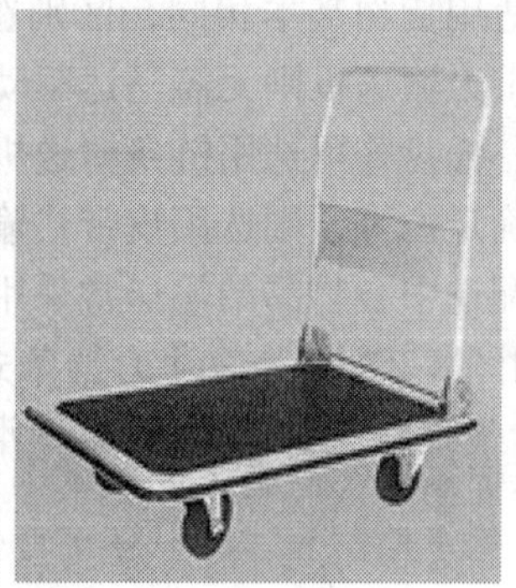
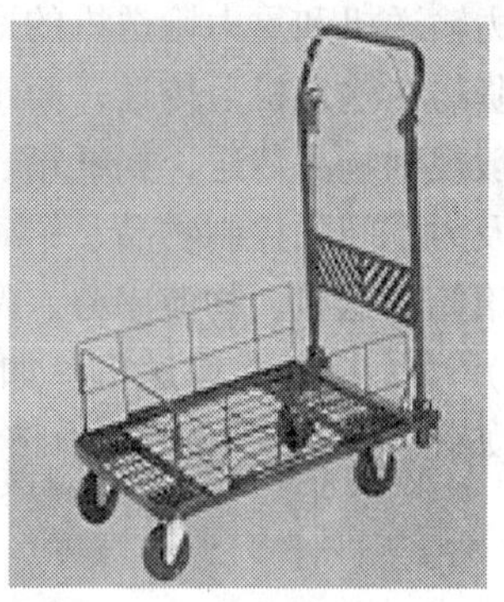

图 8-25　手推车

物流笼车也是属于手推车之一，常常用于配送发货区的集货作业。笼车有栅门式和挂钩式两类。体积小的货物发货时可以使用栅门式笼车，而体积大的货物发货时使用挂钩式笼车。

常用笼车的尺寸（长度×宽度×高度，单位 mm）有，800×600×1700、850×600×1700、850×650×1700、950×800×1700、1100×800×1700 等。

三、输送机

输送机是一种连续搬运货物的机械，其特点是在工作时连续不断地沿同一方向输送散料或者质量不大的单件物品，装卸过程无需停车，因此生产率很高。其优点是生产率高、设备简单、操作简便。缺点是一定类型的连续输送机只适合输送一定种类的物品，不适合搬运很热的物料或者形状不规则的单件货物；只能沿一定线路定向输送，因而在使用上具有一定局限性。

1. 重力式输送机

所谓重力式（无动力式）输送机是指利用自身质量为动力，在倾斜的输送机上由上自下滑动。重力式输送机适合于自身质量轻、易搬动物品的输送，它包括以下几种：

（1）滚轮式输送机。重力滚轮式输送机，有时称为“溜冰鞋滑轮”，主要特点是质量小，易于搬动，且组装、拆装迅速。该类型输送机常应用于表面较软货物的输送，如布袋的输送。滚轮式输送机骨架采用钢和铝材质，滚轮可以采用钢质滚轮、铝质滚轮和塑料滚轮，钢质滚轮承载 11 ~23kg，铝质 4.5 ~18kg，塑料滚轮承载 10kg 以下。滚轮式输送机内缘宽度大部分为 300mm、500mm 和 600mm，标准长度为 1.5m、2m 及 3m。

图 8-26　滚筒式输送机

（2）滚筒输送机。滚筒输送机如图 8-26 所示，它的主要特点是滚筒、轴、轴承、骨架、支撑架等组成。滚筒输送机有着广泛的用途，常应用于托盘、塑料料箱、容器等包装箱的传送。

（3）滚珠式输送机。滚珠式输送机是一床台上装有可自由转向的万向滚珠，用于较硬表面的物品传输。滚珠输送机使用时不需要润滑，但不能使用在多灰尘的环境中。

2. 动力输送机

动力输送机和重力输送机的适用货物基本相同，区别在于动力式输送机需要马达驱动，自动使货物在输送机上传送，而重力输送机则无需马达驱动，而是利用自身质量，使货物滑动。一般规则物品传送，如纸箱、托盘等可选用链条输送机或滚筒输送机。一般表面不规则物品以及为了间隔控制物品、精确定位等，则选用皮带式输送机。重量大物品和需分类物品宜采用滚筒输送机。物流中心、配送中心物品的输送常采用滚筒输送机。

（1）动力链条式输送机。如图 8-27 所示为动力链条式输送机，主要用于输送单元负载货物如托盘、塑料箱。动力链条式输送机有两种类型滑动链条式输送机和滚动链条输送机。

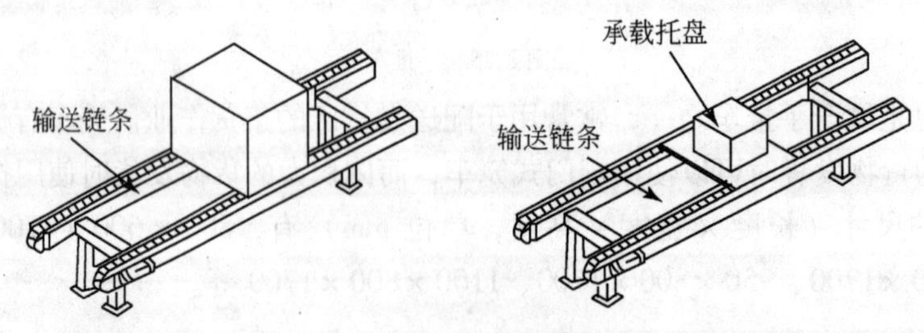

图 8-27　动力链条式输送机

（2）动力滚筒式输送机。动力滚筒式输送机如图 8-28 所示。动力滚筒式输送机不但输送能力大，而且负载能力也强，所以应用范围广泛，常用于连续输送、分流与合流和较重负载的输送。此外，也广泛使用在油污、潮湿、高温和低温环境。

图 8-28 动力滚筒式输送机

滚筒输送机装置有三种形式直线输送机（图 8-29）、圆弧输送段（图 8-30）和分、合流输送装置（图 8-31）。

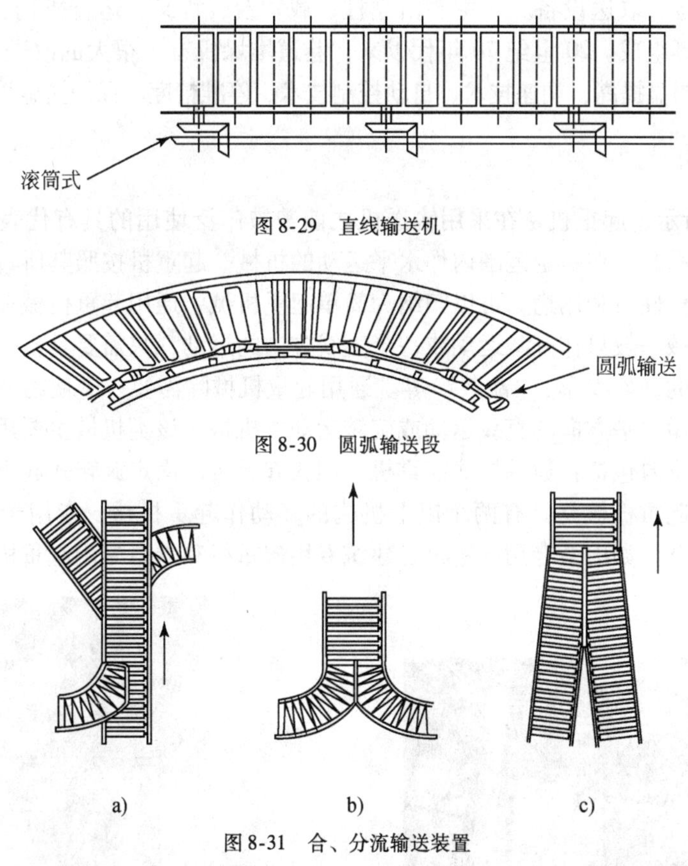

图 8-29 直线输送机

图 8-30 圆弧输送段

图 8-31 合、分流输送装置

a）分、合流结合；b）转弯合流；c）直送合流

3. 空间输送机

物流中心的建筑物大部分是多层的，物品在各楼层间的输送，必须利用空间输送机，如空中单轨自动车和垂直升降机。

（1）空中单轨自动车（SKY-RAV-Rail automated vehicle）。这种空中单轨自动车是悬挂

在空中导轨上，按照指令在导轨上运动和停止。它主要是由导轨、小车、传感器、升降带、货台装置、安全网等组成。当物品需要装货时，小车运动到该位置，升降带伸长，货台下降，装上物品，升降带上升到安全网平台上，小车自动运行到指定位置。

（2）垂直升降输送机。垂直升降输送机能连续地垂直输送物料，使不同高度上的连续输送机保持不中断的物料输送。也可以说，垂直升降输送机是将不同楼层间的输送机系统连接成一个更大的连续的输送机系统的重要设备。物流中心各楼层物品的快速搬运是非常重要的，需要专用的垂直升降设备。其工作原理与电梯类似。垂直升降输送机根据进出口的衔接不同分为输送线输送机、手推车输送机和叉车用输送机。

四、堆垛机

如图 8-32 所示，堆垛机是专门用来堆码或提升货物的机械，它有桥式堆垛机、巷道式堆垛机等类型。普通仓库使用的堆垛机是一种构造简单、用于辅助人工堆垛、可移动的小型货物垂直提升设备。巷道式堆垛机分为巷道式单立柱堆垛机和巷道式双立柱堆垛机。这是自动化立体仓库的主要搬运、取送设备。它主要由立柱、载货台、货叉、运行机构、卷扬（或升降）机构和控制机构等组成。20 世纪 70 年代以来，巷道堆垛机有了很大的改进，其起升、运行、存取速度等都有明显提高，调速技术、自动控制技术、停准精度、保护措施等也日趋完善。

五、起重机

如图 8-33 所示，起重机是在采用输送机之前曾被广泛使用的具有代表性的一种搬运机械，它是指货物吊起，在一定范围内作水平运动的机械。起重机按照其所具有的机构、动作繁简程度以及工作性质和用途，可以归纳为简单起重机械、通用起重机械和特种起重机械三种。简单起重机械一般只作升降运动或一个直线方向的运动，只需要具备一个运动机构，而且大多数是手动的，如绞车、“葫芦”等。通用起重机械除需要一个使物品升降的起升机构外，还有使物品做水平方向的直线运动或旋转运动的机构。该类机械主要用电力驱动。属于这类的起重机械主要包括：通用桥式起重机、门式起重机、固定旋转式起重机和行动旋转式起重机等。特种起重机械是具有两个以上机构的多动作起重机械，专用于某些专业性的工作，构造比较复杂。如冶金专用起重机、建筑专用起重机和港口专用起重机等。

图 8-32　堆垛机

图 8-33　起重机

六、装卸搬运设备的选择

1. 选择依据

选择恰当的设备和设备系统是件复杂的工作，通常可以从以下方面入手：

（1）明确是否确实需要进行这个搬运步骤。

（2）要有长远发展的眼光，即制定设备选择计划时要考虑长远发展的需要。

（3）牢记系统化的观念。所选用的设备不仅仅局限于仓库作业的某一个环节，它要在整个系统的总目标下发挥作用。

（4）遵循简单化原则，选择合适的规格型号。为完成某种轻量级工作而购买价格昂贵的重量级设备，或者选用使用寿命不长的设备都是极不恰当的。在可能的条件下，应尽可能利用重力输送的长处。同时，应尽可能采用标准设备，而不采用价格昂贵的非标准化设备。另外，在增加投资前，一定要确信现有设备得到了充分利用。

（5）要进行多方案的比较。不要只依靠一家设备商去选择某项搬运工作的设备和搬运方法，要想到可能会有更好、更低价的设备和搬运方法。

2. 选择方法

（1）根据距离和物流量指示图，确定设备的类别，如图 8-34 所示。简单的搬运设备适合于距离短、物流量小的搬运需要；复杂的搬运设备适合于距离短、物流量大的搬运需要。简单的运输设备适合于距离长、物流量小的运输需要；复杂的运输设备适合于距离长、物流量大的运输需要。

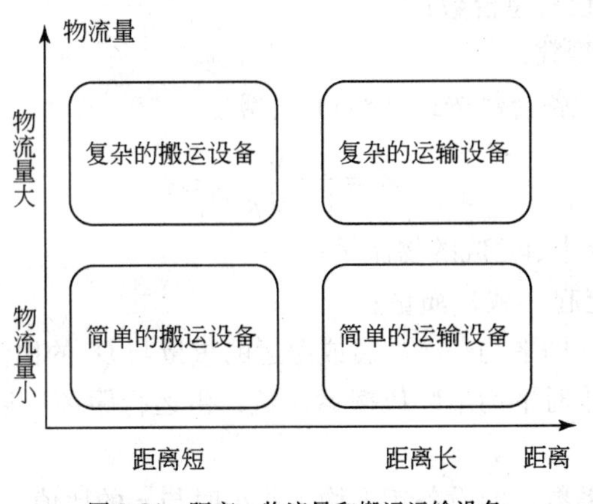

图 8-34　距离、物流量和搬运运输设备

（2）根据设备的技术指标、货物特点以及运行成本、使用方便等因素，选择设备系列型号，甚至品牌。在设备选型时要注意：

①设备的技术性能。能否胜任工作以及设备的灵活性要求等。

②设备的可靠性。在规定的时间内能够工作而不出现故障，或出现一般性故障易立即修复且安全可靠。

③工作环境的配合适应性。工作场合是露天还是室内，是否有震动、是否有化学污染以及其他特定环境要求等。

④经济因素。包括投资水平、投资回收期及性能价格比等。

⑤可操作性和使用性。操作是否易于掌握，培训的复杂程度等。

⑥能耗因素。设备的能耗应符合燃烧与电力供应情况。

⑦备件及维修因素。设备条件和维修应方便、可行。

七、装卸搬运设备数量的确定

装卸搬运设备的配置数量主要根据仓库作业量确定，并使仓库有较高的设备配置系数。配置系数可按公式（8-1）计算

$$K = \frac{Q_c}{Q_t} \tag{8-1}$$

式中：K——仓储设备配置系数，一般取 $K = 0.5 \sim 0.8$；

Q_c——仓储机械设备能力，即设备能完成的物流量；

Q_t——仓储过程总物流量。

通常情况下，当 $K > 0.7$ 时，表明机械化作业程度高；当 $K = 0.5 \sim 0.7$ 时，表明机械化作业程度中等；当 $K < 0.5$ 时，表明机械化作业程度低。

在为仓库配置机械设备时，可以根据仓库的要求预先规定一个 K 值，来计算设备所需完成的物流量，从而进行设备的配置计算。机械设备数量配置，可用公式 8-2 计算

$$Z = \sum_{i=1}^{m} Z_i \tag{8-2}$$

式中：Z——仓库内机械设备总台数；

m——机械设备类型数；

Z_i——第 i 类机械设备台数按式（8-3）计算。

$$Z_i = \frac{Q_{ci}}{(Q_c \beta \eta \delta \tau)_i} \tag{8-3}$$

其中：Q_{ci}——第 i 类机械计划完成的物流量；

Q_c——设备的额定起（载）质量；

β——起重系数，即平均一次吊装或搬运的重量与 Q_c 的比值；

η——单位工作小时平均吊装或搬运次数，由运行距离、运行速度及所需辅助时间确定；

δ——时间利用系数，即设备年平均工作小时与 τ 的比值；

τ——年日历工作小时，一班制取 7 小时乘以工作日数。

机械设备能力的评价参数 $\beta\eta\delta$ 值应根据作业场所的性质、物品种类以及机械设备类型进行实测确定。

总物流量 Q_t 可由公式（8-4）计算

$$Q_t = \sum_{i=1}^{n} (H_i \cdot a_i) \tag{8-4}$$

式中：n——作业场所的数目；

H_i——第 i 个场所的年吞吐量；

a_i——第 i 个场所的倒搬系数，根据物品的重复搬运次数确定。无二次搬运时，$a_i=1$

机械设备计划完成的总物流量，可由总物流量 Q_t 乘以设备配置系数 K 求得，即

$$Q_c = KQ_t$$

计算某类机械设备数量时，Q_{ci} 可由 Q_c 分配决定。

第四节　计量和分拣设备

一、计量设备

计量设备是商品进出库的计量、点数，以及在库盘点、检查中经常使用的度量衡设备。在现代仓储企业中，可以利用电子收货系统对到库的计件货物进行计量检验，也可以利用电子秤对计重货物进行计量检验。

1. 电子收货系统

仓库电子收货系统——当货物到达仓库时，管理员持扫描器扫描托盘或包装箱上的条码，系统自动取消接收订单，从而使货物信息进入仓库管理系统，与订单进行电子核对。该系统可以实现货物快速登记，缩短收货时间，同时由于信息无需人工输入，大大提高了效率和准确率。

2. 电子秤

电子秤是一种一般由承重和传力机构、称重传感器、测量显示仪以及电源等组成的现代化衡器，它具有操作简单、称重速度快的特点，可以数字显示并自动记录称重结果。电子秤的称重原理如图 8-35 所示，即当金属丝受拉或者受压发生弹性变形时，其电阻值发生相应的变化，电阻值的变化导致电压、电流发生变化，把这种变化用仪器显示，就能实现对物体的称重。

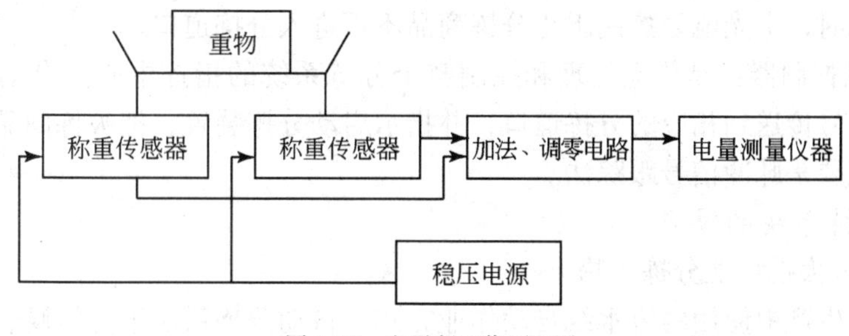

图 8-35　电子秤工作原理图

二、自动分拣设备

分拣是指将物品按品种、出入库先后顺序进行分门别类堆放的作业。这项工作可以通过人工的方式进行，也可以用自动化分拣设备进行处理。

1. 自动分拣的基本原理

为了达到自动分拣的目的，自动化分拣系统通常由供件系统、分拣系统、下件系统、控制系统 4 个部分组成，在控制系统的协调作用下，实现物件从供件系统进入分拣系统进行分拣，最后由下件系统完成物件的物理位置的分类，从而达到物件分拣的目的。

（1）供件系统。供件系统是为了实现分拣系统的高效、准确的处理而存在的，它的目的是为了保证等待分拣的物品，在各种物理参数的自动测量过程中，通过信息的识别和处理，准确地送入高速移动的分拣主机中，由于供件系统的处理能力往往低于分拣主机，所以一般要配备一特定数量的高速自动供件系统，以保证分拣的需要。

（2）分拣系统。分拣系统是整个系统的核心，是实现分拣的主要执行系统。它的目的就是使具有各种不同附载信息的物件，在一定的逻辑关系的基础上实现物件的分配与组合。

（3）下件系统。下件系统是分拣处理的末端设备，它的目的是为分拣处理后的物件提供暂时的存放位置，并实现一定的管理功能。

（4）控制系统。控制系统是整个分拣系统的大脑，它的作用不仅是将系统中的各个功能模块有机的结合在一起协调工作，而且更重要的是控制系统中的通信与上层管理系统进行数据交换，以便分拣系统成为整个物流系统不可分割的一部分。

2. 自动分拣系统的组成

自动分拣系统种类繁多，但一般由输入装置、货架信号设定装置、进货装置、分拣装置、分拣道口、计算机控制器等部分组成。

（1）输入装置：被拣商品由输送机送入分拣系统。

（2）货架信号设定装置：被拣商品在进入分拣机前，先由信号设定装置（键盘输入、激光扫描条码等）把分拣信息（如配送目的地、客户户名等）输入计算机中央控制器。

（3）进货装置：或称喂料器，它把被拣商品依次均衡地进入分拣传送带，与此同时，还使商品逐步加速到分拣传送带的速度。

（4）分拣装置：它是自动分拣机的主体，包括传送装置和分拣装置两部分。前者的作用是把被拣商品送到设定的分拣道口位置上；后者的作用是把被拣商品送入分拣道口。

（5）分拣道口：是从分拣传送带上接纳被拣商品的设施。可暂时存放未被取走的商品，当分拣道口满载时，由光电管控制阻止分拣商品不再进入分拣道口。

（6）计算机控制器：是传递处理和控制整个分拣系统的指挥中心。自动分拣的实施主要靠它把分拣信号传送到相应的分拣道口，并指示启动分拣装置，把被拣商品送入道口。分拣机控制方式主要是脉冲信号跟踪法。

3. 自动分拣系统的特点

1）能连续、大批量地分拣货物

由于采用大生产中使用的流水线自动作业方式，自动分拣系统不受气候、时间、人的体力等的限制，可以连续运行。同时由于自动分拣系统单位时间分拣件数多，每小时可分拣7000件包装商品，如用人工则每小时只能分拣150件左右，同时分拣人员也不能在这种劳动强度下连续工作8h。

2）分拣误差率极低

自动分拣系统的分拣误差率大小主要取决于所输入分拣信息的准确性大小，这又取决于分拣信息的输入机制。如果采用人工键盘或语音识别方式输入，则误差率在3%以上，如采用条码扫描输入，除非条码的印刷本身有差错，否则不会出错。因此，目前自动分拣系统主要采用条码技术来识别货物。

3）分拣系统基本实现无人化作业

国外建立自动分拣系统的目的之一就是为了减少人员的使用，减轻员工的劳动强度，提高人员的使用效率，因此自动分拣系统能最大限度地减少人员的使用，基本做到无人化。分拣作业本身并不需要使用人员，人员的使用仅局限于以下工作：

(1) 送货车辆抵达自动分拣线的进货端时，由人工接货；

(2) 由人工控制分拣系统的运行；

(3) 分拣线末端由人工将分拣出来的货物进行集载、装车；

(4) 自动分拣系统的经营、管理与维护。

如美国一公司配送中心面积为10万m^2左右，每天可分拣近40万件商品，仅使用400名左右员工，这其中部分人员都在从事上述(1)、(3)、(4)项工作，自动分拣线做到了无人化作业。

4. 自动分拣系统的适用条件

第二次世界大战以后，自动分拣系统逐渐开始在西方发达国家投入使用，成为发达国家先进的物流中心，配送中心或流通中心所必需的设施条件之一，但因其要求使用者必须具备一定的技术经济条件，因此，在发达国家，物流中心、配送中心或流通中心不用自动分拣系统的情况也很普遍。在引进和建设自动分拣系统时一定要考虑以下条件：

1）一次性投资巨大

自动分拣系统本身需要建设短则40~50m，长则150~200m的机械传输线，还有配套的机电一体化控制系统、计算机网络及通信系统等，这一系统不仅占地面积大，动辄2万m^2以上，而且一般自动分拣系统都建在自动主体仓库中，这样就要建3~4层楼高的立体仓库，库内需要配备各种自动化的搬运设施，这丝毫不亚于建立一个现代化工厂所需要的硬件投资。这种巨额的先期投入要花10~20年才能收回，如果没有可靠的货源作保证，则有可能系统大都由大型生产企业或大型专业物流公司投资，小企业无力进行此项投资。

2）对商品外包装要求高

自动分拣机只适于分拣底部平坦且具有刚性的包装规则的商品。袋装商品、包装底部柔软且凹凸不平、包装容易变形、易破损、超长、超薄、超重、超高、不能倾覆的商品，不能使用普通的自动分拣机进行分拣。因此，为了使大部分商品都能用机械进行自动分拣，可以采取两条措施：一是推行标准化包装，使大部分商品的包装符合国家标准；二是根据所分拣的大部分商品的统一的包装特性定制特定的分拣机。但要让所有商品的供应商都执行国家的包装标准是很困难的，定制特定分拣机又会使硬件成本上升，并且越是特别的其通用性就越差。因此公司要根据经营商品的包装情况来确定是否建或建什么样的自动分拣系统。

第五节　自动化仓库

一、国内外自动化仓库发展概况

1. 国外自动化立体仓库发展概况

1959年，美国首先开发了世界上第一个自动化仓库，并在1963年率先使用计算机进行自动化立体仓库的控制管理。后来德国和日本也相继开发了自动化立体仓库。进入20世纪

80 年代，自动化仓库在全球发展迅速。国外自动化仓库的发展经历了五个阶段：人工仓储阶段、机械化仓储阶段、自动化仓储阶段、集成化仓储阶段和智能自动化仓储阶段。在 20 世纪 90 年代后期及 21 世纪的若干年内，智能自动化仓储将是自动化技术的主要发展方向。

第一阶段，货物的输送、存储、管理和控制主要靠人工实现，其实时性和直观性是明显的优点。人工仓储技术在初期设备投资的经济指标也具有优越性。

第二阶段，物料可以通过各种各样的传送带，工业输送车、机械手、吊车、堆垛机和升降机来移动和搬运，用货架托盘和可移动货架存储物料，通过人工操作机械存取设备，用限位开关，螺旋机械制动和机械监视器等控制设备的运行。机械化满足了人们速度、精度、高度、质量、重复存取和搬运等要求。

第三阶段，是自动化仓储技术阶段，自动化技术对仓储技术的发展起了重要的促进作用。20 世纪 50 年代末和 60 年代，美国、日本、德国相继研制和采用了自动导引小车（AGV）、自动货架、自动存取机器人、自动识别和自动分拣等系统。20 世纪 70 年代和 80 年代，旋转体式货架、移动式货架、巷道式堆垛机和其他搬运设备都加入了自动控制的行列，但这时只是各个设备的局部自动化并各自独立应用，被称为“自动化孤岛”。

第四阶段，是集成自动化仓储技术阶段，在 20 世纪 70 年代末和 80 年代后，随着西方发达国家计算机技术的发展，计算机通信控制技术和计算机软件与自动仓库技术相结合，“自动化孤岛”被集成化了，于是便形成了“集成系统”的概念。集成自动化仓库能够在计算机之间、数据采集点之间、机械设备的控制器之间以及它们与主计算机之间的通信，可以及时地汇总信息。仓库计算机及时地记录订货和到货时间，显示库存量，计划人员可以方便地做出供货决策，他们知道正在生产什么、订什么货、什么时间发什么货、管理人员随时掌握货源及需求。

第五阶段，是智能自动化仓储技术，人工智能技术推动自动化技术向更高级的阶段——智能自动化方向发展。现在，智能自动化仓储技术还处于初级发展阶段，在 21 世纪仓储技术的智能化将具有广阔的应用前景。

2. 国内自动化仓库发展概况

20 世纪 70 年代初期，我国开始研究采用巷道式堆垛机的立体仓库。1974 年，在郑州纺织机械厂建成我国第一座自动化立体仓库。随着我国市场经济的不断发展，在我国的优势行业如机械、家电、汽车、烟草、邮电、医药、食品、商业、物流等领域自动仓库正在被逐渐使用。我国的自动化仓库技术已实现了与其他信息决策系统的集成，正在做智能控制和模糊控制的研究工作。

目前，可以制造自动化仓库的国内知名企业有北京机械工业自动研究所、昆明船舶公司等。北京机械工业自动研究所是国内最早从事可编程序控制器（PLC）和自动化立体仓库的研究开发和生产应用的单位之一，也是目前国内基于 PLC 的控制系统和自动化立体仓库系统最大的供应商之一。昆明船舶公司在引进国外先进物流技术的基础上，能够自主开发高速巷道堆垛机、激光导引无人车、各种物流自动输送和自动作业设备，以及以工业现场总线技术为基础的自动化物流控制系统和具有自主知识产权的昆船整体集成物流管理软件 TIMMS2. 0 版本。从国内自动仓库制造商提供的服务来看，我们国家的自动化仓库发展处于国外集成自动化仓库阶段。

二、自动化仓库的概念及特点

1. 自动化仓库的概念

自动化仓库是一种用高层立体货架（托盘系统）储存货物，利用计算机控制管理和应用自动控制堆垛机进行存取作业的仓库。它是集光、机、电、信息技术于一体的高科技系统工程，主要由自动化立体仓库系统、自动输送机系统、自动导引车（AGV）、自动化作业（自动分拣和机器人作业）系统、自动化物流控制系统，以及计算机管理和调度系统等组成。自动化仓库的概貌如图 8-36 所示。

图 8-36　自动仓库示意图

2. 自动化仓库的分类

自动化仓库是复杂的综合自动化系统，作为一种特定的仓库形式，一般有以下几种分类方式：

（1）按照建筑形式分为整体式和分离式。所谓整体式是指库房与货架形成一体化结构，建筑费用低，抗震，尤其适用于 15m 以上的大型自动仓库。分离式是指储存货物的货架独立存在，货架在建筑内部，不作为建筑的支撑结构，适用于车间仓库、旧仓库技术改造和中小型自动化仓库。

（2）按货物存取形式分为移动货架式和拣选货架式自动化仓库。移动货架式是由电动货架组成，货架可以在轨道上行走，控制装置控制货架的合拢和分离，作业时分离，储存状态时合拢。拣选货架适用于多品种小件物品的零星入出库作业，如维修配套件仓库、标准件库、劳保库。

（3）按货架结构分为单元货架式、贯通货架式、水平循环式和垂直循环式自动化仓库。单元货架式是自动化仓库中最常见的结构，如图 8-37 所示。货物先放在托盘或集装容器内，再装入自动仓库货架的货格中。其特点是在仓库宽度方向上有若干排货架，每两排为一组，中间有一条巷道供堆垛机存取货物。仓库的长度方向上有数列货位，沿垂直方向上分若干层，从而形成大量货格，一般每个货

图 8-37　单元货架式

格存放一个货物单元。在单元货架式自动化仓库中，巷道占了30%的面积，而贯通货架式立体仓库取消了巷道，将货架合并在一起，每一层，同一列的货物相互贯通，堆垛机将货物首先存入巷道最前端，后面的货物依次存放，取货时堆垛机由后端向前端取货，贯通货架式立体仓库提高了仓库的空间利用率。该仓库适用于品种不多而数量大的商品。水平循环式货架可以在水平面内沿环形路线来回运行，该种仓库对于小件物品拣选很合适。垂直循环式自动仓库与水平循环相似，只是把水平面的旋转改为垂直面的旋转，这种仓库特别适合存放长的卷状货物，像地毯、胶片卷、电缆线等，也可以储存小货物。

3. 自动化仓库的构成

自动化仓库是机械和电气、强电控制和弱电控制相结合的产品。它主要由货物储存系统（货架）、存取和传输系统、控制和管理三大系统，还有与之配套的库房、供电系统、消防系统、通风及采暖系统、其他设施等组成。

（1）自动化仓库货物储存系统由立体货架的货格组成，常用自动化仓库货物储存系统是配备单元货架式。

（2）货物存取和传输系统具备货物出入库和存取功能，主要由堆垛机、出入库输送机械、装卸搬运机械组成。堆垛机额定质量一般为几十 kg 到几 t，其中 0.5t 的使用较多。它的行走速度平均 30m/s，提升速度平均 10m/min。目前巷道式堆垛机是自动仓库中最常用的搬运、存取设备。它由机架、运行机构、提升机构、载货台及存取机构、电气设备、安全保护装置等构成。自动化仓库除了高层货架和堆垛机是主体外，还需要进库区与仓库、仓库与出库区之间的传输系统。常用的传输系统有各种输送机械、叉车、自动搬运小车、升降机械、分类机构等。各种输送设备和各作业区联成一体，构成出入库传输系统，形成自动化仓库的物流系统。

（3）控制和管理系统一般采用计算机管理和控制，目前，自动化仓库的控制方式有三种类型，集中控制、分离式控制和分布式控制。分布式控制是目前国际发展的主要方向，大型立体仓库通常采用三级计算机分布式控制系统；三级控制系统是由管理级、中间控制级和直接控制级组成的。管理级对仓库进行在线和离线管理，中间控制级对通信、流程进行控制，并进行实时图像显示，直接控制级是由 PLC（Program Logical Control，可编程序控制器）组成的控制系统对各部分设备进行单机自动操作，使仓库作业实现高度自动化。

（4）其他配套设施。自动化仓库所有设备都安放在库房内，各作业分区也都分布在库房内，所以库房的规划与设计、建成是立体库建设的首要工作。对库房的要求是做到实用、安全、方便、美观的效果，并且库房的面积要考虑未来业务发展需要，留有余地。供电系统，自动化仓库设备的运转、设施的照明都离不开强有力的动力电源。配电系统主要根据设备用的总电量确定用电容量，一般采用三相四线制供电，中性点直接接地，动力电压为交流电 380V/220V，50Hz。自动化仓库由于面积较大，货物和设备比较多，人员少，所以自动化仓库消防系统大都采用自动消防系统。自动化仓库对通风和采暖的要求要根据物品储存条件而定，一般对设备而言，库房内部的温度在 -5 ~45℃就可以。

4. 自动化仓库特点

1）高效率、大容量

自动化仓库使用机械和自动化设备，运行和处理速度快，大大提高了劳动生产率。大型

自动化仓库每小时可以完成500~800次出入库作业。自动化仓库采用高层货架，可以用来储存的货位大幅度增加，提高空间利用率。据国际仓库自动化会议资料：以库存11000托盘、月吞吐10000托盘的冷库为例，自动化立体仓库是普通仓库用地面积的13%、工作人员的21.9%、吞吐成本的55.7%、单位面积储存量的4~7倍。

2）自动化

自动化仓库利用高层货架、堆垛机和计算机控制管理三大系统实现进库、检验、储存、拣货、出库等作业自动化。自动化仓库与传统仓库的主要区别就是应用了先进的自动化技术、机器人技术、通信技术，自动化水平大幅度提升，操作人员锐减。

3）信息化

没有“信息化”的仓库像个孤岛，不能实现跟相关用户的连接，数据无法共享与利用。自动化仓库突破了这个障碍，不仅在内部采用大量信息技术，如条码识别技术、射频通信技术、数据库与网络等技术，同时自动化仓库管理系统可以承担出入库、盘点、查询、打印、数据统计与分析等功能，外部通过VAN/INTERNET与供应商、制造商、银行、物流企业、货主等进行互联，最大限度满足供应链管理、电子商务背景下的物流业务开展。

三、自动化仓库运行

自动化仓库运行步骤：

1. 运行前准备工作

自动化仓库操作人员到岗，接通设备电源、管理计算机启动，打开自动仓库的计算机管理系统和监控调度系统等工作实施。立体自动化仓库的计算机管理系统是自动化仓库的核心。自动化仓库主要是通过计算机管理系统向自动化仓库的控制系统发送和接收指令来实现仓库的自动化运行。所以熟悉自动化仓库的计算机管理系统，是保证自动化仓库正常运行的强有力保证。

2. 物品入库

物品入库包括以下几个步骤：第一步，物品入库时，操作员首先在条码打印机上打印出物品条码，码制以39码和交叉25码为主，打印完成后将条码贴在包装箱的指定位置。第二步，入库操作员在入库计算机上输入预入库货物的条码、数量、储位，也可以利用激光条码扫描器扫描包装上的条码，计算机把读入的数据保存在入库管理数据库，并自动分配储位。第三步，预入库的货物，使用输送搬运设备将其搬到入库轨道上，入库轨道自动载着货物向前传送。第四步，到达入库口的固定条码识别器位置时，识别器识别到预入库货物的信息，入库计算机通过通信接口向入库的PLC发送预入库命令。第五步，堆垛机针测到控制器发来的信号，自动运动到进货缓冲口，叉起货物分配到指定储位。当完成入库操作作业时，堆垛机向计算机反馈完成信息，计算机根据这些信息判断作业是否正常。

3. 在库管理

（1）计算机储位管理，是把货物编码和储位联系起来，合理做好储位分配，分配原则有以下几点：

①重的物品存在下面的货位，较轻的物品存放在高处的货位。为了使货架受力稳定，货物分散存放在仓库的不同位置，避免因集中存放造成货格受力不均匀。

②加快周转，先进先出。同种货物先入库者，先提取出库。加快周转，避免因货物长期积压产生锈蚀、变形、变质及其他损坏造成的损失。

③提高效率，就近入/出库。

（2）计算机子查询系统。为了方便库存货物的管理，自动化仓库必须构建查询管理模块。查询模块有以下几个功能：

①在库查询。输入货物编号，显示该货物在库状况。

②空货位查询。

③货位号和托盘号查询。

④跟踪查询。

⑤出入库历史查询。

（3）计算机库存图示监控系统。计算机库存图示监控系统的建立，主要是出于方便管理库存货物的目的，通过查看图示系统，自动化仓库储区的在库货物一目了然。一般计算机库存图控系统分为三个阶层：自动化仓库俯视图、储货区俯视图和货架俯视图。

（4）出库作业。自动化仓库的出库作业与入库作业受同一套控制系统控制，但具体过程有所不同。简言之：操作人员在仓库管理控制系统中输入出库信息，通信系统将此信息传输给 PLC（可编程控制器），由 PLC 向堆垛机控制系统发送出库指令。堆垛机控制系统收到指令便按照指令的要求运行到指定位置，并停准在指定货格，由货叉取出托盘货物，送到巷道口处，将此托盘货物移载到出库货台上，然后由叉车或输送机运送出库。

四、自动化立体仓库计算

主要内容是对已有的自动化立体仓库面积、通过能力和配备人员、机械设备的计算。

1. 主体仓库面积和通过能力计算

立体仓库总面积可由式（8-5）计算

$$A=\frac{m_Q}{qa} \tag{8-5}$$

式中：A——立体仓库所需总面积，单位为 m^2；

a——立体库面积利用率，为堆货面积与总面积之比；

m_Q——立体仓库货物的堆存量，单位为 t；

q——立体库单位面积上的货物堆存量，单位为 t/m^2。

m_Q 的计算公式

$$m_Q=\frac{EK}{30}t \tag{8-6}$$

其中：E——通过立体库的月最大货物存取量，单位为 t；

K——设计最大入库百分数；

30——每月 30 天计；

t——货物在立体库中平均库存期（天），根据统计的各种货物历年平均库存周期分析确定。

q 的计算公式

$$q = rH \tag{8-7}$$

式中：H——货物的堆放高度，单位为 m，按装卸工艺要求确定；

r——货物堆存量，单位为 t/m^2。

立体库总面积也可以由下述几个部分确定

$$A = f_1 + f_2 + f_3 + f_4 \tag{8-8}$$

式中：f_1——存放货物有效存放面积，单位为 m^2，$f_1 = \frac{m_Q}{q}$；

f_2——入库验货场地面积，单位为 m^2；

f_3——出库发货场地面积，单位为 m^2；

f_4——通道（人行道、车行道）面积，单位为 m^2。

车行道及人行道占用面积，应根据仓库的布置确定，通道宽度取决于货物及运输工具的外形尺寸。

验货场地和发货场地的面积，根据货物的种类、验收和发货的具体要求及设施而定。

已知立体库面积，可按式（8-9）计算出立体库的通过能力

$$p = \frac{30Aqa}{tb} \tag{8-9}$$

式中：b——立体库货物的月不平衡系数。此系数与货运量、货源、运输工具的衔接、水文气象及生产管理有关。应参照同类仓库正常情况下不少于连续 3 年的统计资料来分析确定，一般情况下，运量越大，不平衡系数越小。其余 g、a、t 意义同前。

2. 仓库机械及人员数量计算

一般情况下，立体仓库的装卸机械数量，应在同一调配原则下，根据物流工艺流程按式（8-10）计算

$$N = \sum_{i=1}^{k} \frac{E_i}{720kd} \tag{8-10}$$

式中：N——装卸机械数量，单位为台；

E_i——仓库为完成月最大吞吐量，要求各类机械分别完成的操作量，单位为 t；

d——机械利用率，为机械工作台时占日历台时的百分比，一班制取 0. 15 ~ 0. 20；两班制取 0. 30 ~ 0. 35；三班制取 0. 40 ~ 0. 50。电动机械取大值，内燃机械取小值；

k——仓库内用于装卸存取的机械设备种类数。

一般情况下，各种货物按月平均操作量多个作业区的库场所需的装卸工人数，可按式（8-11）计算

$$N_n = \frac{(1.45 \sim 1.55)}{30e} \sum \frac{Q_2}{H} \tag{8-11}$$

式中：　N_n——装卸工人数；

1. 45 ~ 1. 55——考虑工人轮休、缺勤及立体仓库作业不均衡应增加的系数；

Q_2——各种货物平均月操作量，单位为 t/月；

e——纯装卸工时利用率，为每工日实际进行装卸存取作业工时数与每工日名义

工时数的比值，一班制取 0.80 ~ 0.85；两班制取 0.75 ~ 0.80；三班制取 0.70、0.75；

H——各种货物按不同操作过程作业时的工班效率（操作 t/工班）。应根据各作业线设计的 h 生产率乘以 8h，求得作业线工班生产量，再除以该作业线固定的配工人数。

对于 1—2 个作业区的专线，成组运输及大宗货物的专用库场，其装卸存取工人数应按设计物流流程各环节固定配工，以作业线为基础进行计算

$$N_m = (1.2 \sim 1.3)\ n_3 n_4 n_5 \tag{8-12}$$

式中：1.2 ~ 1.3——考虑工人轮休、缺勤应增加的系数；

n_3——每昼夜装卸或存取作业班次数；

n_4——立体库作业线数；

n_5——每条作业线配的工人数。

第六节　物流设备管理

一、设备管理的方式

物流设备的管理方式，根据仓库规模的大小、设备数量的多少以及设备的集中与分散、固定与流动等使用情况而定。除少数固定的设备统一使用外，其余的都是分散使用。因此，设备的管理方式，通常在统一管理的基础上，实行分级负责、专人负责或专门管理部门负责。

1. 分级负责

在规模大、设备较多的仓库里，仓储设备一般由财会部门、财产管理部门和使用班组管理，责任到人。这种方式的好处是职责明确，也便于掌握情况和检查核对。

2. 专人负责

在小型仓库里，由于设备少，为管理方便，使用灵活，一般由仓库负责人指定专人负责设备的管理和配置，将设备直接交给使用人负责保管。采用这种方式，使用人与管理人密切联系，互相配合可以收到良好的效果。

3. 专门管理部门负责

在一些大型仓库里，由于机械设备多，为了加强对设备的管理，专门成立设备组负责管理。其优点是专门负责机械设备管理，对设备使用、维修工作比较重视，因而可以提高设备完好率，保证仓储业务的正常进行。

二、装卸搬运机械的技术管理

对于装卸搬运机械必须建立管理、使用、维修、保养制度。这是仓储管理工作中的一个重要环节，尤其是一些大型仓库机动设备较多，更应加强管理，装卸搬运设备管理工作有以下几个要点：

（1）制订必要的规章制度、操作规程，并认真贯彻执行。采取有效的技术措施，提高装卸搬运机械的使用效能，保证机械经常处于良好状态，确保安全生产。

（2）加强对操作、维修人员的安全教育和技术培训，实行使用、维修相结合的方法，不断提高技术水平。

（3）加强技术资料的管理工作，建立设备技术档案，积累各种技术资料，为改进、使用、保养、维修工作提供资料，搜集和整理各种机械的技术文件，通过整理、分析，为掌握设备的性能、技术状况、造型和订购零配件提供依据。

（4）及时总结推广先进经验，努力节约原材料、燃料，降低装卸搬运成本。推广和采用新工艺、新材料，改进技术装备，提高劳动生产率，减轻劳动强度，不断提高操作、保养、维修技术水平。

三、装卸搬运设备管理的主要技术指标

1. 装卸搬运设备完好率

装卸搬运设备完好率，指的是装卸搬运设备完好台时与日历台时的百分比。其计算公式如下

$$装卸搬运设备完好率=\frac{装卸搬运设备完好台时}{装卸搬运设备日历台时}\times 100\%$$

2. 装卸搬运设备利用率

装卸搬运设备利用率，指的是装卸搬运设备工作台时与日历台时的百分比，其计算公式如下

$$装卸搬运设备利用率=\frac{装卸搬运设备工作台时}{装卸搬运设备日历台时}\times 100\%$$

四、设备的调拨

仓储设备、用品常因储存任务的变化有所增减。一个仓库或一个企业内部各仓库之间设备用品有余缺是经常发生的。因而需要合理地、及时地组织调剂，以充分发挥设备用品的使用效能，保证仓储业务需要。设备用品的调拨，要通过一定的手续来办理。一般有以下几种：

（1）企业内部调拨可分为两种情况：一种是从仓库集中管理的备用设备中拨给各需要单位；另一种是保管货区（小组）之间或库房与库房之间的调拨。所有调拨都要办理调拨手续，经主管部门同意后，调入、调出单位及设备管理部门登账记卡。

（2）公司系统内各企业之间的调拨，需办理调拨手续，报请上级主管部门同意，按质论价或合理折价。

五、设备的清查与交接

1. 清查

各项设备用品每月对账一次，每季全面清查一次，全年彻底清查一次。使用、管理及财会部门全面动员，做到账、卡、物相符。发现短缺、残损，查明原因，根据问题性质，分别按正常残损报废或按财产损失等规定处理。

2. 交接

设备用品管理人员凡因工作调动，必须办理交接手续，并指定专人监管。进行账面检查

和账、实核对。账、实有误或手续不清不得离去。交接无误后，双方签章方可离职。

六、仓储设备的保养和维修

为了充分发挥仓储设备用品的使用效能，延长使用寿命和节约经费开支，必须加强设备用品的保管养护和维修工作，做到不丢、不损、少耗，并经常处于良好的技术状态。仓库对主要设备要制订一套保养办法和维修制度。

根据各地经验和有关资料分析，伤亡事故往往与设备不良或者操作不当有关。设备质量不好或者不注意维护，就会给事故的发生埋下隐患。因此，应加强管理，坚持以维护为主，检修为辅的方针，搞好设备保养，保证设备不带病工作。

1. 装卸搬运设备的保养、维修

装卸搬运设备中的机动机械，如搬运车、叉车、堆码机等要求做到专人使用、强制维护、视情修理，并严格制订和实施岗位责任制、安全操作制和定期普查制等一系列科学管理办法。对于装卸搬运工具，如手推车、高凳、跳板等设备，一般由货区（组、库）专用专管，并有专人负责。因此，对这些设备应由使用人或单位负责保养或进行一般检修，用完及时放到指定场所，以免散置不管造成损坏。

在装卸搬运设备的保养方面，各使用单位都订有较详细的章程。概括起来有四个方面：

（1）察看。随时对设备的外部进行观察，及时调整、校正、上紧螺丝，紧固电器线路各个接头，保持机械处于正常可运转状态。

（2）清洁。经常保持设备清洁，擦拭清洗机体表面的油泥、积尘，清除有碍操作的杂物等。

（3）加油注水。对机具设备的润滑系统、液压系统，应按时、按质、按量加油、换油，以保持良好的工作状态。对电瓶车辆的电瓶，应经常加注蒸馏水，保持规定的水位，定期调整电解液比重。

（4）经常检查设备的运转情况。检查时应拆卸一些部件，以便察看设备功能是否正常，并了解各部分磨损程度，如发现设备隐患，要及时修理。

2. 保管设备的保养、维修

1）垫木

搬运垫木时小心轻放，不用时要集中堆码。如在露天或潮湿的地方存放，需下垫水泥块，堆码整齐，顶层斜放，以利泄水；并盖严密，以免雨淋腐朽。对于损坏的垫木，应及时交管理部门组织力量修理。

2）托盘

通用托盘流动性较大，使用时要做到小心轻放，严禁叉车碰撞、重摔、重砸。用后集中存放，堆码整齐；在露天存放时，下垫水泥块，上面加苫盖。支架折叠式托盘是为某些怕压或有特殊要求的商品而制作的专用托盘，专业性较强，尽量不随商品上码头、站台，以防损坏，这种托盘不得在露天存放，以免日晒、雨淋、掉漆生锈。对托盘应成立专门维修组织，损坏部分及时进行修理、加固；金属部件应定期（2~3年）除锈、上漆。木制托盘、枕木或垫板，要做好防虫工作。对已生虫部分，可采用高温烘烤、药液浸泡及毒气熏蒸等方法进行处理。

3）芦席

拆苫垛时要小心操作，以防折损。不用时应晒干，好坏分开，10 令一捆，分别堆码，苫好垫好，以备再用。残席及时交管理部门处理。

4）苫布

使用时，边缘不可拖落地面或浸入泥水中；苫垛后捆好防风绳。雨、雪之后，及时清理苫布上的积水或积雪。使用后，必须晾晒干燥，清除泥土，按规定折叠，堆码整齐，苫好垫好。不得散放货场任凭车轧、人踩。破损或失去防雨能力的苫布，要修补、处理。

5）货架

使用时，不许超过负荷能力，以免压坏。搬运操作时，不得碰撞货架，损坏时应及时修理，不得凑合使用，以免发生危险。可以拆卸的货架，用时应安接好；拆卸放置时，应逐架对号拼叠一起，以免散失和影响继续使用。

3. 安全设备的保养和维修

1）消防设备

消防设备由企业消防机构指定专人定期检查和保养，平时严禁挪作他用和随意移位，不准在消防设施附近和通道上堆码商品和杂物。北方寒冷季节，要对消防水池、水缸、消火栓、灭火机等采取防冻措施。消防车等大型消防设备应按公安消防部门规定的要求进行保养，保证所有消防设备经常处于能发挥效用的状态。

2）劳保设备（用品）

劳保设备要专室或定点存放。用时，要检查其有效性，用后，要放回原处。有的用后需洗涤和消毒的，应按规定办理。

3）商品养护设备

商品养护和检验用的仪器、仪表，一般要求有较高的精确度和可靠性，应特别注意保养，防止锈损、震动、受潮，以免影响使用。

4. 其他设备的保养、维修

通风、照明、地磅等设备，一般多固定在建筑物上或放在固定地点。此类设备一般都由设备主管部门统一管理，遇有故障或损坏时，使用人员应立即与有关部门联系及时检修。计量工具要保持其准确性，应指定专人负责保养，有些地区或单位应根据需要还组织磅秤检修组，专管磅秤的检修、保养事宜。

七、报废与处理

设备损坏，如已无修复再用价值的，由使用部门填写残损报告单，经有关部门鉴定，报企业主管人员审批后，使用、管理和财会部门据以销账。凡已报废销账的物品，使用单位要及时送交管理部门统一管理，集中存放，注明标记，定期处理。在处理中，对报废的设备用品中可保留的完好部分或零部件应妥善保存，留作他用。有残值而本单位又不需要的设备，经批准可以变价出售。

复习思考题

8-1　货架选用时考虑的主要因素是什么？哪些货架可以实现储存物品的先进先出？

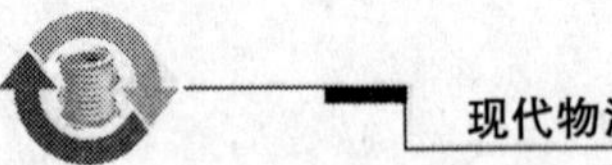

8-2　简述分拣设备的组成和使用条件。

8-3　参观自动化仓库的构成。

8-4　参观分析自动化仓库的入库作业。

8-5　谈谈自动化仓库优点及利用条件。

8-6　简述仓储设备管理的主要内容。

第九章　物流信息管理

第一节　物流信息概述

信息是管理的基础，物流信息是物流管理的必然要求。没有物流的信息化，就没有先进的物流管理。在信息社会中，信息已成为企业生存和发展的最重要资源。为了在市场竞争中获得更有利的竞争地位，企业要树立“人才是企业的支柱，信息是企业的生命”的经营思想。

一、物流信息的概念

1. 定义

所谓信息是指能够反映事物内涵的知识、资料、信息、情报、图像、数据、文件、语言、声音等。信息是事物的内容、形式及其发展变化的反映。

物流活动进行中必要的信息为物流信息，物流信息可以从广义和狭义两个方面来理解。从广义方面看，物流信息不仅指与物流活动相关的信息，而且包含与其他流通活动相关的信息，如商品交易信息和市场信息等。商品交易信息是指与买卖双方的交易过程有关的信息，如销售和购买信息、订货和接受订货信息、发出货款和收到货款信息等。市场信息是指与市场活动有关的信息，如消费者的需求信息、竞争者或竞争性商品的信息、销售促进活动信息、交通通信等基础设施信息等。物流信息与商品交易信息、市场信息相互交叉、融合，有着密切的联系。例如，零售商根据对消费者需求的预测以及现有的库存状况制订订货计划，向批发商或直接向生产厂家发出订货信息。批发商在接到零售商的订货信息后，在确认现有库存水平能满足订单要求的基础上，向物流部门发出发货配送信息。若发现现有的库存水平不能满足订货要求则马上向生产厂家发出订单。生产厂家在接到订单之后，如果发现现有库存不能满足订单要求则马上组织生产，再按订单上的数量和时间要求向物流部门发出发货配送信息。

狭义的物流信息是指与物流活动（如运输、保管、包装、装卸、流通加工等）有关的信息。在物流活动的管理与决策中，如运输工具的选择、运输路线的确定、每次运送批量的确定、在途货物的追踪、仓库的有效利用、最佳库存数量的确定、库存时间的确定、订单管理、如何提高顾客服务水平等，都需要详细和准确的物流信息，因为物流信息对运输管理、库存管理、订单管理、仓库作业管理等物流活动具有决策支持保证的功能。

物流信息主要指为沟通物流各环节、各作业间活动而建立物流信息网，有效地为用户提供有关物资的购、储、运、销一体化服务及有关信息的咨询服务，协调各部门、各环节的物流作业。物流信息包括与商品数量、质量、作业管理相关的企业内部物流信息、物流市场信息、物流政策信息，以及与订、发货和货款支付相关的商流信息等。物流信息和运输、仓储等各个环节都有密切关系，在物流活动中起着神经系统的作用。加强物流信息的研究才能使物流成为一个有机系统，而不是各个孤立的活动。在一些物流技术发达的国家都把物流信息工作作为改善物流状况的关键而给予充分的注意。

预测和订货管理是依赖于信息的两大物流工作。物流预测是要设法估计未来的需求，以指导存货定位，满足预期的顾客需求。订货管理部门的工作涉及处理具体的顾客需求。顾客订货是物流活动中的一项主要交易。物流既为外部的顾客服务，也为内部的顾客服务。外部顾客就是那些消费产品或服务的顾客，以及先购买产品或服务，然后再出售的任何贸易伙伴。内部顾客是指厂商内部需要物流支持以便承担其指定工作的组织单位。订货管理的过程涉及从最初的接受订货到交付、开票以及通常的托收等有关管理顾客需要的方方面面。一个厂商的物流能力实际上仅等同于它的订货管理能力。一个厂商的物流系统的设计越有效，它对信息的准确性越敏感，而协调的、准时的物流系统是不可能用过度的存货来适应作业上的差错的，这是因为安全库存已被控制在最低限度。因此，物流信息的质量和及时性是物流作业的关键因素。

2. 物流信息的特点

物流信息除了具有信息的一般属性，还具有自己的一些特点，主要如下：

（1）广泛性。由于物流是一个大范围内的活动，物流信息源也分布于一个大范围内，信息源点多、信息量大，涉及从生产到消费、从国民经济到财政信贷各个方面。物流信息来源的广泛性决定了它的影响也是广泛的，涉及国民经济各个部门、物流活动各环节等。

（2）联系性。物流活动是多环节、多因素、多角色共同参与的活动，目的就是实现产品从产地到消费地的顺利移动，因此在该活动中所产生的各种物流信息必然存在十分密切的联系，如生产信息、运输信息、储存信息、装卸信息间都是相互关联、相互影响的。这种相互联系的特性是保证物流各子系统、供应链各环节以及物流内部系统与物流外部系统相互协调运作的重要因素。

（3）多样性。物流信息种类繁多，从其作用的范围来看，本系统内部各个环节有不同种类的信息，如流转信息、作业信息、控制信息、管理信息等，物流系统外也存在各种不同种类的信息，如市场信息、政策信息、区域信息等；从其稳定程度来看，又有固定信息、流动信息与偶然信息等；从其加工程度看，又有原始信息与加工信息等；从其发生时间来看，又有滞后信息、实时信息和预测信息等。在进行物流系统的研究时，应根据不同种类的信息进行分类收集和整理。

（4）动态性。多品种、小批量、多频度的配送技术与POS、EOS、EDI数据收集技术的不断应用使得各种物流作业频繁发生，加快了物流信息的价值衰减速度，要求物流信息的不断更新。物流信息的及时收集、快速响应、动态处理已成为主宰现代物流经营活动成败的关键。

（5）复杂性。物流信息广泛性、联系性、多样性和动态性带来了物流信息的复杂性。在物流活动中，必须对不同来源、不同种类、不同时间和相互联系的物流信息进行反复研究和处理，才能得到有实际应用价值的信息，去指导物流活动，这是一个非常复杂的过程。

二、物流信息的主要内容

物流信息包括伴随物流活动而发生的信息和在物流活动以外发生的但对物流有影响的信息。开展物流活动涉及面很广。首先，是与商流的联系，由于货源来之于商业购销业务部门，只有时刻掌握有关货源方面的信息，才能作出开展物流活动的安排；其次，是与交通运输部门的联系，因为除部分的汽车短途运输外，运输工具是由铁路、航运和港务等部门所掌握，只有随时了解车、船等运输信息，才能使商品流通顺利进行；再则，在改革开放的过程中出现运输市场和仓储市场，还得做到知己知彼，还要学习国内外在物流管理方面的有益经验。由此可见，物流信息不仅量大，而且来源分散，更多更广地掌握物流信息，是开展物流活动的必要条件。

1. 货源信息

货源的多少是决定物流活动规模大小的基本因素，它既是商流信息的主要内容，也是物流信息的主要内容。货源信息一般包括以下几方面的内容：

（1）商业购销部门的商品流转计划和供销合同，以及提出的委托运输和储存的计划和合同。

（2）工农业生产部门自己销售量的统计和分析，以及提出的委托运输和储存计划和合同。

（3）社会性物资的运输量和储存量分析，以及提出的委托运输积储存计划和合同。

根据以上三方面的货源信息的分析，如果掌握的货源大于物流设施的能力，一方面要从充分发挥物流设施的使用效能，挖掘潜力，尽最大可能满足货主需要；同时在制定物流计划和签订储运合同时，也可在充足的货源中作出有利的选择。反之，如果掌握的货源信息小于物流设施的运能时，则要采取有力的措施，积极组织货源，以取得物流企业最大的经济效益。

2. 市场信息

直接的货源信息，是制定物流计划，确定月度、季度以至年度的运输量、储存量指标，能起现实的微观效果。但是为了从宏观上进行决策的需要，还必须对市场动态进行分析，注意掌握有关的市场信息。因为市场是经常变化的，这些变化不仅会直接影 M 向到委托单位所提运输计划和储存计划的准确性，更为重要的是，市场的变化趋势必须引起物流企业宏观上的思考，以利在制定远期计划时作出正确的决策。市场信息是多方面的，就其反映的性质来看主要有：

（1）货源信息，包括货源的分布、结构、供应能力；

（2）流通渠道的变化和竞争信息；

（3）价格信息；

（4）运输信息；

（5）管理信息。

从广义上看，市场信息还包括社会上各物流行业的信息，也就是通常所说的行业信息。随着改革的深化，运输市场和仓储市场的形成，物流行业有了很大的发展，如城郊农村仓库发展迅速，社会托运行业的兴起，加上铁路、港务部门直接受理面的扩大等，这些行业的发展，不可避免地要吸引一部分货源。因此，了解同行的信息，对争取货源，决定竞争对策，同样具有重要意义。了解一些国外的同行信息，对正确进行货源分析也是有益的。行业的经营无论国内外，它有一定共同规律。如过去商业物流部门一般是参照商业购销业务量的增长比例，来确定商品运输量的增长幅度的。前几年出现了购销量上升，而运输量下降的现象，是否属于正常现象，意见不一。经参考国外有关统计，也有类似的情况。通过研究分析，原因在于商品在向高、精、尖方向发展，商品的价值成倍增长，商品的重量和体积却由于技术的进步而日益轻巧。因此；在物流技术不断进步的情况下，无论在货源组织、运量分析等方面，还是在实现物流设施现代化方面，经常掌握国外等方面的有关信息，都将成为物流信息管理的重要内容。

3. 运能信息

运输能力的大小，对物流活动能否顺利开展，有着十分密切的关系。运输条件的变化，如铁路、公路、航空运力适量的变化，会使物流系统对运输工具和运输路线的选择发生变化。这些会影响到交货的及时性及费用是否增加。在我国长期处于短线运输的情况下，尤其是如此。运能信息主要有以下几个方面：

(1) 交通运输部门批准的运输月计划，包括追加、补充计划的可能性；

(2) 具体的装车、装船日期；

(3) 运输业的运输能力，包括各地区地方船舶和车队的运输能力等。

运能信息对商品储存也有着直接的关系。有些待储商品是从外地运来的，要及时掌握到货的数量和日期，以利安排仓位；有些库存是待运商品，更要密切注意运能动态。为了改变我国交通运输的紧张状态，国家正在采取措施改变这一局面。了解今后交通运输的发展趋势和具体进度，对制定物流企业的运景规划和作出宏观决策，也是十分必要的。

4. 企业物流信息

(1) 单就商业企业物流系统来看，由于商品在系统内各环节流转，每个环节都会产生在本环节内有哪些商品、每种商品的性能、状态如何、每种商品有多少，在本环节内某个时期可以向下一环节输出多少商品以及在本环节内某个时期需要上一个环节供应多少商品等信息。所以企业物流系统的各子系统都会产生商品的动态信息。

(2) 批发企业产生的物流信息批发企业（或供应商）向零售企业物流系统发出发货通知。发货通知表明有哪些商品、有多少商品将要进入物流系统，所以供应商也是物流信息产生的来源。

(3) 零售企业产生的物流信息。

①零售企业营销决策部门下达采购计划向物流系统传递物流信息。这部分信息包括需要采购哪些原来没有采购的商品，采购多少；哪些商品不必再采购。这是零售商业企业在商品经营策略上发生变化时产生的物流信息。

②零售企业物流系统产生的物流信息。零售企业每种商品的库存量及需要由配送中心供应哪些商品、供应多少、什么时候供应。

5. 物流管理信息

加强物流管理，实现物流系统化，是一项繁重的任务，即要认真总结多年来物流活动的经验，又要虚心学习国内外同行对物流管理的研究成果。因此，要尽可能地多收集一些国内外有关物流管理方面的信息。包括物流企业、物流中心的配置、物流网络的组织，以及自动分拣系

统、自动化仓库的使用情况等等，以及借鉴国内外有益的经验，不断提高物流管理水平。

三、物流信息的作用

物流信息在物流活动中具有十分重要的作用，通过物流信息的收集、传递、存储、处理、输出等，成为决策依据，对整个物流活动起指挥、协调、支持和保障作用，其主要作用为：

1. 沟通联系的作用

物流系统是由许多个行业、部门以及众多企业群体构成的经济大系统，系统内部正是通过各种指令、计划、文件、数据、报表、凭证、广告、商情等物流信息，建立起各种纵向和横向的联系，沟通生产厂、批发商、零售商、物流服务商和消费者，满足各方的需要。因此，物流信息是沟通物流活动各环节之间联系的桥梁。

2. 引导和协调的作用

物流信息随着物资、货币及物流当事人的行为等信息载体进入物流供应链中，同时信息的反馈也随着信息载体反馈给供应链上的各个环节，依靠物流信息及其反馈可以引导供应链结构的变动和物流布局的优化；协调物资结构，使供需之间平衡；协调人、财、物等物流资源的配置，促进物流资源的整合和合理使用等。

3. 管理控制的作用

通过移动通信、计算机信息网、电子数据交换（EDI）、全球定位系统（GPS）等技术实现物流活动的电子化，如货物实时跟踪、车辆实时跟踪、库存自动补货等，用信息化代替传统的手工作业，实现物流运行、服务质量和成本等的管理控制。

4. 缩短物流管道的作用

为了应付需求波动，在物流供应链的不同节点上通常设置有库存，包括中间库存和最终库存，如零部件、在制品、制成品的库存等，这些库存增加了供应链的长度，提高了供应链成本。但是，如果能够实时地掌握供应链上不同节点的信息，如知道在供应管道中，什么时候、什么地方、多少数量的货物可以到达目的地，那么就可以发现供应链上的过多库存并进行缩减，从而缩短物流链，提高物流服务水平。

5. 辅助决策分析的作用

物流信息是制定决策方案的重要基础和关键依据，物流管理决策过程的本身就是对物流信息进行深加工的过程，是对物流活动的发展变化规律性认识的过程。物流信息可以协助物流管理者鉴别、评估经比较物流战略和策略后的可选方案，如车辆调度、库存管理、设施选址、资源选择、流程设计以及有关作业比较和安排的成本——收益分析等均是在物流信息的帮助下才能作出的科学决策。

6. 支持战略计划的作用

作为决策分析的延伸，物流战略计划涉及物流活动的长期发展方向和经营方针的制订，如企业战略联盟的形成、以利润为基础的顾客服务分析以及能力和机会的开发和提炼，作为一种更加抽象、松散的决策，它是对物流信息进一步提炼和开发的结果。

7. 价值增值的作用

物流信息本身是有价值的，而在物流领域中，流通信息在实现其使用价值的同时，其自身的价值又呈现增长的趋势，即物流信息本身具有增值特征。另一方面，物流信息是影响物流的重要因素，它把物流的各个要素以及有关因素有机地组合并联结起来，以形成现实的生产力和创造出更高的社会生产力。同时，在社会化大生产条件下，生产过程日益复杂，物流诸要素都渗透着知识形态的信息，信息真正起着影响生产力的现实作用。企业只有有效地利用物流信息，投入生产和经营活动后，才能使生产力中的劳动者、劳动手段和劳动对象最佳结合，产生放大效应，使经济效益出现增值。物流系统的优化，各个物流环节的优化所采取的办法、措施，如选用合适的设备、设计最合理路线、决定最佳库存储备等，都要切合系统实际，也即都要依靠准确反映这实际的物流信息。否则，任何行动都不免带有盲目性。所以，物流信息对提高经济效益也起着非常重要的作用。

第二节　物流信息技术

一、条码技术

条码（Bar Code）技术是在计算机应用中产生并发展起来的，广泛应用于商业、邮政、图书管理、仓储、工业生产过程控制、交通等领域的一种自动识别技术，具有输入速度快、成本低、可靠性强等优点，在当今的自动识别技术中占有重要的地位。条码技术在仓储业的自动化立体仓库中发挥着重要作用，特别是对于小型物品的管理和入库不均衡的物品管理更显示出其优越性。

1. 条码技术的发展

条码技术诞生于20世纪40年代，现在在欧美、日本已得到普遍应用，而且正在世界各地迅速推广普及，其应用领域还在不断扩大。

1970年，美国超级市场AdHoc委员会制定了通用商品代码—UPC代码（Universal Product Code），UPC商品条码首先在杂货零售业中试用，这为以后该码制的统一和广泛采用奠定了基础。美国统一代码委员会（Uniform Code Council，UCC）于1973年建立了UPC商品条码应用系统。同年，食品杂货业把UPC商品条码作为该行业的通用商品标识，为条码技术在商业流通销售领域里的广泛应用，起到了积极的推动作用。

1977年，欧洲共同体在12位的UPC-A商品条码的基础上，开发出与UPC-A商品条码兼容的EAN系统，正式成立了欧洲物品编码协会（European Article Numbering Association），简称EAN，现在为GS1。

1991年4月，中国物品编码中心（ANCC）代表我国加入国际物品编码协会GS1（EAN），为全面开展我国条码工作创造了先决条件。

2. 条码技术的特点

条码技术是电子与信息科学领域的高新技术，所涉及的技术领域较广，是多项技术相结合的产物，经过多年的长期研究和应用实践，现已发展成为较成熟的实用技术。

在信息输入技术中，采用的自动识别技术种类很多。条码作为一种图形识别技术与其他识别技术相比有如下特点：

（1）简单。条码符号制作容易，扫描操作简单易行。

（2）信息采集速度快。普通计算机的键盘录入速度是200字符/min，而利用条码扫描录入信息的速度是键盘录入的20倍。

（3）采集信息量大。利用条码扫描，依次可以采集几十位字符的信息，而且可以通过选择不同码制的条码增加字符密度，使录入的信息量成倍增加。

（4）可靠性高。键盘录入数据，误码率为1/300，利用光学字符识别技术，误码率约为$1/10^4$。而采用条码扫描录入方式，误码率仅有$1/10^6$，首读率可达98%以上。

（5）灵活、实用。条码符号作为一种识别手段可以单独使用，也可以和有关设备组成识别系统实现自动化识别，还可和其他控制设备联系起来实现整个系统的自动化管理。同时，在没有自动识别设备时，也可实现手工键盘输入。

（6）自由度大。条码通常只在一维方向上表示信息，而同一条码符号上所表示的信息是连续，这样即使是标签上的条码符号在条的方向上有部分残缺，仍可以从正常部分识读正确的信息。

（7）设备结构简单、成本低。条码符号识别设备的结构简单，操作容易，无需专门训练。与其他自动化识别技术相比较，推广应用条码技术，所需费用较低。

3. 条码的基本术语

为了方便对条码技术的理解，特将条码技术中的一些术语和解释介绍见表9-1所示。

条码的基本术语　　表9-1

条码	由一组规则排列的条、空及其对应字符组成的标记，用以表示一定的信息。
条码系统	由条码符号设计、制作及扫描识读组成的自动识别系统。
条/空	条码中反射率较低的部分/条码中反射率较高的部分。
空白区	条码起始符、终止符两端外侧与空的反射率相同的限定区域。
保护框	围绕条码且与条反射率相同的边或框。
起始符	位于条码起始位置的若干条与空。
终止符	位于条码终止位置的若干条与空。
中间分隔符	位于条码中间位置用来分隔数据段的若干条与空。
条码字符	表示一个字符的若干空与条。
条码数据符	表示特定信息的条码字符。
条码校验符	表示校验码的条码字符。
条码填充符	不表示特定信息的条码字符。
条高	垂直于单元宽度方向的条的高度尺寸。
条宽	条码字符中的条的宽度尺寸。
空宽	条码字符的中空的宽度尺寸。
条宽比	条码中最宽条与最窄条的宽度比。

续上表

条码长度	从条码起始符前缘到终止符后缘的长度。
长高比	条码长度与条高的比。
条码密度	单位长度的条码所表示的条码字符的个数。
模块	模块组配编码法组成条码字符的基本单位。
条码字符间隔	相邻条码字符间不表示特定信息且与空的反射率相同的区域。
单元	构成条码字符的条或空。
连续型条码	没有条码字符间隔的条码。
非连续型条码	有条码字符间隔的条码。
双向条码	左右两端均可作为扫描起点的条码。
附加条码	表示附加信息的条码。
自校验码	条码字符本身具有校验功能的条码。
定长条码	条码字符个数固定的条码。
非定长条码	条码字符个数不固定的条码。
条码字符集	某种条码所能表示的条码字符集合。
UPC 条码	美国统一代码委员会制定的一种代码。它是定长的、连续型的四种单元宽度的一维条码。包括 UPC-A 码和 UPC-E 码两种类型。表示的字符集：数字：0~9。
供人识别字符	位于条码符的下方，与相应的条码字符相对应的、用于供人识别的字符。

4. 条码的分类

条码可分为一维条码和二维条码。

1）一维条码

一维条码是通常我们所说的传统条码。一维条码按照应用可分为商品条码和物流条码。商品条码是以直接向消费者销售的商品为对象，以单个商品为单位使用的条码。它由 13 位数字组成，商品条码包括 EAN 码和 UPC 码。物流条码是物流过程中以商品为对象以集合包装商品为单位使用的条码。标准物流条码由 14 位数字组成，除了第 1 位数字之外其余 13 位数字代表的意思与商品条码相同。物流条码第 1 位数字表示物流识别代码。

2）二维条码

一维条码所携带的信息量有限，如商品上的条码仅能容纳 13 位（EAN-13 码）阿拉伯数字，更多的信息只能依赖商品数据库的支持，离开了预先建立的数据库，这种条码就没有意义了，因此在一定程度上也限制了条码的应用范围。基于这个原因，在 20 世纪 90 年代发明了二维条码。二维条码除了具有一维条码的优点外，同时还有信息量大、可靠性高，保密、防伪性强等优点。目前二维条码主要有 PDF417 码、Code49 码、Code 16K 码、Code one 码、Data Matrix 码、QR 码等如图 9-1 所示。

417条码

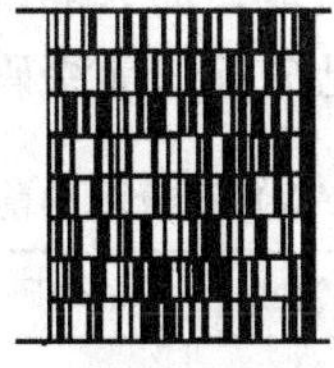

CODE49

CODE16K

Code one

12345678901234567890 12
Data Matrix

QR码

图9-1 几种常见的二维条码

二维条码作为一种新的信息存储和传递技术，从诞生之时就受到了国际社会的广泛关注。经过几年的努力，现已应用在国防、公共安全、交通运输、医疗保健、工业、商业、金融、海关及政府管理等多个领域。

二维条码依靠其庞大的信息携带量，能够把过去使用一维条码时存储于后台数据库中的信息包含在条码中，可以直接通过阅读条码得到相应的信息，并且二维条码还有错误修正技术及防伪功能，增加了数据的安全性。二维条码可把照片、指纹编制于其中，可有效地解决证件的可机读和防伪问题。因此，可广泛应用于护照、身份证、行车证、军人证、健康证、保险卡等。美国亚利桑那州等十多个州的驾驶证、美国军人证、军人医疗证等在几年前就已采用了 PDF417 技术。将证件上的个人信息及照片编在二维条码中，不但可以实现身份证的自动识读，而且可以有效的防止伪冒证件事件发生。菲律宾、埃及、巴林等许多国家也已在身份证或驾驶证上采用了二维条码，我国香港特区护照上也采用了二维条码技术。另外在海关报关单、长途货运单、税务报表、保险登记表上也都有使用二维条码技术来解决数据输入及防止伪造、删改表格的例子。在我国部分地区注册会计师证和汽车销售及售后服务等方面，二维条码也得到了应用。

5. 物流条码

国际上公认的用于物流领域的条码标准主要有通用商品条码、储运单元条码和贸易单元128 条码三种。

1）通用商品条码

商品条码（bar code for commodity）是由国际物品编码协会 GS1（EAN）和统一代码委员会（UCC）规定的、用于表示商品标识代码的条码，包括 EAN 商品条码（EAN-13 商品条码和 EAN-8 商品条码）和 UPC 商品条码（UPC-A 商品条码和 UPC-E 商品条码）。

条码符号的大小可在放大系数 0.8 ~ 2.0 所决定的尺寸之间变化，以适应各种印刷工艺印制合格条码符号及用户对印刷面积的要求。

（1）前缀码。前缀码由 3 位数字（$X_{13}X_{12}X_{11}$）组成，GS1（EAN）已将“690” ~ “695”分配给中国物品编码中心使用。前缀码是 GS1（EAN）分配给国家（或地区）编码组织的代码。前缀码并不代表产品的原产地，而只能说明分配和管理有关厂商识别代码的国家（或地区）编码组织，GS1（EAN）已分配的前缀码见表9-2所示。

GS1（EAN）已分配的前缀码 表9-2

前缀码	编码组织所在国家（或地区）/应用领域	前缀码	编码组织所在国家（或地区）/应用领域
000～019 030～039 060～139	美国	520	希腊
020～029 040～049 200～299	店内码	528	黎巴嫩
050～059	优惠券	529	塞浦路斯
300～379	法国	530	阿尔巴尼亚
380	保加利亚	531	马其顿
383	斯洛文尼亚	535	马耳他
385	克罗地亚	539	爱尔兰
387	波黑	540～549	比利时和卢森堡
400～440	德国	560	葡萄牙
450～459 490～499	日本	569	冰岛
460～469	俄罗斯	570～579	丹麦
470	吉尔吉斯斯坦	590	波兰
471	中国台湾	594	罗马尼亚
474	爱沙尼亚	599	匈牙利
475	拉脱维亚	600、601	南非
476	阿塞拜疆	603	加纳
477	立陶宛	608	巴林
478	乌兹别克斯坦	609	毛里求斯
479	斯里兰卡	611	摩洛哥
480	菲律宾	613	阿尔及利亚
481	白俄罗斯	616	肯尼亚
482	乌克兰	618	象牙海岸
484	摩尔多瓦	619	突尼斯
485	亚美尼亚	621	叙利亚
486	格鲁吉亚	622	埃及
487	哈萨克斯坦	624	利比亚
489	中国香港特别行政区	625	约旦
500～509	英国	626	伊朗

续上表

前缀码	编码组织所在国家（或地区）/应用领域	前缀码	编码组织所在国家（或地区）/应用领域
627	科威特	800～839	意大利
628	沙特阿拉伯	840～849	西班牙
629	阿拉伯联合酋长国	850	古巴
640～649	芬兰	858	斯洛伐克
690～695	中国	859	捷克
700～709	挪威	860	南斯拉夫
729	以色列	865	蒙古
730～739	瑞典	867	朝鲜
740	危地马拉	869	土耳其
741	萨尔瓦多	870～879	荷兰
742	洪都拉斯	880	韩国
743	尼加拉瓜	884	柬埔寨
744	哥斯达黎加	885	泰国
745	巴拿马	888	新加坡
746	多米尼加	890	印度
750	墨西哥	893	越南
754～755	加拿大	899	印度尼西亚
759	委内瑞拉	900～919	奥地利
760～769	瑞士	930～939	澳大利亚
770	哥伦比亚	940～949	新西兰
773	乌拉圭	955	马来西亚
775	秘鲁	958	中国澳门特别行政区
777	玻利维亚	977	连续出版物
779	阿根廷	978、979	图书
780	智利	980	应收票据
784	巴拉圭	981、982	普通流通券
786	厄瓜多尔	990～999	优惠券
789～790	巴西		

（2）厂商识别代码

①厂商识别代码由7～9位数字组成，由中国物品编码中心负责分配和管理；

②具有企业法人营业执照或营业执照的企业可申请注册厂商识别代码；

③不得盗用、共享、转让、伪造、非法占用；

④厂商生产的商品品种超过了编码容量可申请新的厂商代码。

（3）商品项目代码

①商品项目代码由3～5位数字构成，由厂商自行编制；

②编制规则：产品的基本特征不同，其商品项目代码应不同；

③编码容量：3 位商品项目代码有 1 000 个编码容量，可标识 1 000 种商品；4 位商品项目代码可标识 10 000 种商品；5 位商品项目代码可标识 100 000 种商品。

（4）校验码。校验码为 1 位数字，用来校验 $X_{13} \sim X_2$ 的编码正确性。校验码是根据 $X_{13} \sim X_2$ 的数值按一定的数学算法计算而得。厂商在对商品项目编码时，不必计算校验码的值。该值由制作条码原版胶片或直接打印条码符号的设备自动生成。

校验码的计算方法如下：

①代码所有数字包括校验码自右向左编号；

②将所有偶数位置上的数值相加；

③第二步结果乘以 3；

④从序号 3 开始，将所有序号为奇数的位置上的数值相加；

⑤将第三步的结果与第四步的结果相加；

⑥用一个大于第五步结果且为 10 的最小整数倍的数减去第五步的结果，差即为校验码。

校验码计算实例：

- 690146398007X
- X700893641096
- 7 +0 +9 +6 +1 +9 =32
- 32 * 3 =96
- 0 +8 +3 +4 +0 +6 =21
- 96 +21 =117
- 120 - 117 =3

得出校验码是 3。

2）储运单元条码

储运单元条码是专门表示储运单元编码的条码，储运单元是指为便于搬运、仓储、订货、运输等，由消费单元（即通过零售渠道直接销售给最终用户的商品包装单元）组成的商品包装单元。在储运单元条码中又分为定量储运单元和变量储运单元。定量储运单元是指由定量消费单元组成的储运单元，如成箱的牙膏、瓶装酒、药品、烟等。而变量储运单元是指由变量消费单元组成的储运单元，如布匹、农产品、蔬菜、鲜肉类等。

（1）定量储运单元。定量储运单元一般采用 13 位或 14 位数字编码。当定量储运单元同时又是定量消费单元时，应按定量消费单元编码，采用 13 位数字编码；当定量储运单元内含有不同种类定量消费单元时，储运单元的编码方法是按定量消费单元的编码规则，为定量储运单元分配一个区别于它所包含的消费单元代码的 13 位数字代码；当由相同种类的定量消费单元组成定量储运单元时，定量储运单元可用 14 位数字代码进行编码标识。

（2）变量储运单元。变量储运单元编码由 14 位数字的主代码和 6 位数字的附加代码组成。变量储运单元的主代码和附加代码也可以用 EAN - 128 条码标识。

（3）交插 25 条码。交插 25 条码在仓储和物流管理中被广泛应用。它是一种连续、非定长、具有自校验功能，且条和空都表示信息的双向条码。由左侧空白区、起始符、数据符、终止符和右侧空白区构成，其中每一个条码数据符由 5 个单元组成，2 个是宽单元（用二进制

"1"表示)，3 个是窄单元（用二进制"0"表示)。交插 25 条码的字符集包括数字 0～9。

(4) ITF－14 条码。ITF 条码是一种连续型、定长、具有自校验功能，并且条、空都表示信息的双向条码。ITF－14 条码（见图 9-2）由矩形保护框、左侧空白区、条码字符、右侧空白区组成。其条码字符集、条码字符的组成与交插 25 码相同。

3）贸易单元 128 条码

128 条码是一种长度可变的、连续型的字母数字条码。与其他一维条码相比，128 条码是较为复杂的条码系统，应用范围较大。128 条码的内容由左侧空白区、起始符号、数据符、校验符、终止符、右侧空白区组成，128 条码具有 A、B、C 三种不同的编码类型，可提供 ASCⅡ中 128 个字元的编码使用。目前普遍使用的 128 条码是 EAN－128 条码。EAN-128 码是根据 EAN/UCC-128 码作为标准将资料转变成条码符号，并采用 128 码逻辑，具有完整性、紧密性、连接性和高可靠度的特性。辩证范围含盖生产过程中一些补充性能且易变动之资讯，如生产日期、批号、计量等。可运用于货运标签、携带式资料库、连续性资料段、流通配送标签等。EAN-128 码见图 9-3 所示。图中大写英文字母的含义见表 9-3 所示。

图 9-2　ITF－14 条码

图 9-3　EAN-128 码

字母的含义　　表 9-3

代号	码别	长度	说　明
A	应用识别码	18	00 代表其后之资料内容为运送容器序号，为固定 18 位数字
B	包装性能指示码	1	3 代表无定义的包装指示码
C	前置码与公司码	7	代表 EAN 前置码与公司码
D	自行编定序号	9	由公司指定序号
E	检查码	1	检查码
F	应用识别码		420 代表其后之资料内容为配送邮政码应用于仅有一邮政当局
G	配送邮政码		代表配送邮政码

二、无线射频识别技术（RFID)

RFID 并不是新技术，早在二战时它就被美军用于战争中识别自家和盟军的飞机，但自 2003 年这项技术又开始被众人所追捧。研究机构 Forrester Research 称 RFID 是 2004 年四大 IT 趋势之一，其构建的物联网将为世界带来革命性的变化。

1. RFID 概念

RFID（无线射频识别，Radio Frequency Identification）是一种非接触式的自动识别技术。

最简单的RFID系统由标签（Tag）、阅读器（Reader）和天线（Antenna）三部分组成——在实际应用中还需要其他硬件和软件的支持。其工作原理并不复杂：标签进入磁场后，接收阅读器发出的射频信号，凭借感应电流所获得的能量发送出存储在芯片中的产品信息（Passive Tag，无源标签或被动标签），或者主动发送某一频率的信号（Active Tag，有源标签或主动标签），阅读器读取信息并解码后，送至中央信息系统进行有关数据处理。在零售业中，RFID被认为是条码的终结者。

目前全世界RFID系统主要用于宠物与野生动物跟踪、公路和停车收费等有限的领域。但事实上，RFID还有望在高速公路自动收费及交通管理、门禁保安、RFID卡收费、生产线自动化、仓储管理、汽车防盗、防伪、电子物品监视系统、火车和货运集装箱的识别、物流管理、生产线追踪等领域大展身手。

和其他新兴技术一样的，RFID的标准不统一、成本高、侵犯隐私、读错率过高等问题制约着其现在并不能完美出演"物联网"构想。当今市场竞争愈发体现在标准之争，谁掌握了标准就等于攫取了产业链中最为丰厚的利润。

为避免各国无线电频率使用标准不一，造成使用上的混乱与困扰，国际上大多遵守国际电信联合会（ITU）的规范。目前RFID使用的频率有6种，分别为135kHz以下、13.56MHz、433.92MHz、860～930MHz（即UHF）、2.45GHz以及5.8GHz，其各有特色和缺陷。135kHz以下传输距离短约10cm左右，通信速度慢。此频段在绝大多数的国家属于开放，不涉及法规开放和执照申请的问题，因此使用最广，主要使用在宠物、门禁管制和防盗追踪。13.56MHz最佳传输距离为1m以下，代表性应用为会员卡、识别证、飞机机票和建筑物出入管理，通信距离10cm左右的近距离非接触式IC卡发展快速。UHF频段的RFID标签最远可达近5m的传输距离，可大幅提升现阶段的应用层次，通信品质佳，适合供应链品项管理，但有各国频率法规不一的问题，现有的使用者频率腾挪问题必不可免，否则跨区应用必然会出现管理的盲点。

2004年2月，中国电子标签（RFID的另一名称）国家标准工作组成立，这个在中国国家标准化管理委员会旗下的组织，将负责起草、制定中国有关电子标签的多项国家标准。2004年4月底，中国企业加入了RFID的全球化标准组织EPC global，同期EPC global China也已成立。与此同时，日本的RFID标准化组织T-Engine论坛与中国企业在华开合作成立了基于日本UID标准技术的实验室——UID中国中心。至此，国际两大RFID标准组织在中国的战略布局都已经完成。

2. RFID的发展现况

国外发展最著名的例子即是年营业额占全球零售业两成，美国零售业的六成，被美国商业周刊称为全球企业新独裁者的Wal-Mart百货公司。在2003年11月5日，全球一百家Wal-Mart百货最大的供货商全数聚集于Wal-Mart百货位于美国阿肯色州罗杰市的总部，现场还有来自世界各地的零售相关业者、重要的科技公司等都有代表参加。Wal-Mart百货正式宣布，到2005年底截止，所有供应Wal-Mart百货的商品装箱上，都要有应用RFID技术的电子商品条码。Wal-Mart百货预期能从新技术进一步降低成本，尤其是与库存流程相关的物流失误与降低人力成本。一位分析师估计，Wal-Mart百货完成建制后，节省成本预估每年可达84亿美元。

1990 年海湾战争时，美国军方运送到前线的补给物资与药品，有七成都必须经由人力开封确认里头的物品是什么，因此耽误了许多宝贵时间。对伊拉克的战事，美国国防部就在军用物资箱上装置 RFID 卷标，扫描一秒钟就知道里头装了什么。许多欧美国家高速公路有电子收费站，只要凭着车上的 RFID 辨识卡片，就可直接通过收费道、自动扣款，不需停车。

另外，如英国航空公司正进行 RFID 的试验计划，并允许某些特定的智能型 RFID 在扫描的同时改变该 RFID 的记录内容，无须重新换贴另一个新的 RFID。如此将使航空公司利用 RFID 上之重量数据的加重而很容易侦测到旅客利用转机夹带非法物品的可能性。此外，旅客报到时不再需要使用扫描条码器，亦可达到简化手续流程的好处。而日本的国土交通省和新东京国际机场在 2001 年 10 月起，亦开始试验 RFID 加附在行李箱的试验，新加坡樟宜国际机场、香港国际机场、旧金山和温哥华国际机场亦将陆续导入。国际航空运输协会（IATA）在数年前即已进行 RFID 标准的制定工作。还有各国码头货柜的运输管制作业，将检查过的货柜加上 RFID 标签进行密封，有效防止货柜内物品不被调包，并追踪整个货柜行进的路线。中国国家标准化管理委员会最近宣布，正式成立电子卷标国家标准工作小组，负责起草、制定中国相关电子卷标国家标准，使其既具有中国的自主知识产权，同时和目前国际的相关标准互通兼容。香港行之多年的八通达卡是由 RFID 芯片及读取机制造，是全世界最成功的非接触式多功能智能卡，其应用范围囊括停车场、便利商店、快餐店、电影院、自动贩卖机、游泳池、住宅、保全系统及校园通系统等，真正做到“一卡在手，四通八达”。

3. RFID 的特性

（1）数据的读写（Read Write）机能。只要通过 RFID Reader 即可不需接触，直接读取信息至数据库内，且可一次处理多个标签，并可以将物流处理的状态写入标签，供下一阶段物流处理的读取判断之用。

（2）容易小型化和多样化的形状。RFID 在读取上并不受尺寸大小与形状之限制，不需为了读取精确度而配合纸张的固定尺寸和印刷品质。此外，RFID TAG 更可往小型化与多样型态发展，以应用在不同产品。

（3）耐环境性。纸张受到脏污就看不到，但 RFID 对水、油和药品等物质却有强力的抗污性。RFID 在黑暗或脏污的环境之中，也可以读取数据。

（4）可重复使用。由于 RFID 为电子数据，可以反复被覆写，因此可以回收标签重复使用。如被动式 RFID，不需要电池就可以使用，没有维护保养的需要。

（5）穿透性。RFID 若被纸张、木材和塑料等非金属或非透明的材质包覆的话，也可以进行穿透性通信。不过如果是铁质金属的话，就无法进行通信。

（6）数据的记忆容量大。数据容量会随着记忆规格的发展而扩大，未来物品所需携带的资料量愈来愈大，对卷标所能扩充容量的需求也增加，对此 RFID 不会受到限制。

4. RFID 的工作原理

一个完整的 RFID 系统组成包括主机（数据管理系统）、电子标签（Tag）和标签读写（Target）两个部分，如图 9-4 所示。读写器是将射频信号通过射频天线同电子标签进行通信；主机系统通过读写器给电子标签发送指令，并通过读写器分析电子标签返回的有关信息；电子标签是应答器，提供可靠的、高速的、安全的信息来响应读写器的指令，并报告处

理的结果。

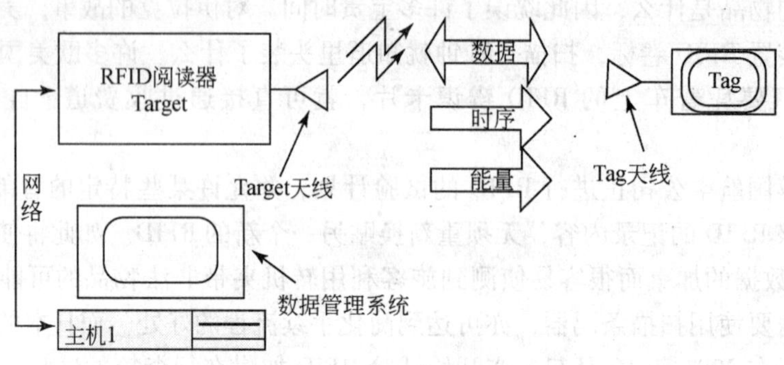

图 9-4　RFID 系统组成

基本工作原理是：Tag 进入磁场后，如果接收到 Target 发出的射频信号，就能凭借感应电流所获得的能量发送出存储在芯片中的信息（即无源标签：Passive Tag），或者主动发送某一频率的信号（即有源标签：Active Tag），Target 读取信息并解码后，送至主机进行有关数据处理。如果主机要从一个非接触的应答器中读出数据或写入数据到一个非接触的数据载体中去，则它需要一个非接触的 Target 作为接口。从应用系统的角度来看，对数据载体的访问应是尽可能地透明。对一个非接触的数据载体的读、写操作是严格按照“主—从原则”来进行的，这意味着，Target 和 Tag 的所有动作均有主机来控制。因此在一个分层系统结构中，主机是作为主动方，而读写器则作为从方只对应用软件的读写指令做出反应。如图 9-4 所示，显示了应用数据流的流动情况。为了执行应用软件发出的一条指令，读写器会与一个应答器建立通信。而相对于应答器，此时的读写器是主动方。应答器只响应读写器所发出的指令。由应用软件向读写器发出的一条简单的读取命令，此时会在读写器和某个应答器之间触发一系列的通信步骤。一条读取命令首先启动了一个应答器并进行身份验证，然后是传送所要求的数据，这时候 Target 进入透明传输状态。

三、全球卫星定位系统（GPS）

1. 全球卫星定位系统的概念

GPS（Global Positioning System），中文译名“全球定位系统”。该系统原是美国国防部为其星球大战计划投资 100 多亿美元而建立的。其用途是为美军方在全球的舰船、飞机导航，并指挥陆军作战。在海湾战争中，涌现了大量高科技装备，而 GPS 全球卫星定位系统则是使用最广泛的一种。人们普遍认为是 GPS 技术在整个海湾战争中充分显示了威力，对取得战争胜利起了至关重要的作用。GPS 全球定位系统是一项耗资巨大的工程，被称为继阿波罗（Apollo）飞船登月、航天飞机之后的第三大空间工程。海湾战争期间，GPS系统尚未完全建成，初步使用已显神威。随着 1993 年 GPS 太空卫星网的完全建成，其应用领域不断扩大。而且美国 1994 年宣布在 10 年内向全世界免费提供 GPS 全球定位系统的使用权。使世界各国都在争相利用这一系统。

2. 全球卫星定位系统组成

GPS 是美国国防部发射的 24 颗卫星组成的全球定位、导航及授时系统。这 24 颗卫星分

布在高度为2万km的6个轨道上绕地球飞行。每条轨道上拥有4颗卫星，在地球上任何一点，任何时刻都可以同时接收到来自4颗卫星的信号。也就是说GPS的卫星所发射的空间轨道信息覆盖着整个地球表面。

GPS卫星定位系统由地面控制站、GPS卫星网和GPS接收机三部分组成。地面主控站实施对GPS卫星的轨道控制及参数修正。GPS卫星网（见图9-5）向地面发射两个频率的定位导航信息，其中包括两个定位码信号：即C/A码（供世界范围内的民用）及P码（只供美国军方使用）。GPS接收机接收GPS卫星信号进行解算，即可确定GPS接收机的位置。GPS所以能够定位导航，是因为每台GPS接收机无论在任何时刻、在地球上任何位置都可以同时接收到最少4颗GPS卫星发送的空间轨道信息。接收机通过对接收到的每颗卫星的定位信息的计算，便可确定该接收机的位置，从而提供高精度的三维（经度、纬度、高度）定位导航。和以前各种定位系统大不一样的是，GPS接收机简单，小型的只有香烟盒大小，质量约500g，价格仅几百美元。任何人拿着这种接收机，都可以准确地知道自己在地球上的哪一点。GPS接收机是被动式全天候系统，只收不发信号，故不受卫星系统和地面控制系统的控制。用户数量也不受限制。GPS接收机的性能因机种不同而有差异。接收机根据用户不同的使用需要又可分为大地型GPS接收机和导航型GPS接收机两类。但接收机都具有国际通用的标准仪器接口，可以和自动驾驶仪、电台、话音通道及计算机等仪器对接，以便迅速地将导航定位信息传送到交联的相应系统。

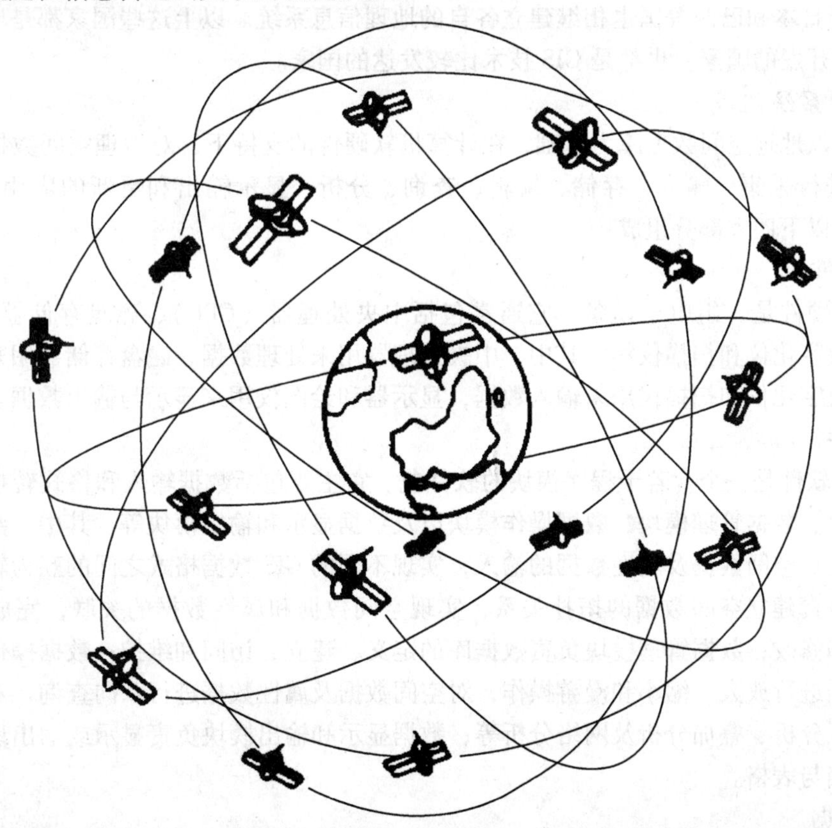

图9-5 GPS卫星网

3. 全球卫星定位系统的定位方式

GPS 的定位方式有两种：即单点定位方式和相对定位方式。

（1）单点定位方式。就是用一台 GPS 接收机接收三颗或四颗卫星的信号，来确定接收点的位置。单点定位方式测定的位置其误差较大。在移动性一次观测定位中，其误差在使用 P 码时约 10 ~25m，使用 C/A 码时约 100m。若固定点定位测量时，用两种码的相应误差分别为 1m 和 5m。

（2）相对定位方式。就是在两个地点同时进行定位测量，并且求出两点间的相对位置关系。相对定位方式测定的位置误差较小。尤其若采用差分技术进行修正，则可大大提高定位精度。

四、地理信息系统（GIS）

1. GIS 简介

GIS（Geographic Information System），中文译名“地理信息系统”，是国际上 20 世纪 60 年代以来发展起来的一门新兴技术。它是利用现代计算机图形和数据库技术来处理地理空间及其相关数据的计算机系统，是融地理学、测量学、几何学、计算机科学和应用对象为一体的综合性高新技术。其最大的特点就在于：它能把地球表面空间事物的地理位置及其特征有机地结合在一起，并通过计算机屏幕形象、直观地显示出来。这一特点使得 GIS 具有更加广泛的用途。1963 年，加拿大建立了世界上第一个地理信息系统（CGIS）。随后美国、澳大利亚、欧洲、日本和巴西等国也相继建立各自的地理信息系统。以上这些国家都是比较早从事 GIS 研究与开发的国家，也都是 GIS 技术比较发达的国家。

2. GIS 系统组成

GIS 是以地理空间数据库为基础，在计算机软硬件的支持下，对地理空间数据及其相关属性数据进行采集、输入、存储、编辑、查询、分析、显示输出和更新的应用技术系统。GIS 一般由以下四大部分组成：

1）硬件

GIS 的硬件是一组电子设备。它通常包括中央处理器（CPU）、磁盘存储器、显示器、绘图仪、数字化仪和扫描仪等。其中，中央处理器用来处理数据，磁盘存储器用来存储数据和程序，数字化仪和扫描仪用来输入数据，显示器和绘图仪用来显示与输出数据。

2）软件

GIS 的软件是一个含若干程序模块的软件包。它主要包括数据输入和格式转换模块、数据编辑模块、数据管理模块、数据操作模块以及数据显示和输出模块等。其中，数据输入和转换模块负责空间数据及属性数据的输入，实现不同的 GIS 数据格式之间的互为转换；数据编辑模块负责建立空间数据的拓扑关系，实现空间数据和属性数据的关联，完成数据的增加、删除和修改；数据管理模块负责数据库的定义、建立、访问和维护；数据操作模块负责对空间数据进行放大、缩小和漫游操作，对空间数据及属性数据进行双向查询，对空间数据进行缓冲区分析、叠加分析及网络分析等；数据显示和输出模块负责显示或输出地形图、专题图、文档与表格。

3）数据

GIS 的数据是和空间地理要素相关的数据。GIS 数据按类型可分为空间数据和属性数据。

其中空间数据通常为几何图形或图像数据，属性数据通常为文档或表格数据。GIS 数据按内容又可以分为基础数据，如地质、地貌、地形数据；专题数据，如规划、房地产、交通、环保、公用事业、公安和消防等数据；宏观数据，如综合统计指标数据。

4）用户

GIS 的用户是使用 GIS 的操作者。这些操作者必须受过严格的培训，具有 GIS 的基本概念，熟悉专业的管理业务，具备通用的计算机操作能力，能够在实际工作中运用 GIS 软件来处理管理中的日常事物。

3. 地理信息系统的功能

地理信息系统的核心问题可归纳为五个方面的内容：位置、条件、变化趋势、模式和模型。

1）位置（Locations）

首先，必须定义某个物体或地区信息的具体位置，常用的定义方法有：通过各种交互手段确定位置，或者直接输入一个坐标；其次，指定了目标或区域的位置后，可以获得预期的结果以及其所有或部分特性，例如当前地块所有者、地址、土地利用情况、估价等。

2）条件（Conditions）

即什么地方有满足某些条件的东西。首先，可以用下列方式指定一组条件，如从预定义的可选项中选择选取；填写逻辑表达式；在终端上交互式填写表格。其次，指定条件后，可以获得满足指定条件的所有对象的列表，如在屏幕上以高亮度显示满足制定条件的所有特征，例如，其所位于的土地类型为居民区、估价低于 200 000 美元、有四个卧室而且是木制的房屋。

3）变化趋势（Trends）

该类问题需要综合现有数据，以识别已经发生了或正在发生变化的地理现象。首先，确定趋势，当然趋势的确定并不能保证每次都正确，一旦掌握了一个特定的数据集，要确定趋势可能要依赖假设条件、个人推测、观测现象或证据报道等。其次，针对该趋势，可通过对数据的分析，对该趋势加以确认或否定。地理信息系统可使用户快速获得定量数据以及说明该趋势的附图等。例如，通过 GIS，可以识别该趋势的特性：有多少柑桔地块转作他用？现在作为何用？某一区域中有多少发生了这种变化？这种变化可回溯多少年？哪个时间段能最好反映该趋势？1 年、5 年还是 10 年？变化率是增加了还是减少了？

4）模式（Patterns）

该类问题是分析与已经发生或正在发生事件有关的因素。地理信息系统将现有数据组合在一起，能更好地说明正在发生什么，找出发生事件与哪些数据有关。首先，确定模式，模式的确定通常需要长期的观察、熟悉现有数据、了解数据间的潜在关系。其次，模式确定后，可获得一份报告，说明该事件发生在何时何地、显示事件发生的系列图件。例如，机动车辆事故常常符合特定模式，该模式（即事故）发生在何处？发生地点与时间有关吗？是不是在某种特定的交叉处？在这些交叉处又具有什么条件？

5）模型（Models）

该类问题的解决需要建立新的数据关系以产生解决方案。首先，建立模型，如选择标准、检验方法等。其次，建立了一个或多个模型后，能产生满足特定的所有特征的列表，并

着重显示被选择特征的地图，而且提供一个有关所选择的特征详细描述的报表。例如要兴建一个儿童书店，用来选址的评价指标可能包括10、15、20min可到达的空间区域。附近居住的10岁或10岁以下的儿童的人数、附近家庭的收入情况、周围潜在竞争的情况。为了完成上述的地理信息系统的核心任务，需要采用不同的功能来实现它们。尽管目前商用GIS软件包的优缺点是不同的，而且它们在实现这些功能所采用的技术也是不一样的，但是大多数商用GIS软件包都提供了如下功能：数据的获取（Data Acquisition）、数据的初步处理（Preliminary data Processing）、数据的存储及检索（Storage and Retrieval）、数据的查询与分析（Search and Analysis）、图形的显示与交互（Display and Interaction）。

地理信息系统功能包括以下的部分：数据采集、监测与编辑（手扶跟踪数字化）；数据处理（矢栅转换、制图综合）；数据存储与组织（矢量栅格模型）；空间查询与分析（空间检索、空间拓扑叠加分析、空间模型分析）；图形交互与显示（各种成果表现方式）。

第三节　物流信息系统

一、物流信息系统概述

1. 物流信息系统的定义

物流信息系统是指由人员、设备和程序组成的、为物流管理者执行计划、实施、控制等职能提供信息的交互系统，它与物流作业系统一样都是物流系统的子系统。物流信息系统是建立在物流信息的基础上的，只有具备了大量的物流信息，物流信息系统才能发挥作用。在物流管理中，人们要寻找最经济、最有效的方法来克服生产和消费之间的时间距离和空间距离，就必须传递和处理各种与物流相关的情报，这种情报就是物流信息。它与物流过程中的订货、收货、库存管理、发货、配送及回收等职能有机地联系在一起，使整个物流活动顺利进行。在企业的整个生产经营活动中，物流信息系统与各种物流作业活动密切相关，具有有效管理物流作业系统的职能。它有两个主要作用：一是随时把握商品流动所带来的商品量的变化；二是提高各种有关物流业务的作业效率。

2. 物流信息系统的产生背景

随着物流供应链管理的不断发展，各种物流信息的复杂化，各企业迫切要求物流信息化，计算机网络技术的盛行又给物流信息化提供了技术上的支持。因此，物流信息系统就在企业中扎下了根，并且为企业带来了更高的效率。企业是基于以下背景才大力开发物流信息系统的。

1）市场竞争加剧

在当今世界中，基本上都是买方市场，由消费者来选择购买哪个企业生产的产品，他们基本上有完全的决策自由。而市场上生产同一产品的企业多如牛毛，企业要想在竞争中胜出，就必须不断地推陈出新，以较低的成本迅速满足消费者时刻变化着的消费需求，而这都需要快速反应的物流系统。要快速反应，信息反馈必须及时，这必然要求企业建立自己的物流信息系统。

2）供应链管理的发展

现代企业间的竞争在很大程度上表现为供应链之间的竞争，如在整个供应链中，环节较

多，信息相对来说就比较复杂，企业之间沟通起来就困难得多。各环节要想自由沟通，达到信息共享，建立供应链物流信息系统就势在必行。

3）社会信息化

电子计算机技术的迅速发展，网络的广泛延伸，使整个社会进入了信息时代。在这个网络时代，企业只有融入信息社会，才可能有较大的发展。更何况，信息技术的发展已经为信息系统的开发打下了坚实的基础。企业作为社会的一员，必然要建立属于自己的物流信息系统。

3. 物流信息系统的功能

物流信息系统是物流系统的神经中枢，它作为整个物流系统的指挥和控制系统，可以分为多种子系统或者多种基本功能。通常，可以将其基本功能归纳为以下几个方面：

1）数据的收集和输入

物流数据的收集首先是将数据通过子系统从系统内部或者外部收集到预处理系统中，并整理成为系统要求的格式和形式，然后再通过子系统输入到物流信息系统中。这一过程是其他功能发挥作用的前提和基础，如果一开始收集和输入的信息不完全或不正确，在接下来的过程中得到的结果就可能是实际情况完全相左，这将会导致严重的后果。因此，在衡量一个信息系统性能时，应注意它收集数据的完善性、准确性，以及校验能力、预防和抵抗破坏能力等。

2）信息的存储

物流数据经过收集和输入阶段后，在其得到处理之前，必须在系统中存储下来。即使在处理之后，若信息还有利用价值，也要将其保存下来，以供以后使用。物流信息系统的存储功能就是要保证已得到的物流信息能够不丢失、不走样、不外泄，整理得当、随时可用。无论哪一种物流信息系统，在涉及信息的存储问题时，都要考虑到存储量、信息格式、存储方式、使用方式、存储时间、安全保密等问题。如果这些问题没有得到妥善的解决，信息系统是不可能投入使用的。

3）信息的传输

物流信息在物流系统中，一定要准确、及时地传输到各个职能环节，否则信息就会失去其使用价值了。这就需要物流信息系统具有克服空间障碍的功能。物流信息系统在实际运行前，必须要充分考虑所要传递的信息种类、数量、频率、可靠性要求等因素。只有这些因素符合物流系统的实际需要时，物流信息系统才是有实际使用价值的。

4）信息的处理

物流信息系统的最根本目的就是要将输入的数据加工处理成物流系统所需要的物流信息。数据和信息是有所不同的，数据是得到信息的基础，但数据往往不能直接利用，而信息是从数据加工得到，它可以直接利用。只有得到了具有实际使用价值的物流信息，物流信息系统的功能才算发挥。

5）信息的输出

信息的输出是物流信息系统的最后一项功能，也只有在实现了这个功能后，物流信息系统的任务才算完成。信息的输出必须采用便于人或计算机理解的形式，在输出形式上力求易读易懂，直观醒目。

这五项功能是物流信息系统的基本功能，缺一不可。而且，只有五个过程都没有出错，最后得到的物流信息才具有实际使用价值，否则会造成严重的后果。

二、物流信息系统的选择

企业有相当多的价值蕴涵在物流运作之中，如：仓储管理水平、物流生产效率、物流服务水平、运输成本、劳动力生产率等等。随着新技术的不断发展，市场上出现很多先进的物流技术和信息系统。对国内大多数企业而言，面临越来越严酷的市场竞争，最重要的不是盲目追踪高新技术，而是充分认清某项新技术为提升企业竞争力所带来的价值，从而优化物流运营水平。认清价值、分步决策、快速实施、及时调整是最有效的战略之一。

物流成本直接关系到企业的运营成本。物流运营的可变成本是物流管理者最关心的问题，通过采纳先进的物流设备和技术，可以极大地提高劳动生产率，降低单位物流成本。这些可变成本包括：物流工作执行（配送）的劳动力成本、库存保有成本、运输开销、配送网络的费用等等。以仓储管理系统（WMS）和运输管理系统（TMS）为代表的物流信息系统的实施，可以明显降低物流运营成本。

一个简单的例子：一个配件供应商为汽车厂提供配件，为保证及时供货，供应商在汽车厂仓库存放一定量的配件库存，配件从生产厂到汽车厂仓库运输的标准时间是3天。一个运输商提供96%的运输可靠性，收费为单价2.9元，另一个运输商提供98%的运输可靠性，收费为单价3元。你会选择哪一家运输商？从运输成本看，当然要用第一个，可靠性不足可以用安全库存量拟补，但是安全库存水平的高低直接影响库存保有成本，因此，不能简单的作出决策。

所以，物流信息系统的选择一定要有针对性，要针对这个企业，不能盲目地跟风，觉得这个企业用了这个系统挺好的，我们也用，这样是万万不可的。聘请一些信誉好的专业物流管理咨询机构，通过了解企业物流现状及物流行业的最佳运作模式，提出企业物流战略或改进措施，同时能够用业务和财务语言同企业的高层经理交流，以获得投资支持。

事实上，物流对企业经营业绩有很强的杠杆作用。例如：就企业利润而言，在物流环节每节省一块钱成本，相当于在销售环节多卖十块钱产品，这在市场趋于饱和的状态下显得尤其重要。又如：就销售收入而言，在物流环节借助信息系统将供货服务水平提高，可以显著提高客户满意度，增加销售收入等等。

三、物流信息系统的规划

建立物流信息系统，不是单项数据处理的简单组合，必须要有系统规划。因为它涉及传统管理思想的转变、管理基础工作的整顿提高，以及现代化物流管理方法的应用等许多方面，是一项范围广、协调性强，人机结合紧密的系统工程。物流信息系统规划是系统开发最重要的阶段，一旦有了好的系统规划，就可以按照数据处理系统的分析和设计持续进行工作，直到系统的实现，信息系统的总体规划基本上分为四个基本步骤：

（1）定义管理目标。确立各级管理的统一目标，局部目标要服从总体目标。

（2）定义管理功能。确定管理过程中的主要活动和决策。

（3）定义数据分类。在定义管理功能的基础上，按支持一个或多个管理功能把数据

分类。

（4）定义信息结构。确定信息系统各个部分及其相互数据之间的关系，导出各个独立性较强的模块，确定模块实现的优先关系，即划分子系统。

有了系统规划以后，还要进行非常复杂的开发过程。主要包括以下内容：

（1）系统分析

主要对现行系统和管理方法以及信息流程等有关情况进行现场调查，给出有关的调研图表，提出信息系统设计的目标以及达到的可能性。

（2）系统逻辑设计

在系统调研的基础上，从整体上构造出物流信息系统的逻辑模型，对各种模型进行选优，确定出最终的方案。

（3）系统的物理设计

以逻辑模型为框架，利用各种编程方法，实现逻辑模型中的各个功能块，如确定并实现系统的输入、输出、存储及处理方法。此阶段的重要工作是程序设计。

（4）系统实施

将系统的各个功能模块进行单独调试和联合调试，对其进行修改和完善，最后得到符合要求的物流信息系统软件。

（5）系统维护与评价

在信息系统试运行一段时间以后，根据现场要求与变化，对系统做一些必要的修改，进一步完善系统，最后和用户一起对系统的功能、效益做出评价。

四、物流企业信息系统规划建设

在市场竞争的激励下，物流企业面临着越来越多的不确定因素，市场瞬息万变，不同行业客户需求差异化，客户对服务要求越来越苛刻。开发新的物流客户，坚持现有物流大客户的忠诚度，需求有清楚的调查、了解，服务进行有效的跟踪，准时为客户提供个性化的优质服务，是对在现今如此猛烈竞争中生存的物流企业提出的要求，而先进的物流信息系统无疑为这些要求的兑现提供了助力。

物流企业服务水平的提升需借助计算机信息技术来实现。先进高效的物流信息系统与信息平台是现代物流体系的重要组成部分。越来越多的跨国物流公司如 TNT、UPS、马士基物流、伯灵顿物流加大对华的投资，以先进的物流信息网络提供优质高效的服务占据中国的物流市场。与此相比，国内物流企业虽拥有地理优势，但存在着信息化水平落后、人工重复操纵、人力资源内耗等一系列问题。

我国大型物流企业虽然都建立了比较完善的实时信息系统，内部资源也达到了一定程度的共享，但基本上都还是只对内（营业、运作、职能等部门）发挥了基本的信息协调作用。但是相对于外部，如上下游客户（供应链）、合作伙伴等，物流信息服务平台还没有建立起来，基本上与客户和合作伙伴之间的信息通道还处于比较原始的状态，物流信息网络还没有全面建立起来。所以，我国的物流企业想要发展壮大，提高整个供需链的经营效果，在激烈的竞争中获得竞争优势，参与到国际竞争里，信息化建设迫在眉睫。大型物流企业需要结合自身的进展战略，进行物流信息系统的规划建设。

1. 建立实时信息采集系统

由于企业各分支机构信息系统的不同一，造成企业资源无法共享、客户治理混乱、信息无法互通、治理思想无法贯彻、企业的对外形象不规范等等弊端，使得大型物流企业的网络效益、规模效益无法发挥。所以大型物流企业信息化建设的第一步，是用一体化的考虑方式，为企业建立一个信息共享的集中式信息平台，通过信息系统统一企业的规范，实时采集业务和财务数据，加强对网络的监控力度，实现透明化治理，从而加大企业的竞争优势。该统一的实时信息采集系统功能需涵盖物流企业的核心业务，如国际海运货代、国际空运货代、报关服务、内陆运输、仓储、配送、堆场、码头业务，以及为物流市场拓展服务的市场拓展治理、服务治理、报价治理、绩效治理、市场活动治理、客户协议治理等。

2. 建立面向上下游客户的服务平台

在企业已经建立了统一的信息平台后，就需要考虑如何降低客户服务成本，提高客户服务质量，增强客户对企业的忠诚度，所以此时需要建立一个面向上下游客户的服务平台。

第一要明确物流企业客户服务对象应包括：供给商、外部客户、内部客户、客户的客户、合作伙伴和国外代理。企业可以通过建设电子商务网站，或利用信息系统建立虚拟客户服务中心，通过自动发送电子邮件、传真、短信等通知模式，实现企业统一、规范的客户服务要求，为客户提供快速的、准确的、主动的服务。

通过建立高效的物流信息服务平台，不同业务部分之间、不同分支机构之间、与合作伙伴之间、与客户之间、与供给商之间都可以实现全面的协同工作和信息共享。协同工作带来的最直接利益是效率的提高和服务质量的保证。通过协同工作，与合作伙伴之间的合作关系更加坚固；与客户之间的关系不再通过简单的买卖关系或销售职员的销售能力来维系，更多的是依赖优质便捷、可增值的服务来维系；与供给商之间则可实现获得最直接的、最快速的贸易信息与服务，使企业在市场竞争中处于领先的地位。

3. 建立通用的 EDI 交换平台

为了更紧密的捆绑企业与客户的关系，更大程度的缩短企业与客户的间隔，大型物流企业在拥有客户服务平台的基础上，一定建立自己通用的 EDI 平台，以满足各种类型的客户对企业信息的需求，其中包括船公司、海关、拖车、堆场、仓库、代理、合作伙伴等等。

通过企业 EDI 平台的建立，利用系统自动发送、接收 EDI 的功能，与客户、合作伙伴、供给商实现自动的协同工作，增加企业之间关系的稳定性，使企业与客户间建立了私有信息通道，为自己创造价值的同时也为客户创造了价值，最大程度的发挥了企业的网络效益和整体效益。

4. 建立数据仓库系统

物流企业 80% 的利润来自于 20% 的核心客户。在系统稳定运行了一定时间后，如何利用现有数据，挖掘出企业 20% 的核心客户和核心客户的业务波动情况，如何利用现有的业务和财务数据分析出企业的治理能力、经营状况、资金状况等情况，成为企业突破自身瓶颈的关键。

所以这个阶段企业需要建立自己的数据仓库系统，分析企业运行数据，从而为治理层提

供各种决策支持，使治理具有更强的预见性，适时调整企业战略进展目标，发现企业的核心价值，从而保证的企业良性进展。

5. 建立CRM客户关系治理平台

如何将企业的市场营销、销售、服务与技术支持连接起来，使企业能够吸引更多的潜伏客户和保持更多的现有客户成为现阶段的重点。通过建立CRM客户关系治理平台，不论客户大小、所在地域以及业务发生的时间，客户都可以得到优质、满足的服务；企业可以减少与客户沟通的环节，加强信用操纵以降低风险，同时通过对客户进行统一的信用治理，依据不同的信用等级提供不同的服务；根据物流企业进展的策略，对大客户提供特定的个性化服务，从而使物流企业的服务提升到一个新的层次，真正实现企业的价值。

6. 建立深层次的效益分析系统

物流企业向客户提供服务的目的就是为了获得利润。为此，有必要利用系统中的历史数据、正在发生的数据进行深层次的收益分析，以便找到真正的利润来源，提供有针对性的、更有价值的服务，发现可能的利润增长点。

五、物流信息系统的内容

物流信息系统根据不同企业的需要可以有不同层次、不同程度的应用和不同子系统的划分。例如有的企业由于规模小、业务少，可能使用的仅仅是单机系统或单功能系统，而另一些企业可能就使用功能强大的多功能系统。一般来说，一个完整、典型的物流信息系统可由作业信息处理系统、控制信息处理系统、决策支持系统三个子系统组成：

1. 作业信息处理系统

作业信息处理系统一般有电子自动订货系统（EOS）、销售时点信息系统（POS）、智能运输系统等类型。

电子自动订货系统是指企业利用通讯网络（VAN或互联网）和终端设备以在线连接方式进行订货作业和订单信息交换的系统。电子订货系统按应用范围可分为企业内的EOS（如连锁经营企业各连锁分店与总部之间建立的EOS）；零售商与批发商之间EOS以及零售商、批发商与生产商之间的EOS等。及时准确地处理订单是EOS的重要职能。其中的订单处理子系统为企业与客户之间接受、传递、处理订单服务。订单处理子系统是面向于整个订货周期的系统，即企业从发出订单到收到货物的期间。在这一期间内，要相继完成四项重要活动：订单传递、订单处理、订货准备、订货运输。其中实物流动由前向后，信息流动由后向前。订货周期中的任何一个环节缩短了时间，都可以为其他环节争取时间或者缩短订货周期，从而保证了客户服务水平的提高。因为从客户的角度来看，评价企业对客户需求的反应灵敏程度，是通过分析企业的订货周期的长短和稳定性来实现的。

销售时点信息系统（POS）是指通过自动读取设备在销售商品时直接读取商品销售信息如商品名、单价、销售数量、销售时间、购买顾客等，并通过通讯网络和计算机系统传送至有关部门进行商品库存的数量分析、指定货位和调整库存以提高经营效率的系统。

智能运输系统（ITS）是典型的发货和配送系统，它将信息技术贯穿于发货和配送的全过程，能够快捷准确的将货物运达目的地。

2. 控制信息处理系统

控制信息处理系统主要包括库存管理系统和配送管理系统。

库存管理系统负责利用收集到的物流信息，制定出最优库存方式、库存量、库存品种以及安全防范措施等。

配送系统则将商品按配送方向、配送要求分类，制定科学、合理、经济的运输工具调配计划和配送路线计划等。

3. 决策支持系统

物流决策支持系统（LDSS）是为管理层提供的信息系统资源，给决策过程提供所需要的信息、数据支持、方案选择支持。一般应用于非常规、非结构化问题的决策。但是决策支持系统只是一套计算机化的工具，可以帮助管理者更好的决策，但不能代替管理者决策。

六、典型的物流信息系统

1. 快递管理信息系统

快递管理信息系统（Express Management Information System）是对快递业务的运单为核心，从收件到派送回单的整个流程、财务结算（成本、代理结算、应收应付、收款、审核等），客户服务（网上查单、电话语音服务、个性化定制服务等）等的信息化处理。快递管理信息系统的主要目标有：①能够实现业务的动态性和地域的分布性；②能够实现数据的动态监控；③能够提供多样化的服务；④能够实现物流、资金流、商流和信息流的高度统一。快递管理信息系统结构图见图9-6所示。

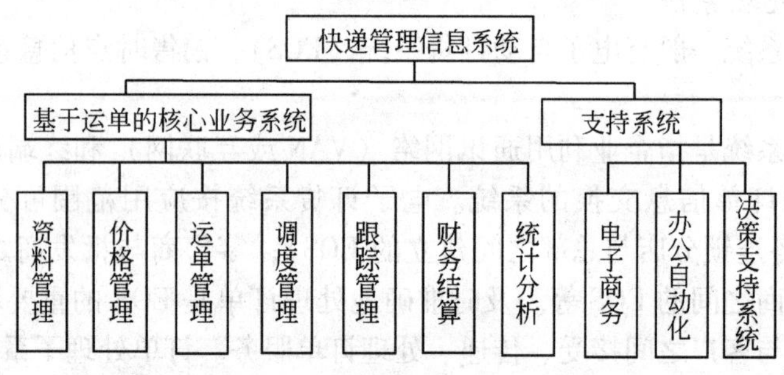

图9-6 快递管理信息系统

2. 进出口报关国际货运代理管理信息系统

进出口报关系统以企业内部进出口业务管理为核心，实现从合同登记、进出口报关到合同核销的全流程管理，为企业的报关行为、业务管理和决策分析提供科学的依据。国际货运代理管理信息系统（International Freight Forwarder Management Information System，IFFMIS），是对托运单、操作（订舱、派车、报关）、提单、财务结算、EDI的信息数据进行分析和处理的管理信息系统。进出口报关子系统的目标有：①规范报关业务流程；②进行数据集中管理；③对海关商品和企业料件的维护；④对手册核销提示和检查；⑤同库存数据的自动比对；⑥多种报表统计。进出口报关子系统结构图见图9-7所示。国际货运代理子系统的目标有：①实现规范化的操作流程；②自动进行数据采集；③在安全的权限管理下对往来账进行控制管理；④与其他软件无缝连接；⑤完全无纸化办公。进出口报关子系统结构图见图9-8所示。

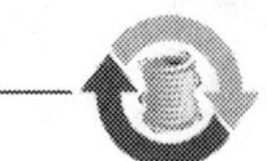

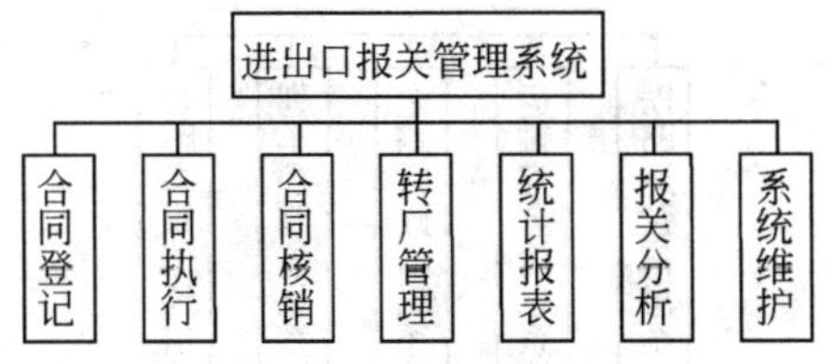

图 9-7　进出口报关系统功能模块图

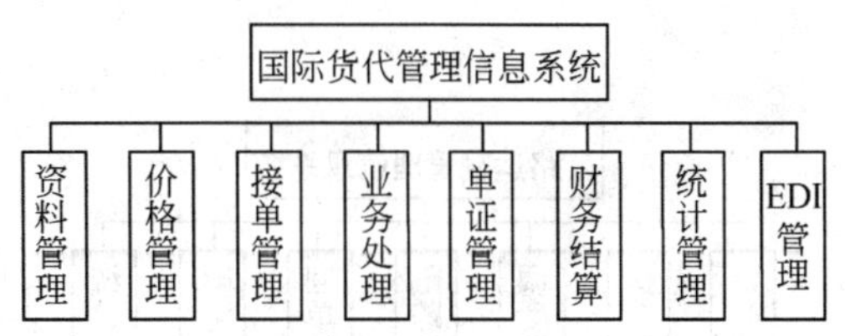

图 9-8　国际货运代理系统功能模块图

3. 水陆运输与码头物流管理信息系统

水运主要承担以下作业任务：承担大批量货物，特别是集装箱运输；承担原料半成品等散货运输；承担远距离、运量大，运货负担能力相对较低的货运任务。特点：运输能力大、运输成本低、劳动生产率高，受自然条件影响很大、水路运输速度较慢、安全性和准确性难以得到保障。集装箱码头信息管理系统依照国际上码头实际操作规范来完成，实现船舶、堆场计划、泊位预排、岸桥顺序、场桥预约、时段分配、箱位调整、作业情况监视和查询等。水路运输系统主要目标就是降低物流成本。水运系统结构图见图 9-9 所示。

码头物流管理系统的目标有：①提高码头的生产能力；②提高码头的生产力；③提高堆场堆存能力；④提高服务台办单速度及闸口处理速度。码头物流管理系统结构图见图 9-10 所示。

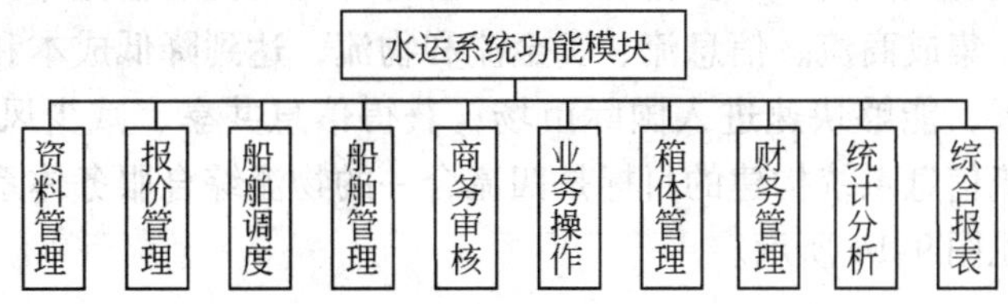

图 9-9　水运系统功能模块图

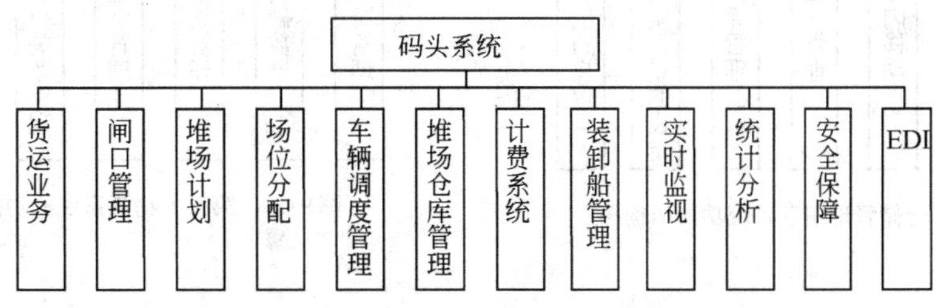

图 9-10　码头系统

4. 陆路运输管理信息系统

公路运输由公路和汽车两部分组成，主要使用汽车或其他车辆（如人、畜力车）在公路上进行货客运输的一种方式。公路运输主要承担近距离、小距离的货运和水运、铁路运输难以到达地区的长途、大批量货运及铁路、水运优势难以发挥的短途运输。公路运输系统功能模块图见图 9-11 所示。铁路应用信息系统功能图见图 9-12 所示。

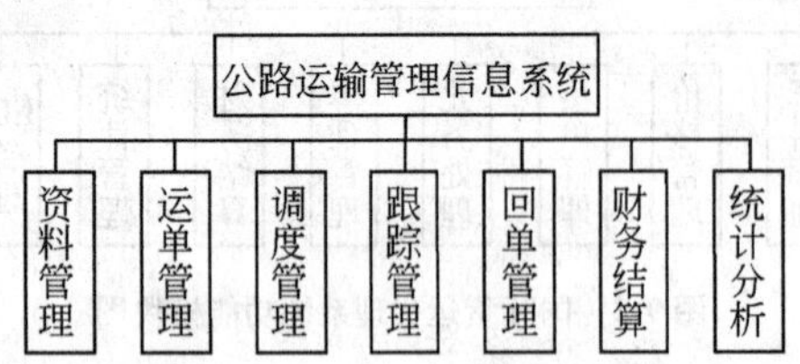

图 9-11　公路运输系统功能模块图

铁路应用信息系统

铁路运营信息系统 | 运输安全信息系统 | 全路行政信息系统 | 列车控制信息系统 | 全路多媒体通信系统

9-12　铁路应用信息系统功能图

5. 仓储管理信息系统

仓库管理信息系统是以条码技术和数据库技术为基础，为实现仓库管理中货物的进货、出货、库存控制、点仓等管理功能，并可依托互联网进行客户订单和查询管理的管理信息系统。仓储管理信息系统的目标有：①增加库存控制；②提高客户的满意度；③降低劳动力成本，增加产出量；④降低运营成本；⑤增加仓库的空间利用率。仓储管理信息系统功能结构见图 9-13 所示。

6. 3PLS 集成物流信息系统

第三方物流系统（Third- party Logistics Service Provider，3PLs）是一种实现物流供应链集成的有效方法和策略，它通过协调企业之间的物流运输和提供后勤服务，把企业的物流业务外包给专门的物流管理部门来承担，特别是一些特殊的物流运输业务。第三方集成物流信息系统的主要目标：集成商流、信息流、资金流和物流，达到降低成本和改进服务质量；集中于核心业务的发展，能够快速进入国际市场；获得信息共享、减少风险和获得物流经验等。第三方集成物流信息系统构建的目标是四流合一的物流综合服务体系。第三方集成物流信息系统功能结构见图 9-14 所示。

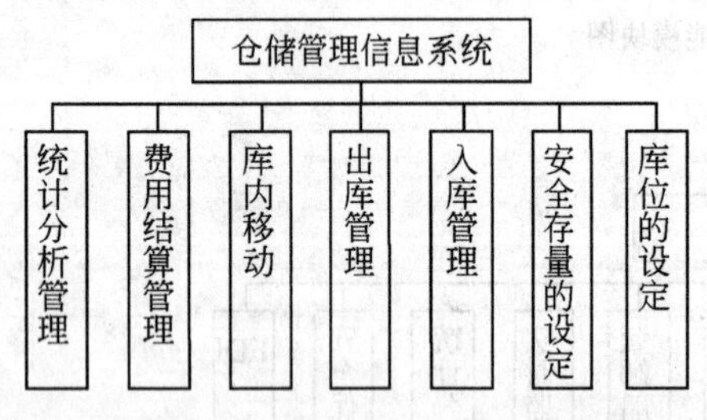

图 9-13　仓储管理信息系统功能结构图

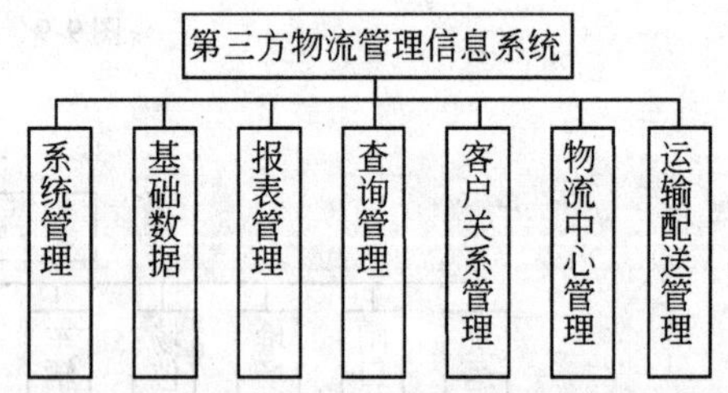

图 9-14　第三方物流系统的功能结构图

第四节　EPC 与物联网

一、产品电子代码（EPC）及其物联网概述

1. EPC 提出的背景

EPC（Electronic Product Code，产品电子代码）是提供对物理世界对象的唯一标识。它通过计算机网络来标识和访问单个物体，就如在互联网中使用 IP 地址来标识、组织和通信

一样。EPC 系统的最终目标是为每一单品建立全球的、开放的标识标准。通过 EPC 系统的发展能够推动自动识别技术的快速发展；通过整个供应链对货品进行实时跟踪，通过优化供应链来给用户提供支持，可以大大提高供应链的效率。

条码已经成为产品识别的主要手段。但条码仍然存在许多无法克服的缺点，如条码只能识别一类产品，而无法识别单品；条码是可视传播技术，扫描仪必须“看见”条码才能读取它，这表明人们通常必须将条码对准扫描仪才有效。相反，无线电频率识别并不需要可视传输技术，射频标签只要在解读器的读取范围内就可以了；如果印有条码的横条被撕裂、污损或脱落，就无法扫描这些商品。

产品的唯一识别对于某些商品非常必要。而条码识别最大的缺点之一是它只能识别一类产品，而不是唯一的商品。例如牛奶纸盒上的条码到处都一样，要辨别哪盒牛奶先超过有效期是不可能的。

那么如何才能识别和跟踪供应链上的每一件单品呢？

随着因特网的飞速发展和射频技术趋于成熟，信息数字化和全球商业化促进了更现代化的产品标识和跟踪方案的研发，可以为供应链提供前所未有的、近乎完美的解决方案。也就是说，公司将能够及时知道每个商品在他们供应链上任何时点的位置信息。

虽然有多种方法可以解决单品识别问题，但目前所找到的最好的解决方法就是给每一个商品提供唯一的号码—“EPC 码”。EPC 码采用一组编号来代表制造商及其产品，不同的是 EPC 还用另外一组数字来唯一地标识单品。EPC 是唯一存储在 RFID 标签微型芯片中的信息，这样可使得 RFID 标签能够维持低廉的成本并保持灵活性，使在数据库中无数的动态数据能够与 EPC 标签相链接。

1999 年美国麻省理工学院（MIT）成立了自动识别技术中心（AUTOID CENTER），提出了 EPC 概念，其后四个世界著名研究性大学：英国剑桥大学、澳大利亚的阿雷德大学、日本 Keio 大学和上海复旦大学相继加入参与研发 EPC，并得到了 100 多个国际大公司的支持，其研究成果已在一些公司如宝洁公司中试用。1993 年 10 月份，EAN. UCC 正式接管了 EPC 在全球的推广应用工作，成立了 EPC Global。而 Auto-ID Center 改为 Auto-ID Lab，EPC 的研究性工作也将继续由 Auto-ID Lab 承担。作为 EAN. UCC 的会员组织，中国物品编码中心（ANCC）也积极参与到 EPC 的推广工作中来。

EPC 目标是为所有实体提供唯一标识，除了物理实体，还可用来标识服务、组织等非物理实体。它通过计算机网络来标识和访问单个物体，就如在互联网中使用 IP 地址来标识、组织和通信一样。

2. EPC 物联网在我国的发展

国内研究人员对 EPC 物联网的研究属于跟踪发达国家的研究，参与这方面研究的中国物品编码中心等非营利机构以及 Auto-ID 中国实验室等科研机构，已取得了一些的成果，但 EPC 物联网仍处于宣传和推广的起步阶段。早在 1996 年中国物品编码中心就开始研究作为 EPC 物联网的关键之一的射频识别技术了。1999 年，中国物品编码中心完成了原国家技术监督局的科研项目《新兴射频识别技术研究》，制定了射频识别技术规范。2002 年，中国物品编码中心开始积极跟踪国际 EPC 的发展动态，2003 年完成了《EPC 产品电子代码》课题的研究，出版了《条码与射频标签应用指南》一书。2003 年 12 月 23 日，由国家标准化管理委员会主办、中国物品编码中心牵头，全国物流信息管理标准化技术委员会承办，在北京举行了第一届中国 EPC 联席会。此次会议，统一了 EPC 产品电子代码和物联网的概念，协调了各方的关系，将 EPC 技术纳入标准化、规范化的管理，为 EPC 在我国的快速、有序的发展奠定了坚实的基础。从此，EPC 技术的研究纳入标准化、规范化管理的范畴，EPC 在中国的发展走向正轨。2004 年 1 月，中国物品编码中心取得了国际物品编码协会的唯一授权，2004 年 4 月 22 日，EPC global China 在北京成立，其主要职责是：负责统一管理、统一注册、统一赋码和统一组织实施我国的 EPC 系统推广应用工作及 EPC 标准化研究工作，EPC global China 的成立从组织机构上保障了我国 EPC 物联网事业整体的有效推进。保证了我国 EPC 的标准化和管理方面的最终的统一和高度一致。

3. EPC 物联网的概念

自动识别技术实验室正在设计、研制、建设、测试、部署一种全球性的基础设施。它是叠加在互联网上的一层通信网络。它能使电脑在世界任何地方都能实时辨认出任何物件，此网络称作 EPC 物联网。所有的物理对象在 EPC 物联网中充当节点，该网络不仅能提供一种途径将可靠、准确、实时的资讯传回给现有的商业应用程式之中，同时还将会带来一个革新的新时代，这将是下一场网络革命。

全新网络的心脏是“产品电子代码”（EPC）。跟条码一样，产品电子码用一串数字代表产品制造商和产品类别。不同的是 EPC 还外加了第三组数字，是每一件产品所特有的。存储在 RFID 标签微型晶片中的唯一资讯就是这些数字。EPC 还可以与数据库里的大量数据相联系，包括产品的生产地点和日期，有效日期，应该运往何地等。而且，随着产品的转移或变化，这些数据可以实时更新。

在由 EPC 标签、解读器、Savant 服务器、Internet、ONS 服务器、PML 服务器以及众多数据库组成的 EPC 物联网中，解读器读出的 EPC 只是一个信息参考（指针），该信息经过网络，传到 ONS 服务器，找到该 EPC 对应的 IP 地址并获取该地址中存放的相关的物品信息。而采用分布式 Savant 软件系统处理和管理由解读器读取的一连串 EPC 信息，Savant 将 EPC 传给 ONS，ONS 指示 Savant 到一个保存着产品文件的 PML 服务器查找，该文件可由 Savant 复制，因而文件中的产品信息就能传到供应链上，如图 9-15 所示。

二、物联网的作用

EPC 概念的提出是一件具有革命意义的事件，表现为：在世界范围内为每件单品进行唯一标识，这是前所未有的事情；将 RFID 技术的远期应用推到了无所不在的极致状态，由此为射频识别技术的发展注入了极大地动力；提出了物联网的概念，极大地拓展了互联网的远期内涵。

1. 物联网的发展能提高供应链的信息透明度

从目前技术的发展状况来看，EPC 技术是一项综合了物品编码规则、射频识别（RFID）技术以及计算机互联网技术的综合体系。EPC 物联网的目标是为人们提供在任何时间（anytime）、任何地点（anywhere）、任何一件物品（anything）的信息服务功能。这一点与现代物流业所倡导的理念一致。现代物流发展的核心就是以信息技术为支撑，整合复杂的产品信息，提高供应链的信息透明度，使供应链内企业展开良好协作，共同降低物流成本。

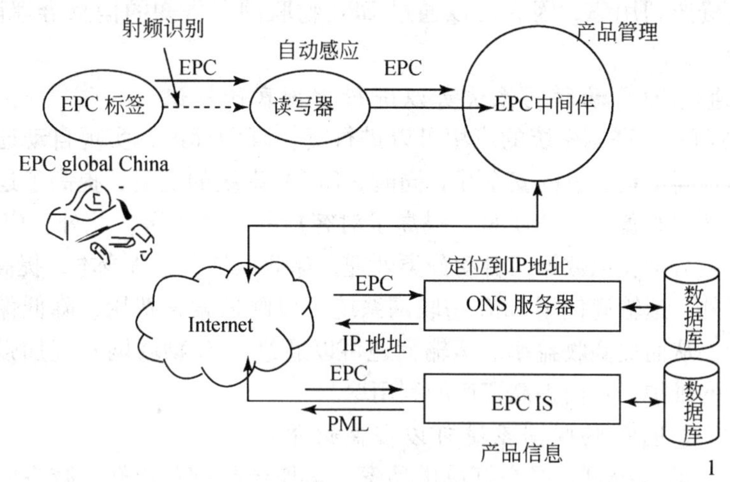

图 9-15　EPC 物联网工作流程示意图

2. 物联网的发展使供应链管理方法得到真正应用

物联网技术的应用将给物流业带来革命性影响，它能够将供应链管理系统上的制造、运输、包装、仓储、销售等主要环节集成起来，实现产品的智能跟踪、信息查询、产品物流控制和管理，从而使供应链管理方法能得到真正应用。据国际商用机器公司的专家分析，应用 EPC 物联网技术能将公司的库存平均减少 5% ~25%，大大节省公司的库存成本；同时有 50% 的英国供应商和制造商正考虑采用 EPC 物联网技术方案来改进供应链效率。

3. 物联网能推动物流产业的发展

自动识别技术是支持物流业发展的基础技术，条码技术曾经推动物流信息的采集和管理获得发展，而 RFID 技术作为更便利更可靠的信息采集技术必然会将物流产业推上发展的快车道。同时物联网是构建在互联网通讯基础上的信息互通网络，强烈的发展需求会给互联网提供前所未有的发展契机，为物流企业信息沟通提供极大便利。总之物联网的发展将为现代物流业的发展插上理想的翅膀，虽然其中困难重重，许多技术问题，包括概念模型的建立都还在探索中，但前途光明、道路曲折，正是所有新生事物发展的必然轨迹，物联网技术必将推动物流产业乃至我们的生活都迈上一个新的台阶。

4. EPC 物联网能使制造商实现高效的生产

实施 EPC 物联网对制造商来说，可以实现高效的生产计划，减少库存，也就是说制造商提供的产品正是它供应链下游参与方所需要的东西，同时，供应链下游参与方所需要的东西正是制造商在积极组织生产，彼此间真正做到了“心有灵犀”。同时，制造商可以对需求做出更快的响应，这样就在市场信息的捕捉方面夺得先机，积极组织生产，满足市场需要，提高市场份额。此外，制造商通过主动跟踪产品的信息，对有“瑕疵”或“缺陷”产品进行有效召回，提高自己的服务水平的同时也提高消费者的信心，EPC 物联网为消费者和制造商架起了一座信息交流的桥梁。不仅如此，实施 EPC 物联网，制造商可以提高劳动生产效率，降低产品退货率，因为生产做到了有的放矢，通过供应链的流通，各个环节的需求实时的反馈回来，制造商可以相应的调整自己的生产，包括内部员工的调配、生产资料的采购等，一切都发挥最大效能。当然，制造商还可以大大减少配送与运输成本，提高固定资产利用率，因为可以通过 EPC 物联网所告知的信息合理调配相关设备，实现利用率的最大化。

5. 运输商通过 EPC 物联网系统可以进行货物真伪标识

运输商通过 EPC 物联网系统的应用可以进行货物真伪标识，实现自动通关，实施运输路线追踪，从而提高货物运输的安全性。同时，EPCV 系统的实施，提高了运输商送货可靠性和送货效率，从而改善了服务质量，提高了对客户的服务水平。此外，应用 EPC 物联网系统，运输商可以自动获取数据，自动分类处理，降低取货、送货成本，提高质量管理和客户服务水平。另外，运输商使用 EPC 物联网系统可以降低索赔费用，降低保险费用，提供新信息增值服务，从而提高收益率。运输商还可以通过 EPC 物联网系统加强资产管理、资产的追踪、资产的维护，从而提高资产的利用率。

6. 零售商通过 EPC 物联网系统可以提高订单供品率

零售商实施 EPC 系统可以提高订单供品率，增加产品可获取性，减少脱销，从而增加收入。EPC 系统在商场的使用，可以大大提高自动结算的速度，减少缺货，降低库存水平，减少非流通存货量，降低最小安全存货量，防盗等功能带给零售商前所未有的喜悦。同时，零售商还可以通过 EPC 系统进行产品追溯，保证产品的质量，减少自己的损失。另外，EPC 在零售商管理中，可以降低运转费用，提高运转效率、工作效率，减少货物损失，从而进一步降低零售商的成本。

7. EPC 物联网系统的应用可以使消费者实现个性化购买

对消费者而言，EPC 系统的应用可以实现个性化购买，减少排队等候的时间。同时，通过 EPC 系统，消费者可以了解自己所购买的产品及其厂商的有关信息，一旦产品出现问题，便于进行质量追溯，维护自己的合法权益。

三、EPC 物联网系统的结构

EPC 物联网系统是一个非常先进的、综合性的和复杂的系统。EPC 的目标是提供对物理世界对象的唯一标识，为每一单品建立全球的、开放的标识标准。它通过计算机网络来标识和访问单个物体，就如在互联网中使用 IP 地址来标识、组织和通信一样。EPC 系统由六方面组成（见表 9-4 和图 9-16）：EPC 编码标准；EPC 标签；解读器；Savant（神经网络软件）；对象名解析服务（Object Naming Service：ONS）；物理标记语言（Physical Markup Language PML）。通过 EPC 系统的发展不仅能够对货品进行实时跟踪、而且能够通过优化整个供应链给用户提供支持，从而推动自动识别技术的快速发展并能够大幅度提高全球消费者的生活质量。

我们应当看到，EPC 物联网系统作为一项革命性的新技术，它是信息社会、网络社会发展的必然结果；它是一个系统性的工程，涉及许多方面，包括技术、管理、硬件、软件、网络、系统安全、无线电频率等，需要统筹考虑。面对目前的国内外形势，我们首先要做好国内推广 EPC 系统的发展规划，制定近期和长期的发展目标。总之，EPC 系统的发展将为全社会带来巨大的效益，给电子、IT、包装、印刷等行业带来了新的发展机遇，同时，也是严峻的挑战。我们必须充分抓住这个机遇，及时调整发展策略，促进民族工业的发展，在全球 EPC 产业当中占有一席之地。

EPC 物联网系统的构成　　表 9-4

系统构成	名　称	注　释
EPC 编码体系	EPC 代码	用来标识目标的特定代码
射频识别系统	EPC 标签	贴在物品之上或者内嵌在物品之中
	读写器	识读 EPC 标签
信息网络系统	EPC 中间件	EPC 系统的软件支持系统
	对象名称解析服务（Object Naming Service：ONS）	
	EPC 信息服务（EPC IS）	

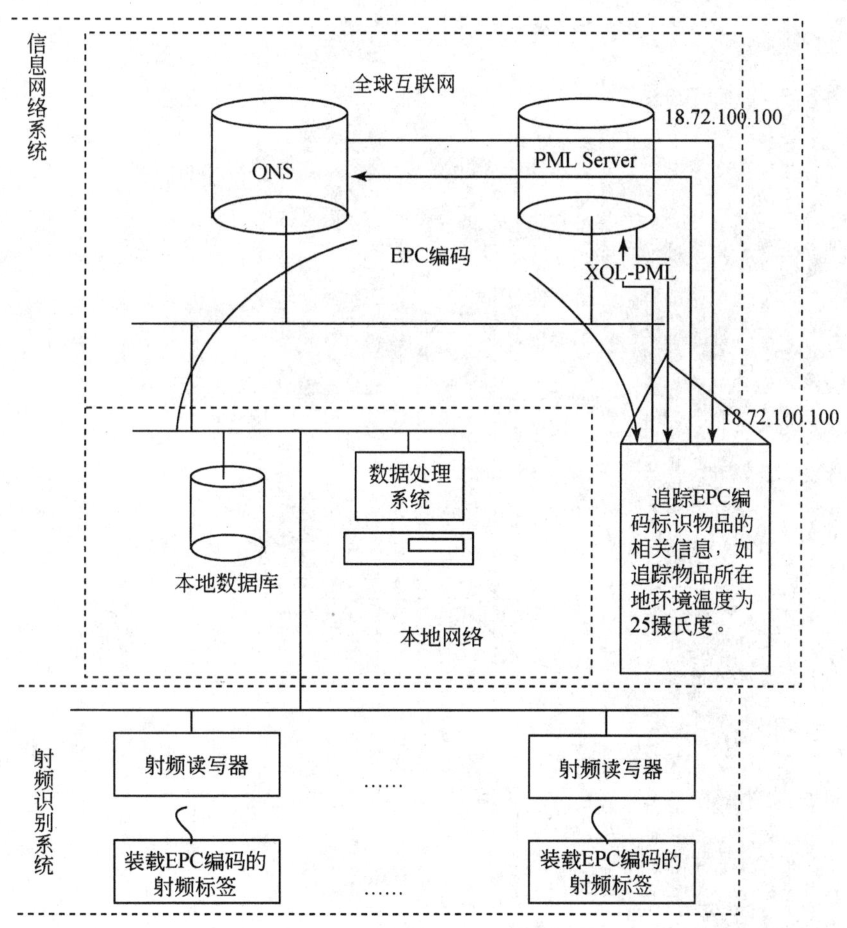

图 9-16　EPC 物联网系统的结构图

复习思考题

9-1　信息及其物流信息的定义？物流信息的特征有哪些？

9-2　条码的定义及其分类？

9-3　说明全球卫星定位系统的概念、组成及其工作原理。

9-4　EPC 系统由哪几部分组成？

9-5　无线射频识别及其特点有哪些？

第十章　供应链管理

第一节　供　应　链

一、供应链的概念

“供应链”一词源于英文的“Supply Chain”，那么，供应链的真实含义是什么？下面以到附近的酒类专卖店去购买啤酒为例来说明。当然，购买啤酒可以去附近的酒类专卖店，也可以去超市、便利店、折扣店等处购买。陈列于零售店的啤酒，在消费者取到手之前是经过怎样的途径到商店的？啤酒制造商生产啤酒，首先要采购大麦、啤酒花等原材料，并进行酿造。酿造出来的啤酒为了保持鲜度，需要通过各种流通渠道，快速地运送到零售商店。小规模的酒类专卖店通过批发商进货，大型连锁零售商则不通过批发商，直接从制造商进货。通常，某一商品从生产地到达消费者手中，有如下的厂商及相关人员依次参与：供货商、制造商、批发商、零售商、消费者。这些与供货密切相关的企业和人员的衔接成为供应链。从另一个角度出发，供应链也有其他称谓。例如，从商品的价值是在业务连锁中渐渐增值的角度看，可称为“价值链”（Value Chain）；另外，从满足消费者需求的业务连锁角度看，亦可称之为“需求链”（Demand Chain）。

早期的观点认为供应链是生产企业中的一个内部过程，它是指把从企业外部采购的原材料和零部件，通过生产转换和销售等活动再传递到零售商和用户的一个过程。传统的供应链概念局限于企业内部操作层次上，注重企业自身资源的利用，并没有注意与之相关的企业。

随着供应链观念的发展，有些学者把供应链的概念与采购、供应管理相关联，用来表示与供应商之间的关系，这种观点得到了研究合作关系、JIT关系、精细供应、供应商行为评估和用户满意度等问题的学者的重视。但这样一种关系也仅仅局限在企业与供应商之间，而且供应链中的各企业独立运作，忽略了与外部供应链其他成员企业的联系，往往造成企业间目标冲突。

后来供应链的概念注意了与其他企业的联系和供应链的外部环境，认为它是一个“通过链中不同企业的制造、组装、分销、零售等过程将原材料转换成产成品，再到最终用户的转换过程”，这是更大范围、更为系统的概念。例如，美国的史迪文斯（Stevens）认为：“通过增值过程和分销渠道控制从供应商的供应商到用户的用户的流就是供应链，它开始于供应的源头，结束于消费的终点。”伊文斯（Evens）认为：“供应链管理是通过前馈的信息流的反馈的物料流及信息流，将供应商、制造商、分销商、零售商直到最终用户连成一个整体的模式”。这些定义都体现了供应链的完整性，考虑了供应链中所有成员操作的一致性

（链中成员的关系）。

当今，供应链的概念更加注重围绕核心企业的网链关系，如核心企业与供应商、供应商的供应商乃至与一切上游企业的关系，与用户、用户的用户及一切下游企业的关系。此时对供应链的认识形成了一个网链的概念。哈理森（Harrison）进而将供应链定义为："供应链是执行采购原材料、将它们转换为中间产品和成品，并且将成品销售到用户的功能网链。"这些概念都同时强调供应链的战略伙伴关系问题。菲利浦和温德尔认为供应链中战略伙伴关系是很重要的，通过建立战略伙伴关系，可以与重要的供应商和用户更有效地开展工作。

在《中华人民共和国国家标准·物流术语》[GB/T 18354—2006] 中，对供应链的定义是："供应链（Supply Chain）是生产及流通过程中，为了将产品或服务交付给最终用户，由上游与下游企业共同建立的网链状组织"。

二、供应链结构

典型的供应链中，厂商先进行原材料的采购，然后在一家或多家工厂进行产品的生产，把产成品运往仓库作暂时储存，最后把产品运往零售商或顾客。为了降低成本和提高服务水平，有效的供应链战略必须考虑供应链各环节的相互作用。供应链，也称物流网络，包括供应商、制造中心、仓库、配送中心和零售点，以及在各机构之间流动的原材料、在制品库存和产成品。

由图 10-1 可以看出，供应链由所有加盟的节点企业组成，其中一般有一个核心企业，节点企业在需求信息的驱动下，通过供应链的职能分工与合作（生产、分销、零售等）实现整个供应链的不断增值。

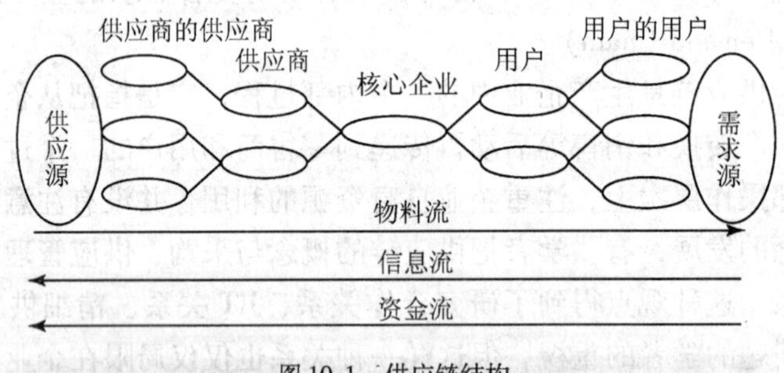

图 10-1　供应链结构

三、供应链的特征

在某种程度上讲，所有的增值过程都是通过供应商的重视和关心，提供相似的顾客满意感。更深层的意义是，供应商在某种程度上提供的是产品或服务适合消费者需求的一种"保证"。所有这些内容，都可以通过提供与产品和服务相关的一系列信息得到支持和加强。

供应链作为习惯称呼，是从上、下游关系来理解从供应商的供应商到用户的用户的关系。但事实上不可能是单一链状结构，而是交错链状的网络结构（Supply Network）。在供应

链竞争中，企业的竞争模式是这样的：企业处于相互依赖的网络中心，这个网络中的参与者通过优势互补结成联盟，供应链之间的竞争是通过这种网络进行竞争的。因此，为了在供应链竞争中处于领导地位，必须在内部整合的基础上，集中于供应链的网络管理。供应链时代的网络竞争建立在高水平的、紧密的战略发展规划基础上，这就要求供应链中各合作者必须共同讨论网络的战略目标和实现战略目标的方法及手段，在相互合作中，共同提高绩效以获得双赢。这里的双赢不是指参与的双方各取赢利的50%，而是指所有的合作者都从合作中受益。一般来说，供应链还具有以下特征：

（1）复杂性。因为供应链节点企业的组成跨度（层次）不同，供应链往往由多个、多类型的企业构成，它们之间的关系错综复杂，关联往来和交易多。所以供应链结构模式比一般单个企业的结构模式更为复杂。

（2）动态性。供应链管理因企业战略和适应市场需求变化的需要，其中的节点企业需要动态的更新和调整，这就使得供应链具有明显的动态性。

（3）面向用户需求。供应链的形成、存在、重构，都是基于一定的市场需求而发生的，并且在供应链的运作过程中，用户的需求拉动是供应链中信息流、产品流、服务流、资金流运作的驱动源。

（4）交叉性。节点企业可以是这个供应链的成员，同时也可以是另外一个供应链的成员，大多的供应链形成交叉结构，增加了协调管理的难度。

（5）创新性。供应链夸大了原有的单个企业的物流渠道，充分考虑了供应链整个物流过程以及影响此过程的各个环节和因素。它向着物流、商流、信息流、资金流各个方向同时发展形成了一套相对独立而完整的体系，因而具有创新性。

（6）风险性。供应链的需求匹配是一个持续性的难题，供应链上的消费需求和生产供应，始终存在着时间差和空间分割。通常，在实现产品销售的数周和数月之前，制造商必须先期确定生产的款式和数量，这一决策直接影响到供应链系统的生产、仓储、配送等功能的容量设定，以及相关成本的构成。因此，供应链上供需匹配隐含着巨大的财务风险和供应风险。

此外，供应链的特征还表现在其是增值的（Value Added）和有利可图的（Profitable），否则就没有存在的必要。所有的生产运营系统都是将一些资源进行转换和组合，增加适当的价值，然后把产品“分送”到那些在产品的各递送阶段可能考虑到也可能被忽视的顾客手中。

四、供应链的分类

（一）根据研究对象划分

史蒂芬·纽（Stephen New）将供应链管理的研究对象分为企业供应链、产品供应链和基于供应链合作伙伴关系的供应链三种类型。

1. 企业供应链

企业供应链管理是就单个公司所提出的含有多个产品的供应链管理，该公司在整个供应链中处于主导者地位，不仅考虑与供应链上其他成员合作，也较多地关注企业多种产品在原料购买、生产、分销、运输等技术资源的优化配置问题，并且拥有主导权。如我们经常提到的生产企业主导的供应链（如海尔公司的供应链）、大型零售企业主导的供应链（如沃尔玛特公司的供应链）等。在这样的供应链中，必须明晰主导者的主导权，如果主导权模糊不清，不仅无助于供应链计划、供应链设计和供应链管理的实施，而且，也无法使整个供应链建立起强有力的组织和有效的运作。这里主导权是统一整个供应链理念的关键要素。这里供应链的概念更加注重围绕核心企业的网链关系，如核心企业与供应商、供应商的供应商乃至一切前向的关系，与用户、用户的用户乃至一切向后的关系。这里的单个公司通常指供应链中的核心企业（Focal Company），它是对整个供应链起关键影响作用的企业。从核心企业来看，供应链包括其上游的供应商及其下游的分销渠道。供应链包括对信息系统、采购、生产调度、订单处理、库存管理、仓储管理、客户服务、包装物及废料的回收处理等一系列的管理活动。供应商网络包括所有为核心企业直接或间接提供投入的企业。

2. 产品供应链

产品供应链是与某一特定产品或项目相关的供应链，如某种品牌饮料的供应链，又如，一个生产汽车公司的供应商网络包括上千家企业，为其供应从钢材、塑料等原材料到变速器、刹车等复杂装配件等多样的产品。基于产品供应链的供应链管理是对由特定产品的顾客需求所拉动的整个产品供应链运作的全过程的系统管理。采用信息技术是提高产品供应链的运作绩效、新产品开发以及完善产品质量的有效手段之一。在产品供应链上，系统的广告效应和行业的发展会引起对该产品的需求。而仅仅在物流运输、分销领域进行供应链管理的改进是收效甚微的。比如，衬衣制造商是供应链的一部分，它的上游是化纤厂和织布厂，下游是分销商和零售商，最后到最终消费者。按定义，这条供应链的所有企业都是相互依存的，但实际上它们却彼此并没有太多的协作，要关注的是围绕衬衣所连接的供应链结点及其管理。

3. 基于供应链合作伙伴关系（供应链契约）的供应链

供应链合作伙伴关系主要是针对这些职能成员间的合作进行管理。供应链管理是对供应商、制造商、分销商、顾客等组成的网络中的物流、信息流、资金流（成本流）进行管理的过程。供应链的成员可以定义为广义的买方和卖方，只有当买、卖双方组成的结点间产生正常的交易时，才发生物流、信息流、资金流（成本流）的流动和交换。表达这种流动和交换的方式之一就是契约关系，供应链上的成员通过建立契约关系来协调买方和卖方的利益。另一种形式是供应链合作伙伴关系建立在与竞争对手结成的战略合作基础上的供应链。

以上三种供应链管理的对象是彼此相关的，在一些方面是相互重叠的，然而这对于考察供应链和研究不同的供应链管理方法是有帮助的。

（二）根据网状结构划分

供应链以网状结构划分为发散型的供应链网（“V”型供应链）、会聚型的供应链网（“A”型供应链）和介于上述两种模式之间的供应链网（“T”型供应链）。

1. “V”型供应链

“V”型供应链是供应链网状结构中最基础的结构。物料是以大批量的方式存在，经过

企业加工转换为中间产品，如石油、化工、造纸和纺织企业，提供给其他企业作为它们的原材料。生产中间产品的企业数量要多于供应商，呈发散状。这类供应链在产品生产过程中每个阶段都有控制问题。在这些发散网络上，企业生产大量的多品种产品使其业务非常复杂。为了保证满足客户服务需求，需要库存作为缓冲，这种缓冲是用来确保工厂满足不确定需求和确保工厂有能力生产而设定的，这样会占用大量的资金。由订单和物料驱动的控制系统不能应用在这样的工厂，这种供应链常常出现在本地业务而不是为了全球战略。对这些"V"型结构的成功计划和调度主要依赖于对关键性的内部能力瓶颈的合理安排，它需要供应链成员制定统一详细的高层计划。

2."A"型供应链

当核心企业为供应链网络上最终用户服务时，它的业务本质上是由订单和客户驱动的。在制造、组装和总装时，会遇到一个与"V"型结构供应链相反的问题，即为了满足相对少数的客户需求和客户订单时，需要从大量的供应商手中采购大量的物料。这是一种典型的会聚型的供应链网，即形成"A"字形状。如航空工业（飞机制造）、汽车工业、重工业等企业，这些企业是受服务驱动的，精力集中放在重要装配点上的物流同步。企业资源计划（ERP）成了这些企业进一步发展的阶梯。来自市场的缩短交货期的压力迫使这些组织寻求更先进的计划系统来解决物料同步问题。这类企业拥有策略性的，由需求量预测决定的公用件、标准件仓库。这种结构的供应链在接受订单时考虑供应提前期并且能保证按期完成的能力，因此关键之处在于精确地计划和分配满足该订单生产所需的物料和能力，考虑工厂真实可用的能力、所有未分配的零件和半成品、原材料和库中短缺的关键性物料，以及供应的时间等。另外，需要辨别关键性的路径。所有的供应链节点都必须在供应链系统中有同样的详细考虑，这就需要关键路径的供应链成员紧密地联系和合作。

3."T"型供应链

介于上述两种模式之间的许多企业通常结成的是"T"型供应链。这种情形在接近最终用户的行业中普遍存在。如医药保健品、汽车备件、电子产品、食品和饮料等行业；在那些为总装配提供零部件的公司也同样存在，如为汽车、电子器械和飞机主机厂商提供零部件的企业。这样的公司从与它们的情形相似的供应商处采购大量的物料并给大量的最终用户和合作伙伴提供构件和套件。这种"T"型的企业根据现存的订单确定通用件，并通过对通用件的制造标准化来减少复杂程度。这种网络将在现在和将来的供应链中面临最复杂的挑战，因为"T"型供应链是供应链管理中最复杂的，这类企业往往投入大量的金钱用于供应链的解决方案，需要尽可能限制提前期（Lead Time）来稳定生产而无须保有大量库存，预测和需求管理总是此种供应链成员考虑的一个重点。显然，与前两类结构不同的是，这种供应链多点控制因素变得很重要，例如在哪里生产最好，在哪里开展促销活动，采取什么决定影响分销成本等。从控制的角度来说，按相似产品系列进行汇集的办法常常是最成功的。处理这种组织的最好方法是减少产品品种和运用先进方法，或是利用先进的计划工具来维护和加强供应链控制水平。

（三）根据产品种类划分

根据产品的生命周期、需求稳定程度及可预测程度等可将产品分为两大类，即功能型产品（Functional Products）和创新型产品（Innovative Products）。

1. 功能性产品一般用于满足用户的基本需求，变化很少，具有稳定的、可预测的需求和较长的寿命周期，但它们的边际利润较低，如日用百货。创新型产品对市场来说很新，因此需求的不确定性很高，需求一般不可预测，寿命周期也较短，如时装。一旦畅销，其单位利润就会很高，随之会引来许多仿造者，基于创新的竞争优势会迅速消失，因此，这类产品无论是否畅销，其生命周期均较短。为了避免低边际利润，许多企业在式样或技术上进行革新以寻求消费者的购买，从而获得高的边际利润。正因为这两种产品的不同，才需要有不同类型的供应链去满足不同的管理需要。

对于一种产品来说，特别是功能型产品，从其生产投放市场直到过时淘汰，一般都要经历几个典型的生命阶段，即引入、成长、成熟、衰退四个阶段。在产品生命周期的各个阶段，产品有其明显区别于其他阶段的特征，对供应链的要求相应有所不同。因而，对同一产品在生命周期的不同阶段，要注意控制内容和侧重点，采取相应的供应链策略，如表 10-1 所示。

功能型供应链不同产品生命周期时的供应链策略 表 10-1

产品生命周期	特　征	供应链策略
引入期	无法准确预测需求量；大量的促销活动；零售商可能在提供销售补贴的情况下才同意储备新货；订货频率不稳定且批量小；缺货将大大抵消促销；产品未被市场认同而夭折的比例较高	供应商参与产品的设计开发；在产品投放市场前制定完善的供应链支持计划；原材料、零部件的小批量采购；高频率小批量的发货；保证的产品可得性和物流灵活性；避免缺货发生；避免生产环节和供应链末端的大量库存；建立安全追踪系统；及时消除安全隐患；追回问题产品；供应链各环节信息共享
成长期	市场需求稳定增长；营销渠道简单明确；竞争性产品开始进入市场	批量生产；大批量发货；较多存货；以降低供应链成本做出战略性的顾客服务承诺以进一步吸引顾客；确定主要顾客并提供高服务水平；通过供应链各方的协作增强竞争力；服务于成本的合理化
成熟期	竞争加剧；销售增长放缓；一旦缺货将被竞争性产品代替；市场需求相对稳定；市场预测较为准确	建立配送中心；建立网络式销售渠道；利用第三方物流公司；降低供应链成本并为顾客增加价值；通过延期制造、消费点制造来改善服务；减少成品库存
衰退期	市场需求急剧下降；价格下降	对是否提供配送支持及支持力度进行评价；对供应链进行调整以适应市场的变化，如供应商、分销商、零售商等数量的调整及关系的调整等

对于功能型产品，由于市场需求比较稳定，比较容易实现供求平衡。对各成员来说最重要的是如何利用供应链上的信息协调他们之间的活动以使整个供应链的费用降到最低，从而提高效率。重点在于降低其生产、运输、库存等方面的费用，即以最低的成本将原材料转化成产品。

2. 对创新型的产品而言，市场的不确定性是问题的关键。因而，为了避免供大于求造

成的损失，或供低于求而失去的机会收益，管理者应该将其注意力集中在市场调节及其费用上。这时管理者们既需要利用供应链中的信息，还要特别关注来自市场的信息。

这类产品的供应链应该考虑的是供应链的响应速度和柔性，只有响应速度快、柔性程度高的供应链才能适应多变的市场需求，而实现速度和柔性的费用则退为其次。

（四）根据分布范围划分

1. 公司内部供应链

在每个公司里，不同的部门在物流中参与了增值活动。如采购部门是资源的来源部门，制造部门是直接增加产品价值，管理客户订单和送货的是配送部门。一般产品的设计和个性化产品的设计是由工程设计部门完成的，它们也参与了增值活动。这些部门被视作供应链中业务流程中的内部顾客和供应商。公司内部供应链管理主要是控制和协调物流中部门之间的业务流程和活动。

2. 集团供应链

一个集团可以在不同的地点进行制造并且对过程实现集中控制，而通过自有的区域和本地仓库网络配送产品。这种情况由于业务活动涉及许多企业（或部门），成为一种形式上的集团供应链。在供应链中每个公司都有自己的位置。一个公司有一个物流流向下游的客户的供给链和从上游流下的供应商的供应链。大量的信息需要快速地传递，供应链上业务流程也必须集成。今天企业要更有效地运作和保持竞争力，就必须有效地管理集团内公司及其供应商和客户，增强通过信息技术与它的客户和供应商沟通的能力。

3. 扩展的供应链

扩展的供应链表现为参与从原材料到最终用户的物流活动的公司日益增多，这种趋势在生产最终商品公司的供应和配送活动中尤为明显；复杂的网络包含着几层供应商结点，这些供应商在供应链中从事着增值活动，同样地，分销商网络能够把产品带到更远的消费者手中；随着供应链的延伸，供应商和最终用户之间的距离在拉大，产品和制造的个性化使供应商与客户关系却更加紧密。另一方面，供应商和客户之间交易成本的增加是供应链管理的主要压力，交易成本增加的主要原因是供应链过于分散和冗长；过去在一个公司里，业务流程通常在销售、设计、制造和采购等部门进行，而它们之间却缺乏及时沟通，这样一来产生的沟通障碍在业务流程中造成不必要的延迟和成本的上升，这种沟通障碍也使公司很难对客户的需求和市场变化做出快速反应。

而扩展的供应链正是在个性化生产、提前期的缩短和业务量的增加的因素影响下，迫使公司实现物流同步，成为一个联结着供应商和分销商的复杂供应链。

4. 全球网络供应链

因特网应用以及电子商务的出现，彻底改变了商业方式，也改变了现有供应链结构。它转换、削减、调换在传统销售、交易方面投资的实体资产；通过省略销售过程的中间商来压缩供应链的长度；创建了在电子化市场上运作的扩张性企业、联合制造业和跨部门集团；在贸易伙伴间进行实时数据存取、传递。下图 10-2 表示的是基于因特网的全球网络供应链。

在全球网络供应链中，企业的形态和边界将产生根本性的改变，整个供应链的协同运作

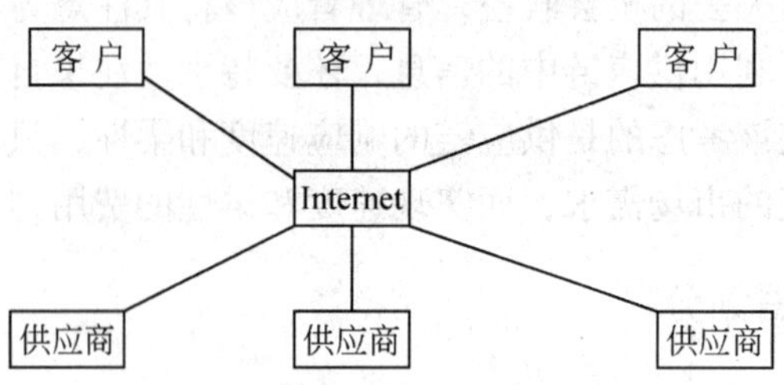

图 10-2　基于因特网的全球网络供应链

将取代传统的电子订单，供应商与客户间信息交流层次的沟通与协调将是一种交互式的协同工作。此时，便出现新的组织模式，即“虚拟企业”。也就是说，若干成员企业为共同获得某个市场机会的优势而组成的暂时的经营实体，是企业之间的“动态联盟”，机会一旦消失，虚拟企业即告解散。它不是一个具有独立法人资格的企业，而是各成员企业的全部或部分资源动态组合而成的一种组织，是企业之间的动态联盟，是全球网络供应链资源整合的一种形式。成员企业可以集中精力发展其关键资源、核心能力，成员间优势互补、风险共担、成果共享，并且可以根据市场机会，借助全球网络供应链迅速实现企业资源的重组，创造出具有高弹性的竞争优势。这不仅有利于企业的发展，而且增强了市场竞争的理性，减少了由于盲目性导致稀缺资源的浪费，促进了整个社会资源的优化配置。在虚拟企业中，传统的企业隔离墙被打破，计算机网络是各成员企业获得市场机会信息，做出快速反应，并进行企业间相互联系、紧密合作的主要技术手段。虚拟企业是网络经济时代的一大创新。一些新型的、有益于供应链的代理服务商将替代传统的经销商，并成为新兴业务，如交易代理、信息检索服务等，将会有更多的商业机会等待人们去发现。

（五）根据动力因素来源划分

根据供应链的推动力来源可以划分为“推式”供应链和“拉式”供应链两种（见图 10-3 和图 10-4）。“推式”的供应链管理，管理的出发点是从原材料推到产成品、市场，一直推至客户端；“拉式”的供应链管理，管理的出发点是以客户及客户满意度为中心的管理，以客户需求为原动力的管理。

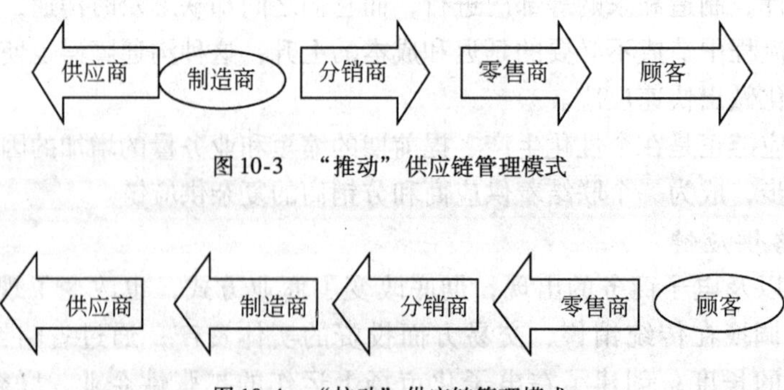

图 10-3　“推动”供应链管理模式

图 10-4　“拉动”供应链管理模式

传统的供应链模式叫做“推式”模式，即根据商品的库存情况，有计划地将商品推销给客户。“推式”供应链管理以企业资源计划（ERP）为核心，要求企业按计划来配置资

源。制造商领导的“推式”供应链，要求高度多样化，庞大的备用存货。而现今流行的供应链模式是“拉动”模式，该供应链模式源于客户需求，客户是该供应链中一切业务的原动力。“拉动”的概念既简单，又复杂。在超市的收款台前，扫描器采集到客户所购商品的确切信息。这种行为将最终引发产品从分销仓库中发出，数据在分销仓库进一步集中后又传送给制造商。这样，制造商就可以为下一次交货以补充分销仓库提前做准备。为此，制造商将调整交货计划和采购计划，同时更新生产计划，以便原材料供应商相应改变他们的交货计划。

“拉动”模式的要求有：增加产品的可替换形式；缩短订货间隔期；改进质量，降低单元成本；提高运作优势；设立执行评估系统。如图10-5所示，显示了“拉动”模式和“推动”模式的比较。

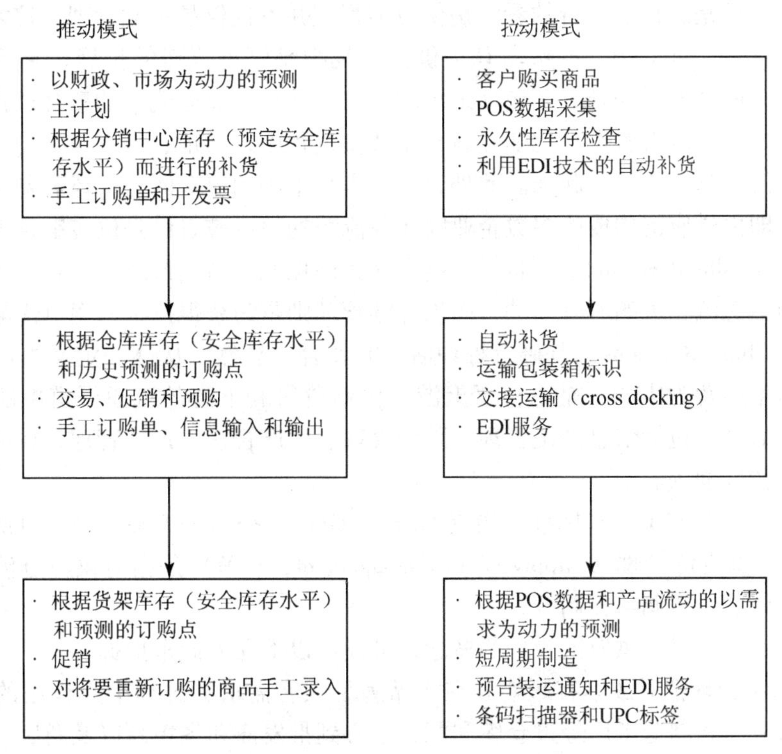

图10-5　推动式与拉动式供应链模式的比较

供应链的动力因素对商业战略正施加着巨大压力。公司不应只在质量或价格上获得竞争优势，而应依靠适物、适量、适时的发货能力占领市场。有效的供应链管理需要做到：使企业快速、准确地收集客户需求；尽可能以最低成本满足客户需求；从原材料采购到制造、组装产品的所有决策在整个供应链中应是开放的；将成品分销到客户手中并收集必要款项。

第二节　供应链管理

一、供应链管理的概念

供应链管理的概念最早提出于1982年。开思·奥立夫（Keith Oliver）和麦考尔·威波尔（Michael D. Webber）在《观察》杂志上发表“供应链管理：物流的更新战略”一文，首次提出了“供应链管理”。在1990年左右，学术界开始探讨供应链管理与传统物流管理的区别。由于供应链管理理论源于物流管理研究，其产生背景不可分割地与物流管理联系在一起。事实上供应链管理思想的提出经历了一个由传统物流管理到供应链管理的演化过程。学术界和企业对它有不同的理解。对于供应链管理的含义，至今仍有不同的理解，有的认为供应链管理与物流管理的内涵是相同的，有的认为供应链管理是物流管理的延伸，有的认为供应链是一种企业业务的综合，等等。事实上，供应链管理的概念与物流管理的概念密切相关，在现代物流管理的理解上，也有广义（即跨越组织间的界限，寻求综合的物流控制和管理）以及狭义（即企业内部的库存、运输管理）的区分，显然广义的物流管理与供应链管理是一致的。但是，目前通行的看法是供应链管理并不仅仅是物流管理，较之后者有更多功能，例如Copper、Iambert、Pagh等认为供应链是物流管理范畴的扩展，它除了包含与物品实体运动相关的种种活动外，还包括组织间的协调活动和业务流程的整合过程，正是在这个意义上才称之为供应链管理。比如在新产品开发过程中，营销、研发、生产、物流及财务等不同的供应流程都需要统一起来。此外，为了提高市场的应对能力，还需要与外部的企业寻求合作，亦即由供应链构成的多数企业间业务流程的整合被看做是供应链管理。与他们的观点相类似，Handfield和Nichools将供应链定义为确保原材料到最终消费者整个过程中所发生的与物流和信息流相关的所有活动，而供应链管理则是为获得持续的竞争优势，在供应链关系（Supply Chain Relations）基础上种种活动的整合。显然，从这一定义可以看出，供应链的构成是以生产者为中心，是由位于上游的供给阶段和下游的流通渠道中所有企业组成的，供应链的活动，包括信息系统管理、采购管理、生产管理、订货管理、在库管理、顾客服务以及废弃物处理等。

在《中华人民共和国国家标准·物流术语》［GB/T 18354—2006］中，对供应链管理是这样定义的：“供应链管理（Supply Chain Management，SCM）是指对供应链涉及的全部活动进行计划、组织、协调与控制。”

综合以上定义，对于供应链管理的概念，可以从以下几方面来把握：

（1）供应链管理把对成本有影响和在产品满足顾客需求的过程中起作用的每一方都考虑在内，从供应商和制造工厂经过仓库和配送中心到批发商和零售商以及商店。

（2）供应链管理的目的在于追求效率和整个系统的费用有效性；使系统总成本达到最小，这个成本包括从运输和配送成本到库存成本。因此，供应链管理的重点不在于简单地使运输成本达到最小或减少库存，而在于用系统方法来进行供应管理。

（3）因为供应链管理是围绕着把供应商、制造商、分销商（包括批发商和零售商）有效率地结合成一体这一问题来展开的，因此它包括公司许多层次上的活动，从战略层次到战术层次一直到作业层次。

二、供应链管理的特点

供应链管理与传统的管理模式相比有着明显的区别，主要体现在以下几个方面：

1. 供应链管理是一种集成化管理模式

传统的管理以职能部门为基础，往往由于职能矛盾、利益目标冲突、信息分散等原因，

各职能部门无法完全发挥其潜在效能，因而很难实现整体目标最优。而供应链管理把供应链中所有节点企业看成一个整体，以供应链的流程为基础，物流、信息流、价值流、资金流、工作流贯穿于供应链的全过程。通过业务流程重组，消除各职能部门以及供应链成员企业的自我保护主义，实现供应链组织的集成与优化。

2. 供应链管理是全过程的战略管理

供应链是由供应商、制造商、分销商、零售商、客户组成的网络结构，链中各环节不是彼此分割的，而是环环相扣的一个有机整体。因此，从整体上考虑，如果只依赖于部分环节信息，则由于信息局限或失真，就可能导致决策失误、计划失控、管理失效。进一步讲，由于供应链上供应、制造、分销等职能目标之间的冲突是经济生活中不争的事实，这样只有高层管理层才能充分认识到供应链管理的重要性；只有运用战略管理的思想才能有效实现供应链的管理目标。

3. 供应链管理提出了全新的库存观

传统的库存管理思想认为，库存是维系生产与销售的必要措施，因而企业与其上、下游企业之间在不同的市场环境下只是实现了库存的转移，整个社会库存量并未减少。供应链的形成使供应链上各个成员间建立了战略合作关系，通过快速反应致力于总体库存的大幅度降低，库存是供应链管理的平衡机制。

4. 供应链管理以最终用户为中心

不管供应链的连接企业有多少类型，也不论供应链是长还是短（供应链的层次多少），供应链都是由客户需求驱动的，正是最终用户的需求，才使得供应链得以存在；而且，只有客户取得成功，供应链才能延续发展。因此，供应链管理必须以最终客户为中心，将客户服务、客户满意与客户成功作为管理的出发点，并贯穿于供应链管理的全过程；将改善客户服务质量，实现客户满意，促进客户成功作为创造竞争优势的根本手段。

三、供应链管理的作用

供应链管理使企业与其相关企业形成了一个融会贯通的网络整体。加速产品从生产到消费的过程，缩短了产销周期，使企业可以对市场需求变化做出快速反应，大大增强了供应链企业的市场竞争能力。供应链管理有如下作用：

1. 降低库存量

供应链管理可以有效地减少成员之间的重复工作，剔除流程的多余步骤，使供应链流程低成本、高效化。此外，通过建立公共的电子数据交换系统，既可以减少因信息交换不充分带来的信息扭曲，又可使成员间实现全流程无缝作业，大大提高工作效率，减少失误。

许多企业长期存在库存的不确定性，并用一定的人力、物力准备来应付不确定性，这种不确定性既存在于物流过程中，也存在于信息流过程中，供应链管理通过对组织内部业务流程的重组，链上各成员建立战略合作伙伴关系，实现物资通畅，信息共享，从而有效地消除不确定性，减少各环节的库存数量和多余人员。

2. 为决策人员提供服务

为决策人员提供的服务主要表现在以下几个方面：分析供应链中不确定性因素，确定库存量，制订订货政策，优化投资；评估各方案以选择其中最有利的方案；评价不同对供应链运行中库存和服务政策的影响，通过协调提高整体效益。

3. 改善企业与企业之间的关系

供应链管理使企业与企业之间的竞争转变为供应链与供应链之间的竞争，它强调核心企业通过和其上、下游企业之间建立的战略伙伴关系，每一个企业都发挥自己的优势，达到“共赢”的目的。这一竞争方式将会改变企业的组织结构、管理机制，企业文化以及企业与企业之间的关系。

4. 提高服务质量，刺激消费需求

供应链通过企业内外部之间的协调与合作，大大缩短了产品的生命周期，把适销对路的产品及时送到消费者手中。供应链管理还使物流服务系列化，在储存、运输，流通加工等服务的基础上，新增了市场调查与预测、配送、物流咨询、教育培训服务。快速、优质的服务可塑造企业良好的形象，提高消费者的满意度，提高产品的市场占有份额。

5. 实现供求的良好结合

供应链把供应商、生产商、销售商紧密结合在一起，并对它们进行协调、优化。使企业与企业之间形成和谐的关系，使产品、信息的流通渠道最短，进而可以使消费者的需求信息沿供应链逆向迅速地、准确地反馈到销售商、生产商、供应商。它们据此做出正确的决策，保证供求的良好结合。

供应链管理的主要职能包括营销管理、物流一体化管理、生产过程管理以及财务管理等。

· 营销管理：管理整个供应链的市场营销过程和销售过程，以及持续不断地提供客户价值。

· 物流一体化管理：管理自供应商开始的物流。它包括生产计划、采购和库存管理。

· 生产过程管理：管理生产过程，降低生产成本。

· 财务管理：利用财务媒介，与供应商及客户一起管理资金流。

四、供应链管理的原理

1. 资源横向集成原理

资源横向集成原理揭示的是新经济形势下的一种新思维。该原理认为，在经济全球化迅速发展的今天，企业仅靠原有的管理模式和自己有限的资源，已经不能满足快速变化的市场对企业所提出的要求。企业必须放弃传统的基于纵向思维的管理模式，朝着新型的基于横向思维的管理模式转变。企业必须横向集成外部相关企业的资源，形成“强强联合，优势互补”的战略联盟，结成利益共同体去参与市场竞争，以实现提高服务质量的同时降低成本、快速响应顾客需求的同时给予顾客更多选择的目的。

不同的思维方式对应着不同的管理模式以及企业发展战略。纵向思维对应的是“纵向一体化”的管理模式，企业的发展战略是纵向扩展；横向思维对应的是“横向一体化”的管理模式，企业的发展战略是横向联盟。该原理强调的是优势资源的横向集成，即供应链各节点企业均以其能够产生竞争优势的资源来参与供应链的资源集成，在供应链中以其优势业务的完成来参与供应链的整体运作。

该原理是供应链系统管理最基本的原理之一，表明了人们在思维方式上所发生的重大

转变。

2. 系统原理

系统原理认为，供应链是一个系统，是由相互作用、相互依赖的若干组成部分结合而成的具有特定功能的有机整体。供应链是围绕核心企业，通过对信息流、物流、资金流的控制，把供应商、制造商、分销商、零售商直到最终用户连成一个整体的功能网链结构模式。

供应链的系统特征首先体现在其整体功能上，这一整体功能是组成供应链的任一成员企业都不具有的特定功能，是供应链合作伙伴间的功能集成，而不是简单叠加。供应链系统的整体功能集中表现在供应链的综合竞争能力上，这种综合竞争能力是任何一个单独的供应链成员企业都不具有的。其次，体现在供应链系统的目的性上。供应链系统有着明确的目的，这就是在复杂多变的竞争环境下，以最低的成本、最快的速度、最好的质量为用户提供最满意的产品和服务，通过不断提高用户的满意度来赢得市场。这一目的也是供应链各成员企业的共同目的。再次，体现在供应链合作伙伴间的密切关系上，这种关系是基于共同利益的合作伙伴关系，供应链系统目的的实现，受益的不只是一家企业，而是一个企业群体。因此，各成员企业均具有局部利益服从整体利益的系统观念。复次，体现在供应链系统的环境适应性上。在经济全球化迅速发展的今天，企业面对的是一个迅速变化的买方市场，要求企业能对不断变化的市场作出快速反应，不断地开发出符合用户需求的、定制的“个体化产品”去占领市场以赢得竞争。新型供应链（有别于传统的局部供应链）以及供应链管理就是为了适应这一新的竞争环境而产生的。最后，体现在供应链系统的层次性上，供应链各成员企业分别都是一个系统，同时也是供应链系统的组成部分；供应链是一个系统，同时也是它所从属的更大系统的组成部分。从系统层次性的角度来理解，相对于传统的基于单个企业的管理模式而言，供应链管理是一种针对更大系统（企业群）的管理模式。

3. 多赢互惠原理

多赢互惠原理认为，供应链是相关企业为了适应新的竞争环境而组成的一个利益共同体，其密切合作是建立在共同利益的基础之上，供应链各成员企业之间是通过一种协商机制，来谋求一种多赢互惠的目标。供应链管理改变了企业的竞争方式，将企业之间的竞争转变为供应链之间的竞争，强调核心企业通过与供应链中的上下游企业之间建立战略伙伴关系，以强强联合的方式，使每个企业都发挥各自的优势，在价值增值链上达到多赢互惠的效果。

供应链管理在许多方面都体现了多赢互惠的思想。例如，供应链中的“需求放大效应”使得上游企业所获得的需求信息与实际消费市场中的顾客需求信息存在很大的偏差，上游企业不得不维持比下游企业更高的库存水平。需求放大效应是需求信息扭曲的结果，供应链企业之间的高库存现象会给供应链的系统运作带来许多问题，不符合供应链系统整体最优的原则。为了解决这一问题，近年来在国外出现了一种新的供应链库存管理方法——供应商管理用户库存（VMI），这种库存管理策略打破了传统的各自为政的库存管理模式，体现了供应链的集成化管理思想，其结果是降低了供应链整体的库存成本，提高了供应链的整体效益，实现了供应链合作企业间的多赢互惠。再如，在供应链相邻节点企业之间，传统的供需关系是以价格驱动的竞争关系，而在供应链管理环境下，则是一种合作性的双赢关系。

4. 合作共享原理

合作共享原理具有两层含义，一是合作，二是共享。合作原理认为，由于任何企业所拥有的资源都是有限的，它不可能在所有的业务领域都获得竞争优势，因而企业要想在竞争中获胜，就必须将有限的资源集中在核心业务上。与此同时，企业必须与全球范围内的在某一方面具有竞争优势的相关企业建立紧密的战略合作关系，将本企业中的非核心业务交由合作企业来完成，充分发挥各自独特的竞争优势，从而提高供应链系统整体的竞争能力。共享原理认为，实施供应链合作关系意味着管理思想与方法的共享、资源的共享、市场机会的共享、信息的共享、先进技术的共享以及风险的共担。信息共享是实现供应链管理的基础，准确可靠的信息可以帮助企业作出正确的决策。供应链的协调运行建立在各个节点企业高质量的信息传递与共享的基础之上，信息技术的应用有效地推动了供应链管理的发展，它可以节省时间和提高企业信息交换的准确性，减少了在复杂、重复工作中的人为错误，因而减少了由于失误而导致的时间浪费和经济损失，提高了供应链管理的运行效率。共享信息的增加对供应链管理是非常重要的。由于可以做到共享信息，供应链上任何节点的企业都能及时地掌握到市场的变化。需求信息和整个供应链的运行情况，每个环节的物流信息都能透明地与其他环节进行交流与共享，从而避免了需求信息的失真现象，消除了需求信息的扭曲放大效应。

5. 需求驱动原理

需求驱动原理认为，供应链的形成、存在、重构，都是基于一定的市场需求而发生的，并且在供应链的运作过程中，用户的需求是供应链中信息流、产品/服务流、资金流运作的驱动源。在供应链管理模式下，供应链的运作是以订单驱动方式进行的，商品采购订单是在用户需求订单的驱动下产生的，然后商品采购订单驱动产品制造订单，产品制造订单又驱动原材料（零部件）采购订单，原材料（零部件）采购订单再驱动供应商。这种逐级驱动的订单驱动模式，使供应链系统得以准时响应用户的需求，从而降低了库存成本，提高了物流的速度和库存周转率。

基于需求驱动原理的供应链运作模式是一种逆向拉动运作模式，与传统的推动式运作模式有着本质的区别。推动式运作模式以制造商为中心，驱动力来源于制造商，而拉动式运作模式是以用户为中心，驱动力来源于最终用户。两种不同的运作模式分别适用于不同的市场环境，有着不同的运作效果。不同的运作模式反映了不同的经营理念，由推动式运作模式向拉动式运作模式的转变，反映的是企业所处环境的巨变和管理者思想认识上的重大转变，反映的是经营理念从“以生产为中心”向“以顾客为中心”的转变。

6. 快速响应原理

快速响应原理认为，在全球经济一体化的大背景下，随着市场竞争的不断加剧，经济活动的节奏也越来越快，用户在时间方面的要求也越来越高。用户不但要求企业要按时交货，而且要求的交货期越来越短。因此，企业必须能对不断变化的市场作出快速反应，必须要有很强的产品开发能力和快速组织产品生产的能力，源源不断地开发出满足用户多样化需求的、定制的“个性化产品”去占领市场，以赢得竞争。

在当前的市场环境里，一切都要求能够快速响应用户需求，而要达到这一目的，仅靠一个企业的努力是不够的。供应链具有灵活快速响应市场的能力，通过各节点企业业务流程的快速组合，加快了对用户需求变化的反应速度。供应链管理强调准时，即准时采购、准时生产、准时配送，强调供应商的选择应少而精，强调信息技术应用等，均体现了快速响应用户需求的思想。

7. 同步运作原理

同步运作原理认为，供应链是由不同企业组成的功能网络，其成员企业之间的合作关系存在着多种类型，供应链系统运行业绩的好坏取决于供应链合作伙伴关系是否和谐，只有和谐而协调的关系才能发挥最佳的效能。供应链管理的关键就在于供应链上各节点企业之间的联合与合作以及相互之间在各方面良好的协调。

供应链的同步化运作，要求供应链各成员企业之间通过同步化的生产计划来解决生产的同步化问题，只有供应链各成员企业之间以及企业内部各部门之间保持步调一致时，供应链的同步化运作才能实现。供应链形成的准时生产系统，要求上游企业准时为下游企业提供必须的原材料（零部件），如果供应链中任何一个企业不能准时交货，都会导致供应链系统的不稳定或者运作的中断，导致供应链系统对用户的响应能力下降，因此保持供应链各成员企业之间生产节奏的一致性是非常重要的。

协调是供应链管理的核心内容之一。信息的准确无误、畅通无阻，是实现供应链系统同步化运作的关键。要实现供应链系统的同步化运作，需要建立一种供应链的协调机制，使信息能够畅通地在供应链中传递，从而减少因信息失真而导致的过量生产和过量库存，使整个供应链系统的运作能够与顾客的需求步调一致，同步化响应市场需求的变化。

8. 动态重构原理

动态重构原理认为，供应链是动态的、可重构的。供应链是在一定的时期内、针对某一市场机会、为了适应某一市场需求而形成的，具有一定的生命周期。当市场环境和用户需求发生较大的变化时，围绕着核心企业的供应链必须能够快速响应，能够进行动态快速重构。

市场机遇、合作伙伴选择、核心资源集成、业务流程重组以及敏捷性等是供应链动态重构的主要因素。从发展趋势来看，组建基于供应链的虚拟企业将是供应链动态快速重构的核心内容。

第三节　供应链管理中的牛鞭效应

早在20世纪60年代，J. Forrester在他的《工业动力学》（Industrial Dynamics）一书中，对存在于工业供给环节中的由下游企业向上游企业需求波动逐渐放大的现象进行了阐述和研究。20世纪90年代初，美国宝洁公司（P&G）的销售人员发现宝洁公司的产品的最终消费需求很稳定，但从零售商到批发商的订货波动却很大，而供应商订购原材料的波动更大，研究人员把这种从供应链下游向上游信息传递，产品订货的需求量波动远远大于实际市场需求波动的现象称为“牛鞭效应”。随着经济全球一体化进程的不断加快，消费需求多样化增强，市场竞争日益激烈，企业与企业的竞争，逐步转化为企业所在的供应链与供应链之间的竞争。因此，研究影响供应链稳定、敏捷和效率的“牛鞭效应”对提高企业竞争力具有重要的现实意义。

一、“牛鞭效应”产生原因分析

人们对供应链中“牛鞭效应”产生的原因分析很多，下面从定性和定量两个方面来阐述。

1. “牛鞭效应”产生原因的定性描述

1）信息扭曲

供应链中之所以出现需求波动，且自下而上逐渐放大，从表面上看是需求数字的变化，其实质是信息在供应链中不断被扭曲。信息扭曲主要表现在两大方面：一是信息的不确定性，就是供应链企业已经拥有的信息与供应链要达到的目标所需信息的差异，包括企业由于对目前发生事件缺乏知识而导致不确定性，和对正在发生的事件不知如何应对而导致的不确定性。二是信息不对称，就是供应链中各个企业所掌握的信息数量、准确性、速度和真实性存在差异。这两方面都直接影响各企业做出及时、准确和优化的决策。

2）参与人理性和最优化决策行为

在供应链管理活动中，各企业参与人的行为直接影响供应链的整体表现。在传统的企业管理中，企业以追求利润最大化为目标，企业决策参与人的理性行为也以此为目标，这样就必然导致追求局部利益行为必然会引起整个供应链的波动，产生“牛鞭效应”。虽然，进入20世纪90年代后，各种供应链联盟纷纷建立，供应链企业开始注重之间的合作，但由于供应链联盟往往都是相对松散的经济利益协作体，加之供应链契约中关于超额利润分配不尽合理，因而供应链各企业只顾追求自身利润最大化的行为很难从根本上得到遏制。

3）供应链内部结构和机制问题

供应链作为一个系统，有其自身的结构、运行机制和行为习惯，保证系统的正常运行，而恰恰也是这些因素导致系统的波动，产生“牛鞭效应”。其中供应链企业的生产工艺过程、价格机制、库存机制、行业规定、订货分配制度、激励机制、运输制度等都可能是“牛鞭效应”产生的根源。比如，在供应链结构中委托代理关系是结构内生的，而委托和代理双方的目标利益不一致（甚至是冲突的），再加之缺乏有效的激励和监督机制，必然导致委托代理双方目标和博弈决策结果之间的次优选择。随着供应链内部类似委托代理环节增多，这种次优决策被多次重复，这也就是供应链需求波动不断放大的原因之一；订单处理和生产提前期太长、批量订货折扣、安全库存行为、批量运输优惠制度等都回推动“牛鞭效应”的不断放大，而不是减小。

2. “牛鞭效应”产生原因的定量分析

1）传统需求预测方法产生了“牛鞭效应”

在供应链的整个环节中，自下游到上游包括最终用户、零售商、分销商、代理商、生产厂家和原材料供应商。每一个节点在确定自己的定货量时依赖其下游的最近一段时期需求量，一般利用传统的移动平均法和指数平滑法来预测。下面我们以最终用户、零售商和分销商为例说明。

移动平均法简单说就是零售商估计最终用户需求为最终用户前 p 次需求的观察值的平均值，也以同样的方式估计需求的标准差。

$$u_t = \frac{\sum_{i=t-p}^{t-1} D_i}{p} \tag{10-1}$$

和

$$S_t^2 = \frac{\sum_{i=t-p}^{t-1} (D_i - u_t)^2}{p-1} \tag{10-2}$$

u_t 代表时期 t 最终用户平均需求的估计值，D_i 代表 i 时期的最终用户需求；

S_t 代表时期 t 最终用户平均需求的标准差。

（10-1）式、（10-2）式表明在每期内零售商根据最终用户需求的最近 p 个观察值计算得到一个新的平均值和标准差。因为这两个数值每期都变化，所以目标库存水平也会每期变化。为了对“牛鞭效应”进行定量计算，我们可以比较上下游对需求估计值变动。如果零售商观察到的最终用户需求的方差 $Var(D)$，这个零售商向分销商发出订单需求的方差 $Var(Q)$ 相对于最终用户需求的方差满足

$$\frac{Var(Q)}{Var(D)} \geqslant 1 + \frac{2L}{p} + \frac{2L^2}{p^2} > 1 \quad （L\text{ 代表提前期}） \tag{10-3}$$

可见，因此产生了“牛鞭效应”。

如果用指数平滑法来预测需求时，可得到

$$\frac{Var(Q)}{Var(D)} = 1 + \frac{4L}{p} + \frac{4L^2}{p(p+1)} > 1 \tag{10-4}$$

可见同样存在“牛鞭效应”。

2）信息处理产生“牛鞭效应”

在供应链管理中对需求信息的处理总的说来大体有两种主要形式，一个是集中处理需求信息，一个是分散处理需求信息。

首先考虑集中处理需求信息的情况。集中处理需求信息就是供应链的每个节点都可使用最终用户的实际需求数据来进行预测，而不是依赖前一节点发出的订单来预测。采用移动平均法利用 p 个需求观察值，不难表示供应链第 k 节点发出订单的方差 $Var(Q^k)$ 相对于最终用户需求的方差 $Var(D)$ 满足

$$\frac{Var(Q^k)}{Var(D)} \geqslant 1 + \frac{2\sum_{i=1}^{k-1} L_i}{p} + \frac{2(\sum_{i=1}^{k-1} L_i)^2}{p^2} > 1 \tag{10-5}$$

这里 L_i 是第 i 节点与第 $i+1$ 节点之间的提前期。可见也会产生“牛鞭效应”。

接下来我们考虑分散处理信息的供应链的情况。在这种信息处理方式下零售商不让供应链其余节点得到其预测的平均需求信息，每个节点必须根据前一个节点发出的订单估计平均需求。假设同样采用移动平均法利用 p 个需求观察值，不难表示供应链第 k 节点发出订单的方差 $Var(Q^k)$ 相对于最终用户需求的方差 $Var(D)$ 满足

$$\frac{Var(Q^k)}{Var(D)} \geqslant \prod_{i=1}^{k-1}\left[1 + \frac{2L_i}{p} + \frac{2L_i^2}{p^2}\right] > 1 \tag{10-6}$$

这里 L_i 是第 i 节点与第 $i+1$ 节点之间的提前期。可见也会产生“牛鞭效应”，并且以积的方式增加。

3）线性分配机制下的“牛鞭效应”

当供应链中上游节点的供给能力 k 有限，供给短缺，即下游节点的订货总和超过供给能力时，上游节点只得利用一定的分配机制来分配有限的资源，同时下游节点为了最大程度获得订货采取短缺博弈行为。在线性分配机制中（以一个上游节点对下游两个节点为例），当 $\min(2q_l^*, q_h^*) < k < \max(2q_l^*, q_h^*)$，$\max(2q_l^*, q_h^*) < k < 2q_h^*$ 时分别满足

$$\frac{VarX_l^*}{Varq_l^*} > \frac{(1+\rho)^2}{2\rho} > 1 \quad (0 < \rho < 1) \tag{10-7}$$

$$\frac{VarX^*h}{Varq_h^*} > \left(\frac{(1+3\rho)}{2\rho^2}\right)^2 > 1 \qquad (0<\rho<1) \tag{10-8}$$

$$\frac{VarX_h'}{Varq_h^*} = \frac{(1+\rho)^2}{4\rho^2} > 1 \qquad (0<\rho<1) \tag{10-9}$$

q_l^* 代表预测需求为少的下游节点期望的最优分配量，$q_h{}^*$ 代表预测需求为多的下游节点期望的最优分配量。X 表示下游节点 1 的订货量，$X^* = (X_l^*, X_h^*)$ 表示在 $\max(2q_l^*, q_h^*) < k < \max(2q_l^*, q_h^*)$ 情况下博弈的贝叶斯纳什均衡。$X' = (X_l', X_h')$ 表示在 $\max(2q_l^*, q_h^*) < k < 2q_h^*$ 情况下博弈的贝叶斯纳什均衡。ρ 为下游节点 2 的订货为 Y_l 的概率。

由（12-9）式可知在以上情况下，这种线性分配机制也导致“牛鞭效应”。

4）保守的库存策略导致“牛鞭效应”

为企业管理方便和满足顾客不确定需求，规范库存管理和提高顾客服务水平，通常采用保守的（s，S）型的库存策略，即当库存水平降至订货点 s 时，立即补充库存至 S。经过计算，该节点发出订单的变动和起面临需求的变动满足

$$Var(Q) \approx Var(D) + \frac{2(S-s)^2\mu^2}{2(S-s)\mu + Var(D) + \mu^2} \tag{10-10}$$

μ 为该节点面临的每期需求的均值。

显然

$$\frac{Var(Q)}{Var(D)} > 1 \tag{10-11}$$

因此，这种（s，S）的库存策略导致“牛鞭效应”的产生。

另外，企业常采用的（R，S）库存策略、批量折扣订货策略、厂家促销策略等都会产生“牛鞭效应”。

二、“牛鞭效应”的危害

“牛鞭效应”的危害总体分两大部分，一部分是对整个供应链的危害，一部分是对供应链各企业的危害。

1. 对供应链的危害

使整个供应链的运作的总成本增加，并且增加的幅度随供应链环节的增多、企业数量增加而增大；使供应链的敏捷程度降低，适应市场竞争的能力下降，服务水平下滑；使供应链运作风险增大，供应链联盟协调性降低，最严重可能导致供应链联盟解体，或被代替。

2. 对各企业的危害

由于“牛鞭效应”的存在和影响，使得供应链下游至上游的企业，从批发商、物流运输商、分销商、制造企业和原材料供应商拥有超额库存。超额库存会占用大量的资金，同时又耗费大量的库存费用，更为严重的是，由于当今市场需求变化迅速，产品转型快，库存增大，风险增大；“牛鞭效应”还会导致各企业合作的不协调，直接影响企业对顾客的服务水平；由于“牛鞭效应”，企业决策者为应对高峰需求，加大投资，扩大生产能力，直接影响企业的资本运营质量；由于“牛鞭效应”，需求变化波动大，影响物流运输计划，导致企业运输成本增加；由于“牛鞭效应”，企业的生产计划时常改变，有时十分繁忙，有时有很清

闲，对生产设备养护和管理不利，对产品质量保证也不利，如果过分盲目扩大生产，还有可能导致企业破产。

三、减小“牛鞭效应”的对策

根据以上分析我们可以清晰的了解产生“牛鞭效应”的主要原因，同时也知道其危害性，但是我们必须客观的认清，在一定技术条件下要在整个供应链中彻底消除“牛鞭效应”是不可能的，因此如何减少“牛鞭效应”的影响是我们努力的方向。通过以下方法可以有效减少供应链的“牛鞭效应”。

1. 改进需求预测手段，提高预测水平

在需求预测中，如果依然使用简单较易掌握的移动平均法和指数平滑法就必须注意历史需求数据的记录和使用，记录数据越准确，预测值就越准确，变动也就越小，“牛鞭效应”越小；同时从（10-3）式、（10-4）式我们可知，P 的值增大，Var（Q）和 Var（D）的比值就减小，也就是“牛鞭效应”减小。

为提高需求预测的精确度，可以尝试复杂些预测方法，比如利用时间序列进行预测，注意去除季节性、偶然性需求（预测中的噪音）的影响，及时考虑新信息对需求的冲击，保证需求预测的准确性。

2. 改进供应链信息传递方式，建立信息共享机制

1）改变信息传递方式

供应链从外在的实体来看是由最终用户、零售商、分销商、代理商、生产厂家和原材料供应商等构成，内在内容是由物流、信息流、资金流、价值流和业务流整合而成。在“五流”中以物流和信息流最为关键，物流是保障和基础，对整个供应链运行具有推动作用，信息流是反馈和原动力，对整个供应链前进具有拉动作用，没有顾客需求的信息存在，也就没有整个供应链存在。所以，从根本上说信息流是供应链运行至关重要的因素。传统供应链信息流的传递方式如图 10-6 所示，是单向的链式结构，容易失真、延滞和阻断。

由（10-5）式、（10-6）式我们也可看出，集中处理信息比分散处理信息造成的需求变动小得多，因此我们改进信息流的传递和处理方式，如图 10-7 所示，这样不仅能提高信息传递的效率，使信息处理专业化，而且是实现信息共享的有效方式。

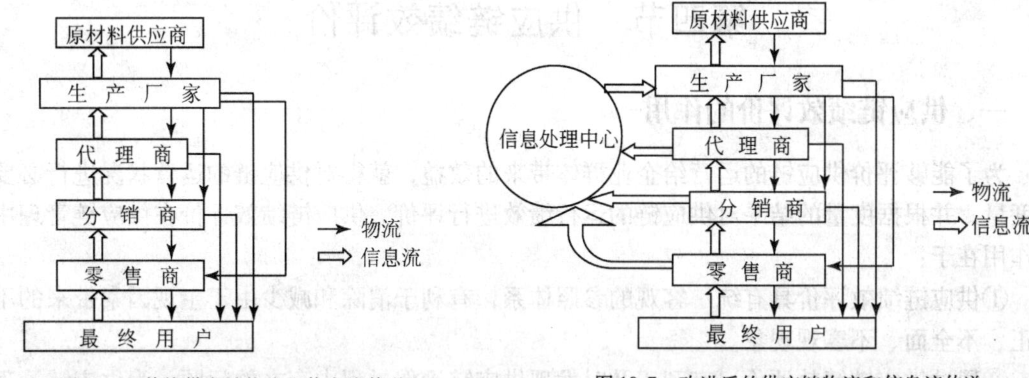

图 10-6　传统供应链物流和信息流传递方式示意图

图 10-7　改进后的供应链物流和信息流传递方式示意图

2）使用先进信息技术

要实现供应链管理中信息传递方式的改革，实现全程信息共享，供应链中的企业必须应用先进的IT技术，如EDI、Extranet、MIS、SCM软件和ERP系统等，能够使得企业内部和供应链内的信息做到有效集成，并对外界的需求信息做出快速反应。随着电子商务业务量的不断增加，供应链企业也要适应这一商务模式的发展，充分利用Internet技术，把用户、零售商、分销商、代理商、生产厂家和原材料供应商整合为一个信息系统，实现信息共享，防止因信息扭曲、失真而导致“牛鞭效应”增大。

3. 提高供应链柔性水平

供应链要克服因产品短缺，下游企业理性博弈所导致的“牛鞭效应”，就必须增强供应链的柔性，即提高对下游节点订货和顾客需求的反映能力。供应链柔性主要是指生产柔性和分销柔性，生产柔性用生产能力和生产能力之差衡量，分销柔性用现实的分销能力和顾客需求之差衡量。供应链的柔性提高后，供应链中各节点可在原来的库存策略基础上，改进（s, S）和（R, S）库存策略中的有关指标，有效减少“牛鞭效应”；当供应链柔性达到一定水平后，各节点可采用零库存策略，把实际的需求波动将至最低程度。

4. 合理分配供应链产生的超额利润

供应链要减小波动，减少“牛鞭效应”的危害，降低风险，就必须建立稳固的企业联盟机制。持久、稳定的企业联盟既可以克服因供应链结构变化带来的不确定性导致的“牛鞭效应”，也可减少价格波动造成的“牛鞭效应”。企业联盟稳固、持久与否取决于能否建立一个公正合理的分配超额利润的机制和办法。通常分配利润采用Shapley值，即联盟中合作企业的应得效用值等于它在联盟随机形成的次序中贡献的效用增量与此次序的概率的加权平均值

$$u_i = \sum_{S \subset N, i \notin S} \frac{(n - |S| - 1)! \times |S|!}{n!}(v(S \cup \{i\}) - v(S)) \tag{10-12}$$

式中，N是全体供应链联盟集合，$|N| = n$，S是N的不包含i的真子集，$v(S)$是S中联盟的利润。

供应链联盟也可根据其他办法来分配超额利润，目的同样是保证供应链联盟的有效性、稳定性、分布性和对称性，减少因各类波动形成的“牛鞭效应”。

第四节　供应链绩效评价

一、供应链绩效评价的作用

为了能够评价供应链的运营给企业群体带来的效益，就得对供应链的运营状况进行必要的度量，并根据度量的结果对供应链的运行绩效进行评价。供应链绩效评价在供应链管理中的作用在于：

①供应链绩效评价具有统一客观的参照体系，有利于消除和减少由于主观因素带来的不公正、不全面、不客观现象。

②通过供应链绩效评价，有利于及时发现供应链运作过程中存在的问题，为供应链管理的合理性和可行性提供依据。

③通过供应链绩效评价，有利于帮助供应链节点企业树立正确的价值观和行为取向，尽可能减少供应链总成本。

④通过供应链绩效评价，有利于监督和控制供应链运营的效率，充分发挥供应链管理的作用。

总之，供应链绩效评价是对供应链整体运营状况和供应链节点企业之间的运营关系进行评价。供应链绩效评价的最终目的不仅是要获得企业或供应链的运营状况，更重要的是优化企业或供应链的业务流程，它为供应链管理体系的优化提供了科学的依据。

二、供应链绩效评价的内容

进行供应链绩效评价时，以企业为分界点，通常将具体评价内容分为以下三方面：内部绩效评价、外部绩效评价、供应链整体绩效评价。

1. 内部绩效评价

内部绩效的评价主要是对供应链上的企业内部绩效进行评价，主要评价内容包括：

①成本。绩效评价考虑的成本是指完成特定运营目标所发生的成本。

②顾客服务。考察供应链内部企业满足用户或下游企业需要的相对能力。由于难以定量的衡量，一般通过订单处理、服务反馈周期等指标作为补充指标。

③生产率。评价供应链内部企业的组织绩效，一般用于评价生产某种产品的投入与产出之间的相对关系。

④资产。评价为实现供应链目标对企业设施和设备的资产及流动资本的使用情况。设施、设备、存货是一个企业资产的重要组成部分，主要注重对注入存货等流动资本的流转、固定资产的投资回报率，对于人力资源的评价目前受限于成本、收益的货币化评价仍很少被纳入考虑范围。

⑤质量。质量是内部绩效衡量的最主要内容，主要用以确定供应链企业所发生物流活动的效率。由于质量的范围非常大。因此对质量的衡量很难，目前作为折中的处理方法，通常根据“完美订货”来衡量物流运作的质量。完美订货关注的是整体的物流绩效，而非单一功能，它代表着理想的绩效。

2. 外部绩效评价

外部绩效评价主要是对供应链上的企业之间运营状况的评价。主要包括：

①用户满意程度。主要通过企业和行业组织调查或者系统的订货跟踪实现，由于难以精确地定量性衡量，一般以询问关于供应链企业与竞争者的绩效入手，如可靠性、订发货周期、信息的可用性、问题的解决和产品的支撑等指标作为补充。

②最佳实施基准。主要用于衡量综合绩效评价。最佳的实施基准集中在对比组织指标上的实施和程序。越来越多的供应链企业应用最佳实施基准，将它作为企业运行与相关行业或者非相关行业的竞争对手或最佳企业比较的一种技术，特别是一些核心企业通常在重要的战略领域将基准作为检验供应链运营的工具。

3. 供应链整体绩效评价

供应链之间的竞争日益激烈引起人们对供应链整体绩效的日益重视，要求能够提供总体的评价方法，并且这种方法必须是可以比较的，既能适应于机构的功能部门，又适用于分销

渠道，如果缺乏整体的绩效评价，就可能出现制造商对用户服务的看法和决策与零售商的想法背道而驰的现象。供应链整体绩效评价主要包括以下几个方面：

①成本。与内部绩效评价中以完成特定运营目标所发生的成本不同，供应链整体绩效评价中的成本是总成本，显然供应链整体所发生的成本均应纳入考虑范围，一般包括订货完成成本、原材料取得成本、总的库存运输成本以及与物流有关的财务和管理、信息系统成本、制造劳动力和库存的间接成本等。

②顾客服务。评价供应链企业所能提供的总的客户满意程度，主要包括完美订货、用户满意程度和产品质量，而此处的完美订货、用户满意程度、产品质量等指标都是就供应链整体而言，因此对各企业此类指标的衡量，即实意程度、产品质量等指标都是就供应链整体而言，因此对各企业此类指标的衡量是实现整体评价的基础。

③时间。评价企业对用户要求的反映能力，即从顾客订货开始时间到顾客用到产品为止所需的时间，一般包括装运时间、送达顾客的运输时间和顾客接受时间。一般认为，时间和成本、顾客服务的关系密切，时间与这两类评价内容的目标通常矛盾，因此为保证供应链系统的绩效，需要实现的是各类指标的综合最优。

④资产。评价为实现供应链目标对企业设施和设备的资产及流动资本的使用情况进行评价，主要包括库存、设施及设备等相当大的资产负债，资产评价基本集中于在特定资产水平支持下的水平，一般测量资金周转时间、库存周转天数、销售额与总资产比率等资产绩效。

三、供应链绩效评价模型

供应链绩效评价模型是考虑从哪些方面评价供应链绩效，从而指导建立供应链绩效评价指标体系，是供应链绩效的核心部分。在供应链及企业中常用的绩效评价模型有平衡计分卡模型（Balanced Scorecard，BSC）、供应链运作参考模型（Supply Chain Operational Reference，SCOR）、标竿法（Benchmarking）、物流计分卡模型（The Logistics Scorecard，LS）等。

1. 平衡记分卡（the Balanced Scorecard，BSC）

1）平衡计分卡的基本概念

平衡计分卡（Balanced score card，以下简称 BSC），源自于哈佛大学教授 Rober Kapaln 与诺朗顿研究院执行长官 David Norton 于 1990 年所从事的“未来企业业绩评价方法”研究计划，该计划的目的在于找出超越传统的以财务会计测度为主的业绩评价模式。该方法不但完全改变了企业业绩评价思想，而且还推动企业自觉地建立实现目标的管理体系，在产品、流程、顾客和市场开发等关键领域使企业获得了突破性进展，从而带动了业绩评估及管理制度的一次革命。他们认为传统的财务指标只提供了业务绩效的较为狭窄而不完整的信息，依赖于历史数据，而这些数据又阻碍了未来商业价值的实现。因此，不能够单独用财务指标来评价绩效，还需要用能反映客户满意度，内部业务流程以及学习、成长性方面的指标来补充评价绩效。而平衡计分卡的设计结合了过去绩效的财务评价和未来绩效的驱动力。所以，平衡计分卡不仅是一种新的绩效衡量系统，更是一种以系统的过程来实施企业战略和获得其反馈的管理系统，平衡计分卡被称作是一种革命性的评估和管理系统。

平衡计分卡是通过把企业四个方面各层次的绩效评价指标写在卡片上的方式，记录实际

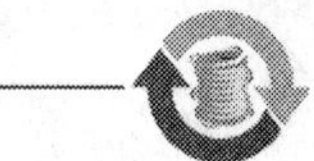

指标完成的情况，用财务指标衡量企业经营活动的结果，同时用一些重要的业务指标来补充财务衡量指标，这些业务指标又是未来财务绩效的驱动力，使高层领导者从四个方面来观察企业。平衡计分卡在企业绩效评价中的研究与应用已经非常普遍。

2）平衡计分卡的内容

在今天，管理一个组织的复杂性，要求经理们能同时从几个方面来评价绩效。平衡计分卡使经理们能从四个重要方面来观察企业，它是通过把企业四个方面各层次的绩效评价指标写在卡片上的方式，记录实际指标完成的情况，用财务指标衡量企业经营活动的结果，同时用一些重要的业务指标来补充财务衡量指标，这些业务指标又是未来财务绩效的驱动力。

平衡计分卡四个方面之间的关系如图 10-8 所示：

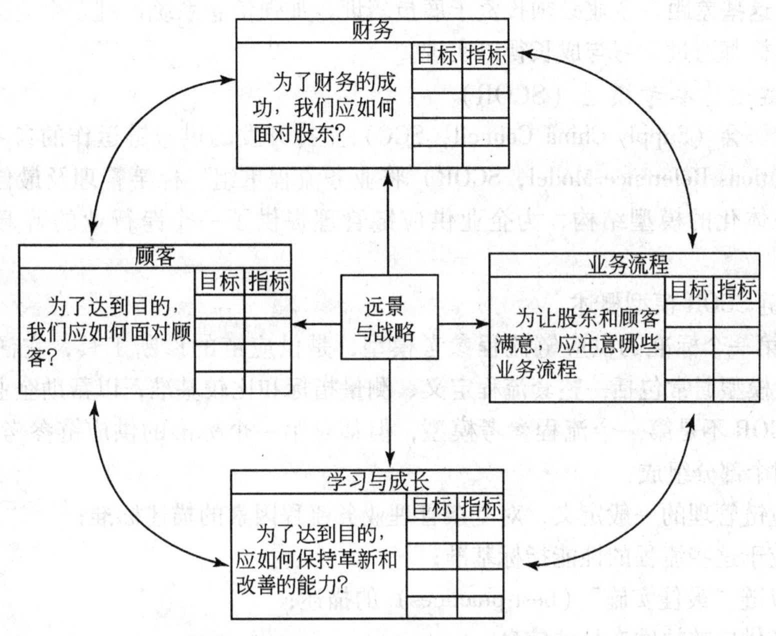

图 10-8 平衡计分卡四方面之间的关系图

（1）财务方面 其目标是解决“股东如何看待我们？”这一类问题。财务指标可以体现股东的利益，在平衡计分卡里，其他三个方面的改善必须要反映到财务指标上。管理质量、客户满意、生产率的提高必须最终转化为市场份额的扩大、收入的增加、经营费用的降低等财务成果，否则做得再好也是无济于事。因此，财务方面是其他三个方面的出发点和归宿。平衡计分卡将财务方面作为所有目标评价的焦点。如果说每项评价方法是综合绩效评价制度这条纽带的一部分，那么因果链上的结果还是归于“提高财务绩效”。财务指标包括销售额、利润额、资产利用率等。

（2）顾客方面 其目标是解决“客户如何看待我们？”这一类问题。顾客方面体现了企业对外界变化的反映，只有了解顾客，不断地满足顾客的需求，产品的价值才能够得以实现，企业才能获得持续增长的经济源泉。顾客方面的指标包括顾客的满意程度、对顾客的挽留度、招揽新的顾客量、获利能力和在目标市场中所占的份额。此外，顾客方面还应包括顾客需求的具体评估，具体包括产品质量、交货时间、业务与服务、成本等方面。

（3）内部业务流程方面　其目标是解决“我们擅长什么?”这一类问题。内部业务流程是指企业从输入各种原材料和顾客需求到企业创造出对顾客有价值的产品或服务为终点的一系列活动。它是企业改善其经营绩效的重点，顾客满意度、股东价值的实现都要从内部业务流程中获得支持。指标包括生产率、生产周期、成本、合格品率、新产品开发速度等。

（4）学习、成长性方面　其目标是解决“我们是在进步吗?”这一类问题。学习和成长性是指公司创新、提高和学习的能力。公司只有不断地开发新产品，为顾客提供更多价值并提高经营效率，才‘能发展和壮大，从而增加股东价值。企业的学习来自三个主要的资源：员工、信息系统和企业的流程。强调员工的能力是以人为本的管理思想的结果。BSC 前三个方面的目标一般会揭示人才、系统和流程的现有能力和实现业绩突破所必需的能力之间的差距，为了弥补这些差距，企业必须投资于雇员培训，加强信息系统，理顺企业的日常工作流程，而这些目标都通过学习与成长得以实现。

2. 供应链运作参考模型（SCOR）

由供应链协会（Supply China Council，SCC）主持开发的供应链运作的参考模型（supply chain operations Reference Model，SCOR）将业务流程重组、标竿管理及最佳业务分析集成为多功能一体化的模型结构，为企业供应链管理提供了一个跨行业的普遍适用的共同标准。

1）供应链 SCOR 模型概述

SCOR 是第一个标准的供应链流程参考模型，是供应链的诊断工具，它涵盖了所有行业。流程参考模型通常包括一整套流程定义、测量指标和比较基准，以帮助企业开发流程改进的策略。SCOR 不是第一个流程参考模型，但却是第一个标准的供应链参考模型。SCOR 模型主要有四个部分组成：

（1）供应链管理的一般定义，对复杂管理业务流程因素的描述标准；

（2）对应于这些流程的性能指标基准；

（3）供应链“最佳实施”（best practices）的描述；

（4）选择供应链软件产品的信息。

SCOR 模型如图 10-9 所示：

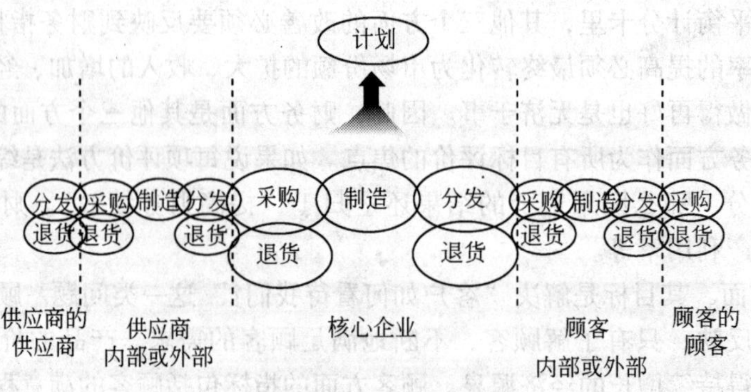

图 10-9　SCOR 模型

2）供应链 SCOR 的层次结构

SCOR 是第一个标准的供应链流程参考模式，它使企业间能准确地交流供应链问题，客观地评价其绩效，确定绩效的改进目标。它按流程定义可分为三个等级：顶级、配置级和流程单元级，每一级都可用于分析供应链的运作。同时根据各企业的特有流程，第三级以下还可以由第四、第五等更详细的级来描述层次，但这些层次中的流程定义不包括在 SCOR 模型中。

SCOR 模型中三个等级的描述具体如下：

（1）SCOR 模型顶级分析　SCOR 模型将供应链管理视为一门结合艺术与科学的学问，在顶级列出以下五项供应链管理的基本流程（如图 10-10 所示）：计划、采购、生产、分发和退货，它定义 SCOR 的范围和内容，设立了绩效竞争目标的基础。

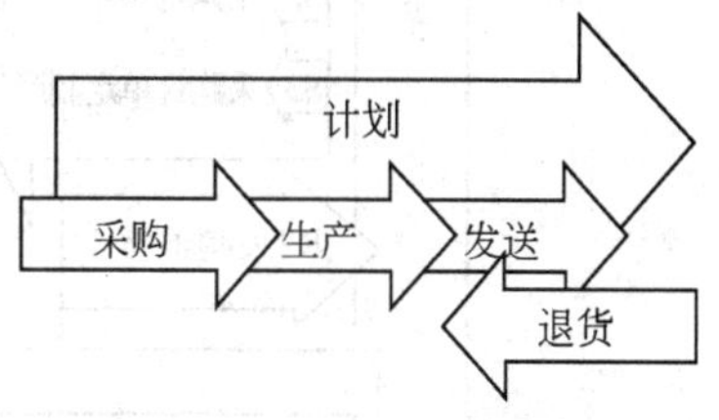

图 10-10　SCOR 模型顶级基本流程

计划　这是供应链管理的策略部分。企业需要研究确定一套策略来管理所有的资源，以使产品或服务能满足顾客的需求。计划的重点是发展出一套能监控供应链，使其更有效率、更节省成本，并能反映顾客要求的绩效指标。

采购　选择能够让企业生产所需的产品或服务的供应商。企业与供应商共同发展出一套订价、运送及付款过程的机制，并建立能监控及改善彼此关系的标杆。此外，还必须能够整体性地管理上游供应商运送来的产品与服务的库存，包括收受货物、清点货物、搬动货物至适当的制造场所，然后批准供货商的款项。

制造　这是指在制造阶段中详细列出生产、测试、包装与运送等活动的时间表。这是整个供应链运作的过程中最能够用量化指标来衡量绩效的部分，应该针对产品质量、生产产出及员工生产力加以衡量评价。

分发　这里的分发是指“物流”（Logistics）。协调来自顾客的订单接收和履行、决策和部署分发网络、挑选分发商发送产品到顾客手中，及建立与发货系统相应的收款渠道。

退货　企业除了考虑如何有效地将产品或服务递送至顾客手中之外，也应该建立一套能完善地从顾客手中回收不合格产品以及从下游供应链伙伴手中回收过剩产品的机制。

（2）SCOR 模型配置级分析　SCOR 模型第二级配置级主要用来定义标准的供应链核心流程，以指导企业在实施供应链时对流程进行标准划分。企业没有必要完全定义所有的标准核心流程，而是应该选用符合企业实际情况的标准核心流程来配置自己的供应链。企业可以从第二级定义的 30 多种流程种类中根据需要选择构造自己的供应链，据此实施运作战略。SCOR 模型配置级标准核心流程定义如图 10-11 所示。

这些流程通常都是通过使能管理来实现的。使能管理包括：规则的建立和管理、绩效评估、数据管理、库存管理、资产管理、运输管理、供应链配置管理、供应商管理等。

（3）SCOR 模型流程单元级分析　将配置级所定义的流程进一步分解为连续的流程单元。第三级中定义了企业在它所选择的市场中成功竞争的能力，包括：流程要素定义、流程要素信息输入与输出、标杆应用、最好实施方案和支持实施方案的系统能力。在第三级中，企业可以微调它们的运作战略。业务流程中流程单元的连接和运作如上图 10-12 所示。

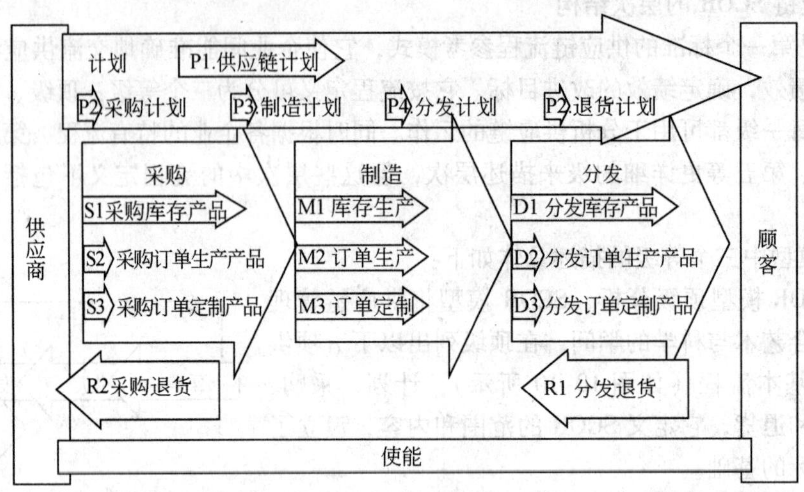

图 10-11　SCOR 配置级标准核心流程

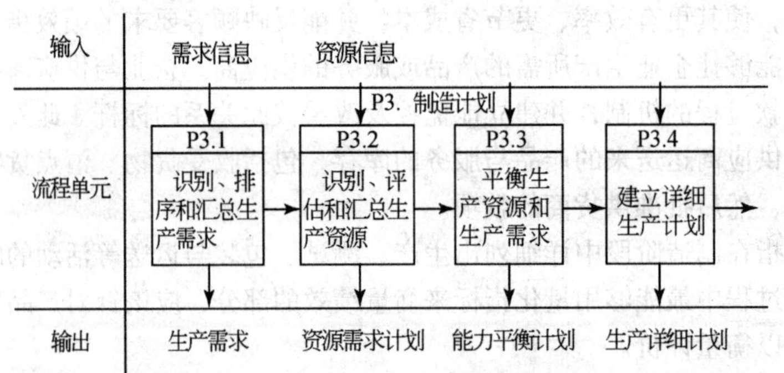

图 10-12　业务流程中流程单元连接和运作

第三层以下还可能有第四层或者更多的层次，这些层次都是实施层，它们不属于 SCOR 模型的范畴。因为当企业提出特殊供应链改进的要求时，每一个企业在第四层的具体定义都是根据企业自身情况决定的，具有特殊性。在实施层中，各个企业根据自身供应链管理的实际将第三层中分解出的流程元素进行分解，从而获得竞争优势并适应商业流程的变化。

3. 标竿法 Benehmarking

标竿法最早是美国施乐公司确立的经营分析方法。20 世纪 70 年代末，施乐公司在复印机市场失去其领导地位，1979 年开始对其制造成本施行标竿制度，并对制造质量及特性进行改进。在制造活动中标竿制度获得成功，之后将标竿制度运用于下属各企业，使其小型复印机在市场上居于优势地位。目前在日本和欧美国家的企业中，标竿制度已在计算机、医院、银行及物流企业中得到广泛的应用，在供应链构建中的作用也日趋明显，可以说，供应链标竿学习是传统标竿学习进一步衍化的结果，是一种新型的标竿学习方法。

标竿制度的基本构成可以概括为两部分，即最佳实践和衡量标准。所谓最佳实践，即指行业中的领先企业在经营管理中所推行的最有效的措施和方法。所谓衡量标准则是指真实客观地反映经营管理者绩效的一套评价指标体系以及与之相适应的作为标竿的基准数据，如顾客满意程度、单位成本、周转时间以及资产计量指标。

供应链的标竿管理是一种新型的标竿管理方法。它是将标竿管理的思想贯穿于从供应商、制造商、分销商到第三方物流及最终用户整个供应链过程。是国外20世纪80年代发展起来的一种新型经营管理方法，是使一个组织不断学习、改进、维持企业竞争力的重要手段。标竿法经常用于竞争对手分析中的经营业绩评价，是查看一个企业取得比另一个企业更好的绩效时采用的流程及将彼此的绩效进行比较的方法。

复习思考题

10-1　什么是供应链？供应链有哪几种类型？

10-2　供应链主要有哪些特征？

10-3　画图说明供应链的结构。

10-4　推式供应链和拉式供应链系统主要有哪些区别？

10-5　什么是供应链管理？供应链管理有哪些特点？

10-6　什么是供应链中的“牛鞭效应”？牛鞭效应的成因是什么？

附录　物流术语标准

（GB/T 18354－2006）

1　范围

本标准确定了物流活动中的物流基础术语、物流作业服务术语、物流技术与设施设备术语、物流信息术语、物流管理术语、国际物流术语及其定义。

本标准适用于物流及相关领域的信息处理和信息交换，亦适用于相关的法规、文件。

2　引用标准

下列标准所包含的条文，通过在本标准中引用而构成为本标准的条文。本标准出版时，所示版本均为有效。所有标准都会被修订，使用本标准的各方应探讨使用下列标准最新版本的可能性。

GB/T 1992—1985 集装箱名词术语

GB/T 4122.1—1996 包装术语 基础

GB 8226—1987 公路运输术语

GB 12904—2003 商品条码

GB/T 12905—2000 条码术语

GB/T 13562—1992 联运术语

GB/T 15624.1—2003 服务标准化工作指南 第一部分 总则

GB/T 16828—1997 位置码

GB/T 16986—2003 EAN、UCC 系统应用标识符

GB/T 17271—1998 集装箱运输术语

GB/T 18041—2000 民用航空货物运输术语

GB/T 18127—2000 物流单元的编制与符号标记

GB/T 18768—2002 数码仓库应用系统规范

GB/T 18769—2003 大宗商品电子交易规范

GB/T 19251—2003 贸易项目的编码与符号表示导则

3　物流基础术语

3.1　物品（Goods）☆

经济活动中实体流动的物质资料，包括原材料、半成品、产成品、回收品以及废弃物等。

3.2　物流（Logistics）☆

为物品及其信息流动提供相关服务的过程。

3.3　物流活动（Logistics activity）☆

物流过程中的运输、储存、装卸、搬运、包装、流通加工与信息处理。

3.4　物流管理（Logistics management）☆

为了以合适的物流成本达到用户满意的服务水平，对正向及反向的物流活动过程及相关信息进行的计划、组织、协调与控制。

3.5　供应链（Supply chain）☆

生产及流通过程中，为了将产品或服务交付给最终用户，由上游与下游企业共同建立的网链状组织。

3.6　供应链管理（Supply chain management）☆

对供应链涉及的全部活动进行计划、组织、协调与控制。

3.7　服务（Service）

满足顾客的需要，供方和顾客之间接触的活动以及供方内部活动所产生的结果。包括供方为顾客提供人员劳务活动完成的结果；供方为顾客提供通过人员对实物付出劳务活动完成的结果；供方为顾客提供实物实用活动完成的结果。[GB/T 15624.1－2003 中 3.2]

3.8　物流服务（Logistics service）

为满足客户需求所实施的一系列物流活动产生的结果。

3.9　一体化物流服务（Integrated logistics service）

根据客户需求对整体的物流方案进行规划、设计并组织实施产生的结果。

3.10　物流系统（Logistics system）

由两个或两个以上的物流功能单元构成的，以完成物流服务为目的的有机集合体。

3.11　第三方物流（The third party logistics）☆

接受客户委托为其提供专项或全面的物流系统设计以及系统运营的物流服务模式。

3.12　物流设施（Logistics establishment）

提供物流相关功能和组织物流服务的场所。包括物流园区、物流中心、配送中心、各类运输枢纽、场站港、仓库等。

3.13　物流中心（Logistics center）☆

从事物流活动的具有完善的信息网络的场所或组织。应基本符合下列要求：

（1）主要面向社会提供公共物流服务；

（2）物流功能健全；

（3）辐射范围大；

（4）存储、吞吐能力强，能为转运和多式联运提供物流支持；

（5）对下游配送中心提供物流服务。

3.14　配送中心（Distribution center）☆

从事配送业务具有完善的信息网络的场所或组织，应基本符合下列要求：

（1）主要为特定的用户服务；

（2）配送功能健全；

（3）辐射范围小；

（4）多品种、小批量、多批次、短周期；

（5）主要为末端客户提供配送服务。

3.15　分拨中心（Distribution center）

主要面向快递业、运输业，功能与物流中心雷同。

3.16　物流园区（Logistics park）

也称物流基地，是多种物流设施和不同类型物流企业在空间上集中布局的场所，是具有一定规模和综合服务功能的特定区域。

3.17　物流企业（Logistics enterprise）☆

专门从事物流活动的经济组织。

3.18　物流作业（Logistics operation）☆

为完成特定物流活动所进行的具体操作。

3.19　物流模数（Logistics modulus）★

物流设施与设备的尺寸基准。

3.20　物流技术（Logistics technology）★

物流活动中所采用的自然科学与社会科学方面的理论、方法，以及设施、设备、装置与工艺的总称。

3.21　物流成本（Logistics cost）★

物流活动中所消耗的物化劳动和活劳动的货币表现。

3.22　物流网络（Logistics network）★

物流过程中相互联系的组织与设施的集合。

3.23　物流信息（Logistics information）★

反映物流各种活动内容的知识、资料、图像、数据、文件的总称。

3.24　物流单证（Logistics documents）☆

物流过程中使用的单据、票据、凭证等的总称。

3.25　物流联盟（Logistics alliance）☆

两个或两个以上的经济组织为实现特定的物流目标而采取的策略安排。

3.26　物流作业流程（Logistics operation process）

为达成一定的物流目的而依次进行的一系列物流作业。

3.27　企业物流（Internal logistics）

货主企业在经营活动中所发生的物流活动。

3.28　供应物流（Supply logistics）☆

为下游客户提供原材料、零部件或其他物品时所发生的物流活动。

3.29　生产物流（Production logistics）☆

制造企业在生产过程中，原材料、在制品、半成品、产成品等的物流活动。

3.30　销售物流（Distribution logistics）☆

生产企业、流通企业在出售商品过程中所发生的物流活动。

3.31　社会物流（External logistics）☆

企业外部的物流活动的总称。

3.32　军事物流（Military logistics）☆

用于满足平战时军事行动物资需求的物流活动。

3.33　项目物流（Project logistics）

为特定项目实施而提供物流活动的总称。

3.34　国际物流（International logistics）☆

跨越不同国家或地区之间的物流活动。

3.35　虚拟物流（Virtual logistics）☆

为实现企业间物流资源共享和优化配置，以减少实体物流方式，是基于计算机信息及网络技术所进行的物流运作与管理。

3.36　精益物流（Lean logistics）

在物流系统优化的基础上，剔除物流过程中的无效和不增值作业，用尽量少的投入满足客户需求，实现客户的最大价值，并获得高效率、高效益的物流。

3.37　反向物流（Reverse logistics）

物品从供应链下游向上游的运动所引发的物流活动。也称逆向物流。

3.38　回收物流（Return logistics）☆

退货、返修物品和周转使用的包装容器等从需方返回供方所引发的物流活动。

3.39　废弃物物流（Waste material logistics）☆

将经济活动中失去原有使用价值的物品，根据实际需要进行收集、分类、加工、包装、搬运、储存等，并分送到专门处理场所的物流活动。

3.40　货物运输量（Freight volume）

一定时期内实际完成运送过程的货物数量。

3.41　货物周转量（Turnover volume of freight transport）

一定时期内所运货物吨数与其运输距离的乘积，以吨公里或吨海里表示。

3.42　军事物资（Military material）

用于满足军事需求的物资器材及武器装备等。

3.43　筹措（Raise）

军队物资供应部门按获取部队用户所需的军事物资的各种活动的总称。

3.44　军事供应链（Military supply chain）

围绕军队物资供应部门，从军事物资生产开始，经由筹措、运输、储备、包装、维修保养、配送等军事物资供应环节，将军事物资制造商、军事物资供应商、第三方物流企业、军队各级物资供应部门，直到部队最终用户连成一个整体的网链结构。

3.45　军地供应链管理（Military supply chain management）

军队物资供应部门利用现代信息技术全面规划军事物资供应过程中的商流、物流、信息流、资金流等，并对其进行计划、组织、协调与控制，是对军事供应链条上各要素，全过程的集成化管理模式。

3.46　军事物流一体化（Integration of military logistics and civil logistics）

通过对相对独立的军队物流系统与地方物流系统进行有效的整合和优化，实现军地物流兼容部分的高度统一、相互融合、协调发展。

3.47　物流场（Logistics field）

物流中心展开物流活动的时空范围。

3.48　战备物资储备（Military repertory of combat readiness）

为保障部队作战需要而预先进行的物资储存。

3.49　全资产可见性（Total asset visibility）

能够实时掌控军事供应链上人员、物资、装备的位置、数量和状况等信息的能力。

3.50　配送式保障（Distribution-mode support）

在军事物资全资产可见性的基础上，根据精确预测的部队用户需求，尽可能跳过军事供应链的某些环节，采取从军事物资供应起点直达部队用户的供应方法，通过灵活调配物流资源，在需要的时间和需要的地点将军事物资主动配送给作战部队的一种军事物资保障方式。

4　物流作业服务术语

4.1　托运（Consignment）

发货人与运输企业签订货物运输合同，同时实现货物的物权转移的经营活动。

4.2　承运（Carriage）

运输企业接受发货人的委托，提供货物运输服务、并承担双方所签订的货物运输合同中指明的责任。

4.3　承运人（Carrier）

本人或者委托他人以本人名义与托运人订立货物运输合同的人。

4.4　运输（Transportation）★

用运输设备将物品从一地点向另一地点运送。其中包括集货、分配、搬运、中转、装入、卸下、分散等一系列操作。[GB/T 4122.1－1996 中 4.4]

4.5　道路运输（Road transport）

使用公路设施、设备运送货物的一种运输方式。

4.6　水路运输（Waterway transport）

使用船舶（或其他水运工具），在江、河、湖、海等水域运送货物的一种运输方式。

4.7　铁路运输（Railway transport）

使用铁路设施、设备运送货物的一种运输方式。

4.8　航空运输（Air transport）

使用飞机或其他飞行器运送货物的一种运输方式。

4.9　管道运输（Pipeline transport）

由大型钢管、泵站和加压设备等组成的运输系统完成物料输送工作的一种运输方式。

4.10　门到门服务（Door to door service）

承运人在托运人的工厂或仓库接货，负责运抵收货人的工厂或仓库交货。

4.11　直达运输（Through transportation）☆

物品由发运地到接收地，中途不需要中转的运输。[GB 8226－1987 中 1.3.9]

4.12　中转运输（Transfer transportation）☆

物品由生产地到最终使用地，中途经过至少一次落地并换装的运输。

4.13　甩挂运输（Drop and pull transport）☆

用牵引车拖带挂车至目的地，将挂车甩下后，换上新的挂车运往另一个目的地的运输。[GB 8226—1987 中 1.3.13]

4.14　整车运输（Transportation of truck-load）

根据规定批量按整车货物办理承托手续、组织运送和计费的货物运输。［GB 8226—1987 中 3.2.3］

4.15　零担运输（Sporadic freight transportation）

根据规定批量按零担货物办理承托手续、组织运送和计费的货物运输。［GB 8226—1987 中 3.2.4］

4.16　联合运输（Combined transport）☆

一次委托，由使用两种或者两种以上运输方式，或不同的运输企业将一批货物运送到目的地的运输。［GB/T 13562—1992 中 2.1］

4.17　联合费率（Joint rate）

运送货物时，经由两家或两家以上的运送企业分段运送的运费。

4.18　联合成本（Joint cost）

决定提供某种特定的运输服务而产生的不可避免的分段成本费用的总和。

4.19　仓储（Warehousing）

利用仓库及相关设施设备进行物品的进库、存储、出库的作业。

4.20　储存（Storing）★

保护、管理、储藏物品。［GB/T 4122.1—1996 中 4.2］

4.21　库存（Inventory）

储存作为今后按预定的目的使用而处于闲置或非生产状态的物品。广义的库存还包括处于制造加工状态和运输状态的物品。

4.22　库存成本（Inventory cost）

为取得和维持一定规模的存货所发生的各种费用的总和，由物品购入成本、订货成本、库存持有成本（含存货资金占用成本、保险费用、仓储费用等）等构成。

4.23　保管（Storage）☆

对物品进行储存，并对其进行物理性管理的活动。

4.24　仓单（Storage invoice）

保管人（仓库）在与存货人签订仓储保管合同的基础上，对存货人所交付的仓储物进行验收之后出具的物权凭证。［GB/T18768—2002 中 3.3.5］

4.25　仓单质押融资（Warehouse receipt hypothecating/ Depot bill pledge）

业务申请人以物流企业（中介方）开出的仓单作为质押物向银行申请贷款的信贷业务，是物流企业参与下的权利质押业务。

4.26　库存商品融资（Inventory Financing）

需要融资的企业（即借方），将其拥有的动产作为担保，向资金提供企业（即贷方）出质，同时，将质物转交给具有合法保管动产资格的物流企业（中介方）进行保管，以获得贷方贷款的业务活动，是物流企业参与下的动产质押业务。

4.27　仓储费用（Warehousing fee）

货主委托公共仓库进行货物保管时，仓库收取货主的服务费用，包括保管和装卸等各项费用；或企业内部仓储活动所发生的保管费、装卸费以及管理费等各项费用。

4.28 订单满足率（Fill rate）

用来衡量缺货程度及其影响的指标，用实际发货数量与订单需求数量的比率表示。

4.29 货垛（Goods stack）★

为了便于保管和装卸、运输，按一定要求分门别类堆放在一起的一批物品。

4.30 堆码（Stacking）★

将物品整齐、规则地摆放成货垛的作业。

4.31 配送（Distribution）★

在经济合理区域范围内，根据客户要求，对物品进行拣选、加工、包装、分割、组配等作业，并按时送达指定地点的物流活动。

4.32 拣选（Order picking）★

按订单或出库单的要求，从储存场所拣出物品，并码放在指定场所的作业。

4.33 分类（Sorting）

按照货物的种类、流向、客户类别对货物进行分组，并集中码放到指定场所的作业。

4.34 集货（Goods consolidation）☆

将分散的或小批量的物品集中起来，以便进行运输、配送的作业。

4.35 共同配送（Jointdistribution）★

由多个企业联合组织实施的配送活动。

4.36 装卸（Loading and unloading）★

物品在指定地点以人力或机械装入运输设备或卸下。[GB/T 4122.1—1996 中 4.5]

4.37 搬运（Handling carrying）★

在同一场所内，对物品进行水平移动为主的物流作业。

4.38 包装（Package/packaging）★

为在流通过程中保护产品、方便储运、促进销售，按一定技术方法而采用的容器、材料及辅助物等的总体名称。也指为了达到上述目的而采用容器、材料和辅助物的过程中施加一定技术方法等的操作活动。[GB/T 4122.1—1996 中 2.1]

4.39 销售包装（Sales package）★

又称内包装，是直接接触商品并随商品进入零售网点和消费者或用户直接见面的包装。

4.40 运输包装（Transportpackage）★

以满足运输储存要求为主要目的的包装。它具有保障产品的运输安全，方便装卸、加速交接、点验等作用。[GB/T 4122.1—1996 中 2.5]

4.41 流通加工（Distribution processing）★

物品在从生产地到使用地的过程中，根据需要施加包装、分割、计量、分拣、刷标志、拴标签、组装等简单作业的总称。

4.42 检验（Inspection）★

根据合同或标准，对标的物的品质、数量、包装等进行检查、验收的总称。

4.43 增值物流服务（Value-added logistics service）★

在完成物流基本功能基础上，根据客户需求提供的各种延伸业务活动。

4.44 定制物流（Customized logistics）★

根据用户的特定要求而为其专门设计的物流服务模式。

4.45　物流客户服务（Logistics customer service）

工商企业为支持其核心产品销售而向客户提供的物流服务。

4.46　物流运营服务（Logistics operation service）

物流企业为满足客户需求所提供的各种物流服务。

4.47　物流服务质量（Logistics service quality）

用精度、时间、顾客满意度等来表示的物流服务的品质。

4.48　物品储备（Goods reserves）☆

为应对突发公共事件和国家宏观调控的需要，对物品进行的储存。有当年储备、长期储备、战略储备之分。

4.49　缺货率（Stock-out rate）

出现缺货而无法满足客户订单的次数，用缺货次数与客户订货次数的比率表示。

4.50　货损率（Cargo damages rate）

交货时损失的商品量与物流商品总量的比率。

4.51　商品完好率（Rate of the goods in good condition）

交货时完好的商品量与物流商品总量的比率。

4.52　基本运价（Freight unit price）

每单位货物的运输费用。

4.53　理货（Tally）☆

在货物储存、装卸过程中，对货物的分票、计数、清理残损、签证和交接的作业。

4.54　组配（Assembly）☆

充分利用运输工具的载重量和容积，采用先进的装载方法合理安排货物的装载。

4.55　订货周期（Order cycle time）

从客户发出订货直到在可接受的条件下接收产品以及产品进入客户仓库的整个时间。

4.56　库存周期（Inventory cycle time）★

在一定范围内，库存物品从入库到出库的平均时间。

5　物流技术与设施设备术语

5.1　标准箱（Twenty-feet equivalent unit（TEU））

以 20 英尺集装箱作为换算单位。[GB/T 17271—1998 中 3.2.4.8]

5.2　集装运输（Containerized transport）☆

使用集装器具或利用捆扎方法，把裸装物品、散状物品、体积较小的成件物品，组合成为一定规格的集装单元进行的运输。

5.3　托盘运输（Pallet transport）

将货物以一定数量组合码放在托盘上，连盘带货一起装入运输工具运送物品的运输方式。

5.4　货物编码（Goods coding）

按货物分类规则以简明的文字、符号或数字表示货物的名称、类别及其他属性并进行有序排列的一种方法。

5.5　四号定位（Four number location）

用库房号、货架号、货架层次号和货位号表明货物储存的位置，以便查找和作业的货物定位方法。

5.6　零库存技术（Zero-inventory technology）★

在生产与流通领域按照JIT组织物资供应，使整个过程库存最小化的技术总称。

5.7　单元装卸（Unit loading & unloading）★

用托盘、容器或包装物将小件或散装物品集成一定质量或体积的组合件，以便利用机械进行作业的装卸方式。

5.8　气力输送法（Pneumatic conveying system）

由具有正压或负压的空气带动粉粒状物料在管道内流动，实现在水平和垂直方向上移动的输送。

5.9　生产输送系统（Production line system）

根据生产工艺的功能要求，用于完成物品在各工艺之间的位移，由各类输送设备、附属装置等组成的系统。

5.10　分拣输送系统（Sorting & picking system）

是将随机的、不同去向的物品，按一定要求进行分类的一种物料搬运系统。

5.11　自动补货（Automatic replenishment）

基于现代信息技术，快捷、准确地获取客户销售点的需求信息，预测未来商品需求，并据此持续补充库存。

5.12　自动存储取货系统（Automated storage & retrieval system（AS/RS））

借助机械设施与计算机管理控制系统实现存入和取出物料的系统。

5.13　集装化（Containerization）★

用集装器具或采用捆扎方法，把物品组成标准规格的单元货件，以加快装卸、搬运、储存、运输等物流活动。

5.14　散装化（In bulk）☆

用专门机械、器具进行运输、装卸的散状物品在某个物流系统范围内，不用任何包装，长期固定采用吸扬、抓斗等机械、器具进行这类物品装卸、运输、储存的作业方式。

5.15　托盘包装（Palletizing）☆

以托盘为承载物，将物品堆码在托盘上，通过捆扎、裹包、胶粘等方法加以固定，形成一个搬运单元，以便用机械设备搬运的包装技术。[GB/T 4122.1—1996 中 2.17]

5.16　直接换装（Cross docking）☆

物品在物流环节中，不经过中间仓库或站点，直接从一个运输工具换载到另一个运输工具的物流衔接方式。也称越库配送。

5.17　物流系统仿真（Logistics system simulation）

借助计算机仿真技术，对现实物流系统建模并进行实验，得到各种动态活动及其过程的瞬间仿效记录，进而研究物流系统性能的方法。

5.18　冷链（Cold chain）☆

为保持新鲜食品及冷冻食品等的品质，使其在从生产到消费的过程中，始终处于低温状

态的配有专门设备设施的物流网络。

5.19　自营仓库（Private warehouse）

由企业或各类组织自营自管，为自身的货物提供储存服务的仓库。

5.20　公共仓库（Public warehouse）

面向社会提供货物储存服务，并收取费用的仓库。

5.21　自动仓库（Automated storage & retrieval system）

由高层货架、巷道堆垛起重机（有轨堆垛机）、入出库输送机系统、自动化控制系统、计算机仓库管理系统及其周边设备组成，可对集装单元货物实现自动化存取和控制的仓库。

5.22　立体仓库（Stereoscopic warehouse）☆

采用高层货架立体存放货物的仓库。其存、取作业要借助机械设备来完成。

5.23　交割仓库（Transaction warehouse）

经电子交易中心核准、委托，负责检验、保管交易商进行交易的大宗商品并提供相应担保，为电子交易提供相关物流服务的第三方业务部门。[GB/T 18769—2003 中 2.6]

5.24　交通枢纽（Traffic hinge）

在一种或多种运输方式交通干线的交叉与衔接之处，共同为办理旅客与货物中转、发送、到达所建设的多种运输设施的综合体。

5.25　集装箱货运站（Container freight station（CFS））★

拼箱货物拆箱、装箱、办理交接的场所。

5.26　集装箱码头（Container terminal）☆

专门处理集装箱的港口设施。

5.27　控湿储存区（Humidity controlled space）★

仓库内配有湿度调制设备，使内部湿度可调的库房区域。

5.28　冷藏区（Chill space）★

仓库的一个区域，其温度保持在0℃～10℃范围内。

5.29　冷冻区（Freeze space）★

仓库的一个区域，其温度保持在0℃以下。

5.30　收货区（Receiving space）☆

到库物品入库前核对检查及进库准备的区域。

5.31　区域配送中心（Regional distribution center（RDC））

以较强的辐射能力和库存准备，向省（州）际、全国乃至国际范围的用户实施配送服务的配送中心。

5.32　公路集装箱中转站（Inland container depot）★

具有集装箱中转运输与门到门运输和集装箱货物的拆箱、装箱、仓储和接取、送达、装卸、堆存的场所。[GB/T 17271—1998 中 3.1.3.9]

5.33　铁路集装箱场（Railway container yard）★

进行集装箱承运、交付、装卸、堆存、装拆箱、门到门作业，组织集装箱专列等作业的场所。[GB/T 17271—1998 中 3.1.3.6]

5.34　专用线（Special railway line）

在铁路总经营线网以外，而又与铁路营业网相衔接的各类企业或仓库自有的或向铁路部门租用的铁路。

5.35　基本港口（Base port）

通常是班轮运价计费时常用的一种术语，是指定班轮公司的船一般要定期挂靠，设备条件比较好，货载多而稳定并且不限制货量的港口。基本港口的货物一般为直达运输，无需中途转船；若船方决定中途转船则不得向船方加收转船附加费或直航附加费。

5.36　周转箱（Container）

用于存放物品，可重复、周转使用的器具。

5.37　叉车（Fork lift truck）★

具有各种叉具，能够对货物进行升降和移动以及装卸作业的搬运车辆。

5.38　叉车属具（Attachments of fork lift trucks）

附加或替代叉车的货叉装卸装置，以扩大叉车对特定物料的装卸范围，并提高其装卸效率。

5.39　托盘（Pallet）☆

用于集装、堆放、搬运和运输，放置作为单元负荷物品的水平平台装置。［GB/T 4122.1—1996 中 4.27］

5.40　称量装置（Load weighing devices）

针对起重、运输、装卸、包装、配送以及生产过程中的物料进行重量检测的设备。

5.41　工业用门（Industrial door）

为保护室内清洁的环境、温度、湿度等而设置的快速启闭的门。

5.42　货架（Goods shelf）☆

用立柱、隔板或横梁等组成的立体储存货物的设施。

5.43　重力货架系统（Live pallet rack system）

是一种密集存储单元货物的货架系统。在货架每层的通道上，都安装有一定坡度的、带有轨道的导轨，入库的单元货物在重力的作用下，由入库端流向出库端。

5.44　移动货架系统（Mobile rack system）

在货架的底部安装有行走轮，可在地面轨道上移动的货架。

5.45　驶入货架系统（Drive-in rack system）

可供叉车（或带货叉的无人搬运车）驶入、存取单元托盘货物的货架。

5.46　集装袋（Flexible freight bags）

又称柔性集装箱，是集装单元器具的一种，配以起重机或叉车，就可以实现集装单元化运输。它适用于装运大宗散状粉粒状物料。

5.47　集装箱（Container）★

是一种运输设备，应满足下列要求：

（1）具有足够的强度，可长期反复使用；

（2）适于一种或多种运输方式运送，途中转运时，箱内货物不需换装；

（3）具有快速装卸和搬运的装置，特别便于从一种运输方式转移到另一种运输方式；

（4）便于货物装满和卸空；

（5）具有 $1m^3$ 及以上的容积。

集装箱这一术语不包括车辆和一般包装。[GB/T 1992—1985 中 1.1]

5.48　特种货物集装箱（Specific cargo container）★

用以装运特种物品用的集装箱总称。[GB/T 4122.1—1996 中 2.2.2]

5.49　集装单元器具（Palletized unit implants）

一种物料的载体，把各式各样的物料集装成一个便于储运的单元，是物流机械化、自动化作业的基础。

5.50　全集装箱船（Full container ship）★

舱内设有固定式或活动式的格栅结构，舱盖上和甲板上设置固定集装箱的系紧装置，便于集装箱作业及定位的船舶。[GB/T 17271—1998 中 3.1.1.1]

5.51　码垛机器人（Robot palletizer）

能自动识别货物，将其整齐地、自动地码（或拆）在托盘上的机器人。

5.52　起重机械（Hoisting machinery）

一种以间歇作业方式对物料进行起升、下降和水平移动的搬运机械。

5.53　牵引车（Tow tractor）

具有牵引一组无动力台车能力的搬运车辆。

5.54　升降台（Lift table（LT））

一种将人或者货物举升到某一高度的专用设备。

5.55　输送机（Conveyors）☆

按照规定路线连续地或间歇地运送散装物料和成件物品的搬运机械。

5.56　箱式车（Box car）★

除具备普通车的一切机械性能外，还必须具备全封闭的箱式车身，便于装卸作业的车门。

5.57　自动导引车（Automatic guided vehicle（AGV））☆

装有自动导引装置，能够沿规定的路径行驶，在车体上具有编程和停车选择装置、安全保护装置以及各种物料移载功能的搬运车辆。

5.58　自动化元器件（Element of automation）

广泛应用于物流设施和物流系统自动化运作或控制的器件。

5.59　手动液压升降平台车（Scissor lift table）

采用手压或脚踏为动力，通过液压驱动使载重平台作升降运动的手推平台车。

5.60　零件盒（Workingaccessories）

又称工位器具，广泛应用于加工、装配、检测、维修等工位，存放轻、小型零部件的器具。

5.61　条码打印机（Bar code printer）

能制作一种供机器识别的光学形式符号文件的打印机，它的印刷有严格的技术要求和检测要求。

5.62　站台登车桥（Dock levelers）

当货车行驶平面与货场站台平面有一高度差时，为使手推车辆、叉车等快速、保持原速、顺畅地驶入车厢内，以提高装卸效率，广泛采用的装置。

6　物流信息术语

6.1　条码（Bar code）★

由一组规则排列的条、空及字符组成的，用以表示一定信息的代码。［GB/T 4122.1—1996 中 4.17］

6.2　商品标识代码（Identification code for commodity）

由国际物品编码协会（EAN）和统一代码委员会（UCC）规定的、用于标识商品的一组数字，包括 EAN/UCC-13、EAN/UCC-8 和 UCC-12 代码。［GB 12904—2003 中 3.1］

6.3　产品电子编码（Electronic Product Code（EPC））

每个物品所拥有的一个唯一标识单品的编码，是开放的、全球性的标准体系，是由一个版本号加上另外三段数据（依次为域名管理者、对象分类、序列号）组成的一组数字。

6.4　EPC 序列号（Serial number）

EPC 的目标是为每一物理实体提供惟一标识，它是由一个版本号和另外三段数据（依次为域名管理者、对象分类、序列号）组成的一组数字，其中序列号惟一标识货品。

6.5　对象名称解析服务（Object name service（ONS））

一个系统，用于查找唯一的电子产品代码（EPC），并将计算机指向与 EPC 对应的商品信息。它类似于域名服务系统，后者是将计算机指向 internet 上的站点。

6.6　对象分类（Object class）

EPC 的目标是为每一物理实体提供唯一标识，它是由一个版本号和另外三段数据（依次为域名管理者、对象分类、序列号）组成的一组数字，其中对象分类记录产品精确类型的信息。

6.7　位置码（Location number（LN））

对法律实体、功能实体和物理实体进行唯一、准确标识的代码。（法律实体是指合法存在的机构。如：供应商、客户、银行、承运商等；功能实体是指法律实体内的具体的部门。如：某公司的财务部；物理实体是指具体的位置。如：建筑物的某个房间、仓库或仓库的某个门，交货地。）［GB/T 16828—1997］

6.8　贸易项目（Trade item）

从原材料直至最终用户可具有预先定义特征的任意一项产品或服务，对于这些产品和服务，在供应链过程中有获取预先定义信息的需求，并且可以在任意一点进行定价、订购或开具发票。［GB/T19251—2003 中 3.1］

6.9　物流单元（Logistics unit）

供应链管理中运输或仓储的一个包装单元。［GB/T18127—2000 中 3.1］

6.10　全球贸易项目标识代码（Global trade item number）

在世界范围内贸易项目的唯一标识代码，其结构为 14 位数字。［GB/T19251—2003 中 3.2］

6.11　应用标识符（Applicationidentifier（AI））

标识数据含义与格式的字符。［GB/T16986—2003 中 3.1］

6.12　物流信息编码（Logistics information code）

指把物流信息用一种易于被电子计算机和人识别的符号体系表示出来的过程。

6.13　自动数据采集（Automatic data capture（ADC））

用于收集数据并直接将其导入（不涉及人工参与）计算机系统的方法。

6.14　自动识别技术（Auto identification）

对字符、影像、条码、声音等记录数据的载体进行机器自动识别，自动地获取被识别物品的相关信息，并提供给后台的计算机处理系统来完成相关后续处理的一种技术。它是一种高度自动化的信息或者数据采集技术，其中包含了自动识别、数据采集和移动计算三个方面的技术应用。

6.15　条码标签（Bar code tag）

印有条码符号的信息载体。

6.16　条码识读器（Bar code reader）

识读条码符号的设备。[GB/T12905—2000 中 4.1.1]

6.17　条码检测仪（Bar code verifier）

用于检测条码符号的尺寸误差和光学特性的装置。[GB/T12905—2000 中 6.2.1]

6.18　条码系统（Bar code system）

由条码符号设计、制作及扫描识读组成的系统。[GB/T12905—2000 中 2.2]

6.19　条码自动识别技术（Bar code auto ID）

运用条码进行自动数据采集的技术。条码自动识别技术主要包括编码技术、符号表示技术、识读技术、生成与印制技术和应用系统设计等五大部分。

6.20　射频标签（RFID tag）

射频识别系统中存储可识别数据的电子装置。

6.21　射频识读器（RFID reader）

利用射频技术读取标签信息、或将信息写入标签的设备。识读器读出的标签的信息通过计算机及网络系统进行管理和信息传输。

6.22　射频识别（Radio frequency identification（RFID））

利用射频信号及其空间耦合和传输特性进行非接触双向通信、实现对静止或移动物体的自动识别，并进行数据交换的一项自动识别技术。

6.23　射频识别系统（RFID system）

由射频标签、识读器和计算机网络组成的自动识别系统。通常，识读器在一个区域发射能量形成电磁场，射频标签经过这个区域时检测到识读器的信号后发送存储的数据，识读器接收射频标签发送的信号，解码并校验数据的准确性以达到识别的目的。

6.24　EPC 系统（EPC system）

在计算机互联网的基础上，利用射频识别、无线数据通讯等技术，构造的一个覆盖世界上万事万物的互联网。

6.25　数据元（Metadata）

通过定义、标识、表示以及允许值等一系列属性描述的数据单元。

6.26　报文（Message）

利用现代计算机技术生成、存储或者传递的信息。

6.27 实体标记语言（Physical Markup Language（PML））

基于为人们广为接受的可扩展标识语言（XML）发展而来的，描述所有自然物体、过程和环境的通用标准。PML包括不变的产品信息（如物质成分），以及经常性变动的数据（动态数据）和随时间变动的数据（时序数据）。

6.28 电子数据交换（Electronic data interchange（EDI））★

通过电子方式，采用标准化的格式，利用计算机网络进行结构化数据的传输和交换。

6.29 电子通关（Electronic clearance）

采用电子单证的方式，对符合特定条件的报关单，由计算机自动完成专业审单的全部作业，以减少作业环节和时间。

6.30 电子认证（Electronic authentication）

采用电子技术检验用户合法性的操作。其主要内容有以下3个方面：（1）保证自报姓名的个人和法人的合法性的本人确认。确认本人的简单方法一般有组合使用用户ID和密码，磁卡或IC卡和密码。需要进行慎重的认证时，可利用指纹、虹膜类型等可识别人体的生物统计学技术。（2）特别是通过电子商务进行贵重物品的交易时，保证个人或企业间收发信息在通信的途中和到达后不被改变的信息认证。（3）数字签名。在数字信息内添加署名信息。

6.31 电子报表（E-report）

可以利用网络进行提交、传送、存储和管理的数字化报表。它可以在网络上随时、随地、方便、快捷地进行查询、打印和下载。

6.32 电子采购（E-procurement）

也称网上采购，是指利用信息通信技术，以网络为平台，与供应商之间建立联系，并完成获得某种特定产品或服务的活动。

6.33 电子合同（E-contract）

以电子记录的形式对平等主体（如自然人、法人和其他组织）间的权利与义务做出规定的协议。

6.34 电子商务（E-commerce（EC））

在Internet开放的网络环境下，基于Browser/Server的应用方式，实现消费者的网上购物（B2C），企业之间的网上交易（B2B）和在线电子支付的一种新型的交易方式。

6.35 电子支付（E-payment）

也称在线支付或网上支付，是指以金融电子化网络为基础，以电子货币、商用电子化机具和各类交易卡为媒介，以计算机技术和通信技术为手段，将各种货币或资金以电子数据（二进制数据）的形式存储在银行的计算机系统中，并通过计算机网络系统以电子信息传递的形式实现流通、转拨和支付。

6.36 地理信息系统（Geographical information system（GIS））

由计算机软硬件环境、地理空间数据、系统维护和使用人员四部分组成的空间信息系统。该系统可对整个或部分地球表层（包括大气层）空间中有关地理分布数据进行采集、储存、管理、运算、分析显示和描述。

6.37 全球定位系统（Global positioning system（GPS））

利用导航卫星进行测时和测距，使在地球上任何地方的用户，都能测定出他们所处的方位。

6.38　智能交通系统（Intelligent transportation system（ITS））

包括信息处理技术，通信技术、控制技术和电子技术等，能为许多交通问题提供解决方案的计算机管理信息系统。

6.39　货物跟踪系统（Goods-tracked system）

利用条形码、EDI、全球卫星定位系统、地理信息系统等技术，获取有关货物运输动态信息，提高运输服务质量的技术系统。

6.40　仓库管理系统（Warehouse management system（WMS））

为提高仓储作业和仓储管理活动的效率，对仓库实施全面地系统化管理的计算机信息系统。

6.41　销售时点系统（Point of sale（POS））

在对销售商品进行结算时，通过自动读取设备（如收银机）在销售商品时直接读取商品销售信息（如商品名、单价、销售数量、销售时间、销售店铺、购买顾客等），并通过通信网络和计算机系统传送至有关部门进行分析加工以提高经营效率的系统。

6.42　电子订货系统（Electronic order system（EOS））☆

不同组织间利用通信网络和终端设备进行订货作业与订货信息交换的体系。

6.43　计算机辅助订货系统（Computer assisted ordering（CAO））★

基于库存和客户需求信息，利用计算机进行自动订货管理的系统。

6.44　拉式订货系统（Pull order system）

在多仓库系统中，每一个仓库控制自己的需求，分别对中央物流中心下订单。

6.45　永续存货系统（Perpetual inventory system）

每次进出货都做详细的书面记录，且盘点时间视状况而定，以便在任何时间都有实际库存最新数据的系统。

6.46　虚拟仓库（Virtual warehouse）☆

利用计算机和网络通讯技术，将地理上分散的、属于不同所有者的实体仓库进行整合，形成具有统一目标、统一任务、统一流程的暂时性物资存储与控制组织，可以实现不同状态、空间、时间的物资有效调度和统一管理。

6.47　物流信息系统（Logistics information system（LIS））

由人员、计算机硬件、软件、网络通信设备及其他办公设备组成的人机交互系统，其主要功能是进行物流信息的收集、存储、传输、加工整理、维护和输出，为物流管理者及其他组织管理人员提供战略、战术及运作决策的支持，以达到组织的战略竞优，提高物流运作的效率与效益。

6.48　物流信息技术（Logistics information technology）

运用于物流各环节中的信息技术。根据物流的功能以及特点，物流信息技术包括如计算机技术、网络技术、信息分类编码技术、条码技术、射频识别技术、电子数据交换技术、全球定位系统（GPS）、地理信息系统（GIS）等。

6.49　物流信息分类（Logistics information sorting）

根据物流管理的特点，把具有共同属性或特征的物流信息归并在一起，把不具有这种共同属性或特征的物流信息区别开来的过程。物流信息分类的直接产物是各式各样的分类表或分类目录。

6.50 分布式的网络软件（Savant）

用于管理和传送与 EPC 相关的数据，数据校对、识读器协调、数据传送、数据存储和任务管理。

7 物流管理术语

7.1 仓库布局（Warehouse layout）★

在一定区域或库区内，对仓库的数量、规模、地理位置和仓库设施、道路等各要素进行科学规划和总体设计。

7.2 ABC 分类管理（ABC classification）★

将库存物品按品种和占用资金的多少分为特别重要的库存（A 类）、一般重要的库存（B 类）和不重要的库存（C 类）三个等级，然后针对不同等级分别进行管理与控制。

7.3 安全库存（Safety stock）☆

用于缓冲不确定性因素（如大量突发性订货、交货期突然延期等）而准备的库存。

7.4 经常库存（Cycle stock）★

在正常的经营环境下，企业为满足日常需要而建立的库存。

7.5 库存管理（Inventory management）

在保障供应的前提下，以库存物品的数量最少和周转最快为目标所进行的计划、组织、协调与控制。

7.6 库存控制（Inventory control）★

在保障供应的前提下，使库存物品的数量最少所进行的有效管理的技术经济措施。

7.7 供应商管理库存（Vendor managed inventory（VMI））☆

通过信息共享，由供应链上的上游企业根据下游企业的销售信息和库存量，主动对下游企业的库存进行管理和控制的管理模式。

7.8 定量订货制（Fixed-quantity system（FQS））☆

当库存量下降到预定的最低库存数量（订货量）时，按经济订货批量为标准进行订货的一种库存管理方式。

7.9 定期订货制（Fixed-interval system（FIS））☆

按预先确定的订货间隔期进行订货的一种库存管理方式。

7.10 经济订货批量（Economic order quantity（EOQ））★

通过平衡采购进货成本和保管仓储成本核算，以实现总库存成本最低的最佳订货批量。

7.11 连续补货计划（Continuous replenishment program（CRP））☆

利用及时准确的销售时点信息确定已销售的商品数量，根据零售商或批发商的库存信息和预先规定的库存补充程序确定发货补充数量和配送时间的计划方法。

7.12 联合库存管理（Joint managed inventory（JMI））

供应链成员企业共同制定库存计划，并实施库存控制的供应链库存管理方式。

7.13 前置期（Lead time）☆

从发出订货单到收到货物的时间间隔。

7.14 物流成本管理（Logistics cost control）☆

对物流活动发生的相关费用进行的计划、协调与控制。

7.15 物流绩效管理（Logistics performance management）

在满足客户服务要求条件下，在物流运作全过程中对物流成果与效用的产生、形成和评价所进行的计划、组织、协调与控制。

7.16 物流战略（Logistics strategy）★

为寻求物流的可持续发展，就物流发展目标以及达到目标的途径与手段而制定的长远性、全局性的规划与谋略。

7.17 物流战略管理（Logistics strategy management）☆

通过物流战略设计、战略实施、战略评价与控制等环节，调节物流资源、组织结构等最终实现物流系统宗旨和战略目标的一系列动态过程的总和。

7.18 物流质量管理（Logistics quality management）

通过制定科学合理的基本标准，对物流活动实施的全对象、全过程、全员参与的质量控制过程。

7.19 物流资源计划（Logistics resource planning（LRP））★

以物流为基本手段，打破生产与流通界限，集成制造资源计划、能力资源计划、分销需求计划以及功能计划而形成的物资资源优化配置方法。

7.20 供应链联盟（Supply chain alliance）

基于一定的市场需求，以降低总成本和提高整体效率为目标，供应链各成员企业通过信息共享，按照优势互补原则所形成的可快速重构的动态组织。

7.21 供应商关系管理（Supplier relationships management（SRM））

一种致力于实现与供应商建立和维持长久、紧密伙伴关系，旨在改善企业与供应商之间关系的新型管理。

7.22 准时制（Just in time（JIT））☆

在精确测定生产制造各工艺环节作业效率的前提下，准确地计划物料供应量和时间的生产管理模式。

7.23 准时制物流（Just-in-time logistics）☆

与 JIT 管理模式相适应的物流管理方式。

7.24 有效客户反应（Efficient customer response（ECR））★

以满足顾客要求和最大限度降低物流过程费用为原则，能及时做出准确反应，使提供的物品供应或服务流程最佳化的一种供应链管理策略。

7.25 快速反应（Quick response（QR））☆

供应链成员企业之间建立战略合作伙伴关系，利用 EDI 等信息技术进行信息交换与信息共享，用高频率小数量配送方式补充商品，以实现缩短交货周期，减少库存，提高顾客服务水平和企业竞争力为目的的一种供应链管理策略。

7.26 物料需求计划（Material requirements planning（MRP））★

工业制造企业内的物资计划管理模式。根据产品结构各层次物品的从属和数量关系，以每个物品为计划对象，以完工日期为时间基准倒排计划，按提前期长短区别各个物品下达计划时间的先后顺序。

7.27　制造资源计划（Manufacturing resource planning（MRPⅡ））★

在 MRP 的基础上，增加了营销、财务和采购的功能，它是对企业的各种制造资源和企业生产经营各环节实行合理有效地计划、组织、控制和协调，达到既能连续均衡生产，又能最大限度地降低各种物品的库存量，进而提高企业经济效益的管理方法。

7.28　配送需求计划（Distribution requirements planning（DRP））★

一种既保证有效地满足市场需求，又使得物流资源配置费用最省的计划方法，是 MRP 原理与方法在物品配送中的运用。

7.29　配送资源计划（Distribution resource planning（DRPⅡ））★

一种企业内物品配送计划系统管理模式。是在 DRP 的基础上提高各环节的物流能力，达到系统优化运行的目的。

7.30　企业资源计划（Enterprise resource planning（ERP））☆

在 MRP II 的基础上，通过前馈的物流和反馈的信息流、资金流，把客户需求和企业内部的生产经营活动以及供应商的资源整合在一起，体现完全按用户需求进行经营管理的一种全新的管理模式。

7.31　协同计划、预测与补货（Collaborative planning，forecasting and replenishment（CPFR））

应用一系列的信息处理技术和模型技术，提供覆盖整个供应链的合作过程，通过共同管理业务过程和共享信息来改善零售商和供应商之间的计划协调性，提高预测精度，最终达到提高供应链效率、减少库存和提高客户满意程度为目的的供应链库存管理策略。

7.32　服务成本定价法（Cost-of-service pricing）

按照提供物流服务所消耗的成本进行定价的方法。

7.33　服务价值定价法（Value-of-service pricing）

按照物流服务中的产品价值进行定价的方法。

7.34　业务外包（Outsourcing）★

企业为了获得比单纯利用内部资源更多的竞争优势，将其非核心业务交由合作企业完成。

7.35　流程分析法（Process analysis）

每次只观察一类产品或物料，并沿整个生产过程收集数据资料，必要时跟随从原料库到成品库的全过程，编制流程图表的方法。

7.36　延迟策略（Postponement strategy）

供应链上顾客化活动延迟直至到订单时为止，在时间和空间上推迟顾客化活动，使产品和服务与顾客的需求实现无缝连接，从而提高企业的柔性以及顾客价值的策略。

7.37　业务流程重组（Business process reengineering（BPR））

为最大限度地适应以客户、竞争、变化为特征的现代经营环境，对企业的业务流程作根本性的思考和彻底性的再设计，从而在成本、质量、服务和速度等方面取得显著改善。

7.38　物流流程重组（Logistics process reengineering）

从顾客需求出发，对物流管理和作业流程进行优化，通过对物流活动各要素的重新组合，重新设计企业物流系统和管理模式，提升企业效益。

7.39　有形损耗（Tangible loss）☆

物流过程中可见或可预测的物品的物理性损失、消耗。

7.40　无形损耗（Intangible loss）★

由于科学技术进步而引起的物品贬值。

7.41　总成本分析（Total cost analysis）

识别物流活动中运输、仓储、库存和客户服务等系统变量之间的相互关系，在特定的客户服务水平下使物流总成本最小化的物流管理方法。

7.42　物流作业成本法（Logistics activity-based costing）

以特定物流活动成本为核算对象，通过成本动因来确认和计算作业量，进而以作业量为基础分配间接费用的物流成本管理方法。

7.43　效益悖反（Trade off）

一种活动的高成本，会因另一种物流活动成本的降低或效益的提高而抵消的相互作用关系。

8　国际物流术语

8.1　多式联运（Multimodal transport）

按照多式联运合同，以至少两种不同的运输方式，由多式联运经营人将货物从接管地点运至指定交付地点的货物运输。

8.2　国际多式联运（International multimodal transport）★

按照多式联运合同，以至少两种不同的运输方式，由多式联运经营人将货物从一国境内的接管地点运至另一国境内指定交付地点的货物运输。

8.3　国际航空货物运输（International airline transport）

由跨国航空承运人办理两国之间空运的全程运输，并承担运输责任的一种运输方式。

8.4　国际铁路联运（International through railway transport）★

使用一份统一的国际铁路联运票据，由跨国铁路承运人办理两国或两国以上铁路的全程运输，并承担运输责任的一种连贯运输方式。

8.5　班轮运输（Liner transport）★

在固定的航线上，以既定的港口顺序，按照事先公布的船期表航行的水上运输方式。

8.6　租船运输（Shipping by chartering）☆

货主或其代理人租赁其他人的船舶、将货物送达到目的地的货物运输经营方式。

8.7　大陆桥运输（Land bridge transport）★

用横贯大陆的铁路或公路作为中间桥梁，将大陆两端的海洋运输连接起来的连贯运输方式。

8.8　保税运输（Bonded transport）

在海关监管下保税货物的运送活动，也称之为监管运输。

8.9　转关运输（Tran-customs transportation）

海关为方便收、发货人办理海关手续，依照有关法律规定，允许海关监管货物由关境内一设关地点转运到另一设关地点办理进出口海关手续的行为。

8.10 报关（Customs declaration）★

进出境运输工具的负责人、进出境物品的所有人、进出口货物的收发货人或其他代理人向海关办理进出境手续的全过程。

8.11 报关行（Customs broker）★

专门代办进出境报关业务的企业。

8.12 不可抗力（Accident beyond control）

人力不能抗拒也无法预防的事故。不可抗力事故有由自然因素引起的，如水灾、旱灾、暴雨、地震等；有由社会因素引起的，如罢工、战争、政府禁令等。

8.13 保税货物（Bonded goods）

特指经海关批准未办理纳税手续进境，在境内储存、加工、装配后复运出境的货物。

8.14 海关监管货物（Cargo under custom's supervision）

在海关批准范围内接受海关查验的进出口、过境、转运、通关货物以及保税货物和其他尚未办结海关手续的进出境货物。

8.15 拼箱货（Less than container load（LCL））★

一个集装箱装入多个托运人或多个收货人的货物。[GB/T 17271—1998 中 3.2.4.3]

8.16 整箱货（Full container load（FCL））★

一个集装箱装满一个托运人同时也是一个收货人的货物。[GB/T 17271—1998 中 3.2.4.2]

8.17 通运货物（Through goods）

由境外启运，由船舶或飞机载运进境后，仍由原装运输工具继续运往境外的货物。

8.18 转运货物（Transit cargo）

由境外启运，到我国境内设关地点换装运输工具后，不通过我国境内陆路运输，再继续运往境外的货物。

8.19 自备箱（Shipper's own container）

托运人购置、制造或租用的符合标准的集装箱，印有托运人的标记，由托运人负责管理、维修。[GB/T 17271—1998 中 3.2.4.4]

8.20 到货价格（Delivered price）

货物交付时点的现行市价，其中含包装费、保险、运送费等。

8.21 出厂价（Factory price）

成品离开工厂时的价格，主要由生产费用、销售费用及合理利润组成，不包含运杂费。

8.22 成本加运费（Cost and freight（CFR））

又称成本在内价，指卖方要负责租船订舱，支付到指定目的港的运费，但买方要自负从装运港货物越过船舷后至目的地的货运灭损风险及所增加的额外费用。

8.23 出口退税（Drawback）

国家为帮助出口企业降低成本，增强出口产品在国际市场上的竞争力，鼓励出口创汇，而实行的由国内税务机关退还出口商品国内税的措施。

8.24 过境税（Transit duty）

对外国经过本国过境运往另一国的货物所征收的关税。

8.25　海关估价（Customs ratable price）

一国海关从征税和监管的角度，根据市场的通行价格对进口货物进行的估价。

8.26　等级标签（Grade labeling）

在产品的包装上用以说明产品品质级别的标志。

8.27　等级费率（Class rate）

将全部货物划分为若干个等级，按照不同的航线分别为每一个等级制定一个基本运价的费率。归属于同一等级的货物，均按该等级的运价计收运费。

8.28　船务代理（Shipping agency）☆

船务代理机构或代理人接受船舶所有人（船公司）、船舶经营人、承租人或货主的委托，在授权范围内代表委托人（被代理人）办理与在港船舶有关的业务、提供有关的服务或进行与在港船舶有关的其他法律行为的代理行为。

8.29　国际货运代理（International freight forwarding agent）★

接受进出口货物收货人、发货人的委托，以委托人或自己的名义，为委托人办理国际货物运输及相关业务，并收取劳务报酬的经济组织。

8.30　无船承运业务（Non vessel operating common carrier business）

以承运人身份接受托运人的货载，签发自己的提单或者其他运输单证，向托运人收取运费，通过国际船舶运输经营者完成国际海上货物运输，承担承运人责任的国际海上运输经营活动。

8.31　无船承运人（NVOCC non vessel operating、common carrier）

即无船承运业务的经营主体。他不拥有运输工具，但以承运人的身份发布自己的运价，接受托运人的委托，签发自己的提单或其他运输单证，收取运费，并通过与有船承运人签订运输合同，承担承运人责任，完成国际海上货物运输经营活动的经营者。

8.32　索赔（Claim for damages）

承托双方中受经济损失方向责任方提出赔偿经济损失的要求。

8.33　理赔（Settlement of claim）

承托双方中造成经济损失的一方向对方提出的经济赔偿要求的处理。

8.34　国际货物运输保险（International transportation cargo insurance）☆

被保险人（出口人或进口人）对国际运输的货物向保险人（保险公司）按一定金额投保一定的险别，并交纳保险费；保险人承保后，如果所保货物在运输过程中发生约定范围内的损失，应按保险单的规定给予被保险人经济上的补偿。

8.35　原产地证明（Certificate of origin）

进口时向海关交验的证明货物产地或制造地的文件。

8.36　进出口商品检验（Commodity inspection）☆

商品检验机构对进出口货物的品质、规格、数量等进行查验、分析和鉴定，并出具检验证书。它是国际贸易中一个不可缺少的重要环节，它保证进出口商品符合标准或合同规定的条件。

8.37　清关（Clearance）

又称结关，是指由货物、行李物品、船舶等所有人或代理人办完海关进口或出口手续，并经海关查核准予进出国境的行为。

8.38　滞报金（Fee for delayed declaration）

进口货物的收货人或其他代理人超过海关规定的申报期限，未向海关申报，由海关依法征收的一定数额的款项。

8.39　装运港船上交货（Free on board，FOB）

卖方负责办理出口清关手续，将货物在指定的装运港越过船舷后，即完成了交货任务。

8.40　进料加工（Processing with imported materials）

经营单位专为加工出口商品而用外汇购买进口料件，加工成品或半成品后，再外销出口的贸易形式。

8.41　来料加工（Processing with supplied materials）

由外商提供全部或部分料件、设备等，由我方进行加工，成品由外商销售，我方收取工缴费的一种贸易形式。

8.42　保税仓库（Boned warehouse）☆

经海关核准的并在海关监管下，专门存放已入境但暂时未纳进口税或者未领进口许可证（能制造化学武器的和易制毒化学品除外）的货物，在海关规定的存储期内复运出境或办理正式进口手续的专用仓库。

8.43　保税工厂（Bonded factory）

经海关批准专门生产出口产品的保税加工装配企业。

8.44　保税区（Bonded area）

在境内的港口或邻近港口、国际机场等地区建立的在区内进行加工、贸易、仓储和展览由海关监管的特殊区域。

8.45　保税物流中心（Bonded logistics center）

由一家或多家物流企业，在一个保税场所内开展保税货物仓储、简单加工、配送、转运、检测维修和报关等的物流集结区。

8.46　保税物流中心A型（Bonded logistics center of A type）

由一家物流企业在一个保税场所内开展保税货物仓储、简单加工、配送、转运、检测维修和报关等，它主要适应一家跨国公司满足本集团所属企业的国际物流运作要求。

8.47　保税物流中心B型（Bonded logistics center of B type）

由多家保税物流企业在空间上集中布局的公共型场所，是物流集结区。它按照专业化、规模化的原则组织物流活动，将众多物流企业集中在一起，共享相关的基础设施和配套服务设施，发挥整体优势，实现物流运作的专业化、集约化和规范化。

8.48　融通仓（Financing warehouse）

广义：在工业经济和金融、商贸、物流等第三产业发达的区域创生的一种跨行业的综合性第三产业高级业态，以物流运作为起点，综合发展信用担保，电子商务平台，传统商业平台和房产开发。

狭义：以周边中小企业为主要服务对象，以流动商品仓储为基础，涵盖中小企业信用整合与再造、实物配送、电子商务与传统商业的综合性服务平台。

8.49　出口监管仓库（Export supervised warehouse）★

经海关批准，在海关监管下，存放已按规定领取了出口货物许可证或批件，已对外买断结汇并向海关办完全部出口海关手续的货物的专用仓库。

8.50　出口加工区（Export processing zone）

是由国务院批准设立从事产品外销加工贸易的，由海关实施封闭式监管的特殊区域。

8.51　定牌包装（Packing of nominated brand）★

买方要求在出口商品包装上使用买方指定的品牌名称或商标的做法。

8.52　中性包装（Neutral packing）★

在出口商品及其内外包装上都不注明生产国别的包装。

8.53　提单（海运提单）（Bill of lading）

用以证明海上货物运输合同和货物已经由承运人接收或者装船，以及承运人保证据以交付货物的单证。提单又称海运提单。

注：文稿中标有★与☆的词条均为原《物流术语》（GB/T 18354—2001）国家标准中的词条；标有★表示未对原术语词条进行修改；标有☆表示已对原术语词条进行修改；未有标记的词条为新增术语词条。

参考文献

[1]（美）罗伯特·M·蒙兹卡（Robert M. Moniczka）. 采购与供应链管理［M］. 北京：中信出版社，2004
[2] 孙明贵. 库存物流管理［M］. 北京：中国社会科学出版社，2005
[3] 钱芝网、姜丹主编. 采购管理实务［M］. 北京：中国时代经济出版社，2008
[4] 张广辉. 物流设施与设备［M］. 北京：人民交通出版社，2007
[5] 施先亮、李伊松. 供应链管理原理及应用［M］. 北京：清华大学出版社，2006
[6] 马士华、林勇. 供应链管理［M］. 北京：高等教育出版社，2003
[7] 中国物品编码中心编著. 二维条码技术与应用［M］. 北京：中国计量出版社，2007
[8] 孙海. 物流信息技术. 北京：人民交通出版社，2005
[9] 王忠敏. EPC 与物联网［M］. 北京：中国标准出版社，2004
[10] 王淑云著. 物流外包的理论与应用［M］. 北京：人民交通出版社，2004
[11] 张为民、白士强主编. 采购管理［M］. 北京：化学工业出版社，2007
[12] 纪震等编著. 电子标签原理与应用［M］. 西安：西安电子科技大学出版社，2006
[13] 孙宏岭、武文斌主编. 物流包装实务［M］. 北京：中国物资出版社，2003
[14] 王淑云. 供应链管理理论、方法与对策［M］，北京：中国物质出版社，2004. 8
[15] 郭晖主编. 采购实务［M］. 北京：中国物资出版社，2006.
[16] 戴彤焱、孙学琴主编. 运输组织学［M］. 北京：机械工业出版社，2006
[17] 鲍吉龙、江锦祥主编. 物流信息技术［M］. 北京：机械工业出版社，2008
[18] 张成海、张铎、赵守香主编. 条码技术与应用［M］. 北京：清华大学出版社，2010
[19] 孙学琴主编. 物流中心运作管理［M］. 北京：机械工业出版社，2008
[20] 王淑云. 物流外包的效益及外包区域分析［M］. 公路交通科技，2004（8）
[21] 黄凤文. 供应链中牛鞭效应的产生原因分析和对策研究［M］. 公路交通科技，2004（2）
[22] 孟祥茹. 物流管理［M］. 北京：机械工业出版社，2005
[23] 张成海等编写. 自动识别技术导论［M］. 武汉：武汉大学出版社，2007.